HISTOIRE ET ÉVOLUTION DU FRANÇAIS

sous la direction de Wendy Ayres-Bennett et Sophie Prévost

2

L'Histoire du français

Ouvrage publié avec le soutien du laboratoire ATILF
(université de Lorraine et CNRS)

L'Histoire du français

État des lieux et perspectives

Sous la direction de Wendy Ayres-Bennett
et Thomas M. Rainsford

PARIS
CLASSIQUES GARNIER
2014

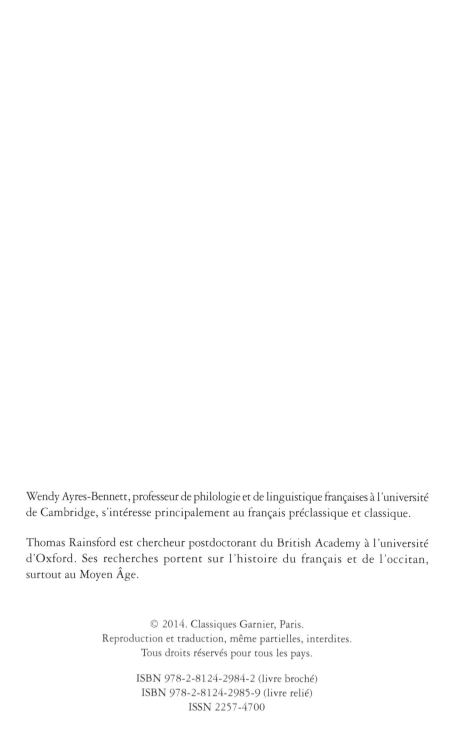

Wendy Ayres-Bennett, professeur de philologie et de linguistique françaises à l'université de Cambridge, s'intéresse principalement au français préclassique et classique.

Thomas Rainsford est chercheur postdoctorant du British Academy à l'université d'Oxford. Ses recherches portent sur l'histoire du français et de l'occitan, surtout au Moyen Âge.

ISBN 978-2-8124-2984-2 (livre broché)
ISBN 978-2-8124-2985-9 (livre relié)
ISSN 2257-4700

INTRODUCTION

La Société internationale de diachronie du français (SIDF) a été créée en 2008, à l'occasion du premier congrès mondial de linguistique française à Paris. Les buts principaux de la nouvelle société sont de créer des réseaux internationaux (site web, échanges électroniques) et d'organiser des journées d'études de temps en temps sur les questions méthodologiques et théoriques. La société vise surtout à offrir un lieu d'échange et de réflexion à tous ceux qui s'intéressent à l'histoire de la langue française, qu'ils travaillent sur l'époque médiévale, préclassique ou moderne, qu'ils s'intéressent à l'histoire interne ou externe, qu'ils adoptent une perspective philologique ou linguistique, sans privilégier un cadre d'analyse particulier.

Pour le premier colloque de la SIDF, organisé à Nancy en septembre 2011, nous avons donc souhaité animer une réflexion générale sur la discipline. Le présent volume réunit une sélection de communications remaniées, axées sur trois grands thèmes : l'état des lieux (les points forts et les lacunes, les voies les plus récentes) ; les questions de méthodologie et d'épistémologie (les méthodes, les objets, les sources) ; l'application et l'évaluation de différentes approches théoriques.

1. ÉTAT DES LIEUX

Comment identifier les points forts et les voies les plus récentes dans l'étude de la diachronie du français ? Nous nous intéressons à la fois à la question de savoir quelles périodes sont les plus favorisées et sur quels domaines linguistiques les études récentes se concentrent. Nous faisons ici un bilan de la recherche actuelle, que nous avons décomposé en trois grands axes d'investigation, sans prétendre à l'exhaustivité.

Commençons par les histoires de la langue française d'un seul volume publiées pendant les quinze dernières années[1]. Quelques tendances sont évidentes. Premièrement, il y a une augmentation nette de l'intérêt pour la variation (socio-)linguistique. Chaurand (1999), par exemple, inclut des sections sur le français d'outre-mer, la francophonie septentrionale, les patois et l'émergence de l'oral ; Rey, Duval et Siouffi (2007) notent qu'ils s'intéressent non pas à « un » français uniforme et intangible, mais à de « multiples » français « en perpétuelle articulation avec la dynamique de la parole forgeant une langue à la richesse foisonnante ». Deuxièmement, il y a une tentative d'intégrer les apports récents de la linguistique historique, en particulier les travaux sur la typologie et la grammaticalisation. Notables à cet égard sont les travaux de Christiane Marchello-Nizia (par exemple 1999), et il est significatif que Michèle Perret dans la troisième édition de son *Introduction à l'histoire de la langue française* (2008 [[1]1998]) remanie son texte pour profiter des avancées réalisées depuis 1998, notamment sur la grammaticalisation (et aussi, par ailleurs, sur les changements dans les politiques de la langue). Troisièmement, les périodes plus récentes de l'histoire du français sont mises en évidence. Rebecca Posner (1997) observe qu'elle s'intéresse autant, sinon plus, aux périodes modernes, et Chaurand (1999) consacre une partie importante de son ouvrage au XIXe siècle : en effet cette section est aussi longue que celle concernant la période jusqu'à la fin du XVe siècle ou celle sur la langue des XVIIe et XVIIIe siècles. Notons toutefois que le centre d'intérêt de ce chapitre est notamment le lexique et le style, l'histoire des grammaires et en particulier des dictionnaires. Comme le remarque Chaurand (1999 : 11) dans son introduction, pour la période qui va du XVIe à nos jours « La tentation est grande de substituer [...] à la langue elle-même les idées sur la langue. La substitution la plus voyante et la plus connue consiste à présenter une norme ou même une surnorme en guise de langue réelle ». Christiane Marchello-Nizia soulève un problème apparenté en 1999 quand elle observe avec raison que le sentiment commun selon lequel à partir du XVIIe siècle il s'agit d'un même état de langue est à la fois vrai et faux. La question de la périodisation continue à poser problème et on ne parvient pas toujours à éviter l'impression de rupture dans ce qui est avant tout un continuum. Ce problème est peut-être particulièrement aigu dans les ouvrages où les

---

1   Nous avons consulté Posner (1997), Perret (2008 [[1]1998]), Chaurand (1999), Marchello-Nizia (1999), Huchon (2002) et Rey, Duval et Siouffi (2007).

différents chapitres ou parties sont rédigés par des experts différents. Si ces trois grandes tendances ressortent assez nettement de notre sondage, il nous semble qu'il y a moins de consensus sur deux autres questions : l'importance relative attribuée à l'histoire interne et l'histoire externe, et le domaine linguistique qui constitue l'objet principal de la recherche. Posner (1997) justifie le choix de son titre (*Linguistic Change in French*) en notant qu'elle s'intéresse uniquement à l'histoire interne du français, tandis que le volume de Huchon (2002) traite conjointement de l'histoire interne et externe. En outre, Marchello-Nizia privilégie la syntaxe et la sémantique et rejette la position traditionnelle selon laquelle les changements phonétiques constituent la source des changements morphologiques, qui sont à leur tour la source des changements syntaxiques ; d'autres continuent à citer des exemples qui illustrent cette démarche plus traditionnelle[1].

Deuxième axe d'investigation : les activités des principales équipes de recherche en France sur la diachronie du français[2], et notamment celles d'ICAR (UMR 5191 : Interactions, Corpus, Apprentissages, Représentations), du Lattice (UMR 8094 : Langues, Textes, Traitements informatiques, Cognition), de Sens, Texte, Informatique, Histoire (EA 4509), et de l'ATILF (UMR 7118 : Analyse et traitement informatique de la langue française). Toutes ces équipes comportent des sous-équipes importantes qui se consacrent à la diachronie du français. Prenons le cas d'ICAR. Les mots-clés listés sur le site Internet[3] de la sous-équipe qui s'occupe de l'analyse diachronique du français indiquent les intérêts principaux de ses membres qui se regroupent sur quatre axes : l'ancien français comme période, la grammaticalisation comme théorie, la morphosyntaxe comme domaine linguistique et l'annotation des corpus et l'édition numérique comme outils de recherche. Comme nous le verrons plus loin, l'association est forte entre l'étude de l'ancien français et l'analyse morphosyntaxique fine à partir des corpus. Quant au Lattice, dans l'axe qui traite de l'expression de catégories notionnelles, on identifie

---

1 Par exemple, Perret (2008 [¹1998]) traite des effets des changements phonétiques sur la syntaxe, la morphologie et le lexique, même si elle reconnaît également le rôle d'autres facteurs dans le changement linguistique, y compris ce qu'elle appelle « des courants plus profonds » (2008 : 100).
2 Notamment les groupes financés par le CNRS. Il y a évidemment des projets de recherche importants à l'étranger comme *Les Polyphonies du français*, projet subventionné par la Chaire de recherche de l'Université d'Ottawa et dirigé par France Martineau (2009-2014).
3 http://icar.univ-lyon2.fr/pages/equipe31.htm.

deux opérations portant sur deux grandes catégories notionnelles : la comparaison et l'espace. Ici encore les mêmes points forts émergent : la grammaticalisation, la modélisation de l'évolution des langues, et la linguistique de corpus et outils de traitement automatique. En revanche, l'axe de l'équipe de Sens, Texte, Informatique, Histoire qui traite de la Variation historique et systématique de la langue française – auquel est associé le Groupe d'Étude en Histoire de la Langue Française (GEHLF) – se distingue assez nettement des deux premières équipes. S'intéressant à un large spectre chronologique, selon son site web[1], cette composante se présente de la façon suivante : « Associant dès son origine l'approche théorique de la psychomécanique du langage, des études de syntaxe historique à des études lexicologiques aussi bien pour la période médiévale que pour l'âge classique et centrée sur les faits de langue, elle réunit désormais, par-delà la variété des approches théoriques, la problématique du sens grammatical et du sens lexical en intégrant de nouvelles perspectives (histoire des français de spécialité, histoire de la pensée grammaticale, linguistique diachronique, didactique…) ». Le quatrième centre, l'ATILF, adopte également une perspective différente : une de ses cinq équipes – Linguistique historique française et romane – se concentre sur le domaine de la lexicologie/lexicographie/ métalexicographie et la syntaxe historiques françaises, galloromanes et romanes. Les membres de cette équipe mènent différents travaux de recherche, dont les plus importants sont la rédaction du DMF (*Dictionnaire du Moyen Français*) et du FEW (*Französisches Etymologisches Wörterbuch*). Il est frappant qu'aucun des groupes ne parle explicitement ni de la phonologie ni de la morphologie diachroniques.

Comme troisième axe d'investigation nous avons consulté la *Bibliographie linguistique* pour les trois dernières années (2009-2011)[2]. Il est sans doute significatif qu'il n'y a pas de section intitulée « diachronie du français » et que la section intitulée « français moderne » comporte à la fois des études diachroniques, des études sur la variation et le changement, et, majoritairement, des études synchroniques du français contemporain. Certaines

---

1   http://www.stih.paris-sorbonne.fr/variation-historique-et-systematique-de-la-langue-francaise.
2   Nous ne nions pas la part d'arbitraire inhérente à cette démarche ; cette analyse ne peut qu'être approximative à cause des difficultés de comptage, l'inclusion de recensions des livres publiés antérieurement ou des ouvrages omis dans un volume précédent. Il nous semble pourtant qu'il est possible d'identifier quelques grandes tendances.

tendances que nous avons déjà identifiées ci-dessus apparaissent pourtant de manière évidente. Pour chaque année, si l'on regarde soit les études de diachronie longue soit les études sur l'ancien français, le domaine privilégié est la (morpho)syntaxe, et il y a au contraire relativement peu d'articles consacrés à la phonologie ou au lexique. Parmi les thèmes récurrents figure en particulier l'ordre des mots, au sens large. Les publications qui traitent du moyen français sont moins nombreuses et moins homogènes, mais la phonologie continue à constituer un intérêt mineur. Pour le français moderne en revanche, la diversité augmente. La période traitée est très variable : pour l'année 2011 citons à titre d'exemple une étude sur la grammaticalisation entre 1906 et 2006, l'analyse de l'usage linguistique dans les films des années 1930, deux études sur la langue du XVIᵉ siècle, ou l'histoire du gallo entre 1992 et 2004. Les thèmes traités sont également divers, mais les rubriques les plus fréquentes sont la syntaxe, la sémantique, la pragmatique et l'analyse du discours, et la sociolinguistique. Quant au lexique, les travaux fondés sur les dictionnaires du XVIIIᵉ et du XIXᵉ siècle deviennent plus nombreux. En revanche, l'analyse de l'évolution de la morphosyntaxe du français entre, disons, 1720 et 1920, reste très lacunaire.

Plusieurs contributions de la première section de notre ouvrage se situent dans les grandes lignes d'un des axes de recherche identifiés ci-dessus, tout en essayant de développer une perspective nouvelle. Par exemple, Thomas Rainsford, qui adopte une approche quantitative de l'étude de l'ancien français sur corpus, cherche à expliquer le phénomène mal compris de l'enclise. L'intérêt pour la variation diatopique au Moyen Âge est évident dans les articles de Richard Ingham, qui compare le marquage du genre en wallon oriental et en anglo-normand tardif (variante longuement négligée par les linguistes car considérée comme peu intéressante), ou de Julia Alletsgruber, qui offre une nouvelle étude d'une scripta mal documentée en se basant sur une analyse des chartes. L'article d'Andres Kristol est particulièrement original en ce qu'il démontre de façon convaincante que l'intérêt des études de dialectologie ne se limite pas à l'époque médiévale. Le travail de Joseph Reisdoerfer – qui souligne l'importance d'une version numérique du FEW – est nettement lié aux préoccupations de l'ATILF et à l'essor de la philologie électronique. Quant aux deux articles qui traitent du français classique et préclassique, celui de Magali Seijido fait état de la contribution des remarqueurs à l'étude de la syntaxe, travail qui bénéficie largement du récent corpus numérique des textes principaux (Ayres-Bennett 2011). Jaroslav Štichauer, par ailleurs, aborde un domaine relativement absent de notre bilan de la recherche récente, la morphologie lexicale. La contribution de Gilles Siouffi esquisse les définitions et conceptualisations différentes du sentiment de la langue du XVIIᵉ au XXᵉ siècle, et juxtapose par conséquent la discussion de linguistes qui sont rarement évoqués dans un même article.

2. MÉTHODOLOGIE

L'établissement de corpus numérisés très étendus a entraîné un bouleversement dans la démarche méthodologique au cours des vingt dernières années. Dans notre volume, la majorité des études s'appuie sur une des « grandes bases » du français, soit la *Base de français médiéval* (BFM 2012) ou le *Nouveau Corpus d'Amsterdam* (NCA ; Stein, Kunstmann et Glessgen 2006) pour la période médiévale, soit Frantext pour les textes littéraires à partir du XVIᵉ, soit le *Grand Corpus des dictionnaires* (Blum 2007) ou le *Grand Corpus des grammaires françaises, des remarques et des traités sur la langue (XIVᵉ–XVIIᵉ siècles)*[1] pour les textes métalinguistiques. La facilité qu'offrent ces outils pour traiter une large quantité de données permet d'aborder certaines questions avec une rapidité impensable il y a vingt ans, qu'il s'agisse d'une étude quantitative de l'évolution d'une structure très fréquente (*cf.* Rainsford, ce volume), ou d'une étude plus précise de toutes les occurrences d'une structure plus spécifique (comme l'emploi des adjectifs *réputé* et *censé* dans les dictionnaires, analysés par Corinne Féron).

Cependant, ces bases diverses ne sont pas construites selon les mêmes principes. Les corpus établis par des chercheurs s'intéressant à la linguistique bénéficient souvent d'un étiquetage morphosyntaxique (par exemple Frantext, la BFM). Pour le Moyen Âge, depuis 2010 on dispose aussi de quelques textes annotés en syntaxe[2]. Ce genre d'annotation facilitera

---

1   Ce corpus réunit Colombat et Fournier (2011a), Colombat et Fournier (2011b), et Ayres-Bennett (2011).

2   Quelques textes dans le corpus *Modéliser le changement : Les voies du français* (MCVF) (Martineau 2010), et quelques textes de la BFM annotés par le projet *Syntactic Reference*

l'étude de certains aspects de l'évolution morphologique et syntaxique du français qui font déjà l'objet des études récentes : l'ordre des constituants (p. ex. Marchello-Nizia 1995), l'inversion du sujet (p. ex. Prévost 2001), l'évolution du système des démonstratifs (Guillot 2006b), etc. Les bases commerciales, en revanche, ne comportent généralement pas d'étiquetage linguistique, et visent plutôt à fournir une édition électronique lisible et interrogeable seulement en texte brut. L'outillage des bases est également variable. Le logiciel d'interrogation de la BFM (TXM, *cf.* Heiden 2010) intègre l'application automatique des méthodes statistiques dévelop-pées par la textométrie (*cf.* Guillot *et al.* à paraître), favorisant donc une approche quantitative spécifique, alors que la plupart des bases outillées ne permettent que l'extraction des données brutes. De plus, pour ce qui concerne la recherche en texte brut des termes dont la graphie est variable, les différents outils associés à ces corpus offrent des possibilités plus ou moins puissantes, de la précision et de la complexité de l'expression régu-lière (BFM, NCA) à des systèmes moins précis mais plus faciles à maîtriser (comme la « recherche-floue » du moteur de recherche des bases Garnier Numérique). Les grandes bases ouvrent donc un éventail de nouvelles possibilités, mais exigent une maîtrise des outils existants ; elles profite-ront d'un dialogue continu entre les développeurs en informatique et les linguistes qui a pour objectif l'amélioration et l'adaptation des outils à des questions de recherche innovantes.

Il est difficile de nier, comme le souligne Aude Wirth-Jaillard dans sa contribution à ce volume, que les textes littéraires ont occupé une place privilégiée dans la recherche diachronique. C'est une tendance qui risque même peut-être de se renforcer, puisque les textes littéraires occupent également une place privilégiée dans les bases électroniques, surtout celles qui visent à la fois les chercheurs en linguistique et ceux en littérature. En outre, il s'avère souvent que, parmi ces textes, ceux qui sont les plus exhaustivement étudiés au cours du dernier siècle sont parmi les premiers à recevoir une annotation linguistique et à intégrer les bases au XXIe siècle. Citons l'exemple de la *Queste del saint Graal* : ce texte a été l'objet de deux études syntaxiques fondamentales dans les années 90 (Marchello-Nizia 1995, Vance 1997), puis il a été doté d'une annotation morphologique et syntaxique dans le cadre de deux projets indépendants (MCVF, SRCMF), et, enfin, il constitue l'objet d'une récente édition numérique multi-facette

_____

Corpus of Medieval French (SRCMF).

(Marchello-Nizia et Lavrentiev 2012). La tendance des historiens de la langue à se focaliser sur les textes littéraires a déjà été soulignée par Ayres-Bennett (1996), qui s'est écartée des chrestomathies traditionnelles en proposant une histoire de la langue française à travers des textes de plusieurs genres différents (historiques, légaux, scientifiques, médicaux, et journalistiques). La contribution des travaux d'Anthony Lodge est également à noter : par exemple, son histoire sociolinguistique du français de Paris s'appuie sur la graphie des chartes pour identifier les variables phonologiques qui auraient contribué à la formation du français parisien au XIIIe et au XIVe siècles (Lodge 2004 : 80-104). La valeur des sources non littéraires pour l'étude de la variation linguistique est de plus en plus reconnue dans plusieurs filières de la recherche diachronique. En ce qui concerne la dialectologie médiévale, les chartes ont déjà servi à l'établissement de l'*Atlas* de Dees (1980), et dans le présent volume, Julia Alletsgruber présente un nouveau projet dirigé par Martin-Dietrich Glessgen qui vise à fournir une édition des chartes du XIIe et XIIIe siècles en tant qu'elles constituent les premiers documents *non littéraires* du français, en prêtant une attention particulière à leur localisation. Dans son article, Sabine Lehmann étudie le discours médico-chirurgical, et esquisse les avantages qu'il y a à intégrer une approche discursive dans les études diachroniques.

L'étude de l'histoire du français parlé – et surtout les questions méthodologiques – a connu un second souffle notamment grâce à des chercheurs allemands dans les années 1970 et 1980[1]. Adoptant une approche plutôt pragmatico-discursive, Suzanne Fleischman (1990) a renouvelé l'étude des temps verbaux dans les textes médiévaux en faisant une comparaison entre les textes médiévaux destinés à une *performance* orale et les récits oraux de nos jours. Sophie Marnette (1998), quant à elle, montre comment le narrateur des *chansons de geste* insiste surtout sur son rôle de conteur, et non d'auteur, et qu'il s'adresse directement à son public. Dans sa contribution à ce présent volume, Christiane Marchello-Nizia examine jusqu'à quel point les changements semblent s'initier dans ce qu'elle appelle « l'oral représenté ». Pour la période médiévale où les textes non littéraires proches du parler sont peu nombreux[2],

---

[1]   Voir, par exemple, Hunnius (1975), Hausmann (1975, 1979), Steinmeyer (1979), Ernst (1980, 1985).

[2]   Les textes légaux qui contiennent des déclarations de témoins que nous signale Aude Wirth-Jaillard sont peut-être uniques à cet égard.

elle nous propose d'étudier les différences entre le récit et le discours direct des personnages. Les premiers résultats de cette recherche sont très prometteurs et donnent déjà lieu à d'autres études quantitatives[1].

La fidélité au texte source, nécessaire pour la recherche linguistique, a depuis longtemps créé des objectifs contradictoires avec ceux de l'édition critique destinée aux études littéraires. L'objectif du linguiste – l'étude de la langue – exige une politique éditoriale conservatrice et le plus respectueuse possible du texte source, que ce soit un manuscrit ou un imprimé. Plus le texte critique est composite, s'éloignant du manuscrit de base pour mieux représenter la tradition textuelle conservée dans un ensemble de manuscrits, plus la langue risque d'être composite : ni celle du copiste, ni celle de l'auteur. Dans le pire des cas, l'éditeur moderne introduit des « corrections » anachroniques. Pour le linguiste, il est primordial de bien connaître les principes selon lesquels son texte source a été établi, et ce d'autant plus dans l'univers du numérique, qui a engendré deux développements importants et fortement opposés à cet égard. D'une part, les bases numériques, quasiment sans exception, présentent les textes édités « tels quels », en supprimant la matière critique fournie par le philologue (notes, variantes, principes éditoriaux, etc.), sans laquelle une évaluation de l'authenticité du texte source serait impossible. D'autre part, le numérique ouvre un éventail de possibilités nouvelles dans l'édition, et plusieurs initiatives en tirent profit en créant des éditions qui reflètent la complexité des sources. Celles-ci offrent ainsi la transcription de plusieurs manuscrits, des transcriptions à plusieurs niveaux (fac-similaires, diplomatiques), et surtout la mise en ligne des images de la source[2]. Cette « philologie numérique » facilite la création d'éditions riches et variées, offrant à la fois la fidélité à la source et l'interrogeabilité, nécessaires pour le linguiste, et la lisibilité du texte critique exigée par un lectorat non-spécialiste.

À partir de la Renaissance, nous disposons également de textes méta-linguistiques (dictionnaires, grammaires, commentaires ou remarques sur la langue). Ces précieuses sources de données linguistiques servent à l'étude de la diachronie du français à divers égards. Pour les périodes où

---

1   Voir, par exemple, Glikman et Mazziotta (2014), Guillot *et al.* (2014).
2   Par exemple, l'édition numérique « multi-facette » du *Queste del saint Graal* avec images du manuscrit de Christiane Marchello-Nizia et Alexei Lavrentiev (2012) ; la multiplicité des manuscrits édités dans *The Online Froissart* (Ainsworth et Croenen 2012).

l'interprétation des conventions graphiques est difficile, elles constituent une importante mine d'informations sur la phonologie et la prosodie du français ; parmi les nombreuses études qui s'appuient sur de telles données citons Rochet (1976) ou les nombreux articles de Yves Charles Morin (par exemple, 2004, 2011). Ces sources mettent au jour en outre un témoignage important de la variation sociolinguistique et des valeurs sociales attribuées aux variantes, en particulier les commentaires de remarqueurs ou de lexicographes (voir, par exemple, Ayres-Bennett 2004). Elles offrent ensuite un reflet du sentiment linguistique de l'époque, et nous renseignent sur les questions linguistiques sur lesquelles butaient les locuteurs contemporains. Les textes métalinguistiques ne sont cependant pas des sources neutres : pour bien les interpréter, l'historien de la langue doit prendre en compte les caractéristiques sociolinguistiques de l'auteur, le public visé par l'ouvrage, et le contexte général dans lequel se situe un commentaire sur un fait de langue particulier. Comme le note Valentina Bisconti, il est crucial d'éviter le danger de l'anachronisme. Pour sa contribution, Agnès Steuckardt s'est servie d'un corpus de dictionnaires anciens du français pour montrer comment on peut dégager les notions linguistiques ayant trait au phénomène de l'emprunt. Ici encore l'exploitation de cette richesse a été largement facilitée par la numérisation des dictionnaires et des grammaires. Cendrine Pagani-Naudet, quant à elle, propose de considérer la langue des grammairiens elle-même, afin de déterminer dans quelle mesure les commentaires normatifs correspondent à la pratique.

3. APPROCHES THÉORIQUES

L'étude de la diachronie du français se caractérise par la diversité des théories exploitées. En Europe, au cours de la dernière décennie, l'approche de la grammaticalisation (Hopper et Traugott 2003 [¹1993]) est à la base de nombreuses études portant sur des changements syntaxiques et pragmatiques en français : à titre d'exemple, citons Prévost (2003a, 2006), Detges (2003), Combettes (2006a), Lamiroy (2008), Carlier (2007, 2013), Schøsler (2007), Marchello-Nizia (2006b), Mortelmans (2008), ainsi que les articles réunis dans Prévost et Fagard (2007). L'activité des chercheurs dans ce domaine ne cesse de faire avancer la théorie, en apportant de nouvelles perspectives : par exemple, Nørgård-Sørensen, Heltoft et Schøsler (2011) propose un modèle plus paradigmatique de la grammaticalisation, où le processus de grammaticalisation sert à la création des paradigmes, soit au niveau de la morphologie, soit au niveau de la syntaxe, et non pas uniquement à l'évolution d'un lexème isolé (d'où le titre *Connecting Grammaticalisation*)[1]. Dans notre volume, Claire Badiou-Monferran s'interroge sur le statut de la pragmaticalisation, processus qui caractérise la formation des marqueurs discursifs, et propose une désolidarisation de ce processus de celui de la grammaticalisation, contrairement à l'approche de chercheurs tels que Sophie Prévost (2011). En revanche, la *dégrammaticalisation* (Norde 2009 ; Willis 2010) a généralement attiré moins d'attention dans le domaine de la diachronie du français, même si, comme l'a montré Prévost (2006), ce processus est à distinguer soit de la grammaticalisation, soit de la lexicalisation[2].

La théorie diachronique d'Eugenio Coseriu s'inspire des approches saussuriennes et se fonde sur une conception de la langue comme système. Comme nous le rappelle Thomas Verjans dans ce volume, Coseriu distingue la « norme » d'une langue, ce qui comprend les formes attestées à un moment particulier de son évolution, de son « système de possibilités », capable de générer une multiplicité de formes conformes aux règles constructionnelles de la langue, mais absentes de la norme. L'importance de cette approche est également signalée par Henning Andersen (1990, 2006), notamment en ce qui concerne l'explication des tendances évolutives dans l'histoire d'une langue, le célèbre *drift* (« courant ») de Sapir (1921). Cette approche ne peut qu'enrichir les travaux actuels sur des changements de longue durée, comme les phénomènes de grammaticalisation.

Même si le changement endogène constitue la zone d'intérêt principale des diachroniciens, l'importance du contact linguistique dans

---

1   La nécessité de considérer la grammaticalisation d'un morphème dans le contexte d'un paradigme des structures alternatives est également soulignée par Marchello-Nizia (2006b), qui offre une analyse de la grammaticalisation de *beaucoup* étroitement reliée au déclin de *moult* et à la réanalyse de *très*.

2   Il faut également signaler la richesse qualitative des contributions faites dans le cadre d'une approche générativiste qui se poursuivent surtout en Amérique du Nord : voir, par exemple, Labelle et Hirschbühler (2005), Mathieu (2006, 2013), Donaldson (2012).

l'évolution d'une langue est souvent évoquée, surtout dans le domaine lexical, mais également dans le domaine syntaxique : pour Harris et Campbell (1995), l'emprunt est même un des trois mécanismes principaux du changement. Mairi McLaughlin attire notre attention plus particulièrement sur le rôle joué par la traduction en tant que mécanisme introducteur d'innovations. En notant que le traitement de ce phénomène est souvent anecdotique, elle propose une première tentative de théorisation de ce processus, ce qui constituera une base importante pour de nouvelles recherches.

Enfin Peter Koch esquisse un nouveau modèle pour interpréter les phases de l'histoire externe de n'importe quelle langue – dimension souvent négligée par les théoriciens – et l'applique à titre d'exemple au territoire de la France septentrionale. Ici encore la distinction entre l'oral et l'écrit est jugée fondamentale, mais elle est nuancée pour décrire un espace « conceptuel-et-médial » où la dynamique d'une part entre l'immédiat communicatif et la distance communicative et d'autre part entre la phonie et la graphie est cruciale. Le modèle associe le statut externe des variétés dans une aire linguistique et la variation attestée dans la production écrite de cette aire, ce qui le rend très pertinent pour les diachroniciens cherchant à interpréter la langue transmise dans les textes sources, influencée autant (et peut-être davantage) par les conventions du genre textuel et de la scripta régionale que par la langue maternelle de l'auteur.

Wendy AYRES-BENNETT
Université de Cambridge

Thomas M. RAINSFORD
Université d'Oxford

PREMIÈRE PARTIE

ÉTAT DES LIEUX

SUR LA DISPARITION DE L'ENCLISE EN ANCIEN FRANÇAIS

1. INTRODUCTION

Cet article a pour but de ré-examiner la disparition de l'enclise des pronoms et des déterminants en français médiéval. Pour éviter toute confusion, dans cet article, le terme « enclise » fait référence au processus par lequel les pronoms personnels non-sujets dans le groupe préverbal et les déterminants définis dans le groupe nominal adoptent une forme réduite quand ils sont précédés par une voyelle. Ces formes se rattachent phonologiquement au mot précédent :

(1) Pur çó **jel** ferrai de ceste lance par mi le cors jesque en terre (RoisC[1], p. 52)
« Pour cela, je l'abattrai à terre avec cette lance à travers son corp s»

Ici, le pronom objet LE[2] se réalise sous la forme réduite *l*, qui se rattache phonologiquement au pronom sujet JE. Pour les déterminants, il s'agit surtout des formes DEL, DES, AL, ALS, EL et ES, impliquant l'enclise du déterminant défini LE ou LES après les prépositions DE, A et EN.

Notons dès le début que l'enclise est observable seulement quand le mot qui précède le pronom ou le déterminant (désormais le « mot d'appui ») se termine par une voyelle, et que le mot qui suit le pronom ou le déterminant commence par une consonne. Devant une voyelle, la

---

1 Tout au long de ce livre, nous faisons référence aux éditions des textes médiévaux en utilisant les sigles du *Dictionnaire étymologique de l'ancien français* (DEAF) (Baldinger, Möhren *et al.* 1971-), http://www.deaf-page.de/fr/bibl_neu. htm.

2 Nous utilisons des majuscules pour dénoter toutes les variantes orthographiques d'un mot, phonologiques et morphologiques. Donc, en ce qui concerne la série des pronoms, LE signifie pronom objet de la troisième personne du singulier, masculin.

règle de l'élision des pronoms et des déterminants s'applique aussi bien en ancien français qu'en français moderne[1] :

(2) pur çó que il ne volt qu'il l'encussassent al rei (RoisC, p. 54)
« parce qu'il ne voulut qu'ils l'accusassent devant le roi »

L'enclise du pronom personnel a entièrement disparu de la langue française au cours de la période médiévale, et dans les contextes préverbaux, le français standard emploie exclusivement la forme faible du pronom[2] :

(3) je **le** ferai

L'enclise des déterminants, par contre, n'a pas disparu de la même façon : les formes *du*, *des*, *au* et *aux*, issues du processus de l'enclise, sont toujours présentes en français moderne. Cependant, nous formulons l'hypothèse qu'il n'existe aucune règle active d'enclise (comment séparer le déterminant enclitique et la préposition dans la forme /o/ ?) et nous reviendrons sur l'analyse de ces formes dans la section 3.4.

Bien que l'enclise concerne aussi bien les déterminants que les pronoms non-sujets en français médiéval, nous nous focalisons sur les pronoms dans cet article pour deux raisons principales.

En premier lieu, l'enclise du pronom personnel n'est pas obligatoire en français médiéval, et la variation entre la forme réduite et la forme faible du pronom nous fournit de précieux indices nous permettant de mieux comprendre les différentes étapes de la disparition du phénomène. Par exemple, De Kok, qui fournit une excellente synthèse des travaux

---

1 Lorsque le pronom ou le déterminant se trouve entre deux voyelles (p. ex. *de l ami*), il n'y a aucun moyen de savoir à partir de la forme seule s'il s'agit d'une élision ou une enclise, et nous ne traitons pas ces exemples.

2 Admettons que dans le français parlé, une réalisation [ʤəlfə'ʁe] est tout à fait courante. Cependant, il serait erroné d'y voir une continuation des anciennes formes enclitiques pour deux raisons. Tout d'abord, comme nous le montrerons plus tard, la vocalisation de /l/ devant consonne s'est produite aussi dans le contexte de l'enclise : d'où, par exemple, la forme "au" du français moderne, qui indique une évolution phonologique régulière de /l/ devant consonne, c'est-à-dire /al/ > /aw/ (vocalisation) > /o/ (monophtongaison). Par ailleurs, la mesure des vers des XIVᵉ et XVᵉ siècles indique que les séquences écrites <je le>, ancêtres du groupe clitique du français moderne, étaient toujours disyllabiques, alors que les enclises comme <jel> des XIIᵉ et XIIIᵉ siècles étaient monosyllabiques. La disparition de l'enclise n'est donc pas seulement un changement de conventions orthographiques.

précédents (1985 : 64–72), constate une réduction progressive de la gamme des mots d'appui attestés. Nous reproduisons cette synthèse dans le Tableau 1.

Siècle	Pronoms sujets à l'abréviation	Mots précédents
XIᵉ	ME, TE, SE, LE, LES	n'importe quel mot se terminant par une voyelle
XIIᵉ	LE, LES	NE, JE, SI, SE, QUE, QUI, JA, OU, ISSI, CO, TU
XIIIᵉ	LE, LES	NE, JE, SI

TABLEAU 1 – Chronologie de la disparition
des pronoms enclitiques d'après de Kok (1985)

Ce tableau synoptique montre très clairement que le nombre des contextes favorables à l'enclise des pronoms décline du XIᵉ au XIIIᵉ siècle, puisqu'elle n'est plus possible qu'avec les pronoms LE et LES et après certains mots dès le XIIᵉ siècle. L'enclise des déterminants, par contre, est dès le départ plus contrainte, mais aussi plus systématique : elle est obligatoire après les prépositions DE, A et EN, et rarissime dans d'autres contextes.

En second lieu, c'est la disparition de l'enclise du pronom personnel qui a suscité le plus d'analyses jusqu'à présent, et aucune de ces analyses, à notre avis, ne se révèle entièrement satisfaisante.

1.1 L'ENCLISE DU PRONOM PERSONNEL : ÉTAT DES LIEUX

La majorité des études qui ont traité de la disparition de l'enclise adopte une explication phonologique ou prosodique. Par exemple, Pope (1934) considère que le changement accentuel joue un rôle essentiel dans cette disparition :

> *With the lessening of the intensity of the tonic stress, the repugnance to the juxtaposition of unstressed words diminished and the practice of enclisis, moribund already in the eleventh century after words of more than one syllable, gradually died out among monosyllables also, except in forms of the article*[1]. (Pope 1934 : § 602)

---

1   « Avec l'affaiblissement de l'intensité de l'accent tonique, la résistance à la juxtaposition des mots inaccentués s'est amoindrie, et la pratique de l'enclise, déjà moribonde au XIᵉ siècle après les mots de deux syllabes ou plus, a progressivement disparu aussi après les mots monosyllabiques, sauf avec certaines formes de l'article. »

Il est important de noter que, pour Pope, l'enclise représente un moyen d'éviter la juxtaposition des mots *non-accentués*, et son analyse rend compte du fait que l'enclise se maintient le plus longtemps avec les mots d'appui les moins accentués (*cf.* Tableau 1), c'est-à-dire le clitique négatif NE et JE, le seul pronom personnel sujet possédant une forme inaccentuée (voir Vance 1995) au xiiie siècle. Cette hypothèse accentuelle a donc plus de validité empirique que la thèse défendue par Marianne Adams (1987 : 165) et par Monique Dufresne (1995 : 101–102) à partir des travaux plus traditionnels (par ex. Soukup 1932) et selon laquelle le mot d'appui doit porter un accent lexical pour que l'enclise soit possible.

Une autre variante de l'hypothèse prosodique de la perte de l'enclise est proposée par Kukenheim (1971). Selon lui, cette disparition s'inscrit dans un changement de typologie prosodique, appelé « le renversement du rythme ». Cette analyse, reprise et formalisée par Jacobs (1993), suppose un remplacement lent de l'enclise par la proclise. Ce renversement serait très graduel, car même dans les plus anciens textes du français, la proclise des pronoms personnels, élidés devant une voyelle subséquente, est quasiment obligatoire. Bien que Jacobs (1993) et Dufresne (1995) tentent de le faire, il s'avère extrêmement difficile de formuler une analyse purement prosodique d'un système comprenant à la fois enclise et proclise, et en expliquant en même temps pourquoi l'enclise était vouée à la disparition[1].

---

1   Jacobs (1993), inscrivant son analyse dans le cadre de la théorie de Selkirk et Shen (1990), propose que le système prosodique du latin et des langues proto-romanes reposait sur l'insertion d'une frontière de constituant prosodique à gauche des mots lexicaux, ce qui a pour résultat de produire l'enclise. Cependant, une nouvelle règle prosodique propre aux langues romanes se développe, qui exige l'insertion d'une borne prosodique à droite et produit la proclise : (i) **Enclise** : je le [vi > je]vi ; (ii) **Proclise** : je le vi] > je le vi (adapté de Jacobs 1993 : 158). Cependant, la théorie de Selkirk et Shen ne prévoit pas la possibilité d'une co-existence de ces deux structures, comme le suggère Jacobs (1993), alors que la co-existence de l'enclise et de la proclise dure plus de trois siècles en français. Dufresne (1995) considère que l'enclise et la proclise proviennent toutes les deux d'une structure prosodique bornée à droite, mais qu'elles se produisent a différents niveaux de la hiérarchie prosodique. Dans l'exemple que donne Dufresne, une borne prosodique se place à droite du pronom sujet (analysé comme un mot lexical), le séparant du domaine minimal prosodique du verbe. Cependant ce pronom sujet figure toujours dans le domaine prosodique maximal du verbe : (iii) **Proclise** : [jo $_{\text{Xmin}}$] [le otrei $_{\text{Xmin}}$] > je l'otrei ; (iv) **Enclise** : [jo le vi $_{\text{Xmax}}$] > jel vi. Les règles proclitiques (telles que l'élision) s'appliquent dans le domaine minimal, tandis que la règle d'enclise s'applique dans le domaine maximal. Cette analyse se focalise seulement sur le pronom sujet *je*, et ne rend donc pas compte du fait que l'enclise est rarissime après le pronom *tu* et inexistante après *ele*.

En outre, nous considérons que les explications prosodiques et phonologiques pour la perte de l'enclise souffrent d'une faiblesse théorique : elles associent sans hésitation la perte ou le changement d'une *règle* à la perte ou au changement d'une *forme*. Or, une idée fondatrice des théories modernes du changement linguistique est celle de la *réanalyse* des formes : la forme reste, mais elle n'a plus le même statut dans la langue (*cf.*, par exemple, Harris et Campbell 1995, Marchello-Nizia 2006b). Ceci est le cas pour les formes résultant de la fusion d'une préposition et d'un déterminant en français moderne : ce sont des restes de l'enclise, mais la règle phonologique n'existe plus, et le statut de ces formes est désormais à chercher au niveau d'un paradigme morphologique. Il en est de même pour les formes réduites des pronoms : si elles sont sans doute à l'origine le produit d'une règle d'effacement vocalique, la présence de ces formes jusqu'au XIIIe siècle ne constitue pas une preuve de la pérennité de cette règle.

1.2 UNE NOUVELLE DÉMARCHE

Cet article présente donc une nouvelle analyse de la disparition de l'enclise en tenant compte des théories modernes du changement diachronique et en se focalisant sur le statut des *formes réduites* des pronoms : résultent-elles d'une règle productive d'effacement vocalique ? sont-elles des clitiques ou des affixes ? Nous éviterons donc désormais le terme d'« enclise », qui confond le phénomène de surface (une forme réduite du pronom) et l'analyse de son statut (clitique).

Nous examinerons les formes réduites en nous centrant sur le système tel qu'on l'observe dans un ensemble de textes allant du XIe au XIIIe siècle[1]. Dans la section 2, nous examinerons quatre textes du XIe siècle : les deux textes du ms. Clermont-Ferrand 240 (composés et copiés vers l'an 1000), la *Vie de saint Alexis* (composé dans la deuxième moitié du XIe) et la *Chanson de Roland* (fin XIe ou début XIIe). La petite taille de ce corpus nous permet de baser notre analyse sur la lecture des manuscrits en plus des éditions critiques. Dans la section 3, nous nous appuierons sur les trois millions de mots et environ 300 échantillons du *Nouveau Corpus d'Amsterdam* (NCA), le plus important des corpus

---

1   Les trois plus anciens textes du français qui sont antérieurs au XIe siècle ne fournissent pas suffisamment de données.

électroniques étiquetés en morpho-syntaxe que nous possédions pour l'ancien français, qui nous a permis de traiter la période allant de la mi-XIIᵉ à la fin du XIIIᵉ siècle.

2. LES FORMES RÉDUITES DU PRONOM AU XIᵉ SIÈCLE

2.1 LES TEXTES DU MANUSCRIT DE CLERMONT-FERRAND

Les deux textes contenus dans le ms. de Clermont-Ferrand 240 (la *Passion* et la *Vie de saint Léger*) sont datés, comme le manuscrit, au début du XIᵉ siècle. Ce sont les premiers textes en vernaculaire d'une longueur suffisante pour constituer une base adéquate pour une description du système des pronoms réduits.

Les formes réduites du pronom personnel sont fréquentes dans ces textes. Tous les pronoms contenant une voyelle atone autre que <a> ou <i> sont représentés en forme réduite :

(4) LE : Ja·l vedes ela si morir (PassionA, v. 335)
     « Bien qu'elle l'ait vu mourir ainsi »

(5) LES : et en gradilie·ls fai toster (PassionA, v. 495)
     « Et sur une grille les fait brûler »

(6) ME : salvar te ving nu·m receubist (PassionA, v. 68)
     « Je suis venu te sauver ; tu ne m'as pas accueilli »

(7) TE : De me·t[1] membres per ta mercet (PassionA, v. 295)
     « Souviens-toi de moi, par ta grâce »

(8) SE : e sancz Lethgiers ne·s soth mesfait (SLégerA, v. 89)
     « Et saint Léger ne sut pas qu'il était trahi »

Quant à la morphologie du pronom, il est à noter que LES se réalise <ls>, et s'oppose à SE (<s>). Toutes les formes pourraient donc être le résultat d'une règle d'effacement vocalique.

---

1   En diplomatique, <dem&>. Dans les textes du ms. Clermont-Ferrand 240, les leçons diplomatiques du manuscrit proviennent de Foerster et Koschwitz (1932).

Les mots d'appui sont aussi très variés, les formes réduites se manifestant aussi bien après un adverbe fonctionnel comme *ja* ou *ne* qu'après un mot lexical dans un SN comme *gradilie* (5).

Mot d'appui	Pronom	Forme réduite	Forme faible
NE	LE	14	0
	LES	2	0
	ME	3	0
	SE	2	0
SI	LE	3	0
	LES	1	0
QUE	LE	2	1
	ME	1	1
Autres	LE	12	6
	LES	2	0
	ME	2	0
	TE	1	1
	SE	4	1

TABLEAU 2 – Les formes du pronom personnel après voyelle et devant verbe fini à consonne initiale dans les textes du ms. de Clermont-Ferrand 240

Le Tableau 2 fournit un décompte de tous les pronoms personnels placés après voyelle et devant un verbe fini à consonne initiale. Il est à noter surtout que les formes réduites semblent être obligatoires après NE et peut-être aussi après l'adverbe SI ; il n'y a cependant que quatre occurrences de ce type dans le texte. En outre, s'il y a une règle d'enclise, il apparaît que ce n'est toutefois pas obligatoire, et une alternance entre la forme réduite et la forme faible[1] est attestée dans certains contextes, notamment après QUE :

> (9) Trenta deners dunc li en promisdrent, son bon sennior que lo tradisse. (PassionA, v. 88–89)
>> « Ils lui promirent donc trente deniers pour qu'il trahisse son bon seigneur »

---

[1] Notons que dans ces textes, la graphie <lo> au lieu de <le> est utilisée quasi systématiquement pour le pronom et pour le déterminant.

(10) En pas que·l vidren li custod (PassionA, v. 397)
    « Aussitôt que les gardiens le virent »

La catégorie « autres » regroupe toujours beaucoup de contextes différents, et étant donné le peu d'occurrences que nous avons dans ces deux courts textes, les données dont nous disposons sont tout simplement insuffisantes pour l'élaboration d'un classement plus révélateur.

Les formes réduites du pronom sont donc fréquentes, mais leur usage est facultatif dans les deux textes, ce qui remet en cause une analyse purement phonologique reposant sur une règle active d'effacement vocalique. L'emploi des formes réduites se distingue donc de l'élision des pronoms devant voyelle, qui, elle, est obligatoire :

(11) Tu eps l'as deit (PassionA, v. 181)
    « Tu l'as dit toi-même »

Nous proposons donc que dès le début du XIe siècle, les formes réduites du pronom sont à considérer comme des allomorphes, dont l'utilisation est restreinte à un contexte phonétique spécifique (après voyelle et devant consonne). L'explication de la disparition de ce phénomène ne sera donc pas à rechercher uniquement dans l'évolution de la structure prosodique de la langue.

2.2 LA VIE DE SAINT ALEXIS ET LA CHANSON DE ROLAND

L'analyse de la *Vie de saint Alexis* se révèle très riche pour une étude des formes réduites du pronom. Composé pendant la deuxième moitié du XIe, ce texte a été copié dans plusieurs manuscrits. Le témoin le plus étudié, et le plus ancien, est le manuscrit de Hildesheim, copié en Angleterre vers 1120. La *Chanson de Roland*, plus tardif dans sa composition (ca. 1100), est elle aussi préservée dans plusieurs manuscrits offrant des versions différentes du poème, mais c'est le témoin le plus ancien, le manuscrit d'Oxford copié dans le deuxième quart du XIIe siècle, qui reste le plus étudié.

Mot d'appui	Pronom	Formes réduites Alexis	Formes réduites Roland
JO	ME	0	0/1
	TE	0	0/1
NE	ME	0	0/1
	SE	1/1	0/8
PURQUEI	ME	1/2	0/1
QUE	ME	0	0/3
QUI	ME	0	0/1
	SE	0/1	2/3
SI (adv.)	ME	1/2	2/6
	TE	1/1	0
	SE	0	0/12

TABLEAU 3 – Fréquence des formes réduites de ME, TE et SE
après certains mots d'appui dans les plus anciens
mss. de la *Vie de saint Alexis* et de la *Chanson de Roland*

L'emploi des formes réduites dans ces deux textes n'est pas du tout le même que dans le manuscrit de Clermont-Ferrand. Premièrement, les formes réduites n'y sont jamais attestées après un mot lexical ou un syntagme :

(12) Puis ad escole li bons pedre **le** mist (AlexisS², v. 33)
    « Puis son bon père l'envoya à l'école »

(13) Od .C. serjanz par force **les** cunduit (RolMoign, v. 3957)
    « Avec cent sergents il les conduit par force »

Deuxièmement, les formes réduites de ME, TE et SE y sont devenues rares. Le Tableau 3 montre que ces formes ne sont pas du tout obligatoires, même après certains mots d'appui fonctionnels. (En revanche, la réduction de LE et LES après NE, SI, QUE, QUI et JO est quasiment sans exception dans ces deux textes.) Si les formes réduites de ME, TE et SE sont rares, le Tableau 3 montre aussi que le nombre des contextes possibles pour ces formes est assez restreint. Il est donc difficile de tirer des conclusions fermes de ces résultats.

Cependant, la *Vie de saint Alexis* nous fournit des indices supplémentaires en montrant que certaines formes réduites des pronoms étaient devenues quasiment inconnues au copiste du ms. C'est l'avis de Storey (1968 : 45), qui n'hésite pas à réintroduire de nombreuses occurrences de formes réduites, comme dans l'exemple (14) :

> (14) Jo atendi quet a mei repairasses,
>   Par Deu merci, que **tum** reconfortasses. (AlexisS², v. 389–90)
>   « J'ai attendu que tu reviennes à moi, par la grâce de Dieu, et que tu me redonnes du courage. »

La leçon du manuscrit de Hildesheim est <tun>. Il nous semble très difficile d'interpréter cette forme telle quelle : la seule interprétation conforme à cette forme manuscrite serait d'y voir une forme réduite de EN après TU, mais il serait difficile d'attribuer un sens à cette construction. De plus, un manuscrit plus tardif (P : BN fr. 19525) de la fin XIIIᵉ propose une leçon conforme à l'interprétation de Storey :

> (15) Puis atendoie que a mei repairasses
>   par deu merci que **tu me** confortasses (ms P)[1]
>   « J'attendais que tu reviennes à moi, par la grâce de Dieu, et que tu me redonnes du courage. »

Nous sommes ici plutôt en accord avec l'analyse de Storey : <tun>, en effet, pourrait représenter une forme réduite du pronom EN qui était présente dans le texte original mais que le copiste du ms. a mal comprise et mal graphiée.

---

1   La transcription est celle de Foerster et Koschwitz (1932).

Vers	Forme	Édition (Ro/S)	Variantes
Formes réduites du manuscrit			
384	NE + SE	ne s' volt ancumbrer	ne se uolt (P), – (A)
439	QUOI + ME	Pur quem vedeies (S)	ia me ueis tu (A), – (P)
453	QUOI + ME	Pur que[i] m' fuïs	– (A, P)
220	SI + ME	si m' pais	pais me (A), si me (P)
152	SI + TE	Si t' guarderai	si te (A), garderai tei (P)
Corrections			
453	JA + TE	ja t(e) portai en men ventre	iate (L), ieo (P), – (A)
458	JE + TE	Quant jo [t'] vid	io (L), – (A, P)
486	JE + TE	Se jo [t'] soüsse la jus suz lu degret	io (L), uus (A), Se ieo uos seusse sos le degre (P)
188	NE + ME	ne m' revo[e]il	nen (L), ne me (P), – (A)
209	NE + ME	ne m' mete	nen (L), ne me (A), ne (P)
210	NE + ME	ne m' conuistrent	nen (L), ne me (A, P)
210	NE + ME	ne m' virent	nen (L), ne me (P), – (A)
495	NE + ME	Il ne m' faldrat	il nel (L), il ne me (A), ne me (P)
140	NE + SE	ne s(e) contint	nese (L), ne uesqui (P), – (A)
360	NE + TE	Ne t' coneümes	nen (L), ne te (A, P)
435	NE + TE	Ne t' cunuisseie	nel (L), ne te (A, P)
435	NE + TE	vedisse	nel (L), unc ne te (P), – (A)
131	QUOI + TE	pur quei [t'] portat ta medre	quei (L), quei te (A, P)
444	QUOI + TE	Pur quei [t'] portai	quei (L), – (A, P)
390	TU + ME	tu m' reconfortasses	tun (L), tu me confortasses (P), – (A)
470	TU + ME	Ou tu m' laisas	ou tun (L), u me (A), tu me (P)

Tableau 4 – Formes réduites des pronoms dans la *Vie de Saint Alexis*.
Légende : Ro = AlexisRo ; S = AlexisS² ; L = ms. de Hildesheim ;
A = ms. BN nfr. 4503 (Ashburnham), Angleterre *ca.*1200 ;
P = ms. BN fr. 19525 Angleterre, fin XIIIe

Ceci n'est pas un exemple isolé. Dans le Tableau 4, nous présentons une synthèse de toutes les formes réduites de ME, TE ou SE présentes dans les éditions de Rohlfs (1968) et de Storey (1968). Il importe de souligner que les interventions éditoriales ne nous semblent pas toutes justifiées (notamment la correction de <iate> en *jat*, v. 453 ou de <nese> en *nes*, v. 140 pour corriger la mesure). Néanmoins, les interprétations de Storey et de Rohlfs semblent reposer sur des différences assez systématiques entre les trois versions manuscrites. Storey et Rohlfs corrigent là où le copiste du ms. de Hildesheim écrit soit une forme monosyllabique en <-n> ou <-l> (par ex. <nel>, <tun>), soit rien du tout, chaque fois qu'ils considèrent que la leçon du ms. L est fausse. Normalement, la leçon de l'éditeur correspond à l'interprétation du texte donnée par le ms. A ou par le ms. P, qui pourtant ne contiennent jamais de forme réduite des pronoms ME, TE ou SE. Notons surtout que dans les vers 470, 486 et 495 au moins l'une des variantes omet le pronom sujet et utilise la forme faible du pronom objet, peut-être pour garder la mesure du vers.

Dans l'ensemble, nous sommes d'accord avec Storey que le copiste du ms. de Hildesheim a cherché à tout prix à éviter les formes réduites de ME, TE et SE. D'ailleurs, la présence de la forme faible du pronom dans les ms. A et P et le sens parfois peu évident des formes du ms. de Hildesheim suggèrent qu'une version plus ancienne du texte possédait un système plus élaboré de pronoms réduits, plus proche de celui du ms. de Clermont. Si c'est le cas, nous sommes donc tenté de situer la disparition des formes réduites de ME, TE et SE dans la deuxième moitié du XIe siècle : les formes réduites devaient être employées par l'auteur, mais non reconnues par le copiste au début du XIIe siècle.

La perte précoce des formes réduites de ME, TE et SE tandis que celles de LE et de LES restaient très répandues pose problème pour une analyse prosodique de la disparition de l'enclise. Cette approche ne fournit aucun mécanisme capable de rendre compte d'une différence de comportement entre des lexèmes ayant le même statut prosodique (pronom inaccentué, clitique attaché au verbe dans la syntaxe). En revanche, comme nous le verrons dans la section suivante, la présence des formes réduites devient de plus en plus conditionnée par des facteurs lexicaux, ce qui nous incite à analyser le phénomène sur le plan morphologique plutôt que de supposer une règle phonologique d'effacement vocalique.

3. LES FORMES RÉDUITES DES PRONOMS
AU XIIᵉ ET AU XIIIᵉ SIÈCLE

Nous basons notre étude des formes réduites des pronoms au XIIᵉ et au XIIIᵉ siècle sur les trois millions de mots du *Nouveau Corpus d'Amsterdam* (NCA) (Stein, Kunstmann et Glessgen 2006). Le corpus est constitué d'environ 300 échantillons de textes littéraires composés en langue d'oïl entre 1100 et 1350, et provient du corpus rassemblé et utilisé par Dees (1987). Ce corpus bénéficie d'un étiquetage morphologique fait à la main, ce qui permet d'exploiter rapidement une quantité importante de données[1].

Le corpus est hétérogène, et comporte des transcriptions non-publiées de manuscrits ainsi que des textes critiques. Certains textes sont présents dans deux ou trois versions différentes. Pour cette raison, toute analyse quantitative qui regroupe les données de plusieurs échantillons dans une seule unité risque d'être trompeuse. Après une présentation globale des formes attestées dans le corpus, nous traiterons donc chaque échantillon comme une unité séparée, en nous focalisant sur la fréquence relative des formes réduites du pronom au sein de chaque échantillon et en évitant toute généralisation statistique sur un corpus ou un sous-corpus.

Chaque mot dans le corpus porte une étiquette morpho-syntaxique, et nous avons utilisé cet étiquetage comme base d'une extraction automatique des données. Nous avons ensuite parcouru les concordances produites afin de distinguer les vraies occurrences des formes réduites du bruit généré par la requête et des erreurs manifestes d'annotation. Malgré cette vérification, et comme dans toute étude basée sur corpus, la bonne qualité des annotations des données est essentielle à la validité de nos résultats. Ayant précédemment utilisé les annotations morpho-syntaxiques du NCA comme base d'étiquetage de notre propre corpus (*cf.* Rainsford 2011), nous les trouvons très fiables. Nous soulignons que

---

1   Deux échantillons sont exclus du corpus : **rolandox**, que nous avons déjà examiné, et **jongl**, qui semble contenir un nombre important de lacunes, ce qui met en cause la qualité philologique de cet échantillon. Pour chaque échantillon du NCA, nous citons le sigle DEAF. Il est à rappeler que l'échantillon NCA ne correspond pas nécessairement au texte entier.

ce corpus a été construit pour une étude sur les scriptas, pour laquelle une bonne qualité d'annotation morphologique pour chaque forme était primordiale.

Nous présentons les formes attestées dans le corpus dans la section 3.1, avant d'examiner de plus près les tendances diachroniques (3.2).

3.1 FORMES ATTESTÉES

Mot d'appui	LE	LES
JE	532 (50,2 %)	72 (35 %)
TU	11 (10,4 %)	0
NE	1951 (66,8 %)	427 (61,2 %)
QUI	86 (12,8 %)	57 (16,5 %)
QUE	66 (31,3 %)	41 (49,4 %)
SI/SE	558 (36,9 %)	285 (37,1 %)

TABLEAU 5 – Fréquences totales des formes réduites dans le NCA, avec pourcentage de formes réduites attestées dans tous les contextes possibles

Le Tableau 5 donne un aperçu immédiat de la fréquence des formes réduites dans le NCA. Toutes les combinaisons attestées par plus de dix occurrences y sont représentées. Nous constatons tout de suite la disparition des formes réduites de ME, TE et SE, qui posaient déjà problème au copiste de la *Vie de saint Alexis* vers 1120. De plus, comme cela a déjà été signalé dans le Tableau 1, la variété des mots d'appui est très restreinte. Enfin, les pourcentages présentés dans le tableau montrent la proportion des formes réduites dans chaque contexte. Il est clair que certaines formes sont plus fréquentes que d'autres (par ex. il y a 532 occurrences de JEL contre 11 de TUL), mais aussi que la fréquence de la forme réduite varie selon le contexte (par ex. elle est présente dans 66,8 % des séquences NE + LE, mais dans seulement 10,4 % des séquences TU + LE). Nous reviendrons sur l'analyse de cette distribution dans les sections suivantes.

Au total, nous n'avons qu'une vingtaine d'occurrences d'autres combinaisons de mot d'appui et forme réduite dans notre corpus. Parmi celles que nous avons pu vérifier dans l'édition imprimée, nous avons rencontré des corrections éditoriales (par ex. *feirel* pour <feire el> dans le

Livre de Manieres d'Estienne de Fougères, EstFougL, v. 360), des erreurs de numérisation du corpus, et des formes qui semblent valables du point de vue philologique, mais étranges du point de vue syntaxique (par ex. *mes*, forme réduite de LES après ME clitique objet indirect dans le *Jeu de saint Nicolas* de Jehan Bodel, BodelNicH, v. 843, ce qui suppose une inversion de l'ordre habituel de l'objet direct et de l'objet indirect). Bien que nous ne niions pas la possibilité de combinaisons autres que celles figurant dans le Tableau 5, nous voulons souligner leur grande rareté. De plus, la fréquence assez élevée des erreurs et des interventions éditoriales, malgré le peu d'occurrences rencontrées renforce notre impression qu'il est impossible de se fier aux corpus électroniques pour une étude sur des formes peu fréquentes lorsqu'ils sont basés sur des éditions critiques.

Avant d'aller plus loin, il convient de préciser deux points concernant le calcul des chiffres donnés dans le Tableau 5 et les tableaux suivants. Premièrement, nos statistiques regroupent plusieurs variantes orthographiques : JEL, par exemple, inclut les formes <gel>, <geu>, <iel>, <ieol>, <io>, <jeol>, <iol>, <jeu>, <jol>, <jo>, <jou>, <ju>. L'étiquetage du corpus est donc essentiel pour distinguer les homographes (par ex. <geu> "je le" et <geu> "jeu"). Il est à noter aussi que dans un premier temps les formes qui contiennent une vocalisation de /l/ sont comprises dans nos statistiques : nous y reviendrons. Deuxièmement, nous regroupons la conjonction SE (fr. mod. "si") et l'adverbe SI (fr. mod. "ainsi"). Malheureusement, l'étiquetage du corpus ne nous permet pas de distinguer entre ces deux lexèmes. De plus, nous verrons dans la section 3.3 que dans plusieurs textes l'adverbe SI est écrit <se> devant une forme réduite et <si> dans les autres cas.

3.2 TENDANCES DIACHRONIQUES

Nous examinons dans cette section la proportion des formes réduites dans l'ensemble des contextes indiqués dans le Tableau 5. Pour chaque texte, nous considérons qu'une forme du pronom (réduite ou faible) est prédominante si elle se trouve dans au moins 80 % des contextes. Les échantillons qui présentent moins de dix contextes où les formes réduites seraient possibles sont exclus de l'analyse.

Fréquence globale des formes réduites du pronom

Date	Échantillons ayant au moins 10 contextes			Autres échantillons	Total
	Réduite	Faible	Mixte		
av. 1150	3	0	0	3	6
1150–	9	0	18	14	41
1175–	13	1	51	7	72
1200–	10	16	27	11	64
1225–	3	6	18	4	31
1250–	2	12	18	11	43

TABLEAU 6 – Décompte des échantillons dans le NCA classés
par date de composition et forme prédominante du pronom
dans les contextes où les formes réduites sont attestées

L'analyse du Tableau 6 montre que les formes réduites du pronom sont prédominantes presque à l'exclusion des formes faibles dans les textes composés au XIIᵉ siècle. En effet, un seul texte du XIIᵉ (la *Chanson de Floovant*, FloovA) préfère la forme faible du pronom dans les contextes spécifiques à la forme réduite. Par contre, il n'y a plus que deux textes de la deuxième moitié du XIIIᵉ dans lesquels la forme réduite prédomine : *L'Âtre Périlleux* (AtreW) et le *Roman de Thèbes* (ThebesR). Dans le cas du *Roman de Thèbes*, il s'agit d'un remaniement d'un texte du milieu du XIIᵉ ; la date de composition proposée par la bibliographie du NCA sur laquelle nous nous basons est controversée[1]. De plus, la forme réduite semble être plus commune dans les manuscrits anglo-normands : 16 des 33 textes à forme réduite proviennent de manuscrits anglo-normands, tandis que les manuscrits insulaires ne représentent que 12 % du total des textes du corpus qui contiennent plus de dix contextes où les formes réduites seraient attestées. Il n'est cependant pas facile de dissocier les effets de la chronologie et du dialecte, car les plus anciens textes du corpus sont souvent conservés dans des manuscrits anglo-normands.

---

1   *Cf.* Raynaud de Lage (1966), qui considère que la langue de son manuscrit de base a été « rajeunie et francisée » par le copiste. Même si tel est le cas, nos données suggèrent que la fréquence de la forme réduite du pronom dans ce texte caractérise plutôt un texte du XIIᵉ qu'un texte du XIIIᵉ.

Dans l'ensemble, les données du Tableau 6 nous aident à préciser la chronologie de la disparition de la forme réduite du pronom : tandis que les formes réduites sont très fréquentes dans les premiers textes français de la première moitié du XIIe, elles sont beaucoup plus rares dans les textes du XIIIe, surtout après 1250.

La fréquence de chaque combinaison

La fréquence globale des formes réduites masque une variation importante entre la fréquence de différentes combinaisons. Par exemple, le *Merlin* en prose (MerlinM) du début du XIIIe siècle, avec 25 occurrences des formes réduites sur 88 contextes (28,4 %) est classé dans l'ensemble comme un texte mixte. Cependant, la forme NEL y est très fréquente, et se manifeste dans 22 des 26 contextes possibles (84,6 %). Il n'y a donc que quatre occurrences de la forme réduite dans d'autres contextes : deux de JEL (contre 11 JE LE), une de SIL (contre 14 de SI LE) et une de NES. Par contre, la forme TUL est absente malgré onze contextes possibles, et la combinaison SIS (ou SES) n'est pas attestée malgré dix contextes d'occurrence possibles.

Ce texte n'est pas atypique. En effet, les données reflètent une hiérarchie implicationnelle de l'usage des combinaisons avec la forme réduite *l* :

(16) NEL > JEL > SIL/SEL > QUIL (QUEL) > TUL

Dans le Merlin en prose cité ci-dessus, la forme réduite n'est dominante qu'après la négation, et le même phénomène s'observe dans d'autres textes datant de la fin XIIe / début XIIIe siècle, notamment la *Queste del saint Graal* (SGraalIVQusteP) et la *Mort le roi Artu* (MortArtuF). En outre, dans les textes où la forme faible du pronom est dominante, s'il existe une seule combinaison avec forme réduite du pronom, cette forme est toujours NEL. Par exemple, dans *Renart le Contrefait* (RenContr[1]R), l'un des textes les plus tardifs de notre corpus datant du premier quart du XIVe siècle, on relève dix occurrences de la forme réduite (6 NEL et 4 NES) contre cinquante occurrences de la forme faible (11 JE LE, 12 NE LE, 4 QUI LE, 17 QUE LE, 1 SI LE, 2 NE LES, 2 QUI LES, 1 SI LES).

Texte	Fréquence de la forme réduite par contexte (%)			
	NEL	JEL	SIL/SEL	QUIL
EvratGenaBo	86,0 (50)	95,8 (24)	71,4 (14)	0 (12)
DialGregF	100 (6)	100 (5)	0 (16)	0 (3)
chret2[1]	72,4 (29)	68,4 (19)	28,6 (21)	0 (7)
percevalb[2]	70,5 (61)	65,5 (29)	27,8 (36)	14,3 (14)
elie[3]	63,6 (33)	75,0 (8)	31,8 (22)	25 (8)

TABLEAU 7 – Fréquence des formes réduites du pronom dans différents contextes dans cinq textes composés devant le dernier quart du XIIe siècle ; pourcentage avec total de contextes potentiels entre parenthèses

De plus, il existe des textes qui préfèrent la forme JEL à la construction JE LE, mais dans lesquels la forme réduite n'est pas si commune après SI, et où la forme réduite après QUI est quasi non-existante. Cette tendance se retrouve notamment dans les textes de Chrétien de Troyes, mais comme le montre le Tableau 7, est présente dans d'autres textes de la même époque. On note aussi que dans la *Genese d'Evrat* (EvratGenaBo), la forme SIL/SEL est largement utilisée, tandis que la forme QUIL n'est même pas attestée.

Enfin, la forme TUL est très peu fréquente, et est seulement attestée dans deux textes du corpus (les *Quatre Livres des Rois*, RoisC, et le *Psautier de Cambridge*, PsCambrM), dans lesquels la forme réduite du pronom dans d'autres contextes (sauf peut-être suivant QUE) est obligatoire. Pour le reste, même les textes dans lesquels JEL est prédominant emploient la forme faible après TU (par ex. le *Jeu d'Adam*, AdamA, avec 13 occurrences de JEL contre une seule de JE LE, mais neuf occurrences de TU LE).

Comme le montre le Tableau 5 présenté ci-dessus, la forme réduite du pronom singulier après QUE et celle du pronom pluriel sont plus rares, ce qui indique que l'on manque d'occurrences dans chaque texte pour pouvoir les situer sur cette hiérarchie. Cependant, rien dans le

1   Sigle du NCA. Le texte contient des échantillons de YvainL et de PercL.
2   Sigle du NCA. Il s'agit d'une transcription inédite du *Roman de Perceval* de Chrétien de Troyes, basée sur le manuscrit de Berne (Bibl. de la Ville 354).
3   Sigle du NCA. Il s'agit d'une transcription inédite d'*Elie de Saint Gille* basée sur le manuscrit fr. 25516 dans la Bibliothèque Nationale à Paris.

corpus ne suggère que la forme réduite du pronom pluriel aurait disparu plus rapidement que celle du singulier : de fait, la forme NES semble se maintenir dans les textes tardifs de la même manière que la forme NEL (comme on l'observe dans RenContr[1]R).

Nous observons aussi que les formes plus à gauche dans notre hiérarchie implicationnelle, et donc les dernières à disparaître, sont celles dont les contextes d'apparition sont les plus fréquents. Nous indiquons en (17) les combinaisons du mot d'appui et du pronom LE dans l'ordre de la hiérarchie présentée avec le nombre de contextes attestés dans le NCA où la forme réduite serait possible en-dessous :

(17)	NE+LE	JE+LE	SI/SE+LE	QUI+LE	QUE+LE	TU+LE
	2921	1060	1512	672	210	106

La correspondance n'est pas parfaite, mais la tendance est très claire : c'est dans les contextes les plus fréquents que les formes réduites se maintiennent davantage. Bien que nous ayons des doutes sur la pertinence d'étendre la notion de « contexte plus fréquent » à la langue en général (il nous semble, par exemple, que la fréquence peu élevée de TU+LE tient à la rareté de tutoiement entre les personnages dans les romans courtois, ce qui ne reflète pas nécessairement la rareté de TU dans la langue quotidienne), la correspondance entre la hiérarchie et la fréquence du contexte est si frappante dans notre corpus que nous avançons néanmoins l'hypothèse que la fréquence du contexte joue un rôle important dans la conservation des formes réduites du pronom.

Puisque nous sommes contraint de ne baser nos remarques que sur les textes qui contiennent un nombre assez élevé de contextes où la forme réduite serait possible, la hiérarchie implicationnelle que nous proposons en (16) pourrait sembler peu fondée. Ceci dit, nous soulignons le fait qu'aucun texte de notre corpus ne montre une pratique de l'usage de la forme réduite du pronom qui serait contraire à la hiérarchie proposée en (16).

Le statut des formes réduites aux XIIe et XIIIe siècles

Les données du NCA nous incitent à souligner une propriété fondamentale de l'usage des formes réduites au XIIe et au XIIIe siècle : elles connaissent très peu de mots d'appui, et le nombre des mots d'appui possible diminue au cours de la période.

Selon l'analyse de Zwicky et Pullum (1983), cette sélectivité d'un morphème lié vis-à-vis de ses mots d'appui constitue une distinction fondamentale entre clitique et affixe :

> A. *Clitics can exhibit a low degree of selection with respect to their hosts, while affixes exhibit a high degree of selection with respect to their stems*[1]. (Zwicky et Pullum 1983 : 503)

Or, il est certain que les morphèmes -L et -S sélectionnent très peu de mots d'appui, même si, d'un point de vue catégoriel, les mots d'appui ne sont pas tous du même type (JE est pronom, SI est adverbe, QUE est conjonction, etc.). Ce haut degré de sélectivité suggère que le morphème est à considérer plutôt comme un affixe que comme un clitique.

Zwicky et Pullum identifient trois caractéristiques supplémentaires qui distinguent les clitiques et les affixes :

> B. *Arbitrary gaps in the set of combinations are more characteristic of affixed words than of clitic groups.*
>
> C. *Morphophonological idiosyncrasies are more characteristic of affixed words than of clitic groups.*
>
> D. *Semantic idiosyncrasies are more characteristic of affixed words than of clitic groups*[2]. (Zwicky et Pullum 1983 : 504)

Les morphèmes -L et -S exhibent des propriétés affixales conformes à la condition B : s'ils étaient plutôt clitiques, on s'attendrait à ce qu'ils s'attachent à tous les pronoms personnels à voyelle finale (JE, TU et ELE) avec la même fréquence, alors que, comme nous l'avons vu, ils ne se manifestent qu'après JE et (rarement, et seulement au XIIe) après TU.

Quant à la condition C, nos données montrent l'émergence d'une alternance assez régulière dans les textes de la fin XIIe dans la forme de l'adverbe SI. Même dans les textes ou la forme la plus fréquente du pronom est <si>, c'est la forme <se> que l'on observe devant le pronom clitique :

---

1   « A. Les clitiques montrent un faible degré de sélectivité quant au mot d'appui, alors que les affixes montrent un fort degré de sélectivité quant à leur racine. »

2   «B. Des lacunes arbitraires dans la série des combinaisons sont davantage caractéristiques des mots affixés que des groupes clitiques. C. Des particularités morphophonologiques sont davantage caractéristiques des mots affixés que les groupes clitiques. D. Des particularités sémantiques sont davantage caractéristiques des mots affixés que les groupes clitiques. »

(18) et mes sire gauuains s adrece
vers lui **se l** fiert si qu il lo blece
el braz et el coste (**percevalb**[1], v. 82–84)
« Et monseigneur Gauvain se redresse face à lui et il le frappe et le blesse au bras et au côté. »

(19) atant yonez l apela
si lo commande a descendre (**percevalb**, v. 55–56)
« Alors Yonez l'apela ; il lui commande de descendre. »

Dans notre corpus, les formes <sil> et <sis> sont presque uniquement attestées dans les manuscrits anglo-normands[2] ; dans d'autres textes, la forme <sel> est régulière. Cette alternance n'est pas surprenante si l'on considère les formes -L et -S comme des affixes. En outre, du point de vue phonologique, il est intéressant de noter une préférence très marquée pour la forme réduite après la voyelle <e>.

Cependant, nous ne trouvons pas d'indices dans nos données que la forme réduite du pronom possède une sémantique différente de celle de la forme faible (le critère D de Zwicky et Pullum). L'une des difficultés provient du fait qu'une proportion importante de nos textes est en vers, et il est probable que l'alternance entre forme réduite et forme faible était en partie conditionnée par la mesure. De plus, même dans les textes en prose, le facteur le plus pertinent pour l'alternance entre forme réduite et forme faible est la nature du mot d'appui, comme le souligne la hiérarchie implicationnelle de la section 3.2.

En somme, nous pensons donc qu'aux XIIe et XIIIe siècles, la combinaison du mot d'appui avec -L ou -S est à considérer comme un seul mot au niveau morphologique, ce mot servant à exprimer deux mots au niveau syntaxique. Sa forme est entièrement lexicalisée, et n'est plus générée par une règle productive de cliticisation phonologique ou syntaxique. C'est donc un mot « portemanteau », au sens où l'entend Zwicky (1987). Les anciens clitiques du XIe siècle ont donc été réanalysés en affixes sur un petit nombre de mots d'appui.

---

1 Cet échantillon étant une transcription non-publiée du manuscrit, nous citons directement le texte non-ponctué du corpus.

2 Les textes non anglo-normands comportant plus de cinq occurrences de <sil> et <sis> sont les suivants : *Le Chastoiement d'un pere à son fils* (ChastPereaM) (normand) ; le *Roman d'Alexandre* décasyllabique (AlexArsL) (ms. poitevin) ; ms. du *Perceval* (**perf**) (ms. de l'est) ; la *Vie du pseudo-pape saint Grégoire* (SGregA[1]S) (ms. tourain).

3.3 LA PERTE DES FORMES RÉDUITES

Reste la question de la disparition des formes réduites du pronom au cours du XIIIe siècle. Nous suggérons que l'explication est d'ordre phonologique. Deux changements surtout auraient modifié radicalement la réalisation de ces formes :

— La vocalisation de /l/ à la finale devant consonne, avec monophtongaison de la diphtongue qui en résulte.
— La chute de /s/ devant consonne.

Selon Pope (1934 : § 383), la vocalisation de /l/ > /w/ devant consonne est achevée avant la mi-XIIe. De plus, après /i/ et /y/, la semi-voyelle se serait intégrée à la voyelle précédente et aurait disparue. Nos données montrent clairement une disparition précoce de TUL, et la disparition de <sil> au profit de <sel>, ce qui correspond exactement aux prédictions de cette analyse. La monophtongaison de la diphtongue qui résulte de ce changement est à dater du XIIIe. En ce qui concerne /s/, Pope note que les premiers exemples d'effacement de /s/ devant consonne au sein d'un mot apparaissent à la fin du XIIe (Pope 1934 : § 613).

Certains de nos échantillons montrent la mutation phonologique de /l/ dans la graphie. Seules les formes réduites après JE et NE sont concernées, mais les formes <jou> et <nou> sont attestées dans des manuscrits copiés dans la deuxième moitié (et le plus souvent le dernier quart) du XIIIe siècle (le *Roman de la Rose* en constitue un exemple bien connu).

Nous avançons l'hypothèse que ces changements phonologiques ont eu pour effet un obscurcissement total de la structure morphémique des combinaisons comportant une forme réduite du pronom. Mais si c'est le cas, pourquoi les combinaisons de préposition et de déterminant (*au, aux, du, des* ; et jusqu'à la Renaissance *ou* issu de EN + LE et *ès*) ont-elles survécu alors qu'elles ont subi exactement les mêmes modifications phonologiques ? En réponse, il faut souligner qu'il n'est pas du tout clair que ces combinaisons sont toujours à analyser comme des mots « portemanteaux », qui représentent deux mots distincts au niveau syntaxique. L'analyse de Miller, Pullum et Zwicky (1997), par exemple, considère que les formes telles que *au* et *du* sont des « affixes phrastiques » rattachés au GN ; Cabredo Hofherr (2013), par contre, propose une analyse en termes de « prépositions fléchies ». Les deux analyses ont en commun le fait de ne pas décomposer la forme *au* en une combinaison de préposition plus déterminant défini. Nous faisons donc l'hypothèse que cette réanalyse syntaxique des combinaisons de préposition plus déterminant date du XIIIe siècle, et qu'elle a pour cause cet obscurcissement total de la structure morphémique sous-jacente que nous venons d'évoquer. Quant aux formes réduites du pronom, nous pensons qu'une telle réanalyse syntaxique de la structure n'a jamais eu lieu, peut-être à cause de la variation entre forme réduite et forme faible déjà présente dans le système, contrairement à ce qui se produit avec l'enclise obligatoire du déterminant après les prépositions *a* et *de*.

4. CONCLUSION

Nous soutenons donc l'hypothèse que les formes réduites des pronoms personnels placées dans le groupe devant le verbe fini en ancien français ne proviennent pas d'une règle phonologique productive d'effacement vocalique conditionnée par la structure prosodique, mais qu'il s'agit d'allomorphes figés du pronom. Clitiques dans les textes du début du XIe dans le ms. de Clermont, les formes -L et -S deviennent progressivement affixales au cours des XIIe et XIIIe siècles, en sélectionnant un groupe de plus en plus réduit de mots d'appui. En revanche, les formes clitiques de ME, TE et SE sont rares dès le début du XIIe siècle, ainsi que dans la *Chanson de Roland* et la *Vie de saint Alexis*. Cependant, une étude des variantes manuscrites de ce dernier texte suggère que le texte original du poème devait contenir plus de formes réduites que celles qui sont conservées dans le plus ancien témoin.

Aux XIIe et aux XIIIe siècles, les mots d'appui se prêtant à des formes réduites de LE et de LES dans chaque texte suivent une hiérarchie implicationnelle que nous avons présentée en (16) : s'il y a un seul mot d'appui pour la forme réduite du pronom dans un texte, c'est le clitique négatif NE, puis le pronom sujet JE, etc. Il semble que les contextes où les formes réduites se maintiennent le plus longtemps soient aussi les plus fréquents. Enfin, nous proposons l'hypothèse que la disparition de ces formes est favorisée par deux changements phonétiques (la vocalisation de /l/ et la chute de /s/ devant consonne) qui ont obscurci la structure morphologique sous-jacente de ces formes.

Un facteur dont la pertinence reste à évaluer est le dialecte du texte. Il est peut-être significatif que les textes du ms. de Clermont, où les formes réduites sont les plus fréquentes, proviennent d'une zone limite entre les domaines d'oïl et d'oc, puisqu'il est certain que l'enclise était plus répandue en occitan. Par ailleurs, dans le courant du XIIe siècle, il est difficile de déterminer si la fréquence plus élevée des formes réduites dans les textes anglo-normands (*cf.* 3.2) tient au dialecte ou à la chronologie, étant donné qu'une proportion importante de textes antérieurs à 1175 sont conservés dans des manuscrits anglo-normands. Bien qu'une étude systématique du rôle des différences dialectales soit difficile à mener pour la période antérieure à 1175, il nous semble qu'une étude de la variation dialectale dans l'emploi des formes réduites à la fin XIIe et dans la première moitié du XIIIe pourrait fournir des indices précieux.

Thomas M. RAINSFORD
Université d'Oxford

L'ANCIEN FRANÇAIS DIALECTAL

Une comparaison du marquage du genre grammatical en anglo-normand et en wallon oriental

1. INTRODUCTION

On assiste depuis quelque temps à l'émergence d'un sujet d'étude assez nouveau, « les histoires » du français, conçu comme programme visant à comprendre la diversité historique de ses locuteurs et de leurs pratiques langagières. L'insuffisance du modèle ancien qui assimilait la diachronie de la langue à l'évolution abstraite des formes du français « central » pris comme norme n'est plus à démontrer. Savoir par quelles problématiques le remplacer, pourtant, fait moins l'unanimité. Parmi les méthodes qui existent pour étudier la diversité en synchronie figure la recherche de principes sous-tendant la variabilité de surface, autrement dit la « structured variation » labovienne, où il convient de distinguer variations diatopique, diastratique et diaphasique (Gadet 2003). Si les opportunités de mener ce type de recherches sont pleinement disponibles en ce qui concerne le français moderne, en revanche les états de langue antérieurs, et surtout médiévaux, posent problème. Afin de pouvoir fixer les paramètres requis pour réaliser des progrès dans ce domaine, il faudrait indubitablement un élargissement des ressources disponibles aux chercheurs, en allant au-delà des corpus actuels qui comportent surtout des textes littéraires, de provenance souvent incertaine (Völker 2007).

Dans cet article nous tâchons de rendre lisible la variation diatopique qui existait en français médiéval, visant en particulier la syntaxe et la phonologie, à l'aide de textes historiographiques et administratifs issus de deux variétés périphériques de la francophonie médiévale, l'anglo-normand des XIIIe-XIVe siècles et l'ancien wallon oriental. Longtemps négligé par les historiens du français, l'anglo-normand tardif comporte certains avantages à l'étude de la variation en diachronie. L'ancrage local et temporel des documents qu'il nous propose donne la possibilité de bien situer les faits de langue dans l'espace et dans le temps. C'est également le cas de bon nombre de textes rédigés en Wallonie, composés dans la région de Liège qui formait au Moyen Âge, comme aujourd'hui, l'extrémité nord-est de la Langue d'oïl. Zone frontalière, mais romanophone de très longue date, la Wallonie orientale faisait indubitablement partie du continuum dialectal composant l'ancien français.

En ce qui concerne l'anglo-normand tardif, en revanche, son statut parmi les variétés du français médiéval est moins sûr : il a fait l'objet de controverses pendant au moins un siècle, le plus souvent, il faut le dire, dans l'absence d'un examen approfondi de ses traits linguistiques. Selon bon nombre d'auteurs, c'était une langue seconde mal maîtrisée. On se souviendra du verdict de Gaston Paris (Paris 1881 : xxxv) « L'anglo-normand n'est pas à proprement parler un dialecte : il n'a jamais été qu'une manière imparfaite de parler le français », auquel Menger (1904 : 4) a fait écho : « Bad French as used in England » (du mauvais français parlé en l'Angleterre). Lusignan (2004 : 158) adopte sensiblement le même point de vue en affirmant que : « L'anglo-normand n'était pas une langue maternelle en Angleterre au même titre que les autres formes du français en France et dans la Belgique actuelle [...]. Cette situation rendait difficile de considérer l'anglo-normand comme un dialecte ». Certains auteurs, comme Menger (1904), Pope (1934), et Berndt (1972) ont reconnu l'anglo-normand tel qu'il s'est implanté à la suite de la Conquête normande comme une variété légitime du français médiéval tout en insistant sur le fait qu'il se dégrade, au cours des XIIIᵉ et XIVᵉ siècles, en une langue artificielle entretenue par des scribes n'ayant plus les compétences d'un locuteur natif.

Pourtant, une attitude plus positive à l'égard de l'anglo-normand a toujours existé. Valkhoff (1939 : 388) a noté « une opinion commune sur ce français spécifique parlé et écrit en Grande Bretagne depuis la Conquête jusqu'à la fin du XIVᵉ siècle [...] les spécialistes [sont] de plus en plus d'accord pour considérer l'anglo-normand comme une réalité linguistique. » Pour leur part, Rothwell (2001) et Trotter (2003) signalent la vigueur de cette variété jusqu'à une date assez tardive. Selon Trotter (2003 : 239), l'anglo-normand était « une variété parfaitement adéquate

de la deuxième langue internationale du moyen age, après le latin ».
Ingham (2010c) a étudié certaines entorses à la grammaire que l'on a
reprochées au français insulaire, en signalant leur présence également
dans certains dialectes du continent, comme le normand, le picard et
le saintongeais.

La question du statut de l'anglo-normand trouve une pertinence accrue
avec l'apparition récente de plusieurs bases de données électroniques, soit
en ligne, soit sur cédérom, à savoir le corpus PROME (Given-Wilson *et
al.* 2005) des requêtes au parlement anglais, le *Corpus de Correspondance
Anglo-Normande* (Ingham 2008), le *Anglo-Norman Year Books Corpus*
(Larrivée et Ingham 2010), et surtout le *Anglo-Norman Hub Textbase*
(Trotter 2007). Les trois premiers sont des corpus relativement restreints
et mono-génériques. Le dernier est de taille importante, multi-générique
et recouvrant un laps de temps allant de 1120 à 1420 environ. Il est
légitime de se demander dans quelle mesure on peut se servir de ces
ressources comme source d'informations propres à nous renseigner sur
l'évolution du français médiéval.

2. LE MARQUAGE DU GENRE GRAMMATICAL
EN ANGLO-NORMAND

L'objectif de cette étude est de comparer deux variétés périphériques
de la francophonie médiévale, afin de déterminer si certains traits préten-
dument aberrants qu'on a reprochés à l'anglo-normand tardif méritent
qu'on lui refuse le statut d'une variété ordinaire du français. Sera ainsi
poursuivie la problématique soulevée par Trotter (2003) et reprise par
Ingham (2010c) : l'anglo-normand était-il vraiment une variété « à part »,
comme l'a qualifié Bruneau (1955), à savoir, une variété non native mal
maîtrisée par ses locuteurs ? L'on examinera un trait linguistique tenu
souvent comme indice de la compétence d'un locuteur natif, à savoir la
maîtrise de l'accord en genre grammatical. Tanquerey (1916 : lv) a épinglé
dans la correspondance anglo-normande des XIIIᵉ-XIVᵉ siècles des fautes
de genre « dues à l'ignorance » selon lui, ou bien redevables à l'influence
de l'anglais, facteur revendiqué également par Kibbee (1996 : 10). Ni

l'un ni l'autre, pourtant, n'a clairement explicité la manière dont cette influence de contact se serait fait sentir.

Le genre grammatical du vieil anglais n'existant pour ainsi dire plus au XIIIᵉ siècle, un simple transfert du genre de l'item lexical anglais correspondant était exclu. Deux sortes d'influence sont donc envisageables, soit la neutralisation du marquage du genre, comme en picard, où *le* s'employait à la fois pour *le* et *la*, et *me* pour *mon* et *ma* (Pope 1934 : 488), soit l'emploi erratique de formes masculines et féminines. En l'occurrence, c'est bien le second cas de figure qui s'est produit, p. ex. :

> (1) a. en cel prison (Bills in Eyre 37)
>   « en cette prison »
>
>   b. sicum en acun rivere (Britton 404)
>   « comme en quelque riviere »
>
> (2) a. de ceste trepas (Bills in Eyre 12)
>   « de cette infraction »
>
>   b. en le haute chemin vers Donestaple (Lettres 50)
>   « sur la grande route en allant vers Dunstable »

On s'apercevra que l'irrégularité formelle, du moins à l'écrit, consiste en la présence voire l'absence d'un <e> final. Or, l'amuïssement de la voyelle /e/ en position non accentuée s'est fait sentir en anglais dès la fin du XIIᵉ siècle (Hogg et Denison 2006 : 66). Pour rendre compte de la variabilité du marquage de l'accord en genre manifestée par des exemples comme (1) et (2), il faudrait donc envisager l'hypothèse de l'influence phonologique, et non grammaticale, de l'anglais sur le français insulaire. Une fois le /e/ caduc devenu instable en anglo-normand, comme en moyen anglais, les moyens requis pour marquer régulièrement l'accord en genre auraient, la plupart du temps, fait défaut.

Cette hypothèse est appuyée par le fait que ni les déterminants possessifs *mon/ma*, *son/sa*, ni les formes contractées « préposition + article défini » (*al*, *del*, etc.) n'ont été touchés par l'instabilité du /e/ caduc, et que dans ces deux cas précisément on ne constate pour ainsi dire aucune irrégularité en anglo-normand jusqu'à une date bien avancée. Dans deux études du présent auteur (Ingham 2010a, 2010b), la fréquence des fautes de genre dans les *Requêtes au Parlement anglais*, rédigées au XIVᵉ siècle (Given-Wilson *et al.* 2005), ont été calculées. Il s'est avéré que les déterminants possessifs *mon* et *son* respectaient l'usage en français continental presque à 100 %, et les formes contractées « préposition + article défini » à peine moins souvent. Par contre, les formes masculines *cel*, *cest*, *nul* et *tout* accompagnaient un nom féminin une fois sur trois. Les résultats obtenus dans ces deux études sont combinés dans la Figure 1, qui indique le niveau de régularité dans le marquage de l'accord en genre dans ces différents types de marqueurs. Le décalage est évident entre les formes contractées de l'article défini et les déterminants possessifs d'une part et les déterminants comme *cel* et *nul* d'autre part.

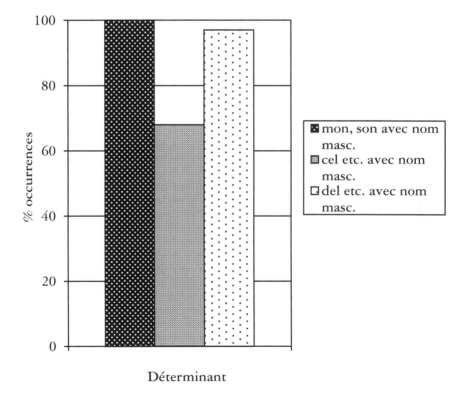

FIGURE 1 – Occurrences en % avec un nom masculin
de trois types de marqueurs du genre masculin dans les requêtes
au parlement en anglo-normand, circa 1280-1310.

Dans Ingham (2012) la question de l'accord en genre en anglo-normand a été élargie aux adjectifs : comme l'accord en genre y est signalé également par la présence ou l'absence d'un <e> final, l'explication phonologique proposée plus haut devrait s'y appliquer également. Cette hypothèse a été testée à l'aide des textes en prose du *Anglo-Norman Hub*, de la période 1250-1349, par un examen des adjectifs antéposés modifiant un nom féminin. Or, nous avons relevé 148 emplois réguliers (92,5 %), contre seulement 12 irréguliers, autrement dit un taux d'accords corrects beaucoup plus élevé que dans le cas des déterminants autres que possessifs. Puisque dans les deux cas l'instabilité du /e/ caduc était en cause, l'écart très net entre le taux de régularité avec les déterminants autres que possessifs d'une part (circa 70 %), et les adjectifs épithètes de l'autre (circa 92 %), peut surprendre.

Étant donné cette tendance asymétrique montrée par l'anglo-normand, nous nous proposons dans ce qui suit d'effectuer une comparaison plus soutenue de la distribution des marqueurs de l'accord en genre dans ces deux variétés limitrophes, l'une de l'Angleterre et l'autre du continent, afin de voir s'il se dégage une similitude entre elles qui dépasse les contingences socio-historiques, à première vue assez disparates, ayant agi sur la formation de ces deux variétés. On sait en effet qu'en Angleterre, le français a été au départ une variété d'immigrés (Kibbee 1996), alors qu'en Wallonie il a toujours été une variété autochtone, du moins depuis la formation de la Romania.

3. L'ANCIEN WALLON ORIENTAL

L'ancien wallon oriental, représenté par un certain nombre de textes originant de la région de Liège, est intéressant à plus d'un égard. Du point de vue de sa grammaire, il invite parfois la comparaison avec l'anglo-normand, par exemple dans l'emploi de la forme forte des pronoms compléments d'objet directs devant un verbe fléchi, et de l'auxiliaire avoir avec les verbes pronominaux :

(3) a. Et à chest oppynion je moy acorde. (Temporaliteit § 47)
     « Et je m'accorde avec cette opinion »

b. Je moy ay mis al repouz (Hesbaye, circa 1380)
« Je me suis reposé »

À ces traits s'ajoute le marquage irrégulier de l'accord en genre, illustré par l'omission du <e> du féminin sur *chest* dans l'exemple (3)a. L'instabilité du <e> final en ancien wallon liégeois a été signalée par Remacle (1939 : 316) à propos de la forme *Saint Lucie*, relevée dans une charte de 1400 environ, dans ces termes : « *Saint* : forme français commun mais sans *e*, a prononcer /sent/ ; les finales wallonnes s'étant amuïes, l'*e* final fr. s'écrivait au hasard. » Dans trois textes examinés qui représentent cette variété du français médiéval, le marquage irrégulier de l'accord en genre dans l'ancien wallon liégeois devient en effet assez courant vers la fin du XIIIe siècle, p. ex. :

(4) a. Aigue benoit, bon confession, cest herbe, blancs dens (Médecinaire)
« eau bénite, bonne confession, cette herbe, dents blanches »

b. En cest maniere, par nul raison, tous autres droitures (Chartes, 1287-1308)
« en cette manière, pour aucune raison, tous autres droits »

c. Celle pain, blanke visaige, nulle bien (Médecinaire)
« ce pain, visage blanc, aucun bien »

d. Totte droit, toutte les bois, sans nulle débat (Chartes, 1287-1322)
« tout droit, tous les bois, sans aucun débat »

En outre, les formes contractées de l'article défini ne respectent pas toujours la norme, p. ex. :

(5) a. Del maison, 99 ; del chaudiere 97 (Médecinaire)
« de la maison, de la chaudière »

b. Del court (Cartulaire, 1293)
« de la court »

c. Juskes al fin (Chartes, 1287)
« jusqu'à la fin »

En ancien français commun (Buridant 2000), les formes *al* et *del*[1], tout comme *au* et *du*, sont utilisés exclusivement avec des noms masculins. Comme on voit dans les exemples (5) a-c, elles s'employaient également avec des noms féminins dans les textes wallons étudiés.

1　En picard, les graphies correspondantes devant un nom féminin étaient *alle* et *delle*.

Le wallon de Liège étant incontestablement une variété langue maternelle, la violation de l'accord en genre mis en évidence par de tels exemples ne saurait être attribuée à la présence de locuteurs non natifs. Cela étant, nous avons voulu poursuivre la comparaison avec l'anglo-normand pour savoir si le profil du marquage de l'accord en genre différencié selon le type de marqueur dégagé par nos recherches sur la variété insulaire se retrouve également dans la variété continentale.

Pour saisir l'étendue du marquage irrégulier de l'accord en genre, nous avons cherché à dresser un bilan en nous servant de sources wallonnes de l'époque des derniers textes en anglo-normand (1350-1420 environ). La question était de savoir si les tendances quant au respect de l'accord en genre repérées en anglo-normand tardif, à savoir une échelle implicationnelle de la forme déterminant possessif > adjectif > autre déterminant, se retrouvent également en ancien wallon.

4. LE MARQUAGE DU GENRE EN ANCIEN WALLON ORIENTAL

Afin de répondre à la question posée ci-dessus, nous avons entrepris une analyse du marquage de l'accord en genre avec un nom féminin, portant sur les éléments suivants :

- les déterminants possessifs ;
- les autres déterminants et quantificateurs ;
- les adjectifs épithètes.

Ont été laissés de côté les adjectifs invariables en ancien français (désormais afr.) comme *grant* et ceux en *-al* dérivés de mots savants latin, et quelques mots à genre variable en afr., comme *honneur, amour,* etc. Seuls ont été retenus les lexèmes où le genre grammatical de l'item était stable, selon un dictionnaire standard d'ancien français, à savoir Greimas (1992), suffisant pour fournir ce type de renseignement, malgré ses limitations évidentes au plan des définitions.

Les textes qui ont servi comme témoins de l'ancien wallon oriental, de 1350-1450 environ, sont indiqués ci-dessous, accompagnés du nombre d'occurrences (436 au total) des éléments visés par l'analyse. On a pris comme echantillon soit les 100 premieres pages de chaque ressource textuelle, soit dans le cas de la *Temporaliteit*, texte en version electronique, les 100 premiers paragraphes.

Texte	Instances
Jean d'Outremeuse *Chronique*, I : 100 premières pages	146
Jacques de Hemricourt, *Temporaliteit* : § 1-100	128
Jean de Stavelot, *Chronique* : 100 premières pages de narration[1]	162
Total	436

TABLEAU 1 – Textes en ancien wallon oriental dépouillés

La question de recherche était de savoir si le profil différencié obtenu en anglo-normand pour le marquage de l'accord en genre existait également en wallon oriental. Nous avons pris en compte les modificateurs appartenant aux trois catégories déjà signalées à propos de l'anglo-normand (voir Figure 1), en adoptant les mêmes critères. Pour favoriser la comparaison, on n'a retenu que les instances d'adjectifs antéposés au substantif, comme pour les déterminants et les quantificateurs. Les résultats ainsi obtenus sont présentés dans le Tableau 2 :

	Emplois réguliers		Emplois irréguliers		Total
	instances	%	instances	%	
Dét. possessif	94	95,9	4	4,1	98
Autre déterminant/ quantificateur	86	46,5	99	53,5	185
Adjectif	116	75,8	37	24,2	153

TABLEAU 2 – Respect de l'accord en genre avec un nom féminin chez trois auteurs liégeois, 1380-1450

Il apparaît que le marquage correct du genre sur les déterminants possessifs s'élève à environ 96 %, mais est de 46,5 % seulement pour les autres déterminants. Pour les adjectifs, on observe un taux intermédiaire, aux environs de 76 %. Le profil différencié de l'anglo-normand se retrouve donc très nettement en wallon liégeois. Il se présente plus ou moins de

1 Omission faite de chartes et autres documents que contient la *Chronique* de Jean de Stavelot.

la même façon chez chacun des trois auteurs en question, sauf que chez
Jean d'Outremeuse la tendance à omettre le -*e* final des déterminants
non possessifs est moins prononcée que chez les autres (voir Annexe).

5. DISCUSSION DES RÉSULTATS

L'ancien wallon présente les mêmes tendances quant au respect ou
au non-respect du genre grammatical, le même éventail de probabilités,
que l'anglo-normand. Ce résultat s'ajoute à ceux obtenus par Ingham
(2010c) concernant les prétendues violations par l'anglo-normand de
la grammaire de l'ancien français. Il faudrait donc trouver une autre
explication du phénomène de l'accord irrégulier en anglo-normand que
celle d'un mauvais apprentissage du français.
    L'anglo-normand et le wallon oriental s'exposaient tous deux à
l'influence d'une langue germanique, langue voisine dans le cas du
liégeois, langue utilisée par les locuteurs bilingues de anglo-normand
dans l'autre[1]. Par conséquent, la possibilité d'une influence de contact
sur ces deux variétés est à envisager. En ce qui concerne la syntaxe, le
contact avec l'anglais a sûrement favorisé l'emploi en anglo-normand
de certaines constructions syntaxiques comme l'imparfait atypique
(Buridant 2000), c'est-à-dire de l'imparfait utilisé comme temps du
passé narratif, p. ex. Ingham (2010a) :

> (6) Et lors estoit certein jour assigné (Chron. Lon. 71)
>   « Puis une date a été fixée »

    Par ailleurs, la syntaxe du wallon liégeois moderne a subi l'influence
du néerlandais, selon Geschiere (1950 : XI) ; citons également à ce propos
la forme de mots composes comme *fièssedjôr* « jour de fête » (*cf.* néerl.
feestdag) (Roegiest 2006 : 182). Il semblerait que cette influence était déjà
présente à l'époque médiévale. Dans chacun des trois textes dépouillés, ont été relevés plusieurs exemples de l'emploi du lexème *là* comme
connecteur de proposition simple, au lieu du connecteur *où*, p. ex. :

---

1   L'anglo-normand des XIIIe et XIVe siècles ne possédait pour ainsi dire plus de locuteurs
    natifs monolingues.

(7) a. Car ly clergie est la fontaine là nos devons boire et ly riwe de sapienche. (Temporaliteit, § 5)
    « car le clergé est la fontaine où nous devons boire, et la source (« le ruisseau ») de la sagesse »

b. [...] un moulin là tous les jours cheaz de la vilhe venoient moure. (Chronique de J. de Stavelot, p. 192)
    « un moulin où ceux de la ville venaient moudre le blé tous les jours »

c. [...] un casteal que ons nommait Auguste, la ons ensevelissoit les empereurs. (Chronique de J. d'Outremeuse, p. 72)
    « un château nommé Auguste où on enterrait les empereurs »

Une construction analogue existait dans les vieilles langues germaniques, p. ex. *da* en vieux haut allemand[1] et *dar* en moyen néerlandais.

Il ressort de ces observations que l'hypothèse d'une influence de contact avec un adstrat germanique à l'époque en question est bien fondée. Seulement, peut-on attribuer à l'influence de contact l'instabilité du -*e* final dans les deux variétés relevée plus haut ? Noske (2008) a signalé en moyen haut allemand et en ancien néerlandais des environs de 1300 la réduction de voyelles non accentuées, par exemple vieux haut allemand *in humilom* > moyen haut allemand *in den himeln* ("au ciel") ; ancien néerlandais *enda* > moyen néerlandais *en* ("et"). Selon Pope (1934 : 437), la perte du /e/ caduc en wallon, comme en anglo-normand, résulte du maintien de l'accent de mot germanique, tombant sur la première syllabe d'un mot non préfixé. De cette façon, donc, le contact avec les langues germaniques continentales aurait bien pu contribuer à accélérer l'effacement précoce du /e/ caduc dans les deux variétés en question.

De plus, l'influence de la prosodie germanique a souvent été invoquée pour expliquer l'irrégularité de la poésie anglo-normande (Duffell 2005). Si le même facteur joue un rôle en ancien wallon oriental, on peut s'attendre à trouver des vers irréguliers dans la poésie écrite dans ce dialecte aussi. C'est bien ce que l'on observe, d'ailleurs, chez Jean d'Outremeuse, par exemple :

(8) a. Et trop a attendut de faire le sien clamour (Geste de Liège, 4308)
    « Et il a trop attendu pour faire sa revendication »

b. En fiiés de roy de Tongres la tierre de luy depent (Geste de Liège 3340)
    « La terre lui appartient comme fief du roi de Tongres »

---

1 Joseph Salmons, communication personnelle, 28/8/2011.

    c. Dedens un grant fosseit les at li dyable sorpris (Geste de Liège 3333)
    « Le diable les a surpris dans un grand fossé »

En (8) a-c, pour que la métrique soit respectée, le -*e* final de *faire*, *tierre*, et *dyable* ne doit pas être compté. De même, en (9) a-c les mots outil *un, cel, nul*, qui modifient un nom féminin, perdent le -*e* final :

    (9) a. Com ce soit un tempeste de quen la terre crolle (Geste de Liège, 7635)
       « Comme si c'est une tempête, lorsque la terre s'écroule »

       b. A cel parolle at Dieu grans miracles mostrée (Geste de Liège 3282)
       « À ces paroles Dieu a fait de grands miracles »

       c. Puis el chastel les moinent sens nul deffension (Geste de Liège, 4442)
       « Après, ils les mènent au château sans empêchement »

Les formes *un tempeste* pour *une tempeste, cel parolle* pour *cele parolle*, et *nul deffension* pour *nule deffension* indiquent la co-existence en vieux wallon liégeois d'irrégularités en scansion et dans le marquage de l'accord en genre, comme en anglo-normand. Dans les deux dialectes, l'instabilité du -*e* final a eu comme conséquence le non respect du marquage d'oppositions grammaticales, qu'il soit question d'une variété langue seconde ou d'une variété maternelle.

6. CONCLUSION

En guise de conclusion, résumons l'argument principal avancé dans cet article. Nous avons soutenu que la diachronie du français gagnerait à être étudiée sur des bases textuelles plus étendues et plus variées que par le passé ; il faudrait cependant établir de nouveaux points de repère permettant d'apprécier et d'évaluer la variation linguistique qui découlerait d'une telle extension de nos ressources. Quant aux bases de textes anglo-normands, surtout électroniques, récemment mises à la disposition des chercheurs en diachronie, il faudrait sans doute une évaluation de leur capacité à nous renseigner sur l'évolution du français médiéval, puisque le statut de cette variété a été contesté. Le contentieux repose en fait sur l'existence en anglo-normand de bon nombre d'entorses apparentes à la grammaire de l'ancien français commun, parmi lesquelles on a signalé notamment le marquage irrégulier du genre grammatical. Puisque ce trait relève normalement de la compétence d'un locuteur natif, le doute est permis concernant la valeur des textes insulaires, surtout tardifs, comme témoins de l'évolution du français, du moins si celle-ci est envisagée comme processus en diachronie passant par la transmission naturelle du langage d'une génération à l'autre (Labov 2007).

Cela dit, la comparaison de textes non littéraires rédigés dans les deux dialectes en question que nous avons effectuée a mis en évidence une évolution tout à fait similaire dans le marquage ou le non marquage de l'accord en genre, en rapport avec la phonologie, et probablement sous l'influence d'un adstrat germanique persistant. Par conséquent, les ressources fournies par les bases de textes anglo-normands où l'on constate l'emploi irrégulier de l'accord ne devraient être disqualifiées pour cette raison, pas plus que ceux rédigés en Wallonie. Au contraire, ils sembleraient apporter un témoignage, dans un cas comme dans l'autre, de la diversité du français médiéval, et surtout de l'effet de l'évolution de sa phonologie sur sa syntaxe.

Nous pensons avoir apporté ainsi un argument important pour démontrer la pertinence des textes en anglo-normands de la période allant de 1250 à 1350 environ pour l'étude de la diachronie du français. Ils peuvent offrir une base empirique pour l'étude de l'évolution de la langue, à une époque charnière, le passage de l'ancien au moyen français, lorsque les sources littéraires ont subi un certain rétrécissement dans l'éventail des formes et des possibilités linguistiques, suite à la standardisation grandissante de la langue écrite. Il va sans dire que les textes en ancien wallon pour leur part témoignent tout autant de la variation diatopique et diachronique dans l'ensemble imposant que constitue le français médiéval, et pourront ainsi informer dans une grande mesure les débats linguistiques portant sur ces thèmes.

Richard INGHAM
Birmingham City University

ANNEXE

L'Accord en genre de modificateurs antéposés à un nom féminin dans les trois textes en wallon oriental

	Emplois réguliers	Emplois irréguliers	Total
DÉTERMINANT POSSESSIF			
Jean d'Outremeuse	32	1	33
Jacques de Hemricourt	28	1	29
Jean de Stavelot	34	2	36
AUTRE DÉTERMINANT / QUANTIFICATEUR			
Jean d'Outremeuse	35	25	60
Jacques de Hemricourt	20	31	51
Jean de Stavelot	31	43	74
ADJECTIF ÉPITHÈTE ANTÉPOSÉ			
Jean d'Outremeuse	37	16	53
Jacques de Hemricourt	40	8	48
Jean de Stavelot	39	13	52

TEXTES SOURCES

Bills in Eyre : *Select Bills in Eyre, A.D. 1292-1333*, édit. William Craddock Bolland. Londres, Publications of the Selden Society, no. 30, 1914.

Britton : The French text carefully revised with an English translation, introduction and notes, édit. Francis Morgan Nichols, Oxford, Clarendon Press, 1865.

Cartulaire : *Cartulaire de l'église Saint-Lambert de Liège*, éd. critique S. Bormans et E. Schoolmeesters. 6 t., Bruxelles, Commission Royale d'Histoire, 1893-1933.

Chartes : *Recueil des Chartes de l'Abbaye de Stavelot-Malmedy*, éd. critique J. Halkin et C. Roland, Bruxelles, Académie Royale de Belgique, 1909.

Chron. Lon. : *Croniques de London*, édit. G. Aungier, Londres, Nichols, Camden Soc. 28, 1844.

Chronique de J. d'Outremeuse : Ly myrur des histors, éd. critique A. Borgnet et S. Bormans, Académie royale des sciences, des lettres et des beaux-arts de Belgique no. 2, Bruxelles, M. Hayez, 1864-1887.

Chronique de J. de Stavelot : *La Chronique de Jean de Stavelot, 1388-1449*, éd. critique A. Borgnet, Bruxelles, M. Hayez, 1861.

Geste de Liège : « La Geste de Liège », in *Ly myreur des histors*, éd. critique A. Borgnet et S. Bormans, Académie royale des sciences, des lettres et des beaux-arts de Belgique no. 2, Bruxelles, M. Hayez, 1864-1887, p. 557-766.

Hesbaye : *Œuvres de Jacques de Hemricourt*, t. I, *Le Miroir des nobles de Hesbaye*, édit. C. de Borman avec la collaboration de A. Bayot, 1910.

Lettres : *Recueil de lettres anglo-françaises 1265-1399*, édit. F. Tanquerey, Paris, Champion, 1916.

Médicinaire : *Médicinaire liégeois du 13e s. et Médicinaire namurois du 15e s.*, éd. critique, J. Haust, Bruxelles, Palais des Académies, 1941.

Temporaliteit : « Ly Patron delle Temporaliteit », *Œuvres de Jacques de Hemricourt*, t. 3, éd. critique S. Borman, A. Bayot et E. Poncelet, Bruxelles, Kiessling, 1910.

UNE CONTRIBUTION À L'HISTOIRE DU FRANÇAIS ÉCRIT

L'étude des *scriptae* médiévales de l'Est

1. INTRODUCTION

Dans cet article, nous tenterons de procéder à une description partielle de la scripta de deux corpus de chartes que nous avons transcrits dans le cadre de notre thèse de doctorat, portant sur le lexique de l'agriculture dans des textes documentaires du XIIIe siècle. Il s'agit de documents inédits conservés dans les Archives Départementales de la Saône-et-Loire et de la Nièvre. L'édition électronique de ces corpus est prévue dans le cadre du projet des « Plus anciens documents linguistiques de la France », mené par Martin Glessgen à l'Université de Zurich. Ce projet a été initié en partie par Jacques Monfrin et repris en 2002 en collaboration avec l'École des Chartes. Il fait partie du projet de recherche interdisciplinaire et inter-universitaire « Mediality » du Fonds National Suisse. Son but est de saisir les plus anciens documents originaux non littéraires en langue française, inédits, datant du XIIIe et du début du XIVe siècle, afin de procéder à des éditions fiables et modernes. Celles-ci pourront ensuite servir de base de données à des études grapho-phonétiques, morphologiques, lexicologiques et onomastiques ; leur informatisation les rendra accessible à un public large. Douze corpus sont d'ailleurs déjà publiés sur le site internet du projet : il s'agit de onze corpus régionaux et des chartes royales[1].

---

1   Pour de plus amples informations concernant le projet et notamment les critères d'édition, nous nous permettons de renvoyer au site internet du projet : http://www.rose.uzh.ch/docling/.

En ce qui concerne le cadre plus large des recherches linguistiques sur les scriptae, le projet des « Plus anciens documents linguistiques de la France » tel qu'il est conçu par Martin Glessgen vise à aller au-delà des résultats des recherches précédentes, comme celles de Dees (1980), en s'efforçant surtout d'identifier les « lieux d'écriture » (Glessgen 2008, *cf.* ci-dessous 3.) desquels proviennent les chartes[1]. Une divergence entre notre projet et l'atlas de Dees consiste dans le fait que nous ne considérons pas la langue écrite comme le reflet ou la représentation d'un dialecte. Anne-Christelle Matthey s'oppose notamment, dans sa thèse, à la notion de "tradition écrite locale" établie par Dees (1980) : « Si A. Dees entend par "locale" l'influence d'un dialecte local dans la langue des chartes, nous ne sommes pas d'accord avec sa notion. Si, au contraire – mais ce dont nous doutons – il entend l'importance de traditions écrites localisées, avec leurs propres habitudes, alors nous pouvons adopter ses vues. » (Matthey 2006). Les chartes étant un genre textuel très formaliste et stéréotypé, on ne peut s'attendre à ce qu'elles reflètent fidèlement un dialecte local ; la rupture entre langue écrite et dialecte oral serait au contraire de ce fait encore plus marquée dans les chartes qu'ailleurs.

2. L'ÉTAT DE LA DOCUMENTATION : LES CORPUS DE CHARTES DE LA SAÔNE-ET-LOIRE ET DE LA NIÈVRE

Les deux corpus dont il sera question dans cet exposé sont désormais disponibles en ligne. Nous nous efforcerons d'en donner par la suite un premier aperçu scriptologique, c'est-à-dire un aperçu des traits typiques de cette scripta, notamment en ce qui concerne les caractéristiques grapho-phonétiques. Mais tout d'abord nous aimerions parler de l'état de la documentation dans la région concernée, documentation qui n'est malheureusement pas aussi nombreuse qu'ailleurs.

---

1   Glessgen (2008) a repris et synthétisé les formes réunies dans l'atlas de Dees, qui sont souvent des matériaux bruts dans lesquels il manque un tri pour mettre au jour les phénomènes significatifs. Plutôt que d'opposer des variables binaires comme le fait Dees (1980), Glessgen (2008) a choisi de décrire la variance pour une forme linguistique donnée.

Taverdet (1995 : 374) date l'émergence des scriptae du domaine d'oïl du XIIe siècle, et en ce qui concerne les premiers textes non littéraires, Gossen (1967 : 265) a trouvé, pour la Bourgogne, des documents en langue vernaculaire datant du deuxième quart du XIIIe siècle. Cependant, force nous est de constater que dans la Saône-et-Loire et dans la Nièvre, les chartes en langue française ne font leur apparition qu'à la tout fin du XIIIe, voire au début du XIVe siècle.

Pour pouvoir constituer un corpus de 100 chartes pour le département de la Saône-et-Loire, nous avons retenu des textes allant jusqu'à l'année 1331, le premier document original lisible en langue française datant de 1257. Même en étendant ainsi le laps de temps pris en compte, nous n'avons pu réunir, pour le département de la Nièvre, que 52 chartes, dont seulement 34 sont utilisables. Les autres sont pour certaines trop abîmées pour être lisibles, pour d'autres il ne s'agissait que de *vidimus*[1] de chartes latines. Ces chartes nivernaises couvrent une période allant de 1275 à 1330. L'état de la documentation dans ces deux départements est donc infiniment moins favorable que dans ceux, par exemple, de la Meurthe-et-Moselle ou de la Marne, où l'on dispose respectivement de 290 et de 230 chartes, antérieures à 1266 pour la Meurthe-et-Moselle et à 1273 pour la Marne. Nous ignorons pour l'instant les raisons exactes de l'apparition tardive du français dans ces deux départements bourguignons, d'autant que la situation qu'Édouard Philipon (1910 : 480) a rencontrée aux Archives départementales de la Côte d'Or à Dijon semble avoir été bien meilleure (il fait en effet état d' « un millier de documents originaux (lettres patentes, lettres missives, arbitrages, jugements, testaments, comptes, censiers, rôles de fiefs, etc.) écrits en Bourgogne de 1244 à 1350 », et dont une petite centaine de documents pour la seule Bourgogne orientale datent du XIIIe siècle). Le fait que, dans la Nièvre, une grande partie des documents anciens ait été détruite au cours des révolutions de 1789 et 1848 ne saurait à lui seul expliquer cette absence de chartes en langue vernaculaire, d'autant que des documents en latin existent. Il apparaît assez clairement qu'au XIIIe siècle, le latin prédomine encore largement dans les écrits des deux départements. Cela pourrait s'expliquer, notamment en Saône-et-Loire, par l'influence de l'Église, à travers les abbayes de Cluny, de La Ferté,

---

1   Un *vidimus* est une copie officielle d'un acte antérieur certifiée conforme par une autorité dite « vidimante », qui atteste avoir vu l'orginal « de ses propres yeux ».

de Tournus et d'Autun, qui tardaient à employer la langue vernaculaire dans leurs écrits. Le français ne commence à s'imposer que lentement, à partir du XIVᵉ siècle. Gossen (1967 : 265) constate également, dans ses *Skriptastudien*, que les institutions religieuses ne se résignent en général que tard à rédiger des actes en langue vernaculaire.

3. LE GENRE TEXTUEL DES CHARTES : SES AVANTAGES ET SES LIMITES POUR LA CONNAISSANCE DE LA LANGUE

Le problème qui se pose donc en ce qui concerne ces deux corpus de chartes est qu'ils ne couvrent pas exactement le même laps de temps que les corpus lorrains et champenois déjà édités. Les chartes bourguignonnes en langue vernaculaire, du moins dans les deux départements en question, ne commencent en fait à faire leur apparition qu'à un moment où dans les autres départements, les chartes françaises sont déjà si nombreuses qu'elles ne sont plus prises en compte dans le cadre du projet. Mais le but du projet étant de répertorier les premiers écrits documentaires en langue française, nous avons bien été obligée d'accepter cette situation.

Le genre textuel des chartes a l'avantage, par rapport aux textes littéraires, de fournir des documents le plus souvent datés, et parfois localisables, grâce aux indications concernant les auteurs et les bénéficiaires. De plus, la langue des chartes est moins susceptible d'utiliser des archaïsmes ou des néologismes, et elle n'est pas sujette à la rime ou à d'autres effets de style, comme peut l'être le genre littéraire. Le fait de n'utiliser que des documents originaux réduit considérablement le volume des corpus disponibles, mais il a l'avantage de donner une idée plus juste de la langue utilisée dans les chartes, car les coquilles et autres fautes de copistes, toujours présentes, devraient néanmoins être moins nombreuses. Ceci est surtout important lorsque l'on souhaite procéder à des études grapho-phonétiques ; car si, pour des études purement lexicologiques, il serait tout à fait envisageable d'intégrer dans nos corpus des copies contemporaines et des cartulaires, les formes langagières trouvées dans ce genre de documents sont trop peu fiables pour des études grapho-phonétiques sérieuses. Le but du projet étant de fournir des corpus permettant toutes sortes d'études linguistiques, il a été décidé que seuls les originaux seront pris en compte.

Il reste toujours possible que parmi les traits linguistiques observés, certains soient dus aux scribes, profession dont les membres voyageaient et pouvaient donc insérer dans les chartes, consciemment ou inconsciemment, des mots ou graphies provenant d'autres régions. Une des principales limites du genre textuel des chartes reste l'impossibilité dans laquelle on se trouve malheureusement le plus souvent de localiser avec précision l'acte que l'on a sous les yeux. Car même si les auteurs, les bénéficiaires et le destinataire sont souvent mentionnés, ce n'est pas le cas, en principe, du rédacteur qui a écrit la charte. Celui-ci peut être identique à un de ces protagonistes, mais il peut aussi s'agir d'une institution (souvent ecclésiastique) dont le nom n'apparaît pas. Selon Glessgen (2008 : 419), l'identité entre l'auteur d'une charte et son rédacteur n'existe que dans la moitié des cas étudiés.

Des solutions à ce problème de localisation sont cependant proposées par Völker (2003), qui essaie de définir la portée communicative de l'acte, en se penchant sur le contenu et les personnages qui y sont mentionnés. Plus récemment, Glessgen (2008) propose d'identifier les « lieux d'écriture », c'est-à-dire justement les institutions dont émanent les documents, en combinant analyses scriptologique et paléographique des actes. Cette méthode est mise à profit dans la thèse de Dumitru Chihaï (Chihaï 2011), portant sur les lieux d'écriture dans la Champagne médiévale.

4. LA LANGUE DES CHARTES ET SON MARQUAGE DIATOPIQUE : UN PREMIER APERÇU

Nous allons maintenant donner un premier aperçu de la langue des chartes de la Saône-et-Loire et de la Nièvre, d'après un sondage effectué dans les deux corpus. Nous avons d'abord retenu huit traits que Gossen (1967 : 306-344) et Taverdet (1995 : 374-378) observent pour les scriptae bourguignonnes, pour essayer de voir si ceux-là s'appliquent aussi à nos deux corpus. Il s'agit de :

– L'issue de palatale + ATA : selon les deux auteurs, il s'agit de
<-ie> (*envoie* "envoyée" ChN 16,4), rarement de <-iee> (*jugiee*
"jugée" ChSL 19,32) ou <-ee> (*assignees* "assignées" ChSL 7,8).
Ces deux dernières graphies constituent une influence de la
scripta centrale. Ce sont pourtant les seules graphies relevées
dans le corpus de la Saône-et-Loire ; dans celui de la Nièvre,
nous sommes en présence de graphies en <-ie> et <-iee>.

– Les issues de E et O toniques brefs devant palatale : selon Gossen
et Taverdet, E tonique bref devant palatal donne surtout *i* dans
les scriptæ bourguignonnes, parfois aussi <ei>, <e>, <ie> ;
dans nos deux corpus de chartes, c'est surtout la voyelle <i>
(*six* "six" ChSL 37,21 ; *dis* "dix" ChSL 5,41) que nous relevons,
avec des rares exceptions : <e> pour la Saône-et-Loire (*sex* "six"
ChSL 1,8) et <ei> pour la Nièvre (*seix* "six" ChN 8,17). Quant
à O tonique bref, il donne le plus souvent <ui> (qui est aussi
une influence de la scripta centrale/picarde) d'après Gossen et
Taverdet, et c'est aussi ce que nous constatons dans les deux
corpus (*huit* "huit" ChSL 11,12 ; *huitoyme* "huitième" ChN
15,6). Il n'y a qu'une seule occurrence de <oict> "huit" dans
le corpus de la Saône-et-Loire (ChSL 24,17).

– La présence de <d> épenthétique dans les deux corpus, dans
des formes verbales de *venir* et de *tenir*, mais aussi dans les
formes du mot *vendredi*, est contraire à la phonétique des
parlers de l'Est, et à ce que Gossen et Taverdet ont observé
pour les parlers bourguignons (*vindrai* "viendrai" ChSL[1] 15,16 ;
reviandront "reviendront" ChSL 19,25 ; *viendroit* "viendrait" ChSL
20,24 ; mais *vanront* "viendront" ChSL 17,23). Mais nous avons
également relevé des formes sans <d> épenthétique dans les
deux corpus de chartes (*vanredi* "vendredi" ChSL 7,8 ; *venront*
"viendront" ChN 4,24). Pour les formes du verbe *prendre*, nous
relevons au contraire des traces de chute de <d> étymologique
(*panre* "prendre", ChSL 3,7 ; ChSL 4,10 ; ChSL 11,7), comme
le font Gossen et Taverdet.

---

1   Par la suite, nous utiliserons les abréviations ChSL pour le corpus de la Saône-et-Loire et
    ChN pour celui de la Nièvre. On trouvera la liste complète des documents constituant
    les deux corpus en annexe.

- Quant aux issues des suffixes latins -ABULU, -ABULA, -ABILE, il fallait s'attendre à ce qu'elles donnent aussi bien <-able> (*estable* "stable, ferme" ChSL 1,7 et ChN 23,7) que <-auble> (*honorauble* "honorable" ChSL 9,2 ; *araubles* "arables" ChN 8,4), et c'est précisément ce que nous constatons dans les deux corpus, avec néanmoins une nette prépondérance de <-able> dans les chartes de la Nièvre.
- w germanique donne partout <g>, <gu> (*garde* "garde" ChSL 3,9 ; *guarentie* "garantie" ChN 3,13) ce qui constitue une différence importante par rapport aux scriptae lorraines et champenoises. La seule exception se trouve dans une charte de la Nièvre qui contient deux formes en <w> (*woingnages* "ensemble de terres exploitables attachées à une localité ou à une exploitation" ChN 8,4 ; *warentir* "garantir" ChN 8,13), mais qui restent des cas isolés, éventuellement dues au scribe.
- L'absence de <t> final après voyelle tonique est un autre trait sur lequel les scriptae bourguignonnes se distinguent des autres scriptae de l'Est. Il peut être observé, conformément à ce qu'en disent Gossen et Taverdet, dans les deux corpus (*volonté* "volonté" ChSL 3,4 ; *verité* "vérité" ChN 12,20), à l'exception du mot *salut*, et de trois formes [*veriteit* "vérité" (ChN 24,12), *donneit* "donné" (ChN 24,3), *seurteit* "sûreté" (ChN 24,10)] dans le corpus de la Nièvre.
- U tonique devant nasale peut donner <on>/<om> (*chascon/chascom* "chacun") ou <un> ; nous ne relevons que <un> (*chascuns* "chacun" ChSL 18,23 ; *chacun* ChN 15,3) dans nos deux corpus.
- Enfin, Gossen constate une tendance à supprimer les hiatus dans les scriptae bourguignonnes ; nous l'avons rencontrée aussi bien dans les chartes de la Saône-et-Loire que dans celles de la Nièvre (*mehue* "mu" [< *mouvoir*] ChSL 30,4 ; *recehu* "reçu" ChN 11,5).

Au niveau de la morphologie, nous avons retenu la forme de l'article défini masculin singulier régime : et Gossen et Taverdet relèvent surtout *lou* "le", rarement *lo* ; *le* ne semble apparaître qu'à partir du XIVe siècle. Dans les chartes de la Saône-et-Loire, les trois formes sont présentes à peu près à égalité au XIIIe siècle, alors qu'à partir du XIVe, nous n'avons presque plus rencontré que *le*. Dans la Nièvre, c'est *le* qui l'emporte de loin, avec quelques occurrences de *lou*. Étant donné que le corpus de la Nièvre regroupe des documents datant essentiellement du XIVe siècle, cela n'a rien de surprenant.

Nous avons ajouté certains traits étudiés uniquement par Taverdet (1995 : 374-378) :

- A accentué libre donne les graphies <é> (*pré* "pré" ChN 2,7), <ez> (*prez* "prés" ChN 32,15) en Bourgogne occidentale, <ey> (*exceptey* "excepté" ChSL 5,20) en Bourgogne orientale. Nous pouvons globalement confirmer cette tendance, avec cependant quelques exceptions (*apelez* "appelé" ChSL 19,18 ; *veritei* "vérité" ChN 8,15).

- A suivi de L subit souvent une diphtongaison en <au> (*marechau* pour "maréchal") : dans nos corpus, nous avons trouvé de nombreux exemples de cela (*cuminaus* "communal" ChSL 3,10 ; ChSL 4,12 ; *chevaul* "cheval" ChSL 5,25). En revanche, nous avons rencontré <al> pour <au> (*al temps* "au temps", ChSL 20,30).

- Les issues attendues de E tonique long (libre) sont <ei> (*heir* "héritier" ChSL 18,13), et <oi> (*quaroime* "carême" ChSL 10,9), avec parfois une réduction en <e> (*hers* "héritier" ChN 1,8) et <o> (*lo* "loi", *ro* "roi", *cf.* Taverdet 1995 : 380), typique des parlers de l'est. Dans nos chartes, nous avons surtout <oi> : *(h)oir* "héritier" (ChSL 3,14 ; ChSL 4,16 ; ChSL 5,35, ChSL 17,20).

- O long donne <o>, <ou> : dans la Saône-et-Loire, nous avons en effet surtout des formes en <ou> (*segnour* "seigneur" ChSL 16,1 ; *procurour* "procureur" ChSL 16,3), mais dans la Nièvre, ce sont déjà les formes en <eu> qui prédominent (*seigneur* ChN 18,2).

- Au niveau des consonnes nasales, Taverdet note une confusion constante entre <n> et <m> ; <n> est souvent noté <m> à la finale, phénomène que nous n'observons que dans les chartes de la Saône-et-Loire (*Seint Martim d'Otun* "Saint-Martin d'Autun", ChSL 17,21 ; très souvent *non* "nom", p. ex. ChSL 25,14 et 17).

- Enfin, <s> final est souvent représenté par <x> : ce trait observé par Taverdet pour le bourguignon oriental apparaît dans nos deux corpus (*quex* "quels" ChSL 20,32 et ChN 9,15).

En outre, nous observons quelques rares traits francoprovençaux, surtout au niveau des substantifs féminins, et uniquement dans les chartes de la Saône-et-Loire (ChSL 33 : *poyna* "peine", *festa* "fête", *emquesta* "enquête", ChSL 56,11 : *latras* "lettres").

Dans les deux corpus, nous avons constaté presque toujours un <h> initial pour toutes les formes du verbe *avoir* ; on trouve cette graphie également dans les chartes franc-comtoises des corpus du Jura et de la Haute-Saône. Elle est en revanche totalement absente des autres corpus édités dans le cadre du projet ; en n'en trouve ni dans les chartes lorraines (Meurthe-et-Moselle et Meuse), ni dans les chartes champenoises (Marne et Haute-Marne). Fait qui semble être analogique à cela, nous avons relevé des graphies avec <h> initial : *haide* pour *aide* (ChSL 19,30), et *husaige* pour *usage* (ChSL 59,20).

5. CONCLUSION

Selon Taverdet (1995 : 378), « les scriptae des régions orientales ne sont pas très faciles à distinguer [...] Les parlers de ces régions, du moins sous les formes médiévales qui nous ont été transmises, ne sont pas des langues différentes, mais de légères variétés d'une même langue ». Après ce premier examen rapide des deux corpus bourguignons, nous pouvons confirmer que les chartes de la Saône-et-Loire et de la Nièvre comportent des traits communs aux scriptae de l'Est, mais dans une moindre mesure que par exemple les chartes lorraines. Il ne s'agit là évidemment que d'un premier sondage. Pour obtenir des résultats fiables, il faudra étudier plus en détail la langue de ces deux corpus bourguignons et faire des études quantitatives, ce qui sera facilité par l'informatisation des documents, prévue dans le cadre du projet des « Plus anciens documents linguistiques de la France ». Mais nous pouvons déjà constater que la scripta utilisée dans les deux corpus en question se distingue sur divers points des autres scriptae de l'Est, plus septentrionales (comme celles des chartes lorraines ou champenoises), tout en se rapprochant des chartes de la Franche-Comté. Les principaux traits grapho-phonétiques sont ceux déjà observés par Gossen (1967) et Taverdet (1995). Le marquage diatopique paraît moins fort que dans les chartes lorraines, mais il reste néanmoins des traits qui la distinguent de la scripta centrale. Celle-ci a cependant déjà influencé surtout la scripta de la Nièvre, mais aussi celle de la Saône-et-Loire. Nous espérons pouvoir approfondir la question dans des études ultérieures, tout comme la question de l'identification des lieux d'écriture dans les corpus de la Saône-et-Loire et de la Nièvre. Nous aimerions vérifier également s'il convient de revoir les traits grapho-phonétiques et morphologiques attribués aux différentes scriptae, et s'il ne faudrait pas reconsidérer le regroupement des documents par départements, qui s'avère plus ou moins pertinent suivant les cas.

Julia ALLETSGRUBER
Université de Zurich

TABLEAU RÉSOMPTIF DES TRAITS
GRAPHO-PHONÉTIQUES RELEVÉS

	Scriptae bourgui-gnonnes (d'après Gossen et Taverdet)	Saône-et-Loire	Nièvre
palatale + ATA	-ie, rarement -iee ou -ee (influence de la scripta centrale)	assignees (ChSL 7,8 ; 30,8), otroiees (ChSL 17,26), jugiee (ChSL 19,32)	o(u)troies (ChN 4,28 ; 33,36), envoie (ChN 16,4), envoiee (ChN 17,7), bailliee (ChN 20,24)
E et O toniques brefs devant palatale	i (ei, e, ie) ; ui (influence de la scripta centrale/picarde)	sex (ChSL 1,8), six (ChSL 37,21 ; 38,19), dis (ChSL 5,41), dys (ChSL 49,26), yglise (ChSL 31,3), iglise (ChSL 40, 3), eglise (ChSL 50,5), dismes (ChSL 70,8) huit (ChSL 11,12 ; 44,15 ; 46,1 ; 77,72), dix-huit (ChSL 75,23), mais oict (ChSL 24,17)	pris (ChN 2,15 ; 3,9 ; 12,9), yglise (ChN 4,16), iglise (ChN 14,33), seix (ChN 8,17), dis, dix (< DECEM, ChN 10,6 ; 18,15) huitoyme (ChN 15,6 ; 19,11), huit (ChN 18,15 ; 26,6)
d épenthétique	absence dans les scriptae bourguignonnes trace de chute de d étymologique (pranre, pranrai)	vindrai (ChSL 15,16), reviandront (ChSL 19,25), viendroit (ChSL 20,24) mais vanredi (ChSL 7,8 ; 7,15 ; 49,26), vanront ChSL 17,23), vanrons (ChSL 47,24) panre (ChSL 3,7 ; ChSL 4,10 ; ChSL 11,7), penroit (ChSL 4,11)	vandront (ChN 2,13), tindrent (ChN 3,9), viendra (ChN 12,13 ; 27,19), vendredy (ChN 27,37) mais vinrent (ChN 31,5), venront (ChN 4,24 ; 31,18), vienra (ChN 33,27)
-ABULU, -ABULA, -ABILE	-able (l'influence de la scripta centrale/latinisme) et -auble en concurrence dans les scriptae bourguignonnes	estable (ChSL 1,7 ; 15,14 ; 17,29), taillable, exploitable (ChSL 17,20 et 18,15), honorable (ChSL 39,7) mais estaubliz (ChSL 3,10 ; ChSL 4,12), estaubli (ChSL 9,4), honorauble (ChSL 9,2), estauble (ChSL 34,7), hyretaulement (ChSL 49,19)	establi(z) (ChN 3,4 ; 4,4 ; 9,7 ; 33,6), estable (ChN 23,7), taillable, exploitable (ChN 4,8), hereditablement (ChN 5,3 ; 32,11), agreable (6,33), honorable (ChN 13,1) mais araubles (ChN 8,4), estaubliz (ChN 13,13)

	Scriptae bourgui-gnonnes (d'après Gossen et Taverdet)	Saône-et-Loire	Nièvre
W germanique	g, gu	garde (ChSL 3,9), Guillaume (ChSL 9,2), garantir (ChSL 9, 14)	toujours garder, guardera (ChN 27,20), garentir (ChN 27,17 ; 30,27), guarentie (ChN 3,13 ; 27,25), garantie (ChN 31,23) mais woingnages (ChN 8,4), warentir (ChN 8,13)
absence de t final après voyelle tonique	absence totale dans les scriptae bourguignonnes	absence, à part dans salut (p. ex. ChSL 61,2)	veriteit (ChN 24,12), donneit (ChN 24,3), seurteit (ChN 24,10)
U tonique devant nasale	surtout -un, parfois -om/-on	exclusivement -un	exclusivement -un
tendance à supprimer les hiatus	présente dans les scriptae bourguignonnes selon Gossen	mehue (< mouvoir, ChSL 30,4), nehie (< nier, ChSL 30,8), recehu, hahu (ChSL 47,14)	receuz (ChN 1,14), recehu (ChN 11,5 ; 19,7 ; 21,3), hehu (ChN 19,7), pourvehuz (ChN 27,7), ehust (ChN 33,9)
l'article défini masculin singulier régime	surtout lou, rarement lo ; le à partir du 14e siècle	lo ChSL 10, 11, 16 lou ChSL 2, 3, 4, 9, 17, 19 le ChSL 5, 7, 15, 18, 20, 21, 24, 25, presque exclusivement à partir du 14e siècle	presque toujours le mais lou (ChN 3,2 ; 3,9 ; 4,2 ; 4,9 ; 6,10 ; 9,2)
A accentué libre	ey en Bourgogne orientale, é et ez en Bourgogne occidentale	exceptey (ChSL 5,20), quantitey (ChSL 5,7), passey (ChSL 5,15), donney (ChSL 5,42), veritey (ChSL 62,26 ; 67,24), voluntey (ChSL 67,3), amey (ChSL 67,17) mais assignez (ChSL 7,8), pré (ChSL 19), apelez (ChSL 19,18 ; 28,7)	demenez, conversez (ChN 1,15), pré (ChN 2,7 ; 14,13), prez (ChN 32,15), blez (ChN 15,7) mais preis (ChN 8,4), veritei (ChN 8,15 ; 23,9)

	Scriptae bourgui-gnonnes (d'après Gossen et Taverdet)	Saône-et-Loire	Nièvre
A suivi de L	souvent diphtongaison en *au* (*marechau* pour "maréchal")	*cuminaus* ("communal", ChSL 3, 10 ; ChSL 4,12), *officiaus* (ChSL 9,2 ; 11,11), *especiaumant* (ChSL 17,22), *generaul* (ChSL 18,30), *loiaumant* (ChSL 26,35) mais *especialement* (ChSL 5,36), *especial* (ChSL 19,8) ; nous avons même *al* pour *au* (*al temps*, ChSL 20,30)	*especiaument* ChN 3,4), *especiaul* (ChN 13,10 ; 27,5 ; 34,4), *officiaul* (ChN 8,15), *generaul* (ChN 27,34) mais *especialment* (ChN 4,4), *especial* (ChN 25,9)
E tonique long (libre)	*ei, ai, oi*, plus rarement *e, a, o*	*(h)oir* (ChSL 3,14 ; 4,16 ; 5,35, 17,20), *heir(s)* (ChSL 18,13 ; 26,4), *quaroime* pour *carême* (ChSL 10,9 ; 24,13)	*hers* (ChN 1,8), *hoyrs* (ChN 19,16 ; 32,30), *hoirz* (ChN 24,4), *hoir* (ChN 4,18 ; 5,6 ; 26,18 ; 33,30)
O long	le plus souvent *ou* (particulièrement en bourguignon occidental)	*soignour, segnour* (ChSL 11,4 ; 16,1 ; 18,1 ; 18,33, 25,1 ; 27,18), *procurour* (ChSL 16,3 ; 21,5), *compositour* (ChSL 26,9), *religious* (ChSL 26,6), aussi *compositors* (ChSL 33,8) mais *soigneur* (ChSL 11,12 ; 17,30 ; 18,1 ; 26,70)	presque toujours *seigneur, gouverneur* (ChN 18,2), *successeur* (ChN 26,8) mais *saignour* (ChN 3,2), *signour* (ChN 8,9 ; 23,3), *honour* (ChN 17,2), *seignour* (ChN 26,3)
n final	souvent noté *m*	*Seint Martim d'Otun*, ChSL 17,21 ; très souvent *non* pour *nom* (ChSL 25,14 et 17), *diem* pour *doyen* (ChSL 31,3), *ententiom* (ChSL 31,32)	pas d'occurrences
s final	représenté par *x* (surtout en bourguignon oriental)	*mex* (ChSL 19) ; *quex* pour *quelles* (ChSL 20,12 ; 25,25), et pour *quels* (ChSL 20,32 ; 21,10) ; et même pour *quelle* (ChSL 27,4), *quelex* (ChSL 30,23), *bonex* (ChSL 28,11)	*quex* (ChN 9,15 ; 19,15 ; 32,8), *enclux* (ChN 10,15), *puix* (ChN 23,4)

ANNEXE :
DOCUMENTS UTILISÉS

CHARTES PROVENANT DES ARCHIVES DÉPARTEMENTALES
DE LA SAÔNE-ET-LOIRE

XIIIe siècle

1. Janvier 1257, H 28 n° 25
2. Mai 1259, 5 G 215
3. Juin 1259, H 116 n° 9
4. Août 1268, H 116 n° 14
5. Mai 1270, H 56 n° 47
6. Juin 1272, H 29 n° 11
7. Avril 1273, H 29 n° 14
8. Novembre 1273, 2 G 424 n° 23
9. Décembre 1274, H 17 fonds notables
10. 1276, H 29 n° 22
11. Février 1279, 2 G 471
12. Avril 1279, H 224 n° 4
13. Avril 1279, H 224 n° 5
14. Février 1280, H 224 n° 6

15. Juin 1280, H 81 n° 45
16. Janvier 1282, H 29 n° 35
17. Septembre 1283, H 39 fonds notables
18. Mars 1284, H 39 fonds notables
19. Avril 1284, H 116 n° 25
20. Mars 1285, H 255 n° 21
21. Juillet 1285, H 57 n° 1
22. Janvier 1286, H 39 fonds notables
23. 1287, H 29 n° 61
24. Février 1289, H 29 n° 65
25. 1292, H 57 n° 7
26. Décembre 1292, H 179 n° 14
27. Mars 1296, H 81 n° 52
28. 1299, H 30 n° 35

XIVe siècle

29. Janvier 1300, 5 G 217
30. Juin 1300, H 31 n° 35
31. 1301, 5 G 281
32. Novembre 1301, G 4 n° 6
33. 1302, H 82 n° 13
34. 1302, 5 G 281
35. Octobre 1302, H 224 n° 12
36. 1306, 2 G 355/3
37. Mai 1306, H 117 n° 8
38. Juillet 1306, 2 G 355/3
39. Octobre 1306, 5 G 191
40. Décembre 1306, 2 G 469
41. Mars 1307, 2 G 355/3

42. Mars 1307, 2 G 355/3
43. Août 1307, 5 G 212
44. Avril 1308, 2 G 398
45. Avril 1308, 2 G 398
46. 1308, 2 G 355 (3)
47. Novembre 1309, G 113 n° 8/3
48. Novembre 1309, G 113 n° 14
49. 1310, H 1063 n° 7
50. Janvier 1311, H 1437 n° 5
51. Avril 1311, H 1002 n° 1
52. Mai 1311, H 31 n° 26
53. Juin 1311, 5 G 26
54. 1311, H 39 n° 12 fonds notables

55. Janvier 1312, 2G 355 (3)
56. Février 1312, H 479 n° 3
57. Avril 1312, 2 G 355 (1)
58. Août 1312, 2 G 355 (3)
59. Août 1312, H 82 n° 11
60. 1312, 5 G 191
61. Septembre 1312, 5 G 108
62. Avril 1313, 5 G 232
63. Novembre 1313, 2 G 355 (1)
64. Février 1314, H 82, n° 14
65. Mai 1314, 5 G 21
66. Juin 1314, G 113 n° 9bis
67. Août 1314, 5 G 231
68. 1316, H 1439/1
69. Octobre 1316, 2 G 355 (3)
70. Octobre 1316, H 1439 n° 4
71. Octobre 1316, H 1439/2
72. Novembre 1317, H 224/15
73. Février 1318, 5 G 67
74. Avril 1318, H 17 n° 12 fonds notables
75. Juillet 1318, H 1002 n° 2
76. Septembre 1318, H 154 fonds notables

77. Février 1319, G 47 n° 12
78. 1319, 2 G 355 (3)
79. Août 1319, H 224 n° 16
80. Septembre 1319, 2 G 355 (3)
81. Octobre 1319, H 57 n° 32
82. Janvier 1320, H 224 n° 1
83. Juillet 1320, 5 G 119
84. Décembre 1323, H 224 n° 20
85. Février 1324, 5 G 256
86. Août 1324, H 751 n° 1
87. Juin 1325, 2 G 355 (2)
88. Septembre 1325, G 871
89. 1327, H 32 n° 64
90. Avril (?) 1328, 5G 122
91. Décembre 1328, 2G 355 (2)
92. Décembre 1328, 2G 355 (2)
93. 1329, 2G 469
94. Mai 1329, 5 G 122
95. Mai 1329, H 33 n° 6
96. Janvier 1330, 2G 469
97. 1330, H 180 n° 17
98. Janvier 1331, H 33 n° 11
99. Janvier 1331, H 33 n° 14
100. Février 1331, 5 G 216

CHARTES PROVENANT DES ARCHIVES DÉPARTEMENTALES
DE LA NIÈVRE

XIIIe siècle

1. Septembre 1275, 1 G 10
2. Septembre 1282, 3 B 6
3. 1289, H 144 n° 18

4. Février 1290, H 262 n° 11
5. Novembre 1297, H 491 n° 5

XIVe siècle

6. Juillet 1301, 3 B 2 n° 64
7. Août 1305, 2 G 12
8. 1306, 3 B 231
9. Février 1307, H 150 n° 16
10. Février 1311, 2 G 12 n° 19
11. Juillet 1314, 2 G 4
12. 1er décembre 1314, H 262 n° 13
13. 12 décembre 1314, 2 G 82
14. Juin 1315, 51 J 15
15. Mars 1317, H 148 n° 8
16. Octobre 1317, 2 G 12 n° 2
17. Février 1318, 2 G 12 n° 3
18. 1318, H 148 n° 9
19. Avril 1319, H 148 n° 10
20. Juillet 1319, H 491 n° 1

21. Octobre 1319, H 491 n° 2
22. Août 1320, H 491 n° 3
23. Novembre 1320, 3 B 231
24. Janvier 1322, 3 B 231
25. Août 1322, H 122 n° 5
26. Mai 1323, H 122 n° 7
27. Août 1323, H 150 n° 15
28. Octobre 1323, H 122 n° 6
29. Mai 1324, 2 G 12 n° 26
30. Mars 1329, H 150 n° 14
31. Avril 1329, 2 F 584
32. Janvier 1330, H 150 n° 13
33. Mai 1330, H 150 n° 12
34. Novembre 1330, 2 G 1

LA DÉRIVATION SUFFIXALE NOMINALE EN FRANÇAIS PRÉCLASSIQUE ET CLASSIQUE

Quelques pistes de réflexion

1. INTRODUCTION

Le français préclassique du XVIᵉ siècle et la constitution du bon usage au siècle suivant représentent une période fascinante. Comme le dit Tritter (1999 : 52), « entre les premières années du siècle, qui touchent au moyen français par nombre de détails linguistiques, et les années 1630, il se produit la plus grande révolution que notre langue ait jamais connue ». Le vocabulaire de l'époque a fait l'objet de quelques études de références (*cf.* entre autres, Brunot 1905-1953 : II, Matoré 1988), mais la littérature consacrée à la morphologie dérivationnelle du français préclassique et classique reste encore assez limitée (*cf.* Rainer 2008, Vachon 2010). La variété des formes est telle qu'il semble difficile de trouver une approche théorisante.

Dans cet article nous nous interrogerons sur l'évolution d'un certain nombre de patrons dérivationnels, notamment ceux formant les noms de qualité[1] (Nq) déadjectivaux de format [[Adj_]$_{suff}$]Nq (*certaineté/certitude* ; *rondeur/rotondité*, etc.) et ceux formant les déverbaux en *-ment* (*retardement, assassinement*) en français préclassique et classique afin d'essayer de dégager, dans la mesure du possible, quelques facteurs explicatifs et d'identifier des contraintes sous-jacentes au choix de telle ou telle variante suffixale et/ou morphologique. Nous essaierons donc de voir s'il est possible d'attribuer, par exemple, des évolutions du type *lasseté > lassitude* ou *simplesse > simplicité* à des facteurs et/ou des contraintes linguistiques (au sens large du terme) et de dépasser ce constat plutôt pessimiste de Guiraud (1968 : 49) : « Les suffixes *-itude* et *-ité* sont

---

1   C'est-à-dire, des noms abstraits apparentés à des adjectifs.

concurrents et mal différenciés ; on justifie mal des oppositions du type : *lâcheté* et *lassitude, habileté* et *aptitude* ; bien que *-ude* ait, en général, des valeurs plus concrètes : *longitude, platitude, décrépitude*, etc. »

2. TYPOLOGIE DES NQ

Pour ce faire, nous commencerons par esquisser une typologie sommaire des Nq déadjectivaux dans une perspective diachronique. En effet, le français préclassique (et dans une moindre mesure aussi la langue classique) a vu une restructuration notable des paradigmes, due parfois à une forte influence latinisante. Les suffixes concernés sont les suivants : *-té/-ité* (*sûreté, facilité*) ; *-eur* (*pâleur, grosseur*) ; *-esse* (*mollesse, tendresse*) ; *-itude* (*lassitude, fortitude*) ; *-ise* (*vaillantise*) ; *-ie/-erie* (*modestie, hugunoterie*) ; *-ance/-ence* (*vaillance, clairvoyance*) ; *-ure* (*ordure*). Pour des raisons de commodité, nous allons cibler ici nos analyses essentiellement sur les Nq formés à partir des quatre premiers suffixes, c'est-à-dire *-té/-ité*, *-eur, -esse* et *-itude*.

Les restructurations des paradigmes peuvent être classées en plusieurs catégories :

1. Relatinisation lexématique sur un même étymon : on observe dans un certain nombre de Nq, sur une durée plus ou moins longue, une évolution qui consiste dans le passage d'une forme traditionnellement appelée héréditaire ou populaire vers une forme savante (latinisante) : *humblesse vs humilité, simplesse vs simplicité, rondeur vs rotondité, sourdesse vs surdité*, etc.

2. Relatinisation du suffixe : dans quelque cas, les suffixes héréditaires formant des Nq sont progressivement évincés au profit d'un suffixe savant, ce qui est en particulier le cas de *-itude* : *lasseté vs lassitude, exacteté vs exactitude*.

3. Relatinisation lexématique sur un autre étymon : un ou plusieurs Nq dérivés à partir d'un adjectif héréditaire se voient remplacés par une forme latinisante étymologiquement différente, c'est le cas notamment de : *aveugle* + suff. *vs cécité*.

Il convient de faire ici un certain nombre de remarques préliminaires. Premièrement, il est clair que l'évolution d'un patron dérivationnel de format [[Adj] $_{suff}$]Nq est loin de présenter un tableau homogène. À l'intérieur d'un même paradigme en effet, les différents items évoluent à des rythmes différents en fonction de plusieurs facteurs tels la fréquence d'emploi de la base adjectivale, la richesse connotative de l'item concerné, la rentabilité (dans le sens de Corbin 1987), l'ancienneté et de la base et du dérivé et bien d'autres facteurs que nous aborderons plus loin.

Deuxièmement, il est souvent malaisé de distinguer les formations françaises et les emprunts directs au latin. Merrilees (2006 : 97-98) distingue d'un côté la dérivation « verticale », le cas où un item lexical français dérive clairement d'un autre item français (*humble* > *humblesse*), et, de l'autre côté, la dérivation « horizontale » lorsqu'il s'agit d'un « transfert » (2006 : 98) direct d'un dérivé latin. Ainsi, le mot *facilité*, attesté dès 1503 serait, d'après le FEW III.358, un emprunt direct au latin FACILITAS et attesté postérieurement à l'adjectif *facile* (1441, toujours d'après le FEW III.358). *Limpidité* (*cf.* FEW V.348), attesté pour la première fois chez Furetière (1690), serait dans le même type de relation avec l'adjectif *limpide*. Pour le FEW XIV.209, les deux dérivés formés à la Renaissance à partir de l'adjectif *vaste*, à savoir *vastité* et *vastitude*, seraient, eux aussi, des emprunts faits au latin au XVIe siècle, contrairement à Nyrop (1908 : 162) qui attribue la paternité de *vastitude* à Chateaubriand (*cf.* Guiraud (1968 : 42) selon lequel « le français a créé *platitude, exactitude*, voire *vastitude* ou *esclavitude* » selon le modèle des latinismes comme *certitude, amplitude*, etc.).

3. FACTEURS EXPLICATIFS

Un des facteurs qui reste mal exploré et qui mérite une recherche approfondie est l'influence potentielle de la langue des humanistes latinisants sur le français de l'époque. Quant aux dérivés et aux suffixes qui nous intéressent ici, Stotz (2000 : 294) précise pour sa part que « Im Latein des MA und dem der Renaissance hat sich das Suffix nur mehr schwach ausgebreitet[1] », mais Hoven (2006) cite un certain nombre de néologismes en -*itude* forgés par les humanistes français comme Bovelles (*sanitudo, serenitudo*) et aussi ceux en -*itas*, beaucoup plus productifs. Il mentionne par exemple *similaritas, memorabilitas, fungositas, ferreitas, cerebrositas* que l'on doit à Budé et à Bovelles.

En revanche, les remarqueurs du XVIIᵉ siècle semblent souvent plutôt réservés dans les observations concernant les déadjectivaux en -*itude*. Il suffit de citer ici la remarque bien connue de Vaugelas (1647 : 239) à propos du mot *exactitude* : « S'il (sc. *exacteté*) fust venu le premier, peut-estre qu'on l'auroit mieux receu d'abord qu'*exactitude*, quoy que tous deux ayent des terminaisons, qui ne sont pas nouvelles en nostre langue [...][2] ». Bouhours (1693 : 225) se montre très hostile vis-à-vis du mot *aptitude* : « On peut absolument s'en passer, comme d'un mot qui est un peu barbare & qui n'est pas fort necessaire. »

En étudiant l'évolution des items concrets, on est le plus souvent confronté à des trajectoires très différentes les unes des autres. Prenons pour exemple les paires *simplesse/simplicité* et *humblesse/humilité*. Les deux variantes savantes, *simplicité* (FEW XI.636 : *simplex*) et *humilité* (FEW IV.511 : *humilis*) sont attestées en moyen français, mais à des taux de fréquence inégaux, comme le montre les tableaux des occurrences de *simplicité/simplesse* et de *humilité/humblesse* dans le DMF et Frantext (1500-1700), respectivement :

DMF	*simplicité*	*simplesse/simplece/ simplesce*	*humilité/humilite*	*humblesse/humblesce/ umblesse/umblesce/ umblece*
N°. d'occ.	9	55/20/13	364/10	13/1/5/1/1
Frantext	*simplicité*	*simplesse*	*humilité*	*humblesse*
N°. d'occ.	566	94	870	27

TABLEAU 1 – Occurrences de certains Nq dans le DMF et dans Frantext (1500-1700)

---

1   « Dans la langue latine du Moyen-Âge et de la Renaissance, le suffixe n'a connu qu'un faible développement. »

2   Tout au long de ce livre nous conservons l'orthographe et la ponctuation originales dans les citations des textes imprimés aux XVIᵉ et XVIIᵉ siècles. Nous modernisons seulement l'usage de *u/v*, de *i/j* et des tildes.

Les dernières occurrences en date relevées dans Frantext[1] (1500-1700) pour *simplesse* et *humblesse* remontent, respectivement, à 1672 et 1620. Les témoignages métalinguistiques et/ou lexicographiques sont intéressants, mais il est difficile d'en tirer des conclusions solides. Lewicka (1960 : 172) cite l'emploi de *humblesse* dans le théâtre comique : « je vous prie en toute humblesse, que vous ayez pitié de nous », alors que Palsgrave (2003 : 573) cite *humilité* comme un mot que l'anglais a emprunté au français : « tous nos noms abstraits se terminent en *-nesse* [...], sauf dans les cas où nous empruntons des substantifs au français, comme *humilite, fragilite, grauite* [...] ». Le mot *simplesse* figure par ailleurs dans le *Dictionnaire des rimes françoises* (Le Fèvre 1587 : 24) et aussi dans la partie français-italien du *Dictionnaire* de Canal (*simplesse : semplicità*), alors que la seconde partie ne connaît que *semplicità : simplicité*. Presque un siècle plus tard, Andry de Boisregard (1689 : 639) estime que le terme *simplesse* « peut avoir sa place » et qu' « il ne se dit bien que d'une action de simplicité, *c'est une simplesse qu'il a fait*, pour dire que c'est une action de simplicité. Je ne crois pourtant pas ce mot fort usité ».

4. PARADIGMATISATION

Le phénomène de paradigmatisation et de pression paradigmatique responsable d'un certain niveau d'uniformisation d'un paradigme donné est un processus relativement bien connu (*cf.* Guiraud 1967 : 192), en particulier dans le domaine de la morphologie inflectionnelle, comme le fait observer Janda (2007 : 646) : « Historical linguists are very familiar with the fact that paradigms change and that paradigm change often seems motivated by the various parallels that exist within and across paradigms. It appears that successive generations of speakers perceive and use these parallels to make the inflectional patterns of their language more regular[2]. » Le même type d'attraction exercée par un paradigme

---

1   Nous avons reconsulté le DMF et Frantext en juillet 2013.
2   « Les linguistes historiques sont parfaitement conscients du fait que les paradigmes changent et que le changement de paradigme semble être souvent motivé par les différents parallèles qui existent dans et entre les paradigmes. Il semble que les générations

sur ses membres potentiels est également observable en morphologie constructionnelle. Il peut être également à l'origine de la formation de nouveaux items lexicaux : « In some cases, the paradigmatic force seems to be a major factor allowing the coining of a new word, whether or not another member of the appropriate paradigm is textually adjacent » (Bauer 2001 : 72)[1].

Face à la variété des formes suffixales apparentées à un patron dérivationnel, on peut, même dans une perspective diachronique, observer en effet certaines correspondances. Il est évident qu'il s'agit plutôt de tendances que de vraies régularités morphologiques. Si, comme l'affirme Zwanenburg (2006 : 585), « il semble permis de penser [...] que les langues tendent universellement à faire ainsi se correspondre de façon disjointe des ensembles de classes dérivationnelles et des ensembles d'affixes », on peut supposer qu'il peut y avoir certains mécanismes sous-jacents à ce processus. La paradigmatisation ou l'uniformisation paradigmatique peut en être un. On observe en effet qu'une classe dérivationnelle sémantiquement homogène, en l'occurrence celle de Nq désignant des dimensions mesurables, donc comportant un trait sémique [+Quant] (*longueur, largeur, hauteur, grandeur, grosseur, pesanteur, épaisseur, profondeur*, etc.) est formée sur un même patron [[Adj]$_{eur}$]Nq. Or ce paradigme ne s'est constitué que progressivement et le français préclassique connaît toute une série de concurrents, suffixés par exemple en -*esse*, en -*tél-ité*, sans oublier des latinismes en -*itude*. Les exemples (1) - (3) illustrent bien cette variété de suffixés concurrents :

> (1) [...] que la terre contient en toutes ses dimensions : haulteur, profondité, longitude et latitude [...] (Rabelais, *Le Tiers Livre*, Frantext)
>
> (2) Sa longueur et largeur, hautesse et profondeur (Du Bellay, 1558, Frantext)
>
> (3) [...] pouvoir passer oultre, pour la vastité & amplitude de la mer, qui s'estendoit jusques à son orizon [...] (Thevet 1558 : 4)

Or il est intéressant d'observer que d'autres concurrents non conformes au paradigme [[Adj]$_{eur}$]]Nq (i) ont progressivement disparu de l'usage

---

successives de locuteurs perçoivent et utilisent ces parallèles afin de rendre les patrons flexionnels de leur langue plus réguliers. »

1   « Dans certains cas, la force paradigmatique semble être un facteur décisif permettant la formation d'un mot nouveau, indépendamment de la proximité textuelle d'un autre membre du paradigme concerné. »

courant et/ou (ii) ont revêtu des sens spécialisés. Ainsi, selon le FEW
XXIV.364 : *altitudo*, « Lt. *altitudo* wurde erstmal im 15. jh. vom fr.
entlehnt und blieb nur bis zur mitte des 16. jh. in gebrauch. Fr. *alti-*
tude taucht dann erst wieder im 19. jh. auf, und zwar in der heute noch
üblichen verwendung[1]. » Cette trajectoire vaut, mutatis mutandis, pour
les autres latinismes du même type (*longitude, latitude, amplitude*, etc.).
Un autre cas de spécialisation de sens est particulièrement bien illustré
pour un terme d'adresse honorifique comme *hautesse* (on peut y ajouter
des emprunts comme *altesse*) dans l'exemple (4) :

> (4) [...] dans la harangue qu'il fit au pape Leon, luy donna de la hautesse au
> lieu de luy donner de la sainteté.

Le Nq *bassesse* n'échappe pas à cette tendance : comme la base n'est
pas dotée du trait [+Quant], la force de paradigmatisation n'opère pas
sur lui et le mot développe un sens de type abstrait.

5. EXEMPLES : CONCURRENCE
ENTRE *AVEUGLEMENT* ET *CÉCITÉ*

Lewicka (1960 : 182) fait observer que : « parfois toute une famille
de mots populaires disparaît devant un mot savant : ainsi *cécité* devient
l'arbitre de la lutte entre *aveuglure, aveugleté, aveuglement, aveuglerie* ». Un
examen approfondi ne permet pas cependant de souscrire complètement
à ce jugement. À l'exception d'*aveuglement*, aucun des concurrents
mentionnés par Lewicka n'est en effet attesté ni dans le DMF, ni dans
Frantext. Il est vrai que *aveugleté* (« *blindnesse*, as *Aveuglement* ») figure dans
la nomenclature de Cotgrave. Le FEW XXIV.35-36 : *ab oculis* signale par
ailleurs d'autres déadjectivaux comme *aveuglesse* (1515) et l'attestation de
aveuglerie (« *Verblindheit* ») dans le dictionnaire de Hulsius (1602). Le mot
aveuglement (graphié aussi *avoglement*, etc.) renvoie, dès l'ancien français,
tout aussi bien à la cécité qu'au « trouble de la raison ». Or le latinisme

---

1   « Emprunté au mot latin *altitudo* au XVᵉ siècle, *altitude* n'est resté en usage que jusqu'à la
     moitié du XVIᵉ siècle. Le mot ne réapparaît ensuite qu'au XIXᵉ siècle dans l'acception qui
     est usuelle encore aujourd'hui. »

cécité a souvent, dès le début du XVIᵉ siècle, le sens psychologique, comme en témoigne l'exemple (5), emprunté à Thenaud (Frantext, 1515-1519) :

> (5) Car d'ignorance est engendré cecité d'ame qui ayme confusion, c'est à dire luxure.

Dans son sens moderne, le mot *cécité* ne s'impose que très lentement dans la langue classique, comme en témoigne cette observation d'Andry de Boisregard (1689 : 105-106) : « J'ay veu des personnes treshabiles dans la Langue qui croyent que *cécité* est un beau & bon mot en parlant de la privation de la veuë. Je défererois assez à leur jugement, si je le voyois autorisé par l'usage, mais il ne me semble pas que cela soit, quoyque ce fust une chose à souhaiter ; car enfin il est constant qu'*aveuglement* ne se dit guéres bien dans le propre [...] il me semble qu'on ne dira pas bien d'un aveugle, qu'il est dans l'*aveuglement*. »

Ce qui a contribué à la scission des sens entre un sens physique désignant une infirmité et un sens psychologique (« trouble de la raison »), c'est précisément, nous semble-t-il, le mécanisme de pression paradigmatique, lié aussi, dans ce cas concret, au processus de constitution du langage médical français. Les Nq désignant les deux grands types d'infirmité (*cécité, surdité* ; quant à *mutité*, le mot n'est attesté qu'en 1803) constituent un petit paradigme savant responsable de l'éviction des concurrents comme, d'un côté, *aveuglement* et, de l'autre côté, *sourdesse, sourdeté, sourdise* (*cf.* FEW XII.453-456 : *surdus*). L'exemple (6) tiré de la *Logique* de Dupleix (Frantext, 1607) illustre, par un rapprochement synonymique, le processus de constitution d'un tel paradigme :

> (6) [...] des Primitifs, lesquels jamais ne peuvent estre ensemble en un mesme subjet, pour le moins en mesme temps et en une mesme partie : comme la veuë et l'aveuglement ou cecité, l'oüie et la surdité etc.

6. RESTRUCTURATION DES RELATIONS LEXICALES

À côté de la paradigmatisation, il peut y avoir un autre mécanisme que l'on pourrait appeler la restructuration des relations lexicales ou du champ lexical. L'apparition ou la disparition d'un item lexical peuvent être en effet provoquées par des modifications liées au phénomène de la synonymie[1]. Les deux exemples cités ci-dessous servent à illustrer ce phénomène.

6.1 *LASSETÉ/LASSITUDE*

En mentionnant la substitution du Nq *lasseté* par le latinisme *lassitude*, le FEW V.196 : *lassus* propose une explication qui consiste à voir en *lassitude* un substitut des dérivés populaires : « *lassitude* : […] aus dem lt. entlehnt, als ersatz für populäre *lasseté, lassesse, lasseur*[2] ». Or ce type d'explication ne résiste guère à une analyse approfondie. Quant au mot *lassitude* (« état de celui qui est las »), le FEW (*ibid.*) situe sa première attestation vers 1390. Le DMF n'en offre qu'une seule occurrence (datée de 1480) puis une autre graphiée *lacessitude* (1450-1460). Pour la période 1500-1700, Frantext relève une occurrence pour *lasseur*, 7 pour *lasseté* (1550-1603), aucune pour *lassesse* et 93 pour *lassitude* dont 8 seulement sont antérieures à 1600. Le *Dictionarie* de Cotgrave (1611) ne semble faire aucune distinction d'emploi ou de sens entre *lasseté* et *lassitude* : « *lassitude* as *lasseté* ». Le dictionnaire de Canal (1603) ne connaît que *lasseté*, tandis que la nomenclature de Richelet (1680) ne fait apparaître que *lassitude*. Tout porte donc à croire que l'adoption de *lassitude* est relativement tardive et que l'hypothèse d'une simple substitution pour *lasseté, lassesse, lasseur* ne s'avère pas trop convaincante. Une autre piste mérite donc d'être explorée, à savoir celle qui recourt au mécanisme de restructuration des relations lexicales. À côté du Nq *lasseté/lassitude*, un autre déverbal, à savoir le mot *fatigue* dans le sens « action de fatiguer ; sensation pénible causée par un effort très grand », commence à se répandre dans l'usage dès la seconde moitié du XVIe siècle. D'après le FEW III.434 : *fatigare*, il est attesté depuis le Dictionnaire de Thierry (1564). Pour la période 1500-1700, on trouve dans Frantext 199 occurrences de ce mot, dont 4 seulement sont antérieurs à 1600. La fréquence relative de l'item a tendance à monter, atteignant, pour les années 1680-1699, le taux de 17 millionièmes. Chez Olivier de Serres (Frantext, 1603), on peut relever encore le sens initial du mot qui était à peu près équivalent au mot *travail*

---

1   Pour plus de détails, voir Berlan et Berthomieu (2012).
2   « *lassitude* : […] mot emprunté au latin comme un substitut pour les mots d'usage populaire *lasseté, lassesse, lasseur*. »

(dans son sens prototypique, c'est-à-dire activité, effort physique et/ou intellectuel visant à obtenir un résultat), comme il apparaît clairement dans la citation (7) :

> (7) Il est certain que la plus grande fatigue du mesnage est ès moissons, tant pour la difficulté d'avoir des ouvriers pour coupper les blés, que pour la peine et despense de les nourrir.

L'exemple (8) tiré de l'*Heptaméron* (Frantext, 1550) montre bien que le sens paraphrasable par « sensation pénible causée par un effort très grand » peut être, au milieu du XVIe siècle, rendu par *lasseté* :

> (8) Et lors se donnerent tant de coups et à l'un et à l'autre, que le sang perdu et la lasseté les contraingnit de se seoir à terre, l'un d'un costé et l'autre de l'autre.

Au XVIIe siècle, on relève de plus en plus d'occurrences de *lassitude* au sens de ce que le TLFi désigne (sous la rubrique B) comme « état de fatigue mentale, morale, affective ou psychique », comme dans l'exemple (9), emprunté aux *Maximes* de La Rochefoucauld (Frantext, 1665) :

> (9) Ce qui nous fait aimer les connaissances nouvelles n'est pas tant la lassitude que nous avons des vieilles ou le plaisir de changer, que le dégoût [...].

L'hypothèse que nous formulons donc à ce niveau de recherche est que le sens d'épuisement physique a été repris progressivement, à partir du début du XVIIe siècle, par le déverbal *fatigue*, tandis que le latinisme *lassitude* s'est doté du sens psychologique, plus abstrait, ce qui cadre bien avec ce sentiment de solennité (« eine gewisse Feierlichkeit ») que les dérivés en *-tudo* évoquaient dès l'Antiquité (Stotz 2000 : 294). En simplifiant à l'extrême, on pourrait donc dire que la substitution de *lasseté* par *lassitude*, suivie d'un glissement de sens prototypique, a été provoquée par l'apparition et le changement de sens du mot *fatigue*.

6.2 *FORTITUDE*

En commentant les mots savants apparus au XVIe siècle, Huguet (1935 : 294-295) évoque à propos de *fortitude* son apparente utilité : « *Fortitude* [...] se rencontre souvent chez les écrivains du XVIe siècle. [...] *courage* n'avait nullement le même sens qu'aujourd'hui. [...] Le XVIe siècle n'avait pas, comme nous, le mot *bravoure* : c'est un italianisme qui n'apparaît qu'au XVIIe siècle. *Fortitude* était un utile emprunt pour combler un vide. »

Constatons d'abord que le mot fait défaut dans la nomenclature de Cotgrave, mais ceci peut être une simple omission, étonnante mais pas impossible (*cf.* Rickard 1983 : 14). Pour la période 1500-1700, la fréquence d'emploi du mot s'avère nettement moins importante que ne le suggère Huguet. On ne compte dans Frantext que 16 occurrences de *fortitude* dont pas moins de 8 ont pour auteur Guy de Brués et 5 sont de la plume de Montaigne. Or si le mot n'a pas comblé un vide, c'est qu'un tel vide n'a pas vraiment existé, car le concept de « courage » était investi dans d'autres items lexicaux, notamment *hardiesse* et *vaillance*. Il suffit de passer en revue les fréquences relatives établies dans Frantext pour observer que, pour *hardiesse*, la courbe des fréquences par tranches de cinquante ans monte de 27 occurrences pour la période 1500-1549 pour passer à 48 de 1550-1599 et également à 48 de 1600-1649, pour retomber ensuite à 22 et continuer à baisser par la suite. Pour *vaillance*, on obtient à peu près le même tableau de fréquences, avec un pic (30) pour la période 1600-1649. Parallèlement à cela, on constate une désémantisation progressive du mot *hardiesse* dans de nombreux emplois, ce qu'illustre l'exemple (10), emprunté à d'Urfé (1610, Frantext) :

> (10) Clorian n'avoit pas la hardiesse de declarer à cette belle fille l'affection qu'il luy portoit.

Le mot *fortitude* n'était donc pas appelé à combler une lacune lexicale. Il y a peut-être d'autres facteurs responsables de sa disparition, mais le recours au mécanisme de restructuration des relations lexicales (en l'occurrence de type synonymique) peut offrir un élément d'explication plausible.

7. LES DÉVERBAUX EN -*MENT*

Les déverbaux en -*ment* constituent en français préclassique une classe de dérivés extrêmement fournie avec beaucoup de hapax dont (11) est un exemple parmi tant d'autres, emprunté à Brantôme (*Recueil*

des dames, poésies et tombeaux, que nous citons d'après l'édition d'Étienne
Vaucheret, Gallimard, la Pléiade, 1991, p. 686) :

> (11) Voilà pourquoy je ne veux ny estime trop tel garçonnement.

Une note en bas de page en précise le sens : « *habillement et manière de
vivre à la façon des hommes* ». L'exemple est aussi cité dans le FEW XVII.
615 : *wrakkjo.

L'évolution de ce type de nominalisations peut être décrite en trois
étapes[1] (pour plus de détails, voir Štichauer 2010) :

1. Le suffixe -*ment* sert d'une façon quasiment indiscriminée à
   former des déverbaux, quelle que soit la catégorie morphosyntaxique et/ou sémantique de la base (verbes transitifs,
   intransitifs, pronominaux, téliques ou atéliques). Le suffixe
   apparaît comme un nominalisateur universel. Les textes
   (aussi bien que les dictionnaires) abondent en exemples
   comme *sau(l)tement, songement, violement, retardement, revol-
   tement, pensement*. Citons un seul exemple (12) pour illustrer
   cette tendance (Abel Matthieu, *Devis de la langue française*,
   1559, éd. Gaudet, Champion, 2008) :

> (12) [...] pour derider vostre front et vous oster les songemens de la tristesse
> que vous avez de son absence [...]

2. Dans la deuxième étape que l'on peut situer entre la fin de
   la période préclassique et la période classique (1630-1680), le
   suffixe -*ment* acquiert progressivement une valeur de plus en
   plus processive, ce qui génère dans un certain nombre de cas un
   conflit entre le sémantisme de la base et cette nouvelle valeur
   du suffixe. Les réactions nuancées vis-à-vis de ces déverbaux de
   la part des remarqueurs du XVIIe siècle en sont un témoignage
   intéressant. Ainsi, la remarque d'Andry de Boisregard (1693 : 31)
   – que nous citons dans (13) à propos du mot *brisement* – montre
   implicitement l'incompatibilité entre la valeur processive du
   verbe et la valeur processive du suffixe -*ment*.

---

1   Il est à noter que l'évolution décrite ici est spécifique aux déverbaux en -*ment* : chaque
    type de nominalisation déverbal (en -*ance*, -*age*, -*ure*, etc.) a son propre développement.

(13) Je sçay bien qu'on ne dira pas le *brisement* d'un vase de Porcelaine, mais on dira bien le *brisement* du cœur ; pour dire, la douleur & la contrition du cœur.

L'emploi du mot au figuré enlève cette difficulté : Andry s'exprime par ailleurs d'une façon analogue à propos de *rompement* (1689 : 614) : « Ce mot n'est bon que dans le figuré. »

3. La troisième étape (le dictionnaire de Furetière en est un bon indicateur) voit l'élimination, dans ce qu'on désigne tradition-nellement comme le bon ou bel usage, d'un bon nombre de déverbaux en -*ment* (*hastement*, etc.). Ce même processus peut également conduire au confinement de ces mots dans des emplois spécialisés – c'est, entre autres, le cas de *retardement* (emplois techniques) ou de *nourrissement* (apiculture).

8. LES DÉRIVÉS FORMÉS À PARTIR DE LA BASE *ASSASSIN-*

Il ne fait aucun doute que les mots formés au XVIe siècle à partir de la base *assassin-* sont un emprunt à l'italien (*cf.* FEW XIX.69 : *haššīš*, Hope 1971). Les premières attestations de ces dérivés se situent autour des années 1550-1560 : *assassiner* (1556), *assassin* (1560), *assassinat* (1547), *assassineur/assassinateur* (1552), *assassinement* (1562), *assassin* (acte d'assassiner, 1560). On peut y ajouter une occurrence précoce de la forme latinisée *assassinus*, attesté chez Antoine Arlier (environ 1502-1545, *cf.* Hoven 2006 : 48).

La co-présence de deux agentifs structurellement différents, *assassin* et *assassineur/assassinateur* montre que les locuteurs de l'époque les ont formés selon deux patrons différents : pour les uns, il s'agissait de déri-vés dénominaux (le verbe *assassiner* serait formé sur une base nominale, l'agentif *assassin* servirait de base) tandis que pour les autres la base devait être verbale. Dans ce cas-là, les déverbaux de type *assassinement* et *assassineur/assassinateur* sont des formations attendues, la forme *assassin* (acte d'assassiner), bien attesté comme dans l'exemple (14) tiré de la Lettre XXI de Pasquier (1568/1728, Frantext) serait une instance de formation régressive :

(14) Si l'assassin commis en la personne de son ennemy est excusable.

Le témoignage de Cotgrave (1611) est très intéressant, car sa nomen-clature comporte la plupart de ces formes : *assassin* : *an appoasted mans-layer* […] ; *assassinat* : *a murther, or murtherous act committed for gaine* ; *assassinateur* : as *assassin* ; *assassinement* : *a killing, a slaying, murthering*. Apparemment, il n'y a pour lui aucune différence d'emploi ou de sens entre *assassin* et *assassinateur* et, de l'autre côté, la distinction qu'il fait dans sa définition lexicographique entre *assassinat* et *assassinement* montre la valeur processive du dérivé en -*ment* que l'on a exposée ci-dessus.

Cependant le dérivé *assassinat* pose un problème. En français préclas-sique et même classique, les déverbaux en -*at* sont extrêmement rares. En effet, le *Thrésor* de Nicot (1606) ne connaît que *pissat* et *attentat*, Cotgrave y ajoute *crachat*. Le *Dictionnaire des rimes* de Le Fèvre (1587) a relevé *estropiat, pissat, attentat, assassinat*. Le FEW XIX.70 attribue cette forme en -*at* à l'influence de l'italien (it. *assassinato* > fr. *assasinat*). Or la langue italienne ignore un tel nom déverbal : on n'en trouve aucune occurrence ni dans le *Vocabolario della Crusca* (1612) ni dans LIZ (*Letteratura Italiana Zanichelli*, 1993). Tous les exemples recensés de *assassinato/assassinati* ont une valeur/fonction exclusivement participiale. Hope (1971 : 157) a proposé une explication qui nous semble tout-à-fait plausible : « *Assassinat* may be a French coinage with -*at* < -*atus* implying result of action, as in words such as *attentat* (attested 1326)[1]. » L'exemple (15), tiré du *Registre-journal du regne de Henri III* (Pierre de l'Estoile, Frantext) :

(15) […] encores que ce fussent marques de rebellion, d'attentat, d'assassinat et de trahison, crimes détestés entre les plus barbares […]

semble montrer que ce type d'attraction paradigmatique qu'a pu exercer le mot *attentat* sur *assassinat* offre un élément de réponse au problème du statut de ce dernier. L'exemple (16) emprunté à Antoine de Montchrestien (*L'Escossoise, ou le Désastre*, 1601, Frantext) illustre même une certaine proximité sémantique entre les deux dérivés :

(16) Je sçay bien que sa mort est utile à l'Estat / Mais la faire mourir est un grand attentat.

---

1   « *Assassinat* peut être une formation française avec le suffixe -*at* < -*atus* impliquant le résultat d'une action, comme c'est le cas des mots comme *attentat* (attesté en 1326). »

L'élément déclencheur de ce rapprochement morphologique est, nous semble-t-il, imputable, ici aussi, au conflit entre la valeur processive du suffixe -*ment* et le sémantisme du verbe *assassiner* qui est plutôt résultatif. À défaut d'un autre suffixe disponible, le bon usage a imposé ce paradigme, alors que les locuteurs ont longtemps penché pour le patron de type déverbal : *assassiner > assassin* (acte), *assassiner > assassinateur* (agent). En témoignent, entre autres, plusieurs observations des remarqueurs, comme dans les exemples (17) et (18) :

(17) D'autres Ecrivains ont fait *murmurateur, coronateur, assassinateur*, ne se contentant pas d'*assassin*, ou du moins les ont faire revivre [...] (Bouhours 1674 : 16)

(18) Il faut dire *assassin*, en parlant de la personne qui a assassiné [...] il faut dire, *assassinat* : & non pas *assassin*, comme on dit dans les Provinces : ny *assassinement*, comme l'a dit Nicod. (Ménage 1675 : 582)

Mercier (*Tableau de Paris*, 1782, Frantext) affirmera encore à la fin du XVIIIe siècle : « le peuple dit et dira toujours *assassineur* : cela lui semble plus énergique ». Dans sa fameuse *Néologie* (Mercier 1801 : 52), il propose (19) une distinction entre *assassin* et *assassinateur* :

(19) Oreste fut l'assassin de sa mère, et Pyrrhus, l'assassinateur de Polixène [...]

Étienne Molard (1810 : 26) qui a, au début du XIXe siècle, instauré, avec *Le mauvais langage corrigé*, la tradition des manuels de type *Dites...*, *mais ne dites pas...* confirme cette tendance populaire, comme le montre l'exemple (20) :

(20) Dites, *assassin* s.m. Le peuple dit souvent : on a commis un assassin, au lieu de dire, un assassinat. Ce dernier mot est le nom du crime, assassin est le nom du criminel.

9. CONCLUSION

Nous avons essayé de dégager et d'illustrer un certain nombre de facteurs qui peuvent, nous semble-t-il, s'avérer opérationnels en vue de la description de certains patrons dérivationnels du français préclassique et classique. Nous sommes bien entendu conscient du fait que l'on ne pourra probablement jamais prétendre à théoriser complètement la formation des mots à quelque époque que ce soit. Il faudra toujours reconnaître avec Guiraud (1967 : 202) que « la contingence augmente lorsqu'on s'élève à des niveaux plus concrets et le lexique éclate alors en une sporade d'accidents ». Le XVIe et, à plus forte raison, le XVIIe siècle offrent cependant, par rapport à l'époque précédente, un immense avantage que constituent, outre les outils lexicographiques, les repères chronologiques : en effet, on peut désormais observer l'évolution des patrons dérivationnels sur une trajectoire chronologique. Ainsi, pour n'en donner qu'un exemple, si Saint-Evremond intitule sa pièce *Comédie des Académistes* (le manuscrit datant de 1638), les témoignages de Ménage (1675 : 476) et de Richelet (« *Académiste : celui qui est d'une academie où l'on monte à cheval, & où l'on fait d'autres honnêtes exercices* ») permettent de cerner dans le temps l'évolution des sens entre les deux dénominaux *académiste* et *académicien* et de la valeur des deux suffixes concernés.

Le concept de paradigmatisation, observable à travers toute l'histoire de la langue française – citons, à titre d'exemple, le Nq déadjectival *roseur*, attesté, d'après le TLFi, dès 1879 et formé à partir des adjectifs désignant les couleurs (*blancheur, rougeur*, etc.) – permet, du moins dans une certaine mesure, de mieux comprendre le phénomène bien connu de concurrence suffixale[1], particulièrement intéressant aux XVIe et XVIIe siècles.

Il est à espérer que la recherche parviendra à apporter quelque lumière nouvelle même sur le problème des tendances savantes ou latinisantes et qu'un dictionnaire dérivationnel du français préclassique et/ou classique verra le jour.

Jaroslav ŠTICHAUER
Université Charles, Prague

---

1   *Cf.*, pour l'espagnol, Dworkin (2004) ou, dans une optique panromane, Bauer (2011).

LES QUESTIONS SYNTAXIQUES
CHEZ LES REMARQUEURS DU XVIIe SIÈCLE

Quel apport ?

1. INTRODUCTION

Les recueils de *Remarques* de Vaugelas et de ses successeurs ont long-temps été peu exploités dans les études d'histoire de la langue française et des idées linguistiques. Cela s'explique en partie par leur format : se présentant comme des recueils de courtes remarques détachées, sans organisation apparente, ils rendent difficile la recherche d'un phénomène précis[1]. D'autre part, comme l'a souligné Wendy Ayres-Bennett (2012), on a longtemps reproché aux remarqueurs de ne s'intéresser qu'à des détails de l'usage et de ne pas avoir contribué véritablement à l'histoire de la grammaire et des idées linguistiques.

Dans cet article, je souhaite évaluer leur apport dans le domaine syntaxique. Quelle est la proportion de leurs remarques consacrées à la syntaxe ? Quels sont leurs centres d'intérêt ? Y a-t-il des questions récurrentes[2] ? Je proposerai un inventaire des questions syntaxiques traitées dans les principaux recueils du XVIIe siècle et à titre d'illustration, je présenterai plus en détail leurs remarques sur les anaphores pronominales.

---

1   La base de données parue chez Classiques Garnier Numérique (Paris, 2011) facilite considérablement ces recherches : *Corpus des remarques sur la langue française (XVIIe siècle)* (dir. W. Ayres-Bennett).
2   Les données présentées ont été préparées en collaboration avec Wendy Ayres-Bennett, dans le cadre du projet *Observations et Remarques sur la langue française* subventionné par l'AHRC (*Arts and Humanities Research Council*).

2. CORPUS EXAMINÉ

Cette étude s'appuie sur les recueils des principaux remarqueurs
du XVIIe siècle : Vaugelas, Ménage, Bouhours, Alemand et Andry.
Elle inclut également le volume de Tallemant qui rend compte des
décisions de l'Académie française ainsi que des textes moins connus
comme les observations de Buffet et de Bérain. Les compilations ainsi
que les commentaires ou critiques de La Mothe le Vayer, de Dupleix et
de l'Académie française qui ont pour principal objectif de commenter
les Remarques de Vaugelas n'ont pas été retenues.

VAUGELAS, Claude Favre de, *Remarques sur la langue françoise* (1647)[1]
BUFFET, Marguerite, *Nouvelles Observations sur la langue françoise* (1668)
MÉNAGE, Gilles, *Observations de Monsieur Ménage sur la langue françoise*
(1675 [[1]1672])
BOUHOURS, Dominique, *Doutes sur la langue françoise proposez à Messieurs
de l'Académie françoise par un gentilhomme de province* (1674)
BÉRAIN, Nicolas, *Nouvelles Remarques sur la langue française* (1675)
BOUHOURS, Dominique, *Remarques nouvelles sur la langue françoise* (1692
[[1]1675])
MÉNAGE, Gilles, *Observations de Monsieur Ménage sur la langue françoise.
Segonde partie* (1676)
ALEMAND, Louis-Augustin, *Nouvelles Observations, ou Guerre civile des
François, sur la langue* (1688)
ANDRY DE BOISREGARD, Nicolas, *Réflexions, ou Remarques critiques sur
l'usage present de la langue françoise* (1692 [[1] 1689])
VAUGELAS, Claude Favre de, *Nouvelles Remarques de M. de Vaugelas sur
la langue françoise. Ouvrage posthume. Avec des Observations de M****
[Louis-Augustin Alemand] (1690)
BOUHOURS, Dominique, *Suite des Remarques nouvelles sur la langue françoise*
(1693 [[1]1692])
ANDRY DE BOISREGARD, Nicolas, *Suite des Réflexions critiques sur l'usage
present de la langue françoise* (1693)
TALLEMANT, Paul, *Remarques et decisions de l'Académie françoise* (1698)

---

1   Pour chacun des textes du corpus, l'édition retenue est la dernière du vivant de l'auteur.

À l'exception des *Nouvelles Remarques* de Bérain et des *Doutes* de Bouhours, tous sont disponibles dans la base de données Classiques Garnier Numérique (2011).

3. PROPORTIONS DES REMARQUES SYNTAXIQUES

Ces recueils ne forment pas un groupe homogène car les remarqueurs n'accordent pas la même importance à la syntaxe. En terme de proportion, c'est le domaine auquel Vaugelas consacre le plus d'observations : elles constituent plus du tiers de ses premières remarques et environ 40 % des *Nouvelles Remarques*. En ce qui concerne ses successeurs, Ménage se démarque nettement en les développant peu (15 % du premier volume, 10 % du deuxième), tandis qu'elles constituent environ un quart ou un peu moins des remarques de Bérain, d'Alemand, des deux volumes de remarques de Bouhours et du premier volume d'Andry, environ un tiers des *Doutes* de Bouhours et du deuxième volume d'Andry ; elles représentent enfin environ 60 % des remarques de Tallemant.

4. INVENTAIRE DES QUESTIONS SYNTAXIQUES

4.1 TABLEAUX DES DOMAINES SYNTAXIQUES TRAITÉS

Les tableaux qui suivent proposent un inventaire des différentes questions abordées ; nous les avons regroupées dans plusieurs grandes rubriques : le groupe nominal, le verbe et le groupe verbal, les formes invariables, l'accord, différents types de phrase, les syntagmes coordonnés, l'ordre des mots et l'anaphore pronominale[1].

---

1   Pour un commentaire détaillé de chacun de ces domaines, voir Ayres-Bennett et Seijido (2011). Dans cet article nous nous limiterons aux faits les plus marquants.

GROUPE NOMINAL	Vaugelas (1647)	Buffet (1668)	Ménage (1675 [¹1672])	Bouhours (1674)	Bérain (1675)	Bouhours (1692 [¹1675])
Déterminants						
La concurrence de / du, de la, des	√			√		
+/- déterminant	√	√	√			√
Groupe nominal étendu						
Constructions nominales		√	√	√		√
Numéraux	√	√	√			
Substituts du groupe nominal						
Pronoms personnels	√	√				
Démonstratifs	√	√	√			√
Possessifs	√	√				
Indéfinis	√		√		√	√
Relatifs	√	√	√	√		√

GROUPE NOMINAL	Ménage (1676)	Alemand (1688)	Andry (1692 [¹1689])	Vaugelas (1690)	Bouhours (1693 [¹1692])	Andry (1693)	Tallemant (1698)
Déterminants							
La concurrence de / du, de la, des	√		√	√	√		√
+/- déterminant	√	√	√	√	√		√
Groupe nominal étendu							
Constructions nominales	√	√	√	√			√
Numéraux						√	
Substituts du groupe nominal							
Pronoms personnels			√	√	√	√	√
Démonstratifs		√	√	√		√	
Possessifs			√	√	√	√	
Indéfinis		√	√	√	√	√	

	Vaugelas (1647)	Buffet (1668)	Ménage (1675 [¹1672])	Bouhours (1674)	Bérain (1675)	Bouhours (1692 [¹1675])	Ménage (1676)
VERBE ET GROUPE VERBAL							
Constructions verbales							
Régimes verbaux, transitivité, etc.	√	√	√	√	√	√	√
Constructions particulières	√	√	√		√	√	
Temps et aspect							
Temps	√	√	√		√		
Périphrases verbales	√		√				
Modes							
Indicatif / subjonctif	√		√		√		
Infinitif	√				√		
Auxiliation	√	√	√		√	√	

	Alemand (1688)	Andry (1692 [¹1689])	Vaugelas (1690)	Bouhours (1693 [¹1692])	Andry (1693)	Tallemant (1698)
VERBE ET GROUPE VERBAL						
Constructions verbales						
Régimes verbaux, transitivité, etc.	√	√	√	√	√	√
Constructions particulières		√	√	√	√	√
Temps et aspect						
Temps		√	√		√	√
Périphrases verbales	√	√				
Modes						
Indicatif / subjonctif		√	√	√	√	
Infinitif						
Auxiliation		√	√			√

FORMES INVARIABLES	Vaugelas (1647)	Buffet (1668)	Ménage (1675 ['1672])	Bouhours (1674)	Bérain (1675)	Bouhours (1692 ['1675])
Adverbes	✓		✓	✓		
Prépositions / Groupes prép.						
Catégorisation : Préposition *vs* adverbe		✓	✓	✓	✓	✓
+/- Préposition		✓	✓		✓	✓
Régime / construction des prépositions	✓				✓	✓
Usage des prépositions	✓		✓	✓	✓	✓
Conjonctions	✓	✓	✓	✓	✓	

FORMES INVARIABLES	Ménage (1676)	Alemand (1688)	Andry (1692 ['1689])	Vaugelas (1690)	Bouhours (1693 ['1692])	Andry (1693)	Tallemant (1698)
Adverbes			✓	✓		✓	
Prépositions / Groupes prép.							
Catégorisation : Préposition *vs* adverbe		✓	✓	✓		✓	
+/- Préposition		✓	✓	✓	✓	✓	
Régime / construction des prépositions	✓	✓	✓	✓	✓	✓	
Usage des prépositions	✓	✓	✓	✓		✓	✓
Conjonctions							

	Vaugelas (1647)	Buffet (1668)	Ménage (1675 ['1672])	Bouhours (1674)	Bérain (1675)	Bouhours (1692 ['1675])	Ménage (1676)
ACCORD							
Accord avec un syntagme complexe	√	√	√	√	√		
Accord avec un syntagme coordonné	√		√	√	√		
Autres cas d'accord du verbe							
Accord en personne	√				√		
Accord des locutions *c'est, ce sont*	√	√			√		
Accord du participe							
Accord du participe passé	√		√			√	√
Accord du participe présent	√						
Cas divers de l'accord							
Accord de l'attribut du complément d'objet	√		√	√	√	√	√
Accord de l'adjectif	√	√	√		√		
Accord de l'adverbe	√	√			√		
Accord avec le pronom indéfini *que chose*	√		√				
Accord du complément	√						

	Alemand (1688)	Andry (1692 ['1689])	Vaugelas (1690)	Bouhours (1693 ['1692])	Andry (1693)	Tallemant (1698)
ACCORD						
Accord avec un syntagme complexe	√	√			√	√
Accord avec un syntagme coordonné	√	√	√	√	√	√
Autres cas d'accord du verbe						
Accord en personne	√	√				√
Accord des locutions *c'est, ce sont*		√		√		
Accord du participe						
Accord du participe passé		√		√		√
Accord du participe présent		√				
Cas divers de l'accord						
Accord de l'attribut du complément d'objet	√			√		
Accord de l'adjectif						
Accord de l'adverbe		√				
Accord avec le pronom indéfini *que chose*						
Accord du complément						

Différents types de phrases	Vaugelas (1647)	Buffet (1668)	Ménage (1675 [¹1672])	Bouhours (1674)	Bérain (1675)	Bouhours (1692 [¹1675])	Ménage (1676)
Constructions impersonnelles		√	√	√			
Constructions négatives		√	√	√	√	√	
Constructions interrogatives		√	√		√		
L'emphase / mise en relief	√	√			√		
Propositions à verbe non fini, constructions participiales, etc.	√	√		√			√
Constructions concessives			√				
Contructions comparatives		√	√	√	√	√	√

Différents types de phrases	Alemand (1688)	Andry (1692 [¹1689])	Vaugelas (1690)	Bouhours (1693 [¹1692])	Andry (1693)	Tallemant (1698)
Constructions impersonnelles		√	√		√	√
Constructions négatives		√	√	√	√	√
Constructions interrogatives		√	√		√	
L'emphase / mise en relief		√	√			
Propositions à verbe non fini, constructions participiales, etc.			√	√		
Constructions concessives						
Contructions comparatives	√	√	√			√

	Vaugelas (1647)	Buffet (1668)	Ménage (1675 [¹1672])	Bouhours (1674)	Bérain (1675)	Bouhours (1692 [¹1675])	Ménage (1676)
SYNTAGMES COORDONNÉS							
Coordination équivoque	√			√			
Répétition obligatoire des marqueurs dans les syntagmes coordonnés (marquage morphologique / syntaxique maximal)	√	√			√	√	
Répétition obligatoire / facultative suivant la règle des synonymes	√			√			
Recherche d'un parallélisme entre les syntagmes coordonnés (régime / ordre des mots)	√			√		√	
Choix de la conjonction dans les syntagmes coordonnés	√						
Omissions récusées : tournures elliptiques	√			√	√	√	

	Alemand (1688)	Andry (1692 [¹1689])	Vaugelas (1690)	Bouhours (1693 [¹1692])	Andry (1693)	Tallemant (1698)
SYNTAGMES COORDONNÉS						
Coordination équivoque			√			
Répétition obligatoire des marqueurs dans les syntagmes coordonnés (marquage morphologique / syntaxique maximal)		√	√	√	√	√?
Répétition obligatoire / facultative suivant la règle des synonymes		√	√			
Recherche d'un parallélisme entre les syntagmes coordonnés (régime / ordre des mots)		√	√	√		
Choix de la conjonction dans les syntagmes coordonnés		√	√	√	√	
Omissions récusées : tournures elliptiques	√	√	√	√		

ORDRE DES MOTS	Vaugelas (1647)	Buffet (1668)	Ménage (1675 [¹1672])	Bouhours (1674)	Bérain (1675)	Bouhours (1692 [¹1675])	Ménage (1676)
Observations générales / traitement général d'une partie du discours	✓		✓			✓	✓
Séparation vicieuse de deux constituants	✓			✓	✓	✓	
Établissement d'un nouvel ordre	✓		✓				
Deux ordres tolérés, mais un ordre préféré	✓						

ORDRE DES MOTS	Alemand (1688)	Andry (1692 [¹1689])	Vaugelas (1690)	Bouhours (1693 [¹1692])	Andry (1693)	Tallemant (1698)
Observations générales / traitement général d'une partie du discours	✓	✓	✓		✓	
Séparation vicieuse de deux constituants		✓	✓	✓		
Établissement d'un nouvel ordre		✓				
Deux ordres tolérés, mais un ordre préféré		✓				

	Vaugelas (1647)	Buffet (1668)	Ménage (1675 [¹1672])	Bouhours (1674)	Bérain (1675)	Bouhours (1692 [¹1675])	Ménage (1676)
ANAPHORES PRONOMINALES	✓				✓	✓	✓

	Alemand (1688)	Andry (1692 [¹1689])	Vaugelas (1690)	Bouhours (1693 [¹1692])	Andry (1693)	Tallemant (1698)
ANAPHORES PRONOMINALES	✓	✓	✓	✓	✓	✓

4.2 PRINCIPES GÉNÉRAUX

Globalement, on peut observer une continuité des sujets traités depuis Vaugelas. L'ensemble des recueils cités ici constitue en quelque sorte un corpus polyphonique : Vaugelas aborde les grandes questions puis ses successeurs, en utilisant un métalangage commun, reviennent sur certaines d'entre elles pour les approuver, les contester, élargir le champ d'observation ou préciser s'il y a eu évolution de l'usage. Cependant, tous ne mettent pas l'accent sur les mêmes phénomènes : Vaugelas a tendance à développer davantage les questions qui traitent de phénomènes macro-syntaxiques tandis que Bouhours, Andry et Ménage portent un intérêt particulier aux questions de micro-syntaxe même si Andry et Bouhours abordent aussi des questions plus larges comme les répétitions ou les équivoques syntaxiques.

Certaines questions sont reprises de grammairiens antérieurs. Nous pouvons notamment constater qu'une grande partie des observations sur les pronoms personnels, les démonstratifs, les possessifs, les indéfinis et les relatifs figuraient dans les grammaires de Maupas (1618 [¹1607]) et d'Oudin (1640 [¹1632]), comme la question de la possession inaliénable ou la distribution de *qui/quoi* et *dont*. Dans ces cas-là, les remarqueurs ont surtout précisé certaines règles et contribué à stabiliser l'usage. Mais à la différence des grammairiens, d'une façon générale, les remarqueurs abordent peu de questions élémentaires. À titre d'exemple, lorsqu'ils traitent des déterminants, ils s'intéressent essentiellement à l'emploi des partitifs et à l'absence des déterminants. D'autre part, ils n'examinent pas tous les phénomènes qui figurent dans l'inventaire de façon systématique ou théorique. Ainsi, pour ce qui est des modes, ils commentent surtout le choix entre l'indicatif et le subjonctif dans les subordonnées marquant une opposition et dans les complétives. Ils n'élaborent pas de théorie générale pour la répartition entre ces deux modes mais examinent quelques distributions dans lesquelles l'indicatif et le subjonctif sont recommandés, s'interrogent sur des cas douteux, s'emploient à corriger les énoncés qui leur semblent fautifs, et relèvent des changements d'usage. Citons Ménage qui observe un changement d'usage dans les subordonnées introduites par *quoique, bienque, encorque* :

> Nos Anciens ont fait souvent régir l'indicatif à ces particules : & cela à l'imitation
> des Latins, qui en ont usé demesme à l'égard d'*etsi*, de *quamquam*, & de *quamvis*
> [...] Aujourdhuy elles ne régissent que le subjonctif. Il faut dire, *quoyque je sois ;*
> *bienque je veuille ; encorque je craigne.* Et ce seroit parler barbarement, que de dire,
> *quoyque je suis ; bienque je veux ; encorque je crains.* (Ménage 1675 : 183)

Andry, dans son second recueil (1693 : 291), rejette également l'emploi
de l'indicatif après *quoique*. Ferdinand Brunot (1905-1953 : IV, 1009-1010)
considère que ces prescriptions correspondent aux tendances de l'usage
et note que si des exemples similaires se trouvent avec l'indicatif chez
des auteurs comme Bossuet, Molière ou Racine, le subjonctif était le
mode le plus fréquent. De la même façon, Haase (1914 : 194) constate
que ce sont surtout les auteurs du début du XVIIe siècle qui emploient
encore l'indicatif après ces conjonctions.

4.3 DOMAINES RÉCURRENTS

Les domaines syntaxiques qui occupent une place essentielle dans
notre corpus sont les constructions verbales, l'accord, la coordination,
l'ordre des mots, les relatifs et l'anaphore pronominale. Une analyse
détaillée en est proposée dans *Remarques et Observations sur la langue*
française, histoire et évolution d'un genre (Ayres-Bennett et Seijido, 2011),
dans cet article je soulignerai quelques faits saillants.

Les questions de rection verbale et de régime sont présentes dans tous
les recueils cités et occupent une partie centrale dans ceux de Vaugelas,
Bouhours, Andry et Bérain. À l'époque où ils rédigeaient leurs observations, les variations de l'usage dans ce domaine étaient nombreuses,
la répartition entre les verbes « neutres » et les verbes « actifs », pour
reprendre leur terminologie, n'était pas fixée, de plus un grand nombre
de verbes dont la rection était en train d'évoluer, pouvaient comporter
plusieurs constructions concurrentes. La majorité de leurs remarques
consistent à commenter au cas par cas des verbes dont la rection présentait de telles variations. D'une façon générale, Vaugelas tend à décrire la
rection du verbe puis à donner des exemples, son observation sur *servir*
et *prier* est assez représentative de cette démarche :

> *Servir, prier.*
> *Servir*, regit maintenant l'accusatif, & non pas le datif comme il faisoit autre-
> fois, & comme s'en sert ordinairement Amyot & les anciens Escrivains ; Par

exemple ils disoient, *il faut servir à son Roy, & à sa patrie*, pour dire *il faut servir son Roy & sa patrie*, comme on parle aujourd'huy. […] Il en est de mesme de *prier*. Les Anciens disoient aussi *prier à Dieu*, & mesme quelques uns disent encore *je prie à Dieu*, au lieu de dire *je prie Dieu* ; *Favoriser*, a aussi le mesme usage. (Vaugelas 1647 : 479)

Andry, Ménage ou Buffet commencent plutôt leurs observations par l'examen d'exemples. La plupart rendent compte d'une hésitation entre plusieurs constructions concurrentes, par exemple faut-il préférer *tomber és mains, tomber aux mains* ou *tomber entre les mains de quelqu'un* ? Buffet tranche nettement pour la dernière construction (1668 : 83). Si dans certains cas les remarqueurs sélectionnent ainsi une variante et rejettent les autres, dans l'ensemble leur démarche n'est pas résolument prescriptive et il est même fréquent qu'ils admettent que plusieurs constructions coexistent. Parfois elles sont jugées équivalentes – Ménage observe par exemple que l'« on dit indifféremment *commancer à*, & *commancer de* » (1676 : 83) – mais le plus souvent, lorsque les remarqueurs souhaitent conserver des variantes, c'est qu'ils les jugent porteuses de nuances sémantiques intéressantes ou bien que leur emploi dépend du contexte phonétique. Ainsi Bouhours admet-il que l'on puisse construire le verbe *penser* avec les prépositions *en* ou *à* : « *Penser en* quelqu'un signifie quelque chose de plus, & marque toûjours un vrai attachement pour la personne, sans qu'il s'agisse d'aucune affaire ni d'aucune grace. […] Au lieu que *penser à* vous, n'emporte gueres qu'honnéteté, civilité, generosité. » (1693 : 80-81) ; ailleurs il note que le verbe *tacher* peut construire un infinitif avec *à* ou *de*, le choix se faisant en fonction du contexte phonétique : « ces deux regimes se varient selon que l'un ou l'autre convient davantage & sonne mieux à l'oreille » (1693 : 44-45).

L'accord grammatical est également discuté par tous les remarqueurs. Vaugelas puis tous ses successeurs commentent les cas qui n'obéissent pas à des règles générales. Parmi les difficultés examinées figurent l'accord avec un syntagme nominal complexe ouvert par un collectif, un quantifieur ou une fraction, l'accord avec un syntagme coordonné, l'accord des participes mais aussi quelques autres questions sur des points particuliers qui posaient problème comme l'accord des locutions *c'est/ce sont* ou l'accord de *tout* pour lequel ils ont proposé des règles.

Les autres questions qui occupent une place essentielle sont celles qui visent à établir une syntaxe plus nette, plus cohésive. La coordination, peu abordée par les grammairiens du XVIe et du XVIIe siècle, est au contraire centrale pour tous les remarqueurs, à l'exception de Ménage. Ils abordent surtout la répétition obligatoire ou facultative des morphèmes communs dans les syntagmes coordonnés, la recherche des parallélismes et les tournures elliptiques qui pourraient être source d'ambiguïté.

Lorsqu'ils examinent l'ordre des mots, ils peuvent aborder le traitement général d'une partie du discours comme la position des adjectifs épithètes, les changements linguistiques ou la séparation jugée « vicieuse » de constituants syntaxiquement dépendants. Parmi les changements dans l'ordre des mots, deux cas de variation ont fait l'objet de nombreux commentaires : l'ordre des clitiques (accusatif/datif) dans les constructions du type *je vous le promets / je le vous promets* et la montée du clitique devant le verbe recteur d'un infinitif *il se vient justifier / il vient se justifier*. Mais l'intérêt qu'ils portent à l'ordre des mots est aussi en grande partie lié à l'importance accordée à la clarté des énoncés. Pour éviter les équivoques syntaxiques, Vaugelas et ses successeurs recommandent notamment de rapprocher les éléments syntaxiquement dépendants. Dans cette même perspective, Bouhours et Andry s'intéressent aux ambiguïtés engendrées par la place des circonstants. D'une façon générale, si les remarqueurs se méfient de la rupture avec l'ordre dit régulier au point que l'Académie française écrira au début du XVIIIe siècle « *Manquer à l'arrangement* des mots dans leur ordre naturel est une grande faute dans le stile » (1704 : 474), des auteurs comme Bouhours et Andry estiment que cette rupture peut être élégante. Ils admettent ainsi des constructions du type « La Philosophie, la Théologie, l'Éloquence, la Poësie, l'Histoire, & les autres connoissances qui font éclater les dons que l'esprit reçoit de la nature, vous les possedez dans ce qu'elles ont de plus sublime » que nous qualifierions aujourd'hui de dislocation. Ils ne commentent pas le double marquage syntaxique mais considèrent que dans un discours public, le « renversement dans l'ordre naturel » (Andry 1692 : 677) peut être plus élégant, plus éloquent et plus vif que le « tour régulier ». Ils semblent donc avoir déjà conscience que l'organisation de l'énoncé joue un rôle dans la dynamique communicative.

5. L'EXEMPLE DE L'ANAPHORE PRONOMINALE

Pour illustrer la démarche des remarqueurs, je propose à présent
d'examiner plus en détail les anaphores pronominales. Cette question,
passée sous silence par les grammairiens de l'époque[1], est représentive
d'une tendance générale des remarqueurs que nous venons d'évoquer et
qui consiste à « traquer » les ambiguités et à élaborer des règles visant
à rendre le discours plus clair et plus net. Leurs observations sur les
anaphores pronominales sont en étroite relation avec la condamnation
des équivoques et l'exigence de netteté de la référence, le problème
essentiel consistant à examiner le rapport entre le pronom anaphorique
et son antécédent. Ils y accordent de plus en plus d'importance au fur
et à mesure que le siècle progresse.

Vaugelas a peu écrit sur les anaphores pronominales, mais, dans une
longue remarque sur les équivoques, il fait des observations qui ont
été reprises et discutées par une partie de ses successeurs. Lorsque le
pronom relatif est précédé de deux noms de genres différents, comme
dans l'exemple *c'est le fils de cette femme, qui a fait tant de mal* l'emploi
de *lequel* peut suffire pour ôter l'ambiguïté (1647 : 586). Dans les
autres cas, selon une approche que nous qualifierions aujourd'hui de
« textuelle », il recommande de rapprocher le pronom anaphorique du
terme auquel il se rapporte et estime que le non respect de cette loi de
proximité peut engendrer des équivoques. Ainsi il réprouve les exemples
du type *qui trouverez-vous qui de soy-mesme ayt borné sa domination, &
n'ait perdu la vie sans quelque dessein de l'estendre plus avant ?* parce que
« Au sens on voit bien que *l'estendre*, se rapporte à *domination*, & non
pas à *vie*, mais parce qu'*estendre*, est propre aux deux substantifs qui le
precedent, & que *vie*, est le plus proche, il fait equivoque & obscurité »
(Vaugelas 1647 : 586).

---

[1] Selon Nathalie Fournier, cela se justifie par le fait que : « À la différence des remarqueurs,
les grammairiens, dans la mesure où ils ne prennent guère en compte la dimension
transphrastique, sont peu préoccupés par les problèmes d'équivoques ; leur intérêt est
centré sur la morphosyntaxe des pronoms (emploi des pronoms clitiques / non clitiques
et des diverses formes casuelles) et le seul problème sémantique qui les préoccupe
vraiment est celui de la catégorisation du référent par le trait +/- humain. » (Fournier
1998b : 196)

Bouhours, dans ses deux volumes de remarques et surtout dans la partie « Doutes sur ce qui regarde la netteté du langage » dans son texte de 1674, relève toute une série d'anaphores équivoques et de la même façon, pour éviter ces ambiguïtés, il insiste sur la nécessité de rapprocher le pronom anaphorique de son antécédent. À propos de l'exemple *Il n'y a peut-estre point de Conseil dans l'Europe où le secret se garde mieux que celuy de la République de Venise*, il note :

> À la verité, pour peu qu'on ait d'attention, on voit bien que *celuy* se rapporte à *conseil*. Néanmoins, comme il peut aussi se rapporter à *secret*, et qu'il suspend l'esprit un moment, ne seroit-il pas mieux de dire *que le Conseil de la République de Venise* ? (Bouhours 1674 : 185)

D'autre part, s'il juge le relatif *lequel* un peu « rude », comme Vaugelas il conseille d'y avoir recours lorsqu'il permet d'ôter une équivoque en sélectionnant le genre de l'antécédent :

> « Il estoit important que le Concile marquast en particulier combien il condamnoit la profanation que font ces personnes de leur caractere, *qui* retombe sur tout le corps des Evesques »
> Cette période ne seroit-elle pas plus claire, si l'on mettoit, *laquelle retombe sur tout le corps des Evesques*, au lieu de *qui* ? Car alors il seroit évident que *laquelle* se rapporteroit à *profanation*, et non pas à *caractere*. (Bouhours 1674 : 187-188)

Parmi les remarqueurs qui suivront, Andry est le seul à proposer une approche différente. S'il adopte également la doctrine de la proximité lorsque le pronom anaphorique est un pronom relatif, lorsque le pronom anaphorique est un pronom personnel il prend en compte ce que nous appellerions en termes modernes le principe de saillance et de hiérarchisation du référent[1]. L'exemple *Bien que l'homme juste ait toûjours esté le Temple vivant de Dieu, il n'a pas laissé de vouloir demeurer par une présence spéciale en des lieux consacrez à sa gloire* lui semble ambigu

> car dés qu'on a leu ces premiéres paroles : *bien que l'homme juste ait toûjours esté le Temple vivant de Dieu, il n'a pas laissé, &c.* Il semble que cét, *il*, se rapporte à l'homme juste qui est en haut ; & en effét selon la vraye construction il doit s'y rapporter ; cependant selon le sens, il se rapporte à Dieu, ce qui ne peut se reconnoistre qu'aprés avoir lû toute la phrase.

---

1   Voir Fournier (1998b).

Pour ôter l'équivoque, il propose de déplacer *Dieu* en début d'énoncé :
Bien que Dieu ait toûjours fait de l'homme juste son Temple vivant, il n'a pas
laissé de vouloir, &c. (Andry 1692 : 206-207). Selon la même démarche,
il considère qu'un pronom personnel peut se référer à la tête nominale précédente mais non au complément de cette tête. À propos de
l'exemple *Il faut que la conversation soit le plus agréable bien de la vie,*
mais il faut qu'il ait ses bornes, il énonce le principe « On doit éviter de
faire rapporter un mot à ce qui est dit de la chose, au lieu de le faire
rapporter à la chose mesme, dont on parle principalement » et propose
la modification qui suit :

> au lieu de, *il*, qui se rapporte là à *plus agréable bien de la vie*, qui est dit de la
> conversation, il falloit mettre, *elle*, le faisant rapporter à conversation, & dire :
> *Il faut que la conversation soit le plus agréable bien de la vie, mais il faut qu'elle ait*
> *ses bornes*. (Andry 1692 : 537-538)

Il apparaît donc que pour Andry, l'antécédent d'un pronom n'est
pas obligatoirement le terme le plus proche, il peut être, comme dans
l'exemple qui vient d'être évoqué, le terme syntaxiquement dominant.
En remettant ainsi en cause l'approche textuelle et la loi de proximité,
et en la remplaçant par le principe de saillance et de hiérarchisation
des référents, il ne propose pas une théorie élaborée mais il annonce
cependant une nouvelle étape dans la réflexion sur l'anaphore qui sera
reprise et davantage détaillée par le grammairien Régnier-Desmarais
au début du XVIIIe siècle.

6. CONCLUSION

Pour conclure, l'apport des remarqueurs dans le domaine syntaxique revêt différents aspects. Les observations qui reprennent des
règles ou une théorie déjà élaborée dans des grammaires antérieures,
notamment celles de Maupas et Oudin, peuvent avoir contribué à
stabiliser l'usage et à fixer des règles. Tout un ensemble de remarques
qui portent sur les doutes, la variation, l'instabilité et les changements
de l'usage apportent des données complémentaires très précieuses pour

l'histoire de certains phénomènes, et constituent également des sources importantes pour la datation de certains changements linguistiques. Mais il y a aussi des phénomènes pour lesquels les remarqueurs ont élaboré des règles, citons par exemple les principes de Vaugelas sur la détermination de l'antécédent du relatif, et des questions, comme l'anaphore pronominale, pour lesquelles ils ont préparé le terrain théorique des grammaires à venir.

Les phénomènes syntaxiques qui les préoccupent le plus sont principalement ceux qui comportent une forte zone de variation, comme les constructions verbales, et surtout ceux où sont en jeu les questions de clarté et de netteté. La volonté de supprimer les équivoques et les ambiguïtés, sous-jacente à un grand nombre de remarques syntaxiques, laisse en effet supposer que le concept de netteté est celui qui caractérise le plus le travail des remarqueurs sur la syntaxe.

Magali SEIJIDO

SENTIMENT DE LA LANGUE
ET HISTOIRE DE LA LANGUE
Quelques propositions

1. INTRODUCTION

Pour répondre aux attendus d'un volume consacré à un « état des lieux » et aux « perspectives » de l'histoire du français aujourd'hui, nous avons choisi de présenter une réflexion de nature assez « théorique » ou « épistémologique », pour ainsi dire, qui choisira de se faire l'écho de certaines questions émergeant du champ de la linguistique aujourd'hui et susceptibles à notre sens de renouveler la manière dont on peut concevoir l'« histoire de la langue ».

Classiquement, en effet, l'« histoire de la langue » − et cela semble avoir concerné autant ses débuts, marqués par la constitution en science de la philologie, que beaucoup de ses développements au XXe siècle, influencés par les modèles structuraux − s'est avant tout préoccupée des formes, qu'elles soient saisies individuellement ou réunies en système. De la sorte, c'est indiscutablement l'« histoire interne » qui a surtout attiré l'attention. Certes, l'histoire externe n'a pas manqué d'inspirer elle aussi de grandes études, et, après la monumentale entreprise de Ferdinand Brunot (1905-1953), qui réunit les dimensions interne et externe, les travaux de Marcel Cohen (1987 [1947]) et Renée Balibar (1985), pour ne citer qu'eux dans le domaine francophone, en sont des illustrations marquantes.

Pour autant, entre « interne » et « externe », un champ d'études paraît avoir fait l'objet d'une relative désaffection, dans « l'histoire de l'histoire de la langue » : celui qui s'intéresse aux relations que les locuteurs ont eues avec leur langue, leurs usages, relations faites de compréhension, d'appropriation, d'altération – et aussi de ce qu'on pourrait appeler des « sentiments ». Champ immense qui est sans doute à envisager de bien des manières[1]. Aujourd'hui, on peut se demander si le temps n'est pas venu d'essayer de penser plus précisément ces relations, et de proposer des distinctions quant à ce qu'on peut en faire en histoire de la langue.

Depuis une vingtaine d'années, en effet, on voit se développer en socio-linguistique du contemporain un intérêt pour la manière dont les sujets parlants se représentent la langue qu'ils parlent, leur compréhension des faits linguistiques, l'évaluation qu'ils en font, leur degré d'appropriation, leurs attitudes, etc. Deux termes – régulièrement sujets à discussion – focalisent ces nouvelles études : ceux d'*épilinguistique* et de *linguistique populaire*.

L'apparition de ces études dans le champ des sciences du langage pose en tout cas deux questions principales :

- Une question générale : comment penser, et avec quel(s) mot(s), cette implication du locuteur dans sa langue ?
- Une question particulière : que faire de cette conceptualisation éventuelle dans l'histoire de la langue au sens large et dans l'approche diachronique dans un sens plus précis ?

Suivant à la lettre l'intitulé du volume, nous allons donc diviser cet exposé en deux parties, consacrée l'une à un « état des lieux » fatalement lacunaire, mais qui reviendra sur quelques grandes figures de l'histoire de la linguistique dont l'on peut sans doute tirer encore de nouvelles inspirations, et l'autre à des « perspectives » que je présenterai sommairement en indiquant aussi à quelles difficultés elles peuvent se heurter.

---

1   Dans Siouffi (2012) nous avons réuni des études proposant un certain type d'exploration de ces relations.

2. ÉTATS DES LIEUX

2.1 « SENTIMENT DE LA LANGUE » ?

En français, l'expression *sentiment de la langue* n'est pas très usuelle. Elle n'est surtout pas très ancienne, les premières occurrences datant de l'époque romantique (Chateaubriand, Nodier), et son apparition dans des textes authentiquement linguistiques ne pouvant guère, dans l'état actuel de nos recherches, être remontée plus haut que l'œuvre de Littré (1863).

Il n'en est pas de même en allemand, où l'expression de *Sprachgefühl*, ainsi que celle de *Sprachsinn*, qu'on trouve chez Humboldt, ont été beaucoup travaillées par la tradition linguistique, jusqu'aux années 70 et 80, où de nouveaux linguistes s'en sont saisi. L'entrée Wikipedia de *Sprachgefühl*, par exemple, qui se nourrit des travaux de Gipper (1976), et Gauger et Oesterreicher (1982), donne comme définition : « Als Sprachgefühl bezeichnet man das intuitive, unreflektierte und unbewusste Erkenne dessen, was als sprachlich richtig und angemessen empfunden wird », que nous pourrions traduire par : « sous le terme de *Sprachgefühl*, on décrit la connaissance intuitive, non réfléchie et inconsciente de ce qui est correct et adéquat dans une langue ».

Le terme semble avoir passé comme emprunt allemand dans la langue anglaise, puisqu'on lui trouve des entrées dans le Merrian Webster, où il reçoit les définitions suivantes : « 1. The character of a language. 2. An intuitive sense of what is linguistically appropriate[1] », et dans l'Oxford Dictionary où on trouve les gloses : « 1. intuitive feeling for the natural idiom of a language. 2 the essential character of a language[2] ». Ce dernier dictionnaire donne d'ailleurs pour illustrer ces deux sens les deux contextes suivants : « it's not genes or culture but sprachgefühl that sets the French apart from the Finns, and the Russians from the Romanians » et « each language has its own personality, or sprachge-

---

1   Formules pour lesquelles nous proposons les traductions suivantes : « 1. Le caractère d'une langue. 2. Le sens intuitif de ce qui est approprié linguistiquement ».

2   « 1. Sentiment intuitif de ce qui se dit dans une langue. 2. Le caractère essentiel d'une langue ».

fühl, which limits its speakers to a certain mode of thought[1] ». Dans les deux définitions (sens 1 de la première et sens 2 de la seconde – avec second contexte – on remarque la parenté qui lie le *Sprachgefühl* avec ce qui s'est popularisé en Europe sous le nom de *génie de la langue* (avec ses différentes traductions ou formulations hybrides). Une continuité entre ces concepts paraît se dégager.

En anglais, il semble, au vu d'une recherche pour le moment très rapide que nous avons menée, que l'expression *linguistic feeling* ait connu un certain emploi chez des linguistes (Sapir, par exemple), parfois pour traduire *Sprachgefühl*, tandis que *ear for the language* semble avoir été quasi réservée au domaine phonétique.

Dans le contexte allemand, le nom essentiel auquel raccorder le concept de *Sprachgefühl* est sans doute celui d'Hermann Paul (1880), encore peu traduit en français à la différence de l'anglais, et dont on s'accorde à penser qu'il a exercé une influence importante sur Saussure – penseur essentiel du « sentiment de la langue » sur qui nous allons revenir. Mais bien d'autres auteurs de tradition allemande seraient à explorer, parmi lesquels au premier chef Eugenio Coseriu (parti-culièrement 1988c), chez qui l'influence structuraliste s'est jointe à l'héritage de Humboldt.

En français, l'expression *sentiment de la langue* a été présente dans la littérature linguistique à la charnière des XIXᵉ et XXᵉ siècles, à une époque encore marquée par la psychologie d'une part – d'où une direc-tion subjectiviste de la linguistique – et par la tendance, influencée par la philologie, à voir dans la langue une sorte de sujet élargi. Littré et Brunot y recourent fréquemment, mais c'est sans doute chez Saussure et Meillet, puis aussi Guillaume, qu'on trouve les réflexions les plus intéressantes, comme le montre Bruno Courbon (2012), qui a mené une enquête précise sur ces auteurs.

Quant à savoir quel contenu exact donner à la notion, on remarque de fortes fluctuations, ce dont témoigne par exemple, dans les années 1930, c'est-à-dire après sa mobilisation par un certain nombre de textes, cette citation de l'orientaliste William Marçais, que Bruno Courbon a exhumée :

---

1   « Ce n'est pas les gênes ou la culture, mais le *sprachgefühl* qui sépare les locuteurs français et finnois, ou russes et roumains » ; « chaque langue a sa propre personnalité ou *sprachgefühl*, qui limite ses locuteurs à une certaine expression de la pensée ».

> Sentiment de la langue est un mot vague qui recouvre des réalités précises : l'enregistrement, réfléchi parfois, mais aussi, inconscient, dans la mémoire, de la presque totalité des expressions, constructions types, tours de phrase types dont use une langue ; la constitution, dans l'entendement, au moyen de ces matériaux, d'une catégorie du possible ; et, pour la mise en œuvre de ces acquisitions, quelques dons naturels plus rares qu'on ne pourrait croire : la capacité d'être choqué par l'absurde, mis en défiance par l'anormal, et réfractaire au spécieux. (William Marçais, « Silvestre de Sacy arabisant », *Comptes-rendus des séances de l'Académie des Inscriptions et Belles-Lettres*, 82, 1, 1938, p. 80-81, cité par Courbon 2012).

À vrai dire, si l'expression de *sentiment de la langue* ne s'est pas réellement imposée dans le métalangage linguistique français, c'est aussi qu'entre temps, de nombreux concurrents sont venus se présenter : les termes de *sensibilité linguistique*, d'*intuition*, de *sens de la langue* entre autres, sans compter celle, assez évidente, de *sentiment linguistique*. Peut-on construire des différences entre toutes ces formules ? C'est bien évidemment un enjeu, et nous proposerons plus loin des possibilités d'articulation.

2.2 UN GRAND PENSEUR DU « SENTIMENT » : SAUSSURE

Avant cela, si nous avons choisi de consacrer ici quelques paragraphes à Saussure, c'est avant tout en raison du fait que la lecture qui nous a été proposée de son œuvre jusqu'à la publication des *Écrits* a été tellement dominée par la valorisation des idées de signe et de système que nous avons oublié qu'il fut aussi un grand penseur du sentiment. C'est une surprise que de le redécouvrir en lisant plus attentivement ses textes.

Rappelons pour commencer que, à l'origine de son révolutionnaire programme de recherche sur la langue, il y a, comme le montrent les trois conférences à l'université de Genève de novembre 1891, la volonté de s'opposer aux idées « organicistes » ou « évolutionnistes » qui étaient parfois développées à son époque (par exemple par Darmesteter), et que c'est à cette fin qu'y est d'abord mobilisée la notion de « sujet parlant » (par exemple Saussure 2002 : 179). Citons cette phrase emblématique : « La conquête de ces dernières années est d'avoir enfin placé non seulement tout ce qui est le langage et la langue à son vrai foyer exclusivement dans le sujet parlant soit comme être humain soit comme être social » (*ibid.* : 130). Parmi les trois manières de saisir un fait linguistique, par exemple le sens d'un mot, Saussure relève celle-ci : « la troisième manière est de comprendre que le mot pas plus que son sens n'existe hors de la conscience que nous en avons, ou que nous voulons bien en prendre à chaque moment », en ajoutant : « Nous sommes très éloigné de vouloir ici faire de la métaphysique » (*ibid.* : 83).

Dans les *Écrits*, Saussure convoque également fréquemment la notion de « sentiment de la langue » (*Notes sur la morphologie*, 1891-1894, Saussure 2002 : 195) pour rendre compte, non seulement de la manière dont les sujets parlants perçoivent la langue, mais aussi de la manière dont ils la créent. Il a employé aussi l'expression de « sens linguistique immédiat » (Cours I, notes de Riedlinger, début 1907, Saussure 2002 : 44). Pour lui, ce « sens » ou ce « sentiment » fait partie de la réalité linguistique, puisqu'il définit ainsi le mot *réalité* : « Réalité = fait présent à la conscience des sujets parlants » (Saussure 2002 : 187) et énonce des propositions comme : « Rappelons que tout ce qui est dans le sentiment des sujets parlants est phénomène réel » (*ibid.* : 185), ou : « Ce qui est réel, c'est ce dont les sujets parlants ont conscience à un degré quelconque ; tout ce dont ils ont conscience et rien que ce dont ils peuvent avoir conscience » (*ibid.* : 183).

Ainsi, il passe progressivement du sujet parlant au singulier aux sujets parlants au pluriel en considérant la langue comme phénomène social. « La langue est sociale ou bien n'existe pas », écrit-il toujours (*Notes pour le Cours* II, 1908-1909, Saussure 2002 : 298). De fait, certaines des lectures les plus récentes qui ont été données du travail de Saussure, non seulement des *Écrits*, mais aussi du *Cours*, mettent l'accent sur l'importance du sujet parlant et de ce qui s'y déroule, qu'on l'appelle « conscience », « sentiment », « sens linguistique », ou « sensibilité ». Pour Vincent Nyckees, le « sentiment linguistique », auquel il donne le contenu saussurien de « produit de l'analyse spontanée que la conscience (linguistique) opère sur les attestations enregistrées par la mémoire (linguistique) », est la caractéristique essentielle de Saussure (Nyckees 2008 : 15). Dans sa position contrastive des unités « langue latine » / « langue française », le commentateur note que Saussure ne se propose ni plus ni moins, finalement, que de reconstituer le sentiment linguistique des Latins par distinction avec celui des Français, attribuant un rôle considérable à l'analogie, « opération psychologique » (Saussure 2002 : 161) qui est la principale productrice des régularités selon lui.

Dans le *Cours*, on trouvera également d'importants passages sur le « sentiment de la langue ». S'appuyant sur l'opposition qu'il a mise en place entre « langue » et « parole », il déclare à plusieurs reprises que « c'est la parole qui fait évoluer la langue » (Saussure 1971 : 37), ou que – formulation équivalente – « tout ce qui est diachronique dans la langue ne l'est que par la parole » (*ibid.* : 138). Ferdinand Brunot s'est plu à pointer le rôle de locuteurs spécifiques :

> Partout, des interventions individuelles ou groupales se mêlent à l'évolution normale, la précipitent et la favorisent, ou au contraire la retardent, la contrarient, la dévient, la redressent, en un mot, la faussent [...] La chose se produit de cent façons [...] Une autre fois, c'est un auteur dissident – je choisis exprès un cas bien différent – qui s'obstine à employer un mot rejeté, ainsi *partant*. (Brunot 1905-1953 : IV, ix-x)

De même, Saussure souligne le rôle des innovations de parole de quelques individus qui, acceptées par la communauté, deviennent des faits de langue : « un fait d'évolution est toujours précédé d'un fait, ou plutôt d'une multitude de faits similaires dans le domaine de la parole » (Saussure 1971 : 226).

À vrai dire, il y aurait de quoi tirer de l'œuvre de Saussure de fortes inspirations pour lier la dimension individuelle et la dimension sociale du langage, contrairement à ce qui a parfois été affirmé. Pour autant, Saussure est conscient du fait que l'« analyse subjective » qui est l'analyse propre aux sujets parlants (« l'analyse des unités de la langue faite à tous les instants par les sujets parlants, peut être appelée analyse subjective », Saussure 1971 : 251), est à placer sur un plan différent de l'« analyse objective » qui est propre au grammairien ou à l'historien de la langue :

> Il n'y a pas de commune mesure entre l'analyse des individus parlants et celle de l'historien, bien que toutes deux usent du même procédé : la confrontation des séries qui présentent un même élément. Elles se justifient l'une et l'autre, et chacune conserve sa valeur propre ; mais en dernier ressort celle des sujets parlants importe seule, car elle est fondée directement sur les faits de langue. (Saussure 1971 : 251)

Ce qui, pour lui, induit une attitude épistémologique lourde de conséquences : « Observez ce qui se passe dans les langues d'aujourd'hui, dans le langage de tous les jours, et n'attribuez aux périodes anciennes de la langue aucun processus, aucun phénomène qui ne soit constatable actuellement » (*ibid.* : 252-253).

2.3 D'AUTRES MANIÈRES DE VOIR

Il serait impossible de dresser ici un panorama complet des grands linguistes ayant accordé au « sentiment de la langue » une place importante dans leurs dispositifs et leurs travaux. Nous ne ferons qu'en mentionner quelques-uns : Gustave Guillaume, chez qui l'expression revient souvent, au sens d' « intuition », Antoine Meillet, au plan de l'histoire, et Eugenio Coseriu, au double plan conjugué des deux. Nous choisirons de dire un mot, également, de certains pionniers de la sociolinguistique anglo-saxonne, comme William Labov et James Milroy, en raison de la commune volonté qu'ils ont manifestée de sortir de la stricte histoire interne d'une part, et d'une « histoire externe » cantonnée aux faits macrostructurels.

Si William Labov, qui a découvert sur le tard, et avec étonnement, selon une communication personnelle faite à Bruno Courbon (dans Courbon 2012), l'œuvre de Meillet, choisissait, dès les années 1970, de définir une communauté de locuteurs, non pas par la communauté de ses usages, mais par la communauté de ses « attitudes » ou de ses « normes », comme le montrent les deux citations suivantes :

> Il serait faux de concevoir la communauté linguistique comme un ensemble de locuteurs employant les mêmes formes. On la décrit mieux comme étant un groupe qui partage les mêmes normes quant à la langue (Labov 1976 [1972] : 328)

> Il paraît justifié de définir une communauté linguistique comme étant un groupe de locuteurs qui ont en commun un ensemble d'attitudes sociales envers la langue (Labov 1976 [1972] : 338)

on comprend que dans les « Social factors » (« facteurs sociaux ») du changement linguistique, il ait choisi de réserver une place à ce qu'il appelle les « Subjective dimensions of Change in Progress » (« dimensions subjectives du changement en cours » ; Labov 2001 : 193). En réalité, lorsqu'on lit le détail de ce qu'il range sous ce nom, on s'aperçoit qu'il a essentiellement entendu par « subjective dimensions » des réactions subjectives aux langues saisies dans leur ensemble (par ex. : l'anglais *vs* le français), qui sont testées au moyen de tests de confrontation à des usages, mais également quelques réactions à des particularités linguistiques, la palatalisation, par exemple. Un postulat essentiel de la démarche de Labov est que l'individu y est toujours étudié en rapport avec la communauté de locuteurs à laquelle il appartient. Pour autant, à notre sens, on peut trouver dans sa méthodologie une inspiration décisive pour renouveler l'analyse que l'on fait de certains changements linguistiques.

Nous irions alors dans le sens de James Milroy, qui a relevé (2003, nous traduisons) « la réticence des historiens de la langue à faire appel à des facteurs externes pour expliquer des changements phonétiques[1] ». Selon le sociolinguiste, « cet accent mis sur le changement endogène a été encouragé par les préoccupations du XIXe siècle et renforcé par le structuralisme saussurien[2] », « encourageant l'idée que les langues peuvent changer indépendamment des facteurs sociaux ».

Ce parcours de quelques théorisations et propositions autour de la manière d'impliquer la considération du sujet parlant dans l'analyse des changements linguistiques est, redisons-le, extrêmement lacunaire. Il s'agit ici simplement de montrer que, quoique paraissant perturber tant soit peu le « jeu » classique de l'histoire de la langue telle qu'elle se représente épistémologiquement elle-même de façon usuelle aujourd'hui, la notion de « sentiment de la langue », et plus généralement, l'effort fait pour prendre en compte la dimension du sujet parlant, sont présents chez de nombreux grands modèles de la discipline, même ceux (Saussure) qu'on a présentés comme les plus éloignés de ces préoccupations.

Il nous reste à préciser de quelle manière on envisage de mobiliser ces notions dans le travail concret sur les formes, et à quelles difficultés on peut imaginer se heurter dans ce travail.

---

1 « the traditional reluctance of language historians to appeal to language-external factors in explaining sound changes ».
2 En cela, comme on l'a vu, il se fait sans doute une idée trop restrictive de Saussure.

3. PERSPECTIVES ET DIFFICULTÉS

3.1 DEUX CONTINUUMS

Étudier la diachronie de certains faits linguistiques en impliquant le sujet parlant peut se faire, pensons-nous, en mettant en place (provisoirement, et à titre de proposition) les deux continuums suivants :

Le premier continuum, que nous avons déjà évoqué, irait des faits de langue saisis dans leur plus grande particularité (phonétique, phonologie, morphologie, syntaxe, etc.) jusqu'à l'image de la langue entière, en passant par tous les faits de discours, d'oralité, de scripturalité, etc. Il s'agirait alors de faire varier l'échelle entre trois grands ordres de faits : des faits qui ont été identifiés et décrits par la linguistique sous la forme de traits (dans un certain nombre de domaines), des faits d'empan plus large qui reposent, soit sur la création d'analogies dans une dimension qui est alors proprement celle de la langue (la présence de la nasalité dans la phonétique, de l'emprunt dans le lexique, des morphèmes de féminisation, etc.), soit sur une perception discursive de la langue (identification de la « phrase », des continuités sémantiques, etc.) ; et des faits macrostructurels comme la relation aux « langues » dans leur ensemble, domaine où le « sentiment de la langue » rejoint alors les anciennes catégories, toujours embarrassantes pour le linguiste, mais toujours opérationnelles dans la relation aux usages, de « génie » des langues, ou « caractère » des langues.

Le second continuum, d'ordre métalinguistique et plus délicat à décrire, concerne les niveaux d'implication du locuteur. Ce continuum irait de la moins grande conscience (à l'œuvre par exemple dans certaines réanalyses ou certaines « fautes » à peine accessibles à la conscience du locuteur qui les commet) à une conscience non seulement parfaitement explicitée, mais même élaborée, agencée, retravaillée, comme cela peut être le cas dans le pastiche. Sur le chemin, on aura pu rencontrer la simple *conscience linguistique*, affleurement à la conscience de l'existence du fait que l'on pourra par exemple choisir d'appeler « sensibilité linguistique » – capacité à repérer que deux prononciations sont effectivement différentes, par exemple –, et toutes les expressions d'un goût ou dégoût, ou

d'un rapport à une norme plus ou moins « subjectivée ». À ce niveau
supérieur de conscience, on rencontre alors la théorisation allemande du
Sprachbewusstsein, présente par exemple chez Coseriu, et décisive dans la
manière dont certaines histoires des langues ont été élaborées en contexte
allemand. La normativité en tant que désir de construire des normes
langagières ou de voir les usages s'y conformer paraît en effet le degré
le plus abouti de la conscience et l'une des physionomies possibles que
peut revêtir le sentiment de la langue.

3.2 UNE SÉRIE DE DOMAINES

À l'intérieur du premier continuum, en fonction des traits étudiés, il
serait envisageable de décliner la formule *sentiment de la langue* en autant
de formules spécialisées : on pourrait ainsi parler de *sentiment phonétique*,
de *sentiment phonologique*, de *sentiment lexical*, de *sentiment étymologique*, de
sentiment néologique, de *sentiment morphologique*, de *sentiment grammatical*,
de *sentiment discursif*, de *sentiment rhétorique*... La liste des « sentiments »
ne nous semble pas devoir être close, et devrait pouvoir être allongée à
l'infini, en fonction des nouveaux sujets de préoccupation qui se présentent, du moment que l'analyse du fait implique la perception que le
locuteur lui-même en a.

Parmi ces domaines, certains ont déjà été très travaillés, et certaines
de ces formules ont été mobilisées. Il en est ainsi du « sentiment morphologique », par exemple, qui pourrait être décrit comme la conscience
qu'une unité linguistique donnée est composée de morphèmes, et dont
Saussure lui-même avait donné des exemples pertinents, en remar-
quant que le locuteur français ne considérait pas que le mot *enfant*
contenait un préfixe, alors que c'était probablement le cas des locuteurs
latins pour *infans* (voir Saussure 2002 : 186). Du côté du lexique, de
nombreux travaux ont abordé ce qu'on appelle l'« étymologie populaire », le « sentiment néologique », sentiment qu'une forme ou un
sens est « néologique » (voir Gardin, Lefèvre, Mortureux et Marcellesi
1974 ou Sablayrolles 2003). Dans le dossier d'études que nous avons
réuni (Siouffi 2012), les domaines du lexique et de la grammaire sont
représentés, mais il faudrait probablement encore étendre l'enquête à
d'autres domaines.

3.3 DES DIFFICULTÉS

Pour autant, si l'investigation du sentiment linguistique à propos des faits de diachronie a d'incontestables aspects séduisants dans la mesure où elle nous fait entrer dans la dimension vécue et appropriée de la langue, il serait vain de se cacher les difficultés que l'on est amené à rencontrer.

La principale d'entre elles, lorsqu'on essaie d'évaluer, d'une façon qui soit la fois fine et fiable, le rôle de l'implication du locuteur dans la diachronie de certains faits de langue, est sans doute l'inégalité, et la disparité du matériau dont on dispose.

Il n'est pas un hasard si les travaux les plus fins, tels ceux réunis par Michelle Lecolle et Guy Achard-Bayle (2009), s'appuient pour le moment sur du contemporain. Le matériau y est abondant, il existe des corpus, les enquêtes directes en interaction avec les locuteurs y sont possibles, et on peut envisager de cibler à sa guise son objet. Un champ possible se dégage ainsi : celui du changement linguistique appréhendé directement en rapport avec un changement dans le sentiment linguistique et lu au travers d'une analyse des discours portés sur les formes.

Pour ce qui est du Moyen Âge, les difficultés apparaissent évidemment considérables. Le matériau manque quasi totalement, et le linguiste est obligé de faire jouer son propre sentiment pour analyser les différences de fonctionnement d'une même forme. Pour la période du français dit « moderne », la présence d'un fort accompagnement par les discours change considérablement la donne. « Au XVIᵉ siècle, les discours sur la langue commencent à compléter les productions dans la langue dont il avait fallu se contenter pour le Moyen Âge, ce qui nécessite d'autres approches », écrit Jacques Chaurand à l'ouverture de cette partie sur le français moderne (Chaurand 1999 : 732). Indiscutablement, il faudrait plaider pour une transversalité encore plus grande entre histoire de la langue à proprement parler, et histoire des représentations, ou des discours au sens large.

Pour autant, cette prise en compte des discours présente un premier danger, qui est d'accorder une place excessive aux descriptions présentant un intérêt dans une épistémologie historique des sciences du langage, dans la mesure où celles-ci présentent un matériau aisément accessible, affichent des intentions d'objectivité et mettent en avant des régularités préparant l'analyse.

De ce point de vue, la remise à l'honneur récente de ceux qu'on a appelés les « remarqueurs » (voir Caron 2004, Ayres-Bennett 2011 et Ayres-Bennett et Seijido 2011) contribue fortement à élargir le spectre des problématiques à appréhender pour avoir une idée complète des usages, des types de discours à prendre en considération pour les approcher, et à dynamiser ce dialogue nécessaire entre des « opinions » dont il faut accepter qu'elles ne soient pas toujours « scientifiques », et les usages.

Classiquement, pour autant, on a la plupart du temps manifesté une réticence envers ces productions souvent teintées de passion, de fantasme, de purisme, d'idéologie, d'options esthétiques singulières, parfois de mauvaise foi. Lorsque, dans sa *Grammaire du français classique*, Nathalie Fournier choisit, dans un geste novateur, de les citer largement, elle éprouve le besoin de se justifier :

> Je cite longuement leurs travaux [des grammairiens] à l'appui de chaque problème examiné, car ils sont les premiers observateurs du temps. On leur a beaucoup reproché, surtout aux remarqueurs, leur visée normative ; c'est oublier que leur norme est une norme d'usage, et qu'ils ne recommandent que ce qui leur paraît le plus répandu. (Fournier 1998a : 8)

Si elle les intègre, donc, c'est d'abord afin d'en faire des témoins de l'usage et de recueillir leurs jugements d'acceptabilité.

La question de la « visée normative » malgré tout se pose, et sans doute d'une manière plus complexe que s'il s'agissait de faire de cette visée une simple aspiration à la prescription. Ce que peut ici nous apporter la réflexion théorique sur le « sentiment », c'est qu'il y a une vraie difficulté à faire d'un certain type de discours, soit la preuve d'une attestation des formes, soit celle d'une aspiration à une certaine normativité. Pour le linguiste épris d'une description objective des usages, il serait à vrai dire très commode qu'une semblable ligne de partage existât. Ce serait néanmoins réduire l'intervention du sujet parlant qu'est le remarqueur à un point seulement du continuum que nous avons évoqué. Entre les deux pôles, s'il s'agit de discours explicités, de la simple conscience de l'existence du fait et de la normativité, de multiples degrés sont à considérer dans toute leur finesse.

Le grammairien Chiflet, qui, parmi les « grammairiens », c'est-à-dire les auteurs de grammaires, est sans doute l'un des plus « remarqueurs », écrit ainsi à propos du mot *sécurité* :

> *Sécurité*, est un beau mot, que M. de Malherbe a tiré du Latin, *Securitas* : pour signifier une asseurance de courage, qui mesprise quelque danger, sans s'en émouvoir, n'y s'en soucier. Mais ce mot n'est pas encore assez usité ; non plus que *Insidieux*, inventé par le mesme autheur, afin de signifier celuy qui est aux aguets, pour surprendre & pour nuire. (Chiflet 1659 : 32)

En fait, les dictionnaires considèrent aujourd'hui que le mot date du XIIe siècle, même s'il a été peu employé avant le XVIIe (par Calvin néanmoins). On se trouve donc bel et bien là devant un exemple de ce qu'on pourrait appeler le « sentiment néologique », sentiment qu'une forme, avec laquelle on a une relation particulière, est un néologisme. De nombreux exemples similaires existent à l'intérieur du corpus des remarqueurs. Au XVIIe siècle, il semble qu'il y ait eu une tendance à attribuer la paternité de certains mots à des locuteurs individuels. On peut voir dans ce trait le signe d'une culture tendant à la personnalisation du rapport à la langue.

Ainsi, les querelles entre certains remarqueurs postérieurs à Vaugelas témoignent souvent d'une implication personnelle des auteurs qui, dans le feu de la polémique, est parfois contrainte de révéler ses motivations purement subjectives. Les mots étant souvent attribués à des individualités ou à des groupes repérés, Bouhours attribue ainsi *abregement* aux écrivains de Port-Royal, et le condamne, quoiqu'il l'estime « commode ». Andry de Boisregard ayant contesté cette censure, voici ce que Bouhours répond :

> Le Vaugelas de Grenoble ; ou pour parler plus clairement, le faux Vaugelas m'accuse d'estre l'ennemi mortel des mots terminez en *ment* ; parce que je n'aime gueres *abbrégement, resserrement, deschirement, brisement*. C'est une calomnie toute pure que cette accusation, & de la nature de celles qui tombent d'elles-mesmes, quelque noires & attroces qu'elles soyent. Pour faire voir combien l'accusateur est injuste, je n'aurois qu'à dire que je me suis declaré en faveur de *desabusement* ; & que j'ay mesme témoigné de l'inclination pour *effacement* & pour *retracement*. Mais j'ajoute que *biaisement* ne me déplaist point, non plus que *temporisement*. (Bouhours 1693 [^{1}1692] : 419-420)

Bouhours se signale là, certes comme un témoin de l'usage du temps, si l'on veut, mais surtout comme l'un des premiers sujets parlants ayant la capacité institutionnelle à afficher son « sentiment de la langue », inaugurant une pratique qui ne cessera de grandir dans la société et de s'inventer de nouveaux lieux d'expression, depuis la littérature jusqu'au journalisme et à internet aujourd'hui.

4. CONCLUSION

Concluons ce rapide exposé programmatique par des réponses pro-visoires à deux des questions soulevées par ce parcours.

La première : comment penser le « sentiment de la langue » ? Ici, il nous semble que, suivant certaines des voies indiquées par les auteurs que nous avons cités, il est souhaitable de construire une terminologie insérant, pour lui donner une opérativité linguistique, le « sentiment » dans deux continuums, et de le définir en fonction du degré de conscience qu'il suppose.

La seconde : que faire du « sentiment » en diachronie ? Ici, il paraît se dégager que la considération du sentiment est d'abord intéressante en tant qu'elle permet d'isoler et d'encadrer la description de l'*innovation*, avant celle du *changement*, qui implique d'autres dynamiques. En repé-rant des faits par le « sentiment » que des locuteurs en ont eu, on peut envisager de se donner accès à de « micro-phénomènes », sans préjuger d'un lien avec des diachronies plus longues, et impliquant le système. Cernée de cette manière, l'étude semble évidemment d'abord appelée à se révéler opérative lorsqu'elle est appliquée à du contemporain, ou du quasi-contemporain, mais, sur certaines périodes comme la fin du XVIIᵉ siècle, où les remarques émanant de non spécialistes abondent, elle doit pouvoir donner des résultats appréciables, de manière à réconcilier histoire interne et externe et à mieux comprendre quel rôle les sujets parlants, qu'il s'agisse d'individualités ou de groupes, peuvent avoir dans certaines bascules ayant – ou non – induit des changements linguistiques.

Gilles SIOUFFI
Université Paris-Sorbonne

LEXICOGRAPHIE DIACHRONIQUE DU GALLO-ROMAN ET PHILOLOGIE ÉLECTRONIQUE

1. *PRAELIMINARIA*

Le sujet de cet article m'a été suggéré par l'objet même du premier colloque de la SIDF qui s'est tenu à Nancy du 6 au 8 septembre 2011 : *L'Histoire du français : État des lieux et perspectives*[1]. Dans ce domaine-clé de l'étude de la diachronie du français qu'est le traitement lexicographique du vocabulaire, *l'état des lieux*, c'est évidemment le monumental FEW[2] de Walther von Wartburg, les perspectives, ce sont d'un côté son *informatisation*, de l'autre son *dépassement* par la définition et le lancement d'un nouveau projet de lexicographie diachronique du gallo-roman.

Avant de développer les sujets que nous venons d'esquisser, il nous paraît important de définir les termes utilisés dans le titre et de préciser le point de départ de nos réflexions.

- Par *lexicographie diachronique*, nous entendons la rédaction de dictionnaires donnant l'étymologie des mots et retraçant leur histoire. Pour le domaine roman, des ouvrages comme le FEW ou le *Lessico etimologico italiano* (LEI, Pfister et Schweickard, 1979-) relèvent du domaine de la lexicographie diachronique.
- Par *philologie électronique* (angl. *digital philology*), nous entendons l'application de l'informatique aux recherches philologiques dans des domaines aussi variés que l'édition de textes, la

---

1 http://www.sidf.group.cam.ac.uk/colloque_nancy.html.
2 Wartburg *et al.* (1928–) ; *cf.* la présentation sur le site de l'ATILF http://www.atilf.fr/les-grands-projets/few/.

constitution de banques de données textuelles, les études dictionnairiques... En l'occurrence, nous nous intéresserons aux
seules études dictionnairiques, plus précisément celles portant
sur la réédition ou la rédaction de dictionnaires consultables sur
support informatique tels l'ordinateur ou le liseur informatique.
– Enfin, afin d'éviter des malentendus, il nous tient à cœur de
préciser que nous n'écrivons pas ces lignes en tant que promo-
teur d'un projet de lexicographie diachronique électronique
(LDE), mais bien en tant que chercheur en diachronie du
français et utilisateur de dictionnaires étymologiques. En effet,
les projets LDE sont en général tellement lourds au niveau des
ressources humaines et matérielles qu'ils doivent être portés par
des institutions – universités, académies, centres de recherches
spécialisés. Les projets que nous évoquerons ici pourraient par
exemple être initiés par l'unité mixte de recherche ATILF[1] basée
à Nancy ou le *Kompetenzzentrum für elektronische Erschließungs- und
Publikationsverfahren in den Geisteswissenschaften*[2] de l'Université
de Trèves.

2. LA LEXICOGRAPHIE DIACHRONIQUE ÉLECTRONIQUE (LDE)

2.1 ÉTAT DES LIEUX

La LDE du domaine gallo- et franco-roman étant encore à ses débuts,
nous ne disposons actuellement que de quelques réalisations :

1. Les notices étymologiques du TLFi[3] et celles beaucoup plus
   développées et plus modernes[4] (écriture hypertextuelle ; éléments interactifs) du TLF-Étym[5] (274 notices).

---

1   Analyse et Traitement Informatique de la Langue Française : http://www.atilf.fr/.
2   http://www.kompetenzzentrum.uni-trier.de/.
3   http://www.cnrtl.fr/etymologie/.
4   Comparer p. ex. les articles *philologie* dans le TLF-Etym et le TLFi : http://stella.atilf.fr/
    gsouvay/scripts/TLFEtym.exe?ADMBASE_ENTRY;SANS_MENU;FERMER;LIEN_
    EXTERNE;ENTRY=philologie.
5   http://www.atilf.fr/tlf-etym/.

2. Une série d'articles de la version électronique du *Dictionnaire étymologique de l'ancien français*, (DEAF)[1], à savoir ceux des fascicules G à K et les lemmes *L* et *M* sous la forme d'un document pré-impression ; les fascicules G à K sont présentés sous forme d'images scannées, bien lisibles et consultables à l'aide d'un moteur de recherche, mais pour le reste dépourvus de tout autre traitement informatique.

3. Au niveau pan-roman, 500 articles environ du *Dictionnaire Étymologique Roman* (DÉRom, Buchi et Schweickard 2008–); les articles, très clairement structurés, sont d'une grande qualité et dotés d'un traitement informatique comparable à celui du TLF-Étym[2].

On est en présence de trois projets qui tout en étant d'une grande, voire d'une très grande qualité philologico-linguistique sont à des degrés divers à la traîne au niveau de leur adaptation aux nouveaux médias, W3 et ordinateur. Nous continuons en fait à produire des dictionnaires dans une optique de publication traditionnelle sur papier quitte à les adapter par la suite, plus ou moins sommairement, aux médias électroniques.

Afin de préparer la philologie romane en général et plus spécialement celle qui s'intéresse aux domaines franco- et gallo-roman aux profonds changements qui affecteront dans un proche avenir la publication diction-nairique, il faudrait d'un côté augmenter le nombre de projets de publi-cation électronique de dictionnaires, de l'autre opérer un changement de paradigme dans la facture de ces publications en l'adaptant dès le début aux exigences d'une publication sur support informatique (dvd, *apps* et surtout W3).

---

1 http://deaf-server.adw.uni-heidelberg.de.
2 *Cf.* par exemple l'article */'ɸak-e-/v.tr. « produire un effet à travers un travail manuel ou intellectuel » : http://stella.atilf.fr/scripts/DERom.exe ?LISTE_EXHAUSTIVE ;BALISE=cor relatlatin ; ;ISIS=isis_DERom.txt ;MENU=menu_base ;OUVRIR_MENU=2 ;s=s003628d0.

2.2 PROPOSITIONS DE PROJETS

Un projet de rétroconversion : Une version électronique du FEW

Un projet me paraît actuellement prioritaire, à savoir la préparation d'une édition électronique du FEW sous la forme d'une rétroconversion. Mentionnons qu'un tel projet est actuellement lancé à l'Université de Liège (Pascale Renders) et à l'ATILF (Yan Greub, chef de projet).

Les raisons suivantes devraient amener la communauté scientifique à entamer assez rapidement cette vaste entreprise :

1. La version papier de ce monument de la philologie galloromane risque d'être épuisée bientôt et il est fort douteux qu'un éditeur soit prêt à accepter les risques d'une réimpression très coûteuse de 25 volumes comprenant 16.700 pages et ce d'autant plus que le livre au format papier est en passe d'être remplacé par le livre électronique. Il faut donc veiller à assurer la conservation même et l'accessibilité de ce dictionnaire essentiel aux études de philologie romane (*cf.* également Renders 2010 : 311).

2. Par sa conception même, le FEW est un dictionnaire très compliqué à consulter :

[…] dans les pratiques qui accompagnent son état imprimé, le FEW, mal-gré son apparence et son intitulé, est moins à appréhender comme un outil lexicographique que comme un ensemble de « textes » que le lecteur doit déchiffrer, comprendre, analyser et interpréter. Il en découle que seuls les initiés consultent le FEW, qui reste hermétique pour qui n'a pas été formé à l'exercice. (Renders 2009 : 183 ; *cf.* également Renders 2010 : 311-312)

Ainsi, avant d'être en mesure de lire un article étymologique, il faut connaître l'étymon latin, germanique… ; la lecture exige le recours à des fascicules explicatifs ; elle doit en général être exhaustive, un article constituant en fait une monographie sur l'histoire d'un étymon donné ; enfin, des renseignements supplémentaires peuvent se trouver dans d'autres articles de l'ouvrage classés parfois sous des étymons très éloi-gnés de l'étymon de départ ou éparpillés dans des *addenda* et *corrigenda* parus dans des revues spécialisées.

Une bonne édition électronique, fondée sur un balisage intelli-gent et fin, en ligne d'abord – peut-être sur le modèle des travaux dictionnairiques réalisés à l'Université de Trèves, dans le cadre de son *Kompetenzzentrum*[1] –, mais également sous le format d'un livre électronique accessible sur un liseur de type *iPad*, non seulement assurerait la conservation et l'accessibilité de l'ouvrage, mais améliorerait également sa « consultabilité ». Le FEW est avec l'ALF une de ces grandes réalisations scientifiques qui par leur complexité, leur envergure même restent l'apanage de quelques-uns, d'une chapelle d'initiés… Transcrire le FEW sous une forme électronique, n'est finalement rien d'autre que de le *publier*, enfin, et de dynamiser ainsi les recherches en philologie galloromane et romane dans des domaines aussi variés que la dialectologie, l'ecdotique, la lexicographie…

Ainsi, dans le seul domaine de la dialectologie, l'existence d'un FEW électronique rendrait enfin possible sur une large échelle l'analyse lexicologique de ces immenses bases de données que sont les atlas linguistiques régionaux. (Sur cette question, *cf.* par exemple Reisdoerfer 1995.)

3. Le lancement d'un projet « rétroconversion du FEW » s'intègre parfaitement dans d'autres projets lexicographiques en cours à l'ATILF. Dotés d'un outil performant comme le FEW électronique les chercheurs pourront d'autant mieux avancer dans leurs travaux sur le DÉRom, le DMF, le TLF-Étym…

L'universitaire liégeoise Pascale Renders, qui a consacré sa thèse de doctorat[2] à l'informatisation du FEW, a bien mis en évidence les difficultés du projet, notamment au niveau de l'acquisition du texte et du balisage tout en insistant et en démontrant qu'*in fine* une informatisation du FEW reste dans les limites du possible :

> Les nombreuses incohérences du discours fewien, qui faisaient craindre l'impossibilité d'une informatisation, ne constituent donc pas un obstacle infranchissable. En définitive, le discours fewien reste assez consistant dans sa variation pour être décrit selon des règles utilisables par une machine, avec une marge d'erreur assez faible. […]

1 http://kompetenzzentrum.uni-trier.de/de/projekte/projekte/woerterbuchnetz/.
2 Modélisation d'un discours étymologique. Prolégomènes à l'informatisation du Französisches Etymologisches Wörterbuch. Liège / Nancy, 2011. http://hdl.handle.net/2268/94407.

> La rétroconversion des 25 volumes du FEW est donc possible sous la forme
> de documents XML, correspondant chacun à un article, dans lequel tous les
> types d'information considérés comme pertinents sont reconnus de façon
> automatisée, avec une marge d'erreur corrigible manuellement. [...]
> Le projet d'informatisation du FEW peut être mis en route. Le logiciel conçu
> dans le cadre de cette étude est opérationnel et utilisable pour rétroconvertir
> la totalité des articles des 25 volumes. (Renders 2011 : 312)

En tout cas, ne rien faire en laissant les choses en l'état vouera probablement à l'oubli un chef-d'œuvre de la philologie romane.

Le projet que nous venons de présenter est d'abord un projet
« conservatoire » qui vise à transmettre un texte produit au siècle
dernier aux lecteurs du XXIe siècle tout en améliorant sa *consultabilité*.

Intellectuellement toutefois, cette démarche essentiellement reproductive laisse le chercheur sur sa faim : il faut aussi *produire* de la
connaissance et intégrer entre autres les recherches étymologiques
modernes ponctuelles dans un vaste projet d'ensemble.

C'est pourquoi il me semble indispensable de lancer concurremment
un projet de publication électronique portant sur un grand dictionnaire
étymologique et historique du franco-roman[1].

Un projet de publication électronique : un nouveau dictionnaire étymologique et historique du franco-roman

– « Philosophie » du projet

Dans le cadre de ce projet, il ne s'agira pas de refaire le FEW, mais de
rédiger à partir des données accumulées par le FEW et avec la méthode
mise au point par Walther von Wartburg – l'étymologie-histoire du
mot[2] –, un nouveau dictionnaire étymologique qui prenne en compte les
avancées technologiques, les progrès scientifiques en philologie romane
et les besoins des utilisateurs.

Au niveau conceptuel, je retiendrais quatre caractéristiques :

---

1   Le terme *franco-roman* s'applique aux langues et dialectes d'oïl, à savoir le français, le
     lorrain, le wallon, le picard, etc.
2   Sur cette approche de l'étymologie, *cf.* Baldinger (1959). Alors que l'étymologie-origine
     porte d'abord sur le signifiant, l'étymologie-histoire du mot – *Wortgeschichte* – s'intéresse
     au signifié d'un mot pour en retracer et expliquer, dans une démarche diachronique,
     l'évolution sémantique.

1. Dès le départ, le dictionnaire sera conçu comme un dictionnaire électronique pourvu d'un *balisage* selon les recommandations du TEI par exemple[1] ;

2. Il inclura *toutes les recherches étymologiques et toutes les avancées méthodologiques faites depuis la publication du* FEW ; il serait évidemment très intéressant de mettre la documentation étymologique à la disposition des chercheurs sous forme d'une *base de données textuelles* ; au niveau des avancées méthodologiques, il faudrait recourir, avec la circonspection qui s'impose, à la méthode *grammaire comparée-reconstruction* utilisée dans le DÉRom[2].

3. Le mot vedette, le lemme, sera non l'étymon latin, mais *le résultat français* ; cela facilitera la consultation du dictionnaire par des non spécialistes et rendra les articles moins touffus ; la perte d'information que ce choix entraînera sera compensée par les liens ajoutés au texte (hypertextualité) et les possibilités de regroupement d'informations offertes par une interface bien conçue.

4. Le dictionnaire placera l'étude de l'étymologie des mots français dans *un contexte panroman* en ajoutant pour chaque mot des informations détaillées sur la situation dans l'aire galloromane et ensuite un aperçu sur celle relevée dans les autres langues de la Romania[3].

---

1 http://www.tei-c.org/index.xml ; *cf.* surtout : http://www.tei-c.org/release/doc/tei-p. 5-doc/en/html/DI.html.

2 Sur cette approche, *cf.* par exemple Buchi et Schweickard (2011a : 306), Buchi (2010) et Buchi et Schweickard (2011b) ; pour être pleinement opératoire, la méthode devrait expliciter les procédés de reconstruction et confronter les étymons reconstruits aux données effectivement attestées en latin classique et surtout en latin mérovingien tel qu'il était pratiqué dans les régions qui adopteront par la suite une langue romane.

3 Rappelons qu'à ses origines le FEW avait une visée panromane, *cf.* Chambon et Buchi (1995 : 936) et *ibid.* 938 § 7a : « La volonté toujours résolument maintenue de replacer systématiquement les faits galloromans dans l'ensemble roman. La composante extragalloromane de ses commentaires […] fait du FEW un véritable dictionnaire étymologique du roman revisité à partir de la Galloromania. Bien qu'il opère sur des matériaux galloromans, le FEW relève pleinement, par là, de la linguistique romane (et non française). En adoptant la terminologie proposée dans Chambon et Swiggers » (1993 : 707) [= « L'apport de l'onomastique à la philologie romane. Histoire et perspective » *Actas do XIX Congreso Internacional de Lingüística et Filoloxía Románicas*, (Universidade de Santiago de Compostela 1989) 4, 705-708] on parlera de perspective constamment "diaromane").

– « Facture » du dictionnaire

En accord avec les développements récents de la publication électronique sur le W3[1], la **facture** de ce dictionnaire devrait présenter une **structure modulaire** – à l'instar par exemple du *Digitales Wörterbuch der deutschen Sprache des 20. Jh.* (DWDS)[2] – qui pourrait s'articuler en trois parties :

1. Un **module étymologique**, présentant une étymologie origine d'après la méthode *grammaire comparée-reconstruction* et une étymologie-histoire du mot basée sur les notices du TLFi, du TLF-Étym et du FEW ; ce module principal serait complété par :

2. Un **module** *attestations* donnant des indications :
   – *étymologiques*, c.-à-d. des informations explicitant la démarche reconstructrice et des renvois vers les grands dictionnaires latins, OLD (Glare 1982), Ernout et Meillet (1985) et TLL[3] ;
   – *diachroniques*, c.-à-d. portant sur le mot en **ancien français**, d'après les données du *Gdf* (Godefroy 1881) et du TL[4], et en **moyen français**, d'après celles du DMF… ;
   – *géolinguistiques*, c.-à-d. portant sur les réalisations du mot dans les différents dialectes gallo-romans telles qu'elles apparaissent dans les Atlas linguistiques par régions.

3. Un dernier **module** *langues romanes*, reposant entre autres sur les données du DÉRom, relierait les données du français d'abord aux langues de l'aire galloromane et ensuite à l'ensemble des langues de la Romania.

---

1 Sur les caractéristiques d'un dictionnaire informatisé moderne, *cf.* par exemple Renders (2009 : 180) : « La navigation hypertextuelle, les liens avec d'autres dictionnaires ou bases de données ou encore la présence d'outils divers parfaitement intégrés au document électronique permettent d'autres modes de lecture ; on notera en particulier la possibilité de recherches transversales (portant sur l'ensemble de l'ouvrage) et multicritères […]. Grâce à son informatisation, l'ouvrage peut en outre devenir évolutif (intégration des mises à jour) et multimédia. »

2 http://www.dwds.de/.

3 *Thesaurus Linguae Latinae* (1900 *sqq.*).

4 TL = Tobler et Lommatzsch (1925-2002) ; sur le TL électronique, *cf.* http://www.uni-stuttgart.de/lingrom/stein/tl/allgemeinf.htm.

Enfin, il devrait adopter une écriture **hypertextuelle**, c'est-à-dire le texte serait pourvu d'abord d'une intense ramification interne, ensuite d'une ramification externe vers d'autres dictionnaires tels le LEI ou des documents éclairant l'histoire d'un terme... C'est d'ailleurs cette écriture hypertextuelle associée à un bon balisage et un bon moteur de recherche qui permettra d'obtenir une richesse d'information au moins égale à celle du FEW.

3. UNE UTOPIE SCIENTIFIQUE ?

Au colloque de Nancy, nous avions présenté deux projets complémentaires : l'un, une informatisation du FEW à orientation d'abord reproductive, permettrait de faire passer un chef d'œuvre de la philologie romane au XXIᵉ siècle, l'autre, un dictionnaire étymologique électronique du franco-roman, serait davantage axé sur la production de nouvelles connaissances.

Lors de la discussion qui suivit notre exposé, on nous assura que l'informatisation du FEW serait sur la bonne voie ; le deuxième projet ne souleva guère d'enthousiasme : on critiqua un projet utopique qui n'abordait pas le volet financier et qui *dans la conjoncture actuelle* serait simplement inenvisageable.

Remarquons d'abord que le point de vue de simple chercheur et d'utilisateur de dictionnaires que nous avions explicitement choisi ne nous engageait pas spécialement à réfléchir sur la faisabilité financière du projet.

Relevons également que nous présentions quelques idées, un avant-projet tout au plus, et qu'il était partant prématuré d'élaborer un plan de financement. Qui plus est, la fixation sur l'aspect financier des entreprises scientifiques conduit trop souvent au blocage : la réflexion doit rester première et l'intendance, en bonne logique, suivra.

Cela dit, nous ne pensons pas que le projet « dictionnaire étymologique électronique » soit particulièrement onéreux. En effet, un projet bien ficelé pourra s'appuyer sur de nombreuses synergies – le DÉRom, le TLF-Étym, le DMF... – et le recours au W3 permettra de faire l'économie des frais d'impression.

In fine, nous désirons revenir à la *conjoncture* qui resitue ce projet et la recherche en général, dans une histoire et une civilisation données. Or nous pensons justement que cette fameuse *conjoncture actuelle*, loin de détourner de la recherche et de la création de connaissances tous ceux qui restent attachés aux choses de l'esprit, leur en fait chaque jour sentir l'impérieuse nécessité.

Joseph REISDOERFER
Athénée grand-ducal
Institut grand-ducal

DIALECTOLOGIE SYNCHRONIQUE ET DIACHRONIE, DISCIPLINES COMPLÉMENTAIRES

Ce que les études dialectales en synchronie peuvent apporter à la linguistique diachronique

1. INTRODUCTION

Je commencerai cet article en citant un message que j'ai reçu le 31 juillet 2011, d'un collègue que j'apprécie beaucoup, Georges Lüdi (Université de Bâle), une réflexion à laquelle je souscris pleinement et qui me semble parfaitement convenir à la thématique que je présenterai ici. Georges Lüdi m'écrit :

> Je suis de plus en plus persuadé que la rupture entre linguistique synchronique et diachronique était une étape dans l'histoire de la linguistique, nécessaire, certes, à un certain moment, mais qui devra être dépassée en direction d'une théorie du langage générale qui inclurait la phylogénèse, l'ontogénèse et les processus sociocognitifs de la mise en œuvre de toutes les langues.

J'aimerais en effet illustrer dans ces lignes à quel point une approche globale des phénomènes linguistiques qui ne se limite pas à la variété standard, mais qui inclut tous les registres diastratiques et diatopiques de la langue, permet de mieux comprendre la diachronie, mais aussi quelles sont les limites heuristiques de la recherche en synchronie pour la compréhension des phénomènes linguistiques du passé.

Il y a quelques années, pour une petite recherche sur la vitalité du passé simple dans les parlers galloromans (Kristol 2006), j'ai rassemblé les informations disponibles dans les atlas linguistiques et dans les grammaires dialectales monographiques. Je me souviens très bien d'avoir constaté à ce moment-là qu'il n'y avait pas la moindre mention du passé simple dans l'excellente grammaire du parler franc-comtois de Vermes, dans le Jura suisse (Butz 1981) pour laquelle son auteur avait encore pu interroger des locuteurs natifs parfaitement à l'aise dans leur parler traditionnel. Comme ce constat semblait confirmé par les données de l'*ALF* pour les cinq points d'enquête jurassiens, j'ai cru pouvoir conclure qu'à l'instar du français parlé septentrional ordinaire, le passé simple avait disparu dans les parlers oïliques (franc-comtois) du Jura suisse. Or, tout récemment, j'ai été obligé de constater que je n'avais pas poussé mon enquête assez loin.

Depuis deux ans en effet, une équipe du Centre de dialectologie de Neuchâtel, dans le cadre d'un projet consacré au « patrimoine immatériel de l'humanité », travaille sur un corpus manuscrit de contes traditionnels : environ 700 contes recueillis oralement chez les témoins locaux et transcrits à la main en dialecte franc-comtois (jurassien) dans la première moitié du XXe siècle par un instituteur local et lui-même locuteur natif, Jules Surdez. Ce corpus date d'une époque où on se racontait encore des histoires, entre voisins et amis, le soir à la ferme – et plus la soirée avançait, plus les contes devenaient fantastiques… On comprendra ma surprise lorsque j'ai découvert, en parcourant ces récits, qu'ils contenaient régulièrement des passés simples.

Je me limite à reproduire ici un extrait très bref d'un de ces récits, transcrit tel quel selon le manuscrit laissé par l'auteur[1] :

> *În valotat s'**enfromé** (ou : s'**enfouèrmé**) enne fois â long d'enne maîniere (laivou que veniaît aidé boire enne vouive) dedains enne bosse tot heursenê en de foeûs de pountes de chôs. El aivaît raîssie enne petéte beuillatte po poueye (ou : puè) y péssê lai main. Tiaind que lai vouivre **veniét** boire en lai mieneût, aissetôt qu'elle **eut** rôtê son oeîl è péssê lai main pai le petchus, preniét lai pierre et peus **refromé** (ou : **refouèrmé**) lai beuîllatte. Lai vouivre **tchudé** bîn se vôdre â di toué de lai bosse mains elle ne fesét que de se devouêrê, que de se détripê aiprès les chôs. Le vâlotat **eut** bîn tcheûsi de ne paichi de sai dgeôle qu'en lai piquatte di djoué, tiaind (ou : tchaind) qu'è n'**ôyet** pus boudgi lai vouivre. Elle était bîn mouetche et, vos le saîtes cman moi, mouetche lai béte, mouetche le verîn. E n'y aivaît pus ai en avoi pavu.*

« Un jeune valet de ferme **s'enferma** une fois le long d'une mare (là où venait toujours boire une vouivre) dans un grand tonneau tout hérissé en-dehors de pointes de clous. Il avait scié une petite ouverture pour pouvoir y passer la main. Lorsque la vouivre vint (« *venia* ») boire à minuit, aussitôt qu'elle eut enlevé son œil il **passa** la main par le trou, prit (« *prenia* ») la pierre et puis **referma** l'ouverture. La vouivre crut (« *cuida* ») bien s'enrouler autour du tonneau mais elle ne fit (« *faisa* ») que de se déchirer, que de s'éventrer sur les clous. Le jeune valet **eut** bien soin de ne sortir de sa geôle qu'à la pointe du jour, quand il n'entendit (« *ouïa* ») plus bouger la vouivre. Elle était bien morte et, vous le savez comme moi, morte la bête, mort le venin. Il n'y avait plus à en avoir peur. »

Lai vouivre (extrait), conté par Justin Joly du Cerneux-Godat, recueilli par Jules Surdez. Manuscrit conservé aux Archives Littéraires Suisses.

On constate évidemment tout de suite qu'en dehors du verbe auxiliaire qui reste irrégulier (*elle eut*, prononcé [ø])[1], l'ensemble des verbes s'est aligné sur un seul type de conjugaison, qui remonte au paradigme des verbes en -ARE ; c'est une question sur laquelle je reviendrai[2].

Voici donc mon point de départ. En découvrant ces formes, il m'a semblé utile de rouvrir le dossier « passé simple » pour voir quelles leçons on pouvait tirer de la présence de ce tiroir verbal dans un parler d'oïl, en plein XXe siècle, pour la diachronie de sa disparition en français parlé.

La mort du passé simple comme forme spontanément employée en français courant a été diagnostiquée il y a longtemps par Lucien Foulet, dans un article de la *Romania* :

On n'entend plus le prétérit à Paris ni dans un domaine assez étendu autour de Paris. […] Sans doute il arrive parfois encore que des causeurs distingués introduisent deux ou trois prétérits dans un développement de quelque étendue. […] Il y a là une affectation sans portée et parfois déplaisante. […] Si on l'entend, on peut affirmer que ceux qui l'emploient viennent d'ailleurs. Le prétérit s'est en effet conservé dans une grande partie du Midi. Il est même loin d'avoir disparu de tout le territoire de langue d'oïl. Tout d'abord, comme le montre l'Atlas linguistique de la France […], un grand nombre de patois l'ont maintenu jusqu'à nos jours. On en trouve des traces dans la vallée du Rhône et de la Saône, dans le Jura, la Côte d'Or, les Vosges, la Meuse, la Belgique et même l'Oise, mais il s'est surtout maintenu en Normandie, en Bretagne et dans tout l'Ouest de la France. Il n'est pas toujours confiné au patois : le français de l'ouest l'emploie encore. (Foulet 1920 : 308s.)

---

1   Il en irait de même pour le verbe *être* (*è feut* "il fut").
2   Pour une meilleure compréhension de ces formes, il convient de préciser que dans les parlers jurassiens, le -A- étymologique aboutit régulièrement à un [e] fermé, qui est transcrit ici par *é* ou par *et*.

Comme le montre cette citation, la situation du passé simple en français moderne est complexe. Lorsqu'on considère les différents registres diatopiques et diastratiques des variétés d'oïl dans leur ensemble (je ne parlerai pas ici de l'espace occitan), le passé simple semble occuper deux pôles opposés – et c'est le grand écart : d'une part celui de l'expression écrite recherchée et hautement littéraire, et d'autre part celui de certains dialectes et français régionaux.

Évidemment, en relisant la citation de Foulet, on sera facilement tenté de dire que la situation qu'il décrit, c'est un cas de figure qu'on connaît bien : les dialectes, et surtout les dialectes les plus périphériques, les plus éloignés du centre directeur parisien, sont des « musées », des conservatoires de formes archaïques qui ont existé dans la langue commune dans le passé. Ce genre de considérations constitue également la base des « normes de linguistique spatiale » de Matteo Bartoli (1945). Ce seraient donc les dialectes – et les dialectes les plus périphériques de préférence – qui nous permettraient d'étudier dans notre synchronie encore des phénomènes du passé dont sinon nous n'avons connaissance que grâce à la documentation écrite. Ce seraient les dialectes qui illustreraient une situation antérieure à celle du français standard contemporain, avant que le passé simple ne sorte de l'oralité spontanée, et se réfugie dans des emplois purement littéraires.

En réalité, et c'est une des choses que j'aimerais montrer ici, cette vision du fait dialectal, même si elle n'est pas entièrement fausse, est beaucoup trop simpliste. Si je ne m'abuse, elle remonte aux idées que le romantisme français et allemand se faisait des parlers dialectaux, par opposition aux grandes langues de culture européennes. Ainsi, dans ses *Notions élémentaires de linguistique* de 1834, Charles Nodier, membre de l'Académie française et linguiste à ses heures, présente les langues dialectales comme reflétant les langues humaines à l'« état pur » :

DES PATOIS.

[…] Cette langue s'est conservée dans les races simples, éloignées du centre, isolées, par des circonstances que je tiens pour extrêmement heureuses, des moteurs immédiats de l'éducation progressive. Elle a sur la langue écrite, sur la langue imprimée, l'avantage immense de ne se modifier que très-lentement. […]

Il n'est pas besoin d'avoir beaucoup exercé son esprit à la réflexion, pour comprendre que le patois, composé plus naïvement et selon l'ordre progressif des besoins de l'espèce, est bien plus riche que les langues écrites en curieuses révélations sur la manière dont elles se sont formées. Presque inaltérable dans la prononciation, dans la prosodie, dans la mélopée, dans l'orthographe même quand on l'écrit, il rappelle partout l'étymologie immédiate, et souvent on n'y arrive que par lui. [...] Il conserve le mot de la manière dont le mot s'est fait, parce que la fantaisie d'un faquin de savant ou d'un écervelé de typographe ne s'est jamais évertuée à détruire son identité précieuse dans une variante stupide. Il n'est pas transitoire comme une mode. Il est immortel comme une tradition. Le patois, c'est la langue native, la langue vivante et nue. (Nodier 1834 : 246s.)

Si je cite ce long passage, c'est parce que j'ai parfois l'impression que cette vision romantique du langage dialectal qui se conserve « dans les régions éloignées du centre », « qui ne se modifie que lentement », « presque inaltérable dans sa prononciation », etc., nous influence encore trop souvent de manière plus ou moins consciente, alors que la réalité est bien plus complexe.

J'essaierai donc d'examiner ici, sur la base de deux cas concrets, dans quelle mesure les langues dialectales peuvent effectivement améliorer notre compréhension du fait linguistique en diachronie, et dans quelle mesure il faut se méfier d'une approche naïve à la Charles Nodier. La question est de savoir dans quelle mesure les documentations dialectologiques peuvent suppléer au problème que la linguistique historique anglo-saxonne appelle à juste titre les « bad data », les « données problématiques » dont nous disposons pour la langue ancienne (et surtout pour l'oralité, dans l'ancienne langue), dans quelle mesure les dialectes peuvent nous fournir des informations qui nous échappent dans les documents anciens, dans quelle mesure il est légitime de s'appuyer sur des données dialectales contemporaines pour élucider un phénomène linguistique du passé et quelles sont les précautions à prendre pour éviter les anachronismes et les contre-sens.

2. LES LEÇONS DU PASSÉ SIMPLE

Pour commencer, je soulignerai que l'analyse de Lucien Foulet que je viens de citer est sans doute imprécise, même en ce qui concerne le français parlé ordinaire du début du XXᵉ siècle. Foulet a négligé un facteur essentiel, mais que Weinrich (1964) et Benveniste (1966) n'ont mis en lumière que bien après lui : c'est l'opposition entre *discours* et *récit*. Si la description de Foulet peut être considérée comme adéquate pour le *discours*, elle ne s'applique pas au *récit*. Ainsi, les travaux sur l'acquisition du langage ont démontré que certains enfants francophones – analphabètes encore, vers 4 ans environ – commencent à utiliser des formes de passé simple. En règle générale, il s'agit évidemment de formes dont le paradigme est régularisé de manière analogique. Ces formes – et je me garderais de parler de « fautes » à leur sujet, comme le font certains collègues – apparaissent lorsque ces enfants, dans la mesure où on leur a lu des histoires et des contes, commencent à raconter à leur tour des histoires, comme les grands. On voit alors apparaître des formes du type *alors, il vena, il prena, il faisa*. Je les ai entendues de mes propres oreilles, dans la bouche de mon fils aîné, qui avait environ 4 ans, 4 ans et demi, et qui fréquentait à ce moment-là l'école maternelle en Suisse alémanique : il ne pouvait pas les avoir entendues chez ses petits copains, ni évidemment dans la bouche de mon épouse ou de moi-même. Il les avait fabriquées lui-même[1]. Dans la langue de ces enfants, les formes du passé simple sont donc *systémiques.* Elles se développent avant l'acquisition de la norme scolaire ; et elles tendent évidemment à disparaître très rapidement par la suite, quand les adultes et surtout l'école s'en mêlent et essaient de leur inculquer les « vraies » formes du passé simple. Mais ce qui m'importe ici est de constater que le passé simple comme temps du récit a donc gardé une certaine vitalité dans le système temporel du français commun jusqu'à l'époque actuelle.

Petit retour en arrière. Dans l'ancienne langue, inutile de le rappeler, l'opposition entre passé simple et passé composé n'était pas encore une question de discours et de récit. Au moment où le latin tardif développe la forme composée *habeo factum* qui préfigure le passé composé, la nouvelle forme ne désigne pas un passé, mais un accompli du présent. Le passé simple est un *prétérit* ; le passé composé est un *parfait*. Mais évidemment, la notion d'action accomplie dans le présent présuppose une antériorité, l'idée d'une action qui précède. Par conséquent, dès le moyen français, les formes composées commencent à désigner également des actions du passé. La confusion est apparemment achevée vers le début du XVe siècle ; désormais, la forme du passé composé est capable de fonctionner

---

1   De nombreux collègues français m'ont confirmé qu'ils (et elles) avaient fait des observations similaires. Mais l'intérêt particulier de mon observation, me semble-t-il, réside dans le fait que mon fils ne pouvait pas avoir entendu ces créations analogiques dans son entourage.

également comme prétérit. C'est à partir de ce moment-là que le passé simple pourra commencer à se spécialiser comme temps du récit. En fait, dès la fin du XVe siècle, le passé composé lui-même est également attesté comme temps du récit (Marchello-Nizia 1997 : 438). Malgré cela, au XVIe siècle et jusqu'au début du XVIIe, tous les indices disponibles montrent que le passé simple reste parfaitement vivant non seulement dans l'écrit littéraire, mais également dans la conversation spontanée (dans la mesure où les textes conservés nous permettent de juger de la situation réelle dans le domaine de l'oralité).

Ce qui vient compliquer la situation, c'est un problème d'ordre morphologique : le passé simple souffre de son irrégularité morphologique. Dans son article de 1979, Gesner (1979 : 129) a compté 14 désinences différentes pour le passé simple en français moderne (*arrivai, arrivâmes, arrivèrent, pris, prîmes, courus, courûmes, vins, vînmes*, etc.), et les différentes formes étaient encore bien plus nombreuses en moyen français. Or, dès la fin du XIVe siècle, on observe un flottement significatif dans la morphologie du passé simple : aussi bien la langue littéraire que la langue populaire tentent de régulariser son paradigme.

Une première tendance consiste à régulariser le vocalisme des verbes de la première conjugaison. On conjugue donc *j'arriva, ils arrivarent*, etc. Ces formes sont considérées comme normales par certains grammairiens, et on les rencontre par exemple chez Montaigne[1] et chez Rabelais[2]. Mais la plupart des grammairiens s'insurgent contre elles, et l'innovation disparaît de nouveau, en tout cas dans la langue littéraire. Elles seront définitivement condamnées au XVIIe siècle par les grammairiens de la Cour. Ainsi, Vaugelas, dans une *remarque* consacrée au « solécisme », écrit :

> Combien y en a-il, qui pechent en parlant, mettant des *i*, pour des *a*, & des *a* pour des *i*, comme on fait en plusieurs endroits du preterit simple, quand on dit par exemple *j'alla*, pour *j'allay*, *il allit*, pour *il alla*, & en une [sic] autre temps *nous allißions*, pour *nous allaßions* ? J'ay dit en parlant, parce qu'en

---

1 *Cf.* « & *arrivarent* le jour de Tousseints avant la messe à Verone » (*Journal de Voyage*, 1580-1581. Édit. Le Jay, Rome/Paris 1774, disponible sur Gallica, t. 1, p. 85).

2 *Cf.* « Et partant de Poictiers avecques aulcuns de ses compagnons, passèrent par Legugé, visitant le noble Ardillon abbé ; par Lusignan, par Sansay, par Celles, par Colonges, par Fontenay-le-Comte, saluant le docte Tiraqueau, et de par là *arrivarent* à Maillezais, où visita le sépulchre dudict Geoffroy à la grande dent. dont eu quelque peu de frayeur, voyant sa pourtraicture » (*Pantagruel*, chap. v). Chez Rabelais on compte une centaine de formes en -*arent* : *présentarent, aidarent, cessarent, tracassarent, détroussarent* et j'en passe (*cf.* Poirier 1928 : 85).

> escrivant, je n'ay point encore veu de si monstrueux Escrivain, qui face des
> fautes si enormes. (Vaugelas 1647 : 572 ; *cf.* aussi Marzys 2009 : 883)

En réalité, comme on vient de le voir, ces formes n'étaient pas si
rares chez les écrivains du XVIᵉ siècle – mais l'intérêt de Vaugelas pour
la langue du passé est plutôt limité[1]...

Ce que cette citation montre également, c'est que la régularisation du
paradigme en -*a*- n'est pas la seule possibilité. Une deuxième tendance,
même mieux représentée (*cf.* Marchello-Nizia 1997 : 270s.), consiste à
régulariser de manière analogique tous les paradigmes en -*i*-. Les formes en
-*i*- apparaissent au cours du XIVᵉ siècle et deviennent plus fréquentes à partir
du XVᵉ siècle. Au XVIᵉ siècle, leur vitalité ne fait aucun doute. Ainsi, dans
son *Isagoge*, Jacques Dubois/Sylvius discute la question de savoir s'il faut
conjuguer le passé simple en -*a*- et -*arent* ou en -*i*- et -*irent*, et il constate :

> *Utrunque Parhisiis vulgo pronuntiari audies*[2]. (Dubois 1531 : 122)

Dès les années 1530, pour la plupart des grammairiens humanistes, les
formes en -*i*- semblent pourtant connotées comme étant populaires ; elles
sont écartées de la norme qui est en train de se constituer. Louis Meigret
(1550), Abel Matthieu (1559) et Henri Estienne (1582) confirment que
le passé simple est d'un emploi courant en français, et que la langue
populaire tend à régulariser les paradigmes en -*i*-. Foulet écrit à ce sujet :

> Tous, ils [*sc.* les grammairiens] ont condamné un néologisme dont ils ne
> pouvaient soupçonner la raison profonde. [...] C'est Meigret qui s'exprime le
> plus fortement, et en même temps il nous fait bien voir combien ces formes
> qu'il condamne ont passé près de se faire admettre. (Foulet 1920 : 300)

Je ferai remarquer que la formulation choisie par Foulet, dans ce passage, implique une idée de déterminisme linguistique qui sera reprise
et développée par différents auteurs qui semblent croire que le français
préclassique a développé les formes analogiques du passé simple « pour »
sauver celui-ci. On retrouve cette idée chez Albert Dauzat en 1944, et
chez Henriette Walter dans un article de 1995. En réalité, une évolution
linguistique n'est jamais télique. Comme le souligne déjà Louis Remacle, les
formes analogiques en -*a*- et en -*i*- se sont mises en place dès le XIVᵉ siècle

---

1   À ce sujet, *cf.* en dernier lieu Marzys (2009 : 23, 29, 35).
2   « Tu entendras les deux dans la prononciation du bas peuple parisien. »

– voire même avant –, à une époque où aucune menace ne pesait encore sur la vitalité du passé simple. Il n'empêche que ces formes, une fois présentes dans la langue, ont effectivement pu contribuer à consolider le passé simple, dans les dialectes et dans les registres sociaux du français qui n'étaient pas ou peu exposés à l'influence de la norme académique.

Comme on vient de le voir, selon le témoignage concordant des grammairiens du XVIe siècle, le passé simple est une forme parfaitement vivante dans tous les groupes sociaux, mais on a l'impression d'observer une spécialisation sociolinguistique des formes. Pour le tout début du XVIIe siècle, nous possédons à cet égard le fameux témoignage de Jean Héroard qui illustre l'emploi du passé simple dans la langue du dauphin Louis XIII (*cf.* Ernst 1985 et Foisil 1989). Malgré toutes les limitations méthodologiques qui caractérisent la démarche du médecin – Héroard notait sans doute de mémoire, ce qui implique toujours un travail de réinterprétation – Héroard est un observateur attentif et intelligent. Or, en ce qui concerne la morphosyntaxe verbale du petit prince, il n'y a pas l'ombre d'un doute : pour le petit Louis XIII, le passé simple est une forme parfaitement vivante, et les formes caractéristiques du passé simple en *-i-* font toujours partie de la langue de l'enfant royal. Le 26 octobre 1607, Héroard note la forme *je laissi*, et en date du 15 décembre 1607, on lit *je me coupi l'aute jour au doi dan le jadin* (*cf.* aussi Ayres-Bennett 2004 : 46). De même, on trouve des formes analogues en *-i-* dans le paradigme de l'imparfait du subjonctif, ce qui atteste du même coup la vitalité de ce tiroir verbal – qui dépend morphologiquement du passé simple – dans la langue parlée de l'enfant. En date du 25 juillet 1606 on lit *que vou m'apotissié* et le 29 avril 1607 on trouve *que vou touvissié pa*.

Si un enfant âgé de 5 à 6 ans utilise ces formes du passé simple à la première personne du singulier (et l'imparfait du subjonctif à la deuxième personne du pluriel), il y a peu de doutes qu'elles étaient encore parfaitement courantes dans son entourage aussi. Pourtant, si Héroard a noté ces formes, c'est qu'il a dû les considérer comme remarquables et dignes d'être retenues ; elles ne faisaient sans doute pas partie de sa propre norme. À la suite de l'intervention des grammairiens du siècle précédent, les formes analogues en *-i-* sont en train de sortir du français considéré comme « correct » dans la « bonne société » du début du XVIIe siècle. Les témoignages que nous en possédons à ce sujet, par exemple chez Marie de Gournay, sont parfaitement explicites (*cf.* Marzys 2009 :

883). En revanche, nous savons qu'au château de Saint-Germain-en-Laye, le petit prince était entouré d'un personnel de service – bonnes et ouvriers – qui devaient parler un français relativement populaire (et on sait que le petit Louis, fortement attiré par les activités artisanales, aimait fréquenter les ouvriers et les observer dans leurs travaux).

Il appartiendra pourtant au XVIIe siècle d'enterrer pratiquement le passé simple dans la langue parlée cultivée. Dans les milieux de la Cour et des salons, à partir du XVIIe siècle, on observe en effet une insécurité linguistique croissante : depuis que les grammairiens du XVIe siècle ont taxé de populaires les formes analogiques en -*i*-, on ne sait plus très bien comment il faut conjuguer certains verbes au passé simple. La conséquence qui s'impose est évidente ; elle s'explique par le cadre linguistique et socioculturel très particulier qui s'est développé à la Cour et dans les salons depuis Malherbe : étant donné qu'on hésite sur la forme « correcte » et qu'on risque de se blâmer en utilisant une forme taxée d'« incorrecte » ou de « populaire », on préférera tout simplement utiliser le passé composé, « tant que faire se peut ».

Dans une de ses *Remarques*, Vaugelas confirme les hésitations de ses contemporains en parlant des formes du passé simple de *vivre* (faut-il dire *je vesquis* ou *je vescus* ?) – et la fin du paragraphe me semble particulièrement éclairante (la mise en relief, en gras, est de moi) :

> *Vesquit, vescut.*
>
> Ce preterit se conjugue par la pluspart de cette sorte, *je vesquis, il vesquit, & il vescut, nous vesquimes, vous vesquites, ils vesquirent,* & *ils vescurent.* J'ay dit *par la pluspart,* à cause qu'il y en a d'autres dont le nombre à la verité est beaucoup moindre, qui tiennent, qu'il le faut conjuguer ainsi, *je vesquis,* & *je vescus, tu vesquis,* & non pas, *tu vescus, il vesquit,* & *il vescut, nous vesquimes* & *vescumes, vous vescustes,* non pas *vesquistes, ils vesquirent,* & *vescurent.*
>
> Il y en a encore qui le conjuguent autrement, & qui tiennent qu'en toutes les trois personnes, & du singulier, & du pluriel, les deux sont bons, & que l'on peut dire, *je vesquis,* & *je vescus, tu vesquis,* & *tu vescus,* & ainsi au pluriel. **Tant y a que la diversité des opinions est si grande sur ce sujet, que quelques uns n'ont point pris d'autre party, que d'eviter tant qu'il se peut, ce preterit, & de se servir de l'autre, que les Grammairiens appellent indefini ou composé, j'ay vescu.** (Vaugelas 1647 : 108s. ; *cf.* aussi Marzys 2009 : 287)

Évidemment, dans les couches plus populaires de la capitale et de la France profonde (dans la mesure où on y parle français), ce genre de réticences devait être beaucoup plus rare, et on a donc l'impression que pendant longtemps, même à Paris, la vitalité du passé simple dans les couches plus populaires n'est pas atteinte. Ainsi, on retrouve des passés simples analogiques en -*a*- et en -*i*-, dans toute leur beauté, en plein XVIIIᵉ siècle, dans les fameuses *Mémoires* de Jacques-Louis Ménétra (*cf.* Lodge 2004 : 169) qui a vécu de 1738 à 1803 environ. Ménétra écrit :

> il etoit environt dedix heure soir quune secousse **mepousa** tout a coups sur mon bourgeois et une autre secouse fit quil **retombit** [= retomba] sur moy (Ménétra 1764 : 57s, dans Ernst et Wolf 2002)

> elle **mesoitit** [=me souhaita] un bon voyage et moy beaucoups de progeniture et **ariva** [= arrivai] amontreaux et navoit la bourse bien sec comme jenavoit point desac que javoit mis ma cassette ala mesagerie jene pouvois point visiteé ce quil ne metoit pas nesesaire (Ménétra 1764 : 106, dans Ernst et Wolf 2002)

> trois individus quy fabriquois defaux asignat dont par ma persuation lafemme **neperda** [= perdit] pas lavie mais lhomme et lasœurs **fure** guiliotiner (Ménétra 1764 : 310, dans Ernst et Wolf 2002)

Si Foulet (1920 : 306) écrit que c'est au XVIIᵉ siècle que le passé simple « a cessé d'être un temps courant », qu'il ne sert plus qu'à des fins littéraires, que « son emploi est très conscient » et que dans « l'usage de la vie de tous les jours il est remplacé par le passé défini », il a donc fait fausse route. Je serais plutôt tenté de croire que c'est l'intervention des grammairiens, depuis le XVIᵉ siècle, qui a provoqué l'abandon du passé simple dans les classes *supérieures* de la société, qui ont commencé à l'éviter dans leur conversation – tout en le conservant évidemment dans l'écrit, où on a le temps de réfléchir et de vérifier quelle est la forme considérée comme correcte. Dans d'autres groupes de la société, où l'impact de la norme reste moins important, on maintient le passé simple dans sa fonction classique de prétérit, temps du récit, oral ou écrit.

Un premier élément qui me semble confirmer ce constat, c'est le fait que le passé simple régularisé en -*i*- survit en français acadien de la Nouvelle Écosse. Je citerai à ce sujet la transcription d'un enregistrement réalisé par Gesner (1979 : 124). Il s'agit d'un récit dans lequel l'informatrice raconte ses expériences dans une famille où elle avait été servante, à l'âge de treize ans :

> Y avait une femme. Elle était dans le lit, malade. Et ils **dirent** : « Y a point rien à faire », parce que son mari était à … aux États, en Amérique, là. […]

Le lendemain son homme **arrivit**. Six enfants! Fallait laver, là, comme ça, là, tu sais, puis j'avais pas quatorze ans. Puis je **restis** là neuf semaines. Ça fait, quand ce que j'ai eu resté là neuf semaines, mame **vint**. […] Mame dit : « Elle a-ti gagné cinquante cennes par semaine? » « Oh », mais ils **dirent** « oui ». Ils me **donnirent** quatre piasses et demie pour être restée la neuf semaines. Six enfants et l'homme et la femme et moi!

Or, en ce qui concerne le français nord-américain, on ne doute plus, à l'heure actuelle, que ses origines se trouvent essentiellement dans les usages linguistiques d'une moyenne et petite bourgeoisie française artisanale et commerçante, relativement lettrée, du XVIIe siècle. La recherche québécoise des années 1990 (*cf.* Mougeon et Béniak 1994) a démontré que la majorité des colons qui arrivaient en Amérique du Nord ne parlaient ni leurs dialectes, ni un français académique évidemment, mais une forme de français moyen, de français « ordinaire », régionalement teintée, bien sûr. Cela signifie qu'au XVIIe siècle encore, le passé simple n'était pas simplement une forme littéraire précieuse et châtiée. Au contraire, on dirait que sa vitalité, dans le récit oral ou écrit, était meilleure dans les couches moyennes et semi-cultivées de la société. Et je serais tenté de croire que tendanciellement, il en est encore ainsi à l'époque contemporaine, comme le montrent les dialectes et le français non standard des enfants très jeunes et des peu lettrés.

Tout d'abord, il y a bien sûr le constat dialectologique. Comme l'a bien vu Lucien Foulet qui s'appuie sur les résultats de l'*ALF*, au début du XXe siècle, le passé simple était encore vivant dans plusieurs régions dialectales d'oïl (*cf. ALF* II, 96 *j'eus*, IV, 360 *nous crûmes*, XI, 974 *il partit*, XIII, 1150 *il rentra*). Voici comment la situation se présentait selon la carte 1150 « Quand il rentra[1] » – mais nous avons déjà vu que l'enquête de l'*ALF* dont le questionnaire ne permettait pas forcément de susciter les formes du *récit*, n'a pas réussi à documenter les formes parfaitement vivantes du passé simple dans le Jura suisse. Il y a là une question qu'il conviendra de creuser davantage, et pour d'autres régions d'oïl également, non pas dans le domaine du discours, mais dans celui du récit, dans la littérature dialectale, et surtout dans l'oraliture, dans les récits transmis de bouche à oreille, comme c'est le cas dans les contes recueillis par Jules Surdez dont il a été question ci-dessus.

---

1   Cette survie semblait d'ailleurs systématiquement liée à la régularisation des paradigmes, soit en -*i*-, soit en -*a*- ; je n'entre pas dans les détails.

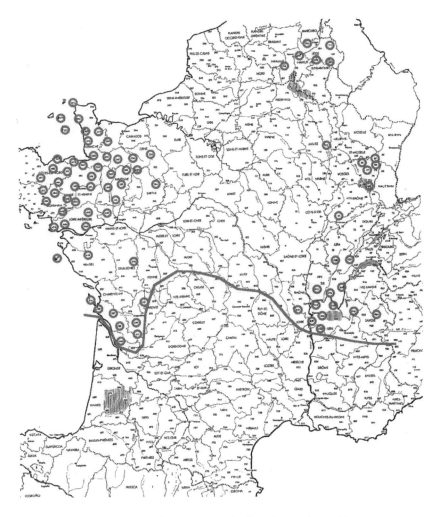

FIGURE 1 – La survie du passé simple dans les parlers oïliques et en francoprovençal (*ALF* carte 1150 « Quand il rentra »)

Dans son article de 1920, Foulet (1920 : 309) pensait que ces formes de passé simple étaient de « simples synonymes du passé indéfini » qui n'expriment « aucune nuance spéciale ». Nous allons voir que cette appréciation est sans doute erronée, car l'*ALF* n'est évidemment pas conçu pour nous fournir une information suffisante quant aux fonctions syntaxiques du passé simple dans les parlers d'oïl qui l'ont conservé.

Malheureusement, les monographies dialectales qui abordent la question sont rares ; j'ai déjà mentionné le fait que la grammaire du parler jurassien de Vermes reste complètement muette à ce sujet. Une exception qui confirme la règle, c'est l'excellente syntaxe de la Gleize de Remacle qui atteste la parfaite vitalité des passés simples analogiques en -*a*- dans cette région de la Wallonie liégeoise[1] :

> *èt cwand ku l' docteûr VUNA, bè on vèyéve lès royèdjes à s' visèdje èt so s' cwér. Èle PASSA one nut' ! Èle SOUFRA, 'le SOUFRA, 'le SOUFRA ! On li MÈTA âs côprèsses tote nut', èt on l' VEÛYA, Tèrèse Brouwîre èt, èt l' fème Poncin èt, èle SOUFRA tote nut', anfin, 'le SOUFRA, 'le SOUFRA ! Èt â matin, ça aléve mî. Èt, èlle ènn' OÛT po sî saminnes. Sî saminnes après, èle PWÈRTA su, su cane à Manmedî, à Sint-z-Antône du Padou, k'èle l'aveût promètou. Èle l'i PWÈRTA ; èle FUZA l'veye à pî, èt on nos V'NA r'cwèri è l' Burninvèye avou on dogâr ; èt après, bè èle FOUT, èle FOUT r'mètou, èle FOUT hapé.* (Remacle 1952-1960 : t. 2, p. 57).

> « et quand le docteur VENA, ben on voyait les traces à son visage et sur son corps. Elle PASSA une nuit ! Elle SOUFFRA, elle SOUFFRA, elle SOUFFRA ! On lui METTA des compresses toute la nuit, et on la VEILLA, Thérèse Bruyère et, et la femme Poncin et, elle SOUFFRA toute la nuit, enfin, elle SOUFFRA, elle SOUFFRA ! Et le matin, ça allait mieux. Et, elle en EUT pour six semaines. Six semaines après, elle PORTA sa, sa canne à Malmédy, à Saint-Antoine de Padoue, qu'elle l'avait promis. Elle l'y PORTA ; elle FAISA le chemin à pied, et on VENA nous rechercher à Burnenville avec un dog-cart ; et après, eh bien, elle FUT, elle FUT remise, elle FUT guérie. »

Comme le souligne Remacle, cette conservation du passé simple n'est pas une simple question morphologique. Au contraire, on retrouve en wallon moderne toutes les fonctions traditionnelles que le passé simple s'est conservé. Ainsi, dans les récits, il s'emploie pour marquer les faits successifs non-sécants, sans aucun rapport avec le présent. Dans cette fonction, il peut s'appliquer non seulement à des faits éloignés, mais aussi à des faits rapprochés, jusqu'à ceux de la veille. La fameuse règle

---

1   Dans le récit reproduit par Remacle, il est question d'une femme écrasée par une charrette ; la traduction du passage calque les formes du passé simple en français « non standard ».

classique des vingt-quatre heures avait évidemment une base pragmatique, même si, lorsqu'elle est employée mécaniquement, elle produit des contre-sens. Quant au passé composé, il implique toujours un rapport de l'action accomplie avec le présent.

Je signale qu'en ce qui concerne le français régional de la région liégeoise, Remacle écrit qu'à la différence de ce qui a été observé pour l'espace occitan jusque dans les années 1920 (et peut-être au-delà), les locuteurs qui emploient couramment le passé simple dans leur parler wallon ne l'emploient jamais dans leur français ordinaire. Cela signifie que le système morpho-syntaxique du « substrat » dialectal n'influence pas forcément celui de la langue de culture (de la langue-toit) importée, et surtout que les systèmes temporels et aspectuels des deux langues génétiquement très proches peuvent coexister chez les mêmes individus tout en restant indépendants. À ce sujet, on possède d'ailleurs des témoignages concordants chez Duraffour (1932 : 63) et Ahlborn (1946 : 82s.) pour des régions francoprovençales qui ont conservé le passé simple.

La vitalité du passé simple dans les dialectes d'oïl au XXe siècle est évidemment liée à celle des dialectes eux-mêmes, et on pourrait donc penser que, dans de nombreuses régions, le passé simple encore vivant au début du XXe siècle, selon le témoignage de l'*ALF*, a disparu avec les dialectes eux-mêmes. En réalité, il suffit de faire un petit sondage sur Internet pour constater que les formes analogiques en -*i*- et en -*a*-, comme chez Ménétra – *il vena, il faisa, il disa, il receva* ou *recevit*, des formes qui n'ont certainement pas été apprises à l'école – sont présentes par milliers, dans les narrations d'une foule de francophones qui publient leurs écrits sur la toile. Ces formes ne se limitent d'ailleurs pas à la 3e personne du singulier, comme on pourrait être tenté de le penser.

Malheureusement, ces témoignages sont toujours très difficiles ou impossibles à localiser d'un point de vue sociologique et diatopique. À moins que le texte se trouve sur le site d'une école – ce qui n'est pas le cas des exemples que j'ai retenus – l'âge, le niveau de formation, le statut socioprofessionnel et l'origine régionale des scripteurs restent indéterminés. Je me contenterai ici de quelques exemples parmi les tout premiers que j'ai trouvés[1] :

---

1   Tous les sites internet indiqués ont été consultés dans la semaine du 26 au 30 août 2011 ;
     la graphie et la ponctuation des textes ont été rigoureusement respectées.

Vers 21h, il **prena** congé pour se rendre à la passerelle. (http://titanic.super-forum.fr/t73-sa-biographie)

Elle **faisa** des courses pour relooker Ellie ! (http://teemix.aufeminin.com/blog/seeone_ 103369_ 2205315/Comment-devenir-un-s0othpark-en-quelques-lecons/Elle-faisa-des-courses-pour-relooker-Ellie)

Elle **faisa** la rencontre de Xeros, un assassin aussi rapide que le tonnerre et plus fort qu'un rocher qui éclate a la figure d'un homme normal. (http://fantasycorp.guildjdr.net/t38-cette-douce-et-jolie)

Quelle actrice **receva** le plus d'oscar de meilleure actrice ? Et combien ? (http://fr.answers.yahoo.com/question/index?qid=20070817023357AAXHpwx)

Même les formes de la 1re personne du singulier et celles du pluriel sont présentes :

Puis je **faisa** la souplesse avant sur un coude en restant parterre je **posa** mon genou droit sur le sol et **leva** la jambe gauche. (http://passiongrjeu.forumparfait.com/post1127.html)

À 00h00 précise, je **recevis** un très jolie message de Rayan, son nom (le plus beau des prénoms qu'il exsite d'ailleurs), il me souhaitais un joyeux anniversaire & son pti message m'avait énormément touché, c'étais lui le premier à me le souhaiter (http://www.facebook.com/pages/ Histoires-damour-r%C3%A9elles/156063451139173?sk=wall&filter=12

Maria amena Cody a son vestiaire, ils discutèrent tranquil & Maria, sautait sur Cody l'embrassait passionément & après ils **faisèrent** l'amour (http://fiction-divas-superstars.skyrock.com/)

Parfois, on trouve encore de vrais « Ménétra » sur la toile, des écrivains « populaires » semi-lettrés qui manient le passé simple avec une aisance sauvage :

Un jour ils sont venue je n'avais que 7 ans … Mon père **demanda** se qu'il voullait comme viande biensur il **prenit** des cuisses de bouftou c'était la spécialiter de mon père. Mais mon père **demendit** l'argent sa fut sa pire heure il se **fit** massacrer pas des bandit fine-lame j'en suis toujours très triste c'est comme si c'était hier. Et Mon père **mourut**. (http://clan-eynire.forums-actifs.com/t1195-la-vrai-histoire-de-sacri-twilight)

Il est vrai que l'analyse syntaxique de ce passage resterait à faire : il commence par un passé composé, avant d'enchaîner par le passé simple. En tout cas, quoi qu'en dise Foulet en 1920, la *notion* du passé simple comme prétérit, comme temps du récit, reste donc vivante en français moderne, même chez des enfants très jeunes, comme je l'ai déjà mentionné, et même chez de nombreuses personnes dont le niveau de formation scolaire peut donner lieu à certains doutes.

Pour moi, cela signifie que les textes dialectaux jurassiens que j'ai cités au début (ou le récit en acadien de la Nouvelle-Écosse) ne sont pas simplement des vestiges périphériques d'une tradition perdue comme la vision romantique du « patois » pourrait nous le faire croire. Avec certaines formes sauvages du français que l'on rencontre sur la toile ainsi que certains français régionaux, ils représentent une tradition centrale et apparemment solide du système temporel français : il semblerait que les francophones d'oïl continuent à maîtriser parfaitement la fonction *syntaxique* du passé simple, temps du récit, même s'ils n'en maîtrisent pas toujours les subtilités *morphologiques* maintenues par la norme prescriptive *contre* les tendances inhérentes au système. On pourrait même être tenté de penser que c'est la complexité de la norme prescriptive qui inhibe la vitalité du passé simple.

Quoi qu'il en soit, ce premier exemple illustre donc un cas où les données dialectales peuvent servir de révélateur, un cas qui montre à quel point une approche globale qui ne se limite pas à la variété standard, mais inclut tous les registres diastratiques et diatopiques de la langue, permet de mieux comprendre la diachronie d'un phénomène morphosyntaxique tel que la soi-disant disparition du passé simple en français. Mais il n'en est pas toujours ainsi.

3. LE SYSTÈME BICASUEL EN FRANCOPROVENÇAL VALAISAN ET AUTRES PHÉNOMÈNES « PÉRIPHÉRIQUES »

Comme je l'ai récemment montré au 25e Congrès de linguistique et de philologie romanes de Valence (Kristol 2013), les parlers francoprovençaux du Valais central, dans la haute vallée du Rhône, situés à la frontière linguistique immédiate avec les parlers alémaniques du Haut Valais – zone périphérique du galloroman s'il en est – conservent jusqu'à nos jours un système bicasuel de type galloroman parfaitement fonctionnel, qui distingue un cas sujet et un cas régime, comme l'ancien français ou l'ancien occitan. À première vue, on serait donc tenté de conclure qu'il s'agit là d'un cas classique de zone dialectale périphérique qui maintient un archaïsme. Charles Nodier aurait-il quand même eu raison ? En réalité, il n'en est rien.

Tout d'abord, il faut rappeler que le francoprovençal n'est pas une ancienne langue d'oïl séparée tardivement du tronc commun des parlers oïliques, comme on le lit encore dans de nombreux travaux plus anciens. Comme l'ont démontré Chambon et Greub (2000) et moi-même (Kristol 2002), sur la base de différents corpus, la formation du francoprovençal date de la fin de l'Antiquité, tout comme celle des trois autres langues galloromanes (occitan, gascon et langue d'oïl) – à cet égard, Christian Schmitt déjà, dans sa thèse lexicologique de 1974, a vu juste. Le développement des premiers phénomènes caractéristiques du francoprovençal, qui distinguent celui-ci aussi bien de la langue d'oc que de celle d'oïl, est documenté depuis la fin du VIe siècle au plus tard. Même si les deux langues du Nord galloroman, oïl et francoprovençal, sont relativement proches, je considère donc qu'il faut être très prudent avant d'utiliser un corpus francoprovençal pour essayer de comprendre des phénomènes qui caractérisent l'ancien français.

Mais ce n'est pas tout. Alors que l'opposition casuelle de l'ancien français et de l'ancien occitan s'appuie essentiellement sur la morphologie nominale, au masculin (et accessoirement sur quelques imparisyllabiques féminins tels que *ante - antain, nonne - nonnain*)[1], le système bicasuel des parlers valaisans se réalise exclusivement par les formes de l'article défini au singulier, mais alors aussi bien pour le masculin que pour le féminin, comme le montrent les exemples suivants de notre corpus *ALAVAL*[2], recueillis à Montana-Village.

Au masculin, l'opposition casuelle est réalisée par [lɣ] (article défini sujet) et [lɔ] (article défini régime) :

> tɔ lɣ mũn ɑts'œtœ lɔ pãŋ ve lɔ bʊlɔ̃ʒ'ɛr
> *Tout le monde achète le pain chez le boulanger.*

---

1   La même chose serait vraie pour les vestiges d'opposition casuelle observés dans certains parlers occitans alpins.

2   *Atlas linguistique audiovisuel du francoprovençal valaisan*, Anders Kristol *et al.* (édit.), Neuchâtel, en voie d'élaboration, http://www2.unine.ch/dialectologie/page-8174.html

Au féminin, l'opposition casuelle est réalisée par [lʏ] (article défini sujet[1]) et [la] (article défini régime) :

l̲ʏ̲ faɾˈʏna döəö: - dʊ s- dʊ bʌˈa ɛ pʌʏ bʌˈɑŋtsə kɛ hla dʊo: - dë l̲a̲ ʃiːla
La farine du.. du s.. du blé est plus blanche que celle du.. du seigle[2].

Le système bicasuel du francoprovençal valaisan actuel ne peut donc en aucun cas être considéré comme un « archaïsme ». Sur une base commune aux différentes langues galloromanes, c'est-à-dire un système bicasuel qui s'est développé au moment de la troisième synapse, dans la latinité occidentale tardive, le francoprovençal valaisan a développé (et conservé jusqu'à nos jours) son *propre* système. C'est un système dont la force explicative pour la diachronie du français est donc très limitée. Sa seule utilité, si je puis m'exprimer ainsi, c'est d'illustrer une ligne évolutive *différente*, très spécifique, mais typiquement galloromane elle aussi, bien sûr.

Et ce cas de figure n'est pas rare. J'ai rencontré tout récemment un exemple analogue dans un article de dialectologie italienne (Loporcaro *et al.* 2010) qui étudie l'emploi des clitiques sujets dans un dialecte de l'extrême sud italien, Pantelleria, au large de la Sicile. Alors qu'on sait très bien que les parlers de l'Italie centrale et méridionale, au sud de la Toscane, ne possèdent actuellement aucun clitique sujet comparable au *je-tu-il/elle* français, Pantelleria utilise un clitique sujet – avec une forme qui est clairement d'origine latine – pour réaliser une opposition *aspectuelle*. C'est du jamais vu ailleurs dans le monde latin. Et c'est ce que montre la paire minimale suivante que j'emprunte à Loporcaro *et al.* (2010 : 87) :

[14] a. [(ˈɪɖːʐɪ) ˈpartʊnʊ] (P) (sans clitique sujet, [ˈɪɖːʐɪ] est une forme tonique) (eux) ils partent

b. [(ˈɪɖːʐɪ) ɖːʐɪ ˈpartʊnʊ] (P) (avec le clitique sujet [ˈɖːʐɪ]) (eux) ils sont en train de partir

Dans ces exemples, aussi bien la forme tonique [ˈɪɖːʐɪ] que la forme du clitique sujet [ˈɖːʐɪ] remontent évidemment à un ILLI latin. Un tel exemple pourrait donc indiquer que le latin tardif, probablement

---

1   Cette forme du cas sujet féminin est évidemment d'origine analogique.
2   En francoprovençal [ʃiːla] "seigle" est un féminin.

dans toute la Romania, avait la capacité de développer un système (facultatif) de clitiques sujets, à côté des pronoms sujets toniques qui existent et qui ont toujours existé dans toutes les langues romanes. Cette capacité s'est apparemment atrophiée dans la plupart des langues romanes méridionales, mais elle a été exploitée de façon tout à fait originale dans le parler de Pantelleria pour réaliser une opposition aspectuelle, alors que plusieurs langues romanes septentrionales s'en sont servies pour développer un tout autre système d'indices personnels grammaticalisés. Ce que nous voyons là, c'est l'observation en diachronie – et sur des exemples concrets – de la langue comme système de possibilités, selon les théories de Coseriu évoquées dans ce volume par Thomas Verjans.

Quand je pense au polymorphisme des pronoms démonstratifs attestés dans la langue de l'*Itinerarium Egeriae* à partir desquels s'est développé l'article défini des langues romanes – c'est une question dont j'ai parlé ailleurs (Kristol 2009) – une telle approche me semble en effet tout à fait convaincante. Mais il est évidemment impossible de savoir avec certitude si, dans le cas du clitique sujet de Pantelleria, nous avons affaire à un cas de polygenèse, ou si le clitique sujet remonte à une origine commune dans toutes les langues romanes qui le possèdent.

Quoi qu'il en soit, de telles observations me semblent par ailleurs invalider définitivement une idée souvent entendue – mais pas plus exacte pour autant – selon laquelle seuls les centres urbains seraient capables d'innovations et de rayonnement linguistique, alors que les dialectes ruraux seraient essentiellement conservateurs dans leur nature, et incapables de produire des innovations. En réalité, les communautés rurales les plus reculées et les plus périphériques sont aussi capables de produire des innovations linguistiques que n'importe quelle autre société humaine. La seule chose qui leur fasse effectivement défaut, en règle générale, c'est la capacité – et la volonté – d'imposer leurs innovations autour d'elles.

4. CONCLUSIONS

En guise de conclusion je retiendrai donc qu'à l'encontre de ce qu'une vision romantique du phénomène dialectal a voulu nous faire croire, les dialectes *ne conservent pas* et *ne documentent pas* les états anciens de nos langues. Et il en va de même pour les formes régionales périphériques du français. Les dialectes et les français régionaux *développent,* chacun à sa manière, les virtualités offertes par les phases plus anciennes de l'histoire linguistique commune. C'est dans ce sens – et non pas en tant que témoins d'un état de langue révolu que nous y chercherions en vain – que leur analyse peut se révéler comme étant du plus haut intérêt pour la diachronie de nos langues. Les langues dialectales peuvent nous rendre attentifs à des phénomènes qui nous échappent ou qui sont marginaux dans les textes conservés.

Et j'ajouterai que – comme le dit un postulat de la sociolinguistique historique – les langues dialectales *peuvent* illustrer certaines constantes, certains principes du fonctionnement du langage humain (et de la société humaine à l'égard de son langage) dans le présent et dans le passé, des phénomènes qui sont parfois plus difficiles à observer dans les langues standardisées de nos cultures scolaires dominantes.

Andres Max KRISTOL
Université de Neuchâtel

DEUXIÈME PARTIE

MÉTHODOLOGIE

L'IMPORTANCE SPÉCIFIQUE DE L'« ORAL REPRÉSENTÉ » POUR LA LINGUISTIQUE DIACHRONIQUE

1. QUEL EST LE LIEU PRIVILÉGIÉ DE L'INNOVATION LINGUISTIQUE ?

Que fait le linguiste diachronicien traquant les premières attestations d'une forme ou d'un phénomène ? Recherche-t-il la première fois où cette forme apparaît dans la langue ? Non bien sûr : son ambition ne va pas au-delà de la découverte de la *première attestation* d'un changement, *ou de ses premières attestations dans les textes et documents qui nous sont parvenues* et *uniquement à l'écrit* lorsqu'on étudie des périodes antérieures à l'invention de l'enregistrement sonore.

Mais peut-on dire que chaque fois que dans un texte (écrit) on rencontre une nouvelle forme ou construction, c'est la preuve que cette forme existait déjà à l'oral ? L'impensé des linguistes tendrait à nous le faire imaginer. Innombrables sont les témoignages flagrants d'un tel présupposé, depuis la célèbre phrase du *Cours* : « Un fait d'évolution est toujours précédé d'un fait, ou plutôt d'une multitude de faits dans la sphère de la parole » (Saussure 1979 [1967] : 138-139) qui, accompagnée du glissement incessant chez Saussure et ses éditeurs, et donc chez ses lecteurs, de « parole » au sens de « langue en acte », à « parole » au sens de « réalisation orale[1] », a conduit les linguistes

---

[1] Dans des énoncés tels que : « De quelle manière la parole est-elle présente… ? Elle est la somme de ce que les gens disent… » (Saussure 1979 [1967] : 38), ou dans la célèbre confrontation initiale entre oral et écrit : « Langue et écriture sont deux systèmes de signes distincts, l'unique raison d'être du second est de représenter le premier ; l'objet linguistique n'est pas défini par la combinaison du mot écrit et du mot parlé, ce dernier constitue à lui seul cet objet » (*ibid.* : 45). Cette identification,

s'occupant du changement à faire comme si le témoignage de l'écrit n'était qu'un pis-aller, l'innovation étant a priori un fait d'oralité[1].

On peut assurément soutenir une telle hypothèse, au moins globalement, en s'appuyant sur l'existence d'un grand nombre de changements dont l'origine est indubitablement liée à un contexte d'interaction verbale entre locuteurs. Mais pas seulement : il apparaît que des innovations qui pouvaient sembler indépendantes du medium oral ou écrit, sont pourtant attestées d'abord dans des réalisations oralisées. Même s'il n'est pas exclu que quelques changements aient été introduits d'abord à l'écrit, quand ils apparaissent liés à un genre et un registre de langue spécifiques de l'écriture, il n'en reste pas moins que la primauté de la parole orale dans l'innovation linguistique semble indubitable. C'est cette situation que l'on exposera dans un premier temps.

Dès lors se pose la question de l'accès à ce lieu d'oral à jamais disparu, où tant de nouveautés ont vu le jour. Comment l'atteindre, comment s'y frayer une voie ? C'est ce que l'on verra dans un second temps, en proposant en particulier de réexaminer la représentation de l'oral que peuvent fournir les textes écrits – soit qu'ils aient été destinés à être oralisés (théâtre, poésie), soit qu'ils offrent des insertions de « discours direct » au sein de récits écrits. Ce dernier cas, celui du « discours direct » inséré dans du récit, retiendra particulièrement notre attention, et nous mettrons en évidence ses spécificités et ses avantages pour le linguiste diachronicien.

---

ou confusion, entre parole et réalisation orale a d'ailleurs été dénoncée par Gustave Guillaume (1958).

1   Ainsi, entre cent autres : Selon Keller (1994 : 101), la maxime censée être source d'innovations concerne explicitement le discours oral, sans que cela ait été discuté le moins du monde : *Talk in such a way that you are noticed* (« Parlez de façon à être remarqué »).

2. L'ORAL, LIEU D'INNOVATION PRIVILÉGIÉ

2.1 LES INNOVATIONS NÉCESSAIREMENT LIÉES À L'INTERACTION VERBALE IMMÉDIATE

Nombreux sont les phénomènes de changement dont l'origine ne peut être qu'orale, car elle met en jeu des pratiques articulatoires et sonores. C'est le cas de tous les phénomènes de changement phonétiques, mais aussi des changements morphologiques liés à des modifications de la prononciation (qu'ils en soient la cause ou la conséquence), tels que l'effacement ou la réduction des désinences verbales et des désinences casuelles nominales, et même de quelques phénomènes syntaxiques impliquant l'intonation tels que, depuis le XVᵉ siècle, les phrases inter-rogatives sans autre marqueur qu'intonatif (*Tu viens ?*)[1].

Mais cela concerne également tous les changements expressément liés à l'interaction verbale entre locuteurs, et au cadre cognitif qui se met alors en place, qu'il s'agisse de l'évolution du système morphologique des démonstra-tifs déictiques et de leur sémantique[2], de la routinisation des interjections, apostrophes et termes d'adresse qui structurent les tours de parole à l'oral[3], de la consécration des injures, ou encore de la mise au point puis de la grammaticalisation des expressions performatives de vérité liées au serment en justice et souvent accompagnées de gestes précis (*si m'aït Diex*, puis *je jure que..*)[4]. De même, une fois achevée la grammaticalisation du pronom sujet

---

1 Attestée dès le XVᵉ siècle soit dans des pièces de théâtre, soit dans des dialogues (Marchello-Nizia 1997 : 419), cette construction est documentée dans le *Journal* d'Héroard : le jeune Dauphin l'emploie, mais rarement (Ernst 1985 : 96) : «papa e pas encore venu ? ».

2 On a montré par exemple que toutes les occurrences conservées de l'ancienne forme de démonstratif *ist*, qui disparaît au XIIIᵉ s., se trouvent en «discours direct» : «*d'ist di 'n avant*» (*Serments de Strasbourg* : «à partir d'aujourd'hui»), «*per tot es mund es adhoraz*» (*Passion de Clermont* [PassionA] v. 500 : «Il est adoré partout ici-bas»), «*s'or me conoissent mi parent d'este terre*» (*Vie StAlexis*, ms. P. 203 : *cf.* AlexisPe : «Si jamais mes parents de cette région me reconnaissent, … »), «*e me verrez par is campon / criant l'enseinne al rei baron*» (*Gormont et Isembart* [GormB] v. 274 : «et vous me verrez sur ce champ de bataille-ci poussant le cri de guerre du roi»)…

3 Voir, depuis l'étude pionnière de Cerquiglini (1981), Lagorgette (1998, 2006), et surtout Marnette (2005, 2006).

4 Voir Marchello-Nizia (1985 : 73-92). Un exemple parmi d'autres : le serment prêté par Yseut devant ses juges dans le *Roman de Tristan* de Béroul : «*Or escoutez que je ci jure, De quoi le roi ci aseüre : Si m'aït Dex et saint Ylaire, Ces reliques, c'est saintuaire…* » (TristBérM[4],

humain indéfini *on* à valeur impersonnelle ou générique, à partir du nom *l'hom*, phénomène attesté dès les *Serments de Strasbourg* – donc en discours direct – et qui donc a dû intervenir en roman, l'évolution sémantique du pronom impersonnel qui, entre le XIIe et le XIXe siècle, acquiert en outre un caractère « omnipersonnel » et peut renvoyer à des référents locuteurs personnels tels que *je, tu, nous* ou *vous*, n'est possible bien évidemment qu'en situation d'interlocution orale, où l'identification des référents personnels est immédiate ; la dernière étape, qui au XIXe siècle sans doute sélectionne sa valeur comme pronom équivalent à *nous*, alors que ses autres valeurs personnelles régressent fortement, est elle aussi nécessairement liée à l'oral[1].

2.2 INNOVATION À L'ORAL OU À L'ÉCRIT ?

Une source orale, sans être aussi clairement nécessaire, est postulée pour bien d'autres changements, et en particulier chaque fois que l'on met en évidence la subjectivation initiale d'une expression comme source d'innovation grammaticale : ainsi dès le latin tardif, le futur analytique auxilié avec *avoir* s'est développé essentiellement, semble-t-il, avec valeur d'obligation et d'engagement, et un certain nombre des premières attestations semblent avoir concerné les personnes de l'énonciation (Fleischman 1982 : chap. 3)[2]. Plus tard, aux XVe et XVIe siècles, le futur analytique avec *aller* a peut-être suivi une voie comparable, avec une étape initiale de subjectivation d'une action posée comme future mais assumée par un locuteur, et cette forme apparaît au XVe siècle surtout au théâtre, et dans les épisodes de discours direct dans les récits[3].

Également liée à une situation d'interaction orale immédiate, s'est développée la valeur « subjective » du démonstratif latin ISTE puis de l'a. fr. CIST qui, dès le plus ancien français, désigne un élément que le

---

vers 4199-4202 : « Ecoutez le serment que je fais ici, quelle assurance je donne au roi ici : je jure par Dieu et saint Hilaire, par ces reliques et par ce reliquaire… »).

1   Voir, sur la plurivalence de *on* jusqu'au XIXe s., l'étude très fouillée de Ayres-Bennett (2004 : 39-45).

2   Fleischman (1982 : 47-49) rappelle que cette évolution ayant en particulier concerné les auteurs chrétiens, l'hypothèse a été soutenue (par Henri-François Muller en 1945 puis par Eugenio Coseriu en 1958) que la conception de l'avenir propre au christianisme a sans doute favorisé ce passage du futur synthétique hérité du latin à la nouvelle forme analytique.

3   Voir Marchello-Nizia (1997 : 408-409) : « Dea ! or *je vois savoir*… » (*Maistre Pierre Pathelin* [PathelinH], v. 707, et v. 1377 ; seconde moitié du XVe siècle : « Ha ! je vais donc savoir… »).

locuteur, en employant ce paradigme et non pas celui en CIL, caractérise comme appartenant à sa sphère personnelle – CIL caractérisant au contraire ce que le locuteur pose dans son discours comme extérieur à sa sphère (Marchello-Nizia 2004). Quant aux changements nombreux qu'a connus l'interrogation en français, il est clair que c'est d'abord dans l'échange entre locuteurs qu'est son lieu d'emploi, et donc son évolution, de la simple postposition du sujet anciennement, au développement de marqueurs dédiés tels que *est-ce que*, ou *-ti* après le verbe, dont la durée d'emploi a été somme toute modeste.

La syntaxe n'échappe pas à la prégnance de l'oral pour son évolution. Ainsi, selon l'hypothèse formulée par Ulrich Detges (2003), un changement capital, le développement de l'expression du sujet, aurait été lié initialement à des contextes pragmatiques d'«auto-thématisation» du locuteur par le pronom *je*[1] en interaction verbale : c'est dans le cadre d'emplois discursifs à l'oral que le sujet *je*, thématisé, aurait eu tendance à être exprimé davantage, et ce dès le XIIe siècle, initiant un mouvement bientôt général.

Faut-il donc asserter que tous les changements s'initient à l'oral, les témoignages écrits qui nous en sont parvenus étant toujours secondaires ? Certainement pas : un petit nombre de changements semblent bien être liés plutôt à l'écrit, et plus précisément à l'écriture littéraire. On peut penser que c'est d'abord – et peut-être majoritairement – dans certaines œuvres littéraires que s'est développé l'emploi mémoriel du démonstratif CIL dans les descriptions canoniques dès le XIIe siècle, ou peut-être également l'emploi du déictique discursif (Marchello-Nizia 2006a, Guillot 2006b). De même, la mise au point du balisage du «discours direct» ou «oral représenté» pourrait fort bien s'être structuré et routinisé d'abord à l'écrit, ainsi que les incises telles que *dist il / dit-elle*, puis *fait il / fit elle* (Marchello-Nizia 2012).

---

1   «En utilisant un pronom personnel de la première personne, le locuteur exprime qu'il assume un degré élevé de responsabilité communicative pour son acte de langage.» (Detges 2003 : 321). Les verbes ainsi employés sont des *verba dicendi*, mais aussi des verbes de pensée, de croyance.

3. OÙ DÉCOUVRIR DES TRACES
DE L'ORAL À PÉRIODES ANCIENNES ?

3.1 LES GENRES SCRIPTURAUX SUPPOSÉS DONNER
UN ACCÈS PRIVILÉGIÉ AUX PRATIQUES ORALES

Ainsi donc, le plus grand nombre des innovations, puis des changements repérés à l'écrit sont en fait la trace de changements survenus à l'oral. Mais quelles sont les sources qui peuvent au mieux garder trace de ces phénomènes oraux ? Des spécialistes de l'histoire du français, et les socio-linguistes tout spécialement, sont revenus à plusieurs reprises sur l'identification et l'évaluation de ces sources, afin de pouvoir situer le plus exactement possible les forces sociales innovantes dans le domaine du langage. Pour le XVIIe siècle par exemple, Ayres-Bennett (2000) a récemment complété et enrichi de commentaires éclairants une liste de sources proposée par Ernst (1980) deux décennies plus tôt : aux cinq types qu'il définissait (transcription d'oral authentique, modèles de dialogues dans les ouvrages didactiques, discours direct (fictif) au théâtre et dans d'autres genres littéraires, textes métalinguistiques, et enfin comparaison avec les créoles à base française), elle a proposé d'adjoindre les rapports juridiques, ainsi que les textes littéraires « populaires » imitant le parler populaire ou dialectal, les journaux intimes, les autobiographies de semi-lettrés, les « livres de raison » (2000 : 337-342). Pour les périodes ultérieures, ces sources se sont encore enrichies.

Mais pour les périodes antérieures au XVIe siècle, la liste des sources pour la langue parlée s'amenuise : pas de grammaires proprement dites (quelques indications dispersées cependant, et des « manières de langage » destinées aux Anglais dès la fin du XIVe siècle), pas de dictionnaire, pas de journaux intimes ni de correspondance privée (au moins en ancien français), très peu de commentaires de nature linguistique, et comme « créole » la « lingua franca » peut-être mais à base non spécifiquement française (Aslanov 2012). En revanche, on peut exploiter les ressources offertes par les sources restantes : théâtre, mais aussi poésie et chansons, interventions d'auteur en première personne, en particulier dans les prologues, et enfin discours directs insérés dans des fictions. Cette dernière ressource, dans ses spécificités, offre des possibilités non négligeables, en

particulier parce que c'est le seul lieu où *un contraste entre « oral représenté »*
et récit écrits de la même main s'offre aussi clairement.

3.2 L'« ORAL REPRÉSENTÉ » BALISÉ DANS LE RÉCIT

Pourquoi privilégier ce type de discours rapporté ? Pour trois raisons.
Tout d'abord, comme nous venons de le rappeler, il offre un contraste
immédiat entre deux grammaires souvent difficiles à comparer ailleurs,
celle du discours fiction de l'oral et celle de l'écrit, coexistant chez la
même personne, en l'occurrence l'auteur ; de façon générale, la co-présence de récit et discours dans un même texte permet de contraster
leur grammaire dans des conditions idéales et avec le minimum de
biais – identité de temps et de « locuteur-scripteur ». La seconde raison
est le fait que cette mise en discours direct est encadrée par des termes
et expressions qui la séparent soigneusement du récit, ces épisodes
hétérogènes sont donc faciles à identifier (sauf en des cas extrêmement
rares). Enfin, le fait que ces termes et expressions de balisage que sont
l'incise (*dit-il*), l'annonce (*il lui dit : « … »*) et le rappel-retour au récit
(*À ces mots,…*), soient répétitives, routinisées, grammaticalisées, est la
preuve que la différence de registre est consciente, construite, sciemment
installée par le sujet « scripteur » (Marchello-Nizia 2012).
À cause des spécificités linguistiques de ce type de « discours direct »,
nous avons proposé de le nommer « oral représenté », expression qui
met l'accent sur la volonté auctoriale de simuler, de mettre en scène du
parlé, distingué du narré par des balises spécifiques, et sur le fait que
cela se passe à l'écrit. Cela permet également de donner à ce type de
discours rapporté, *uniquement « direct » et uniquement à l'écrit*, une autonomie par rapport aux autres types de discours rapporté (discours direct
rapporté dans un discours oral, discours indirect ou indirect libre). Et
surtout, nous proposons de regrouper sous l'expression « épisode d'oral
représenté » l'ensemble formé par les *quatre composants* que sont *le DD*
lui-même et ses trois éléments de balisage, *l'annonce, l'incise,* et *le rappel,*
qui se définissent par leur position et leur composition[1]. Nous donnons
deux exemples de ce type d'épisode :

---

1   L'*annonce* précède immédiatement le DD, c'est une proposition brève, non régie, comportant
    un *verbum dicendi* parfois complété par un ou deux éléments de sa valence (sujet et datif,
    rarement l'objet direct). L'*incise* se situe après le début du DD, généralement après une

> **Guenes respunt** (*annonce*) : « Rollant, cist miens fillastre ;
> N'avez baron de si grant vasselage. »
> **Quant l'ot li reis** (*rappel*), fierement le reguardet (*Chanson de Roland* [RolMoign]
> v. 743-745 : Ganelon répond : « (Prenez) Roland, mon beau-fils ici présent ;
> vous n'avez aucun chevalier aussi valeureux. » Quand le roi l'entend, il le
> regarde farouchement.)

> **…et mes sires Keus dist au roi** (*annonce*) : « Sire sire par mon chief or poez
> vos seurement asseoir au disner quant vos plaira, car a aventure n'avez vos
> pas failli devant mengier ce me semble. - Alons donc, **fet li rois** (*incise*), car
> ausint en est il bien tens. » **Et lors s'en vont li chevalier** …(*rappel*). (*Queste*
> *del saint Graal*, Marchello-Nizia et Lavrentiev 2012, *folio 161b* : « et messire
> Keu dit au roi : "Seigneur, seigneur, sur ma tête, à présent vous pouvez vous
> asseoir pour déjeuner quand il vous plaira, car il m'apparaît que vous avez
> bien satisfait à la coutume de l'aventure avant le repas. – Allons-y donc, dit le
> roi, car il est bien temps." Et les chevaliers se mettent en marche aussitôt… »)

Mais une fois les différences mises au jour, comment faire pour qu'elles prennent sens pour le linguiste diachronicien ? Les distinctions entre *récit* et « oral représenté » (désormais OR) telles que documentées dans le texte reflètent-elles quelque chose des énoncés oraux de l'époque ? Par ailleurs, s'agit-il de différences aléatoires, ou de vraies innovations propres à l'oral ? Parmi toutes les spécificités révélées comme propres à la grammaire des épisodes d'oral représenté, lesquelles sont des innovations ? Comment les repérer ?

Seul un test précis et le raisonnement le permettent. Un phénomène repéré comme caractéristique de l'« oral représenté », soit qu'il lui soit spécifique, soit que sa fréquence y soit plus élevée ou moins élevée qu'en récit – *modulo* la prise en compte des biais possibles –, ne peut être considéré comme innovant que si on constate que par la suite, en particulier dans des textes plus tardifs de la même région et du même genre, ce phénomène va s'étendre à tous les registres de la langue, et spécialement au récit. Aussi longtemps qu'il n'apparaît que dans des épisodes d'OR, c'est vraisemblablement que le phénomène en question est perçu par l'écrivain (et ses copistes puis imprimeurs) comme réservé à l'oral, et précisément à certains registres de l'oral peut-être liés à la

---

interjection ou une apostrophe à un allocutaire, elle se réduit presque toujours à un *verbum dicendi* et à son sujet (le locuteur). Le *rappel* se situe immédiatement après la fin du DD qu'il articule au récit, il comporte toujours une anaphore aux protagonistes ou à l'un des protagonistes du DD (locuteur, allocutaire ou auditeur). *Cf.* Marchello-Nizia (2012).

proximité (*cf.* Söll 1974, Koch et Oesterreicher 2001). Une fois qu'un phénomène est repéré comme caractéristique de l'OR à une certaine période, le diachronicien doit donc pister son devenir, pour voir si, à une étape ultérieure, il s'étend aussi au récit, entrant alors dans la grammaire globale de la langue.

3.3 L'«ORAL REPRÉSENTÉ» (OR) COMME SOURCE DE TRACES D'ORAL INNOVANT

L'attention portée à l'OR dans sa spécificité, conjugué à des outils comptables et à une pratique de l'étiquetage morpho-syntaxique complet des textes, permet d'opérer une exploration contrastive systématique, et de mettre ainsi au jour des phénomènes de distinction entre récit et OR que l'on ne perçoit pas autrement. L'un des premiers à avoir exploité cette voie est Douglas Biber, qui dès les années 1980 avait pu établir pour l'anglais contemporain une liste d'une soixantaine de traits permettant de caractériser des «registres» distincts (Biber 1988, repris in Blanche-Benveniste 1997 : 55-56) ; plus récemment, cette méthode, qui fonde la *Longman Grammar of Spoken and Written English* (Biber *et al.* 1999), a permis aux auteurs de dégager in fine (Chap. 14), contrastivement, une «grammaire de la conversation».

Une telle exploration a commencé pour le français médiéval, fondé sur l'étude contrastive entre récit et OR. Dès 2006, Sophie Marnette (2006 : 40-41) avait listé six éléments par lesquels le DD se distingue du récit. De façon très approfondie, Céline Guillot *et al.* (2014) ont mené une telle enquête sur 61 textes variés composés entre le IXe siècle et la fin du XVe siècle, ce qui leur a permis de mettre en évidence 22 traits caractérisant le DD, et 19 caractérisant le non-DD, et ils ont repéré également les traits non sensibles à la distinction entre DD et non-DD. Parallèlement, plusieurs analyses systématiques contrastant récit et OR ont été d'ores et déjà opérées soit sur des textes précis, soit à propos de phénomènes précis[1].

Pour notre part, nous illustrerons la pertinence d'une telle approche par l'analyse d'un cas, celui du développement de *très* en ancien français comme adverbe intensifieur d'adjectif ou d'adverbe, à partir probablement du second tiers du XIIe siècle. D'abord préfixe à valeur locale (*trespasser*)

---

1   Voir Glikman et Mazziotta (2014) et Donaldson (à par.).

ou intensive (*tresbien*), puis réanalysé comme un adverbe intensifieur d'adjectif ou d'adverbe, ce morphème commence par concurrencer modestement l'adverbe *moult* qui occupait seul la fonction de quanti-fieur-intensifieur grammatical jusqu'alors. Par quelle voie ce nouveau marqueur va-t-il s'installer peu à peu en lieu et place de *moult* au point de finalement l'exclure devant un adjectif ou un adverbe ?

Un nouveau morphème vient en général occuper une « niche » gram-maticale soit laissée vide par la déshérence de son ancien marqueur – et ce n'est pas le cas ici –, soit encore vide. Quel est cet emploi qui aurait pu devenir la spécificité de *très* et en conforter l'emploi peu à peu aux dépens de *moult* ?

La prise en compte de la distinction entre récit et « oral représenté » en a révélé la nature. Il n'est en ancien français qu'un seul contexte où *très* n'entre jamais en concurrence avec *moult* : c'est comme intensifieur des adjectifs *chier, doux* ou *bel* à valeur affective, dans les adresses en début de discours direct. Dans cet emploi précis, on ne rencontre jamais *moult*, qui par ailleurs peut fort bien intensifier les trois adjectifs en question (Marchello-Nizia 2011)[1]. Et cela se produit au moment où toute une série de termes d'adresse nouveaux se développent, dans le balisage des « marches » du discours direct, tant externes qu'internes. Jamais en revanche on ne trouve *moult* dans un tel contexte : « **Bele moult douce dame* » semble agrammatical. On a donc bien là un « contexte réservé » de *très*, qui prend sa place dans un processus de grammaticalisation des balises du discours direct à la même période. Et si vers 1180 on trouvait le groupe "possessif + *tres chier* + nom" en apostrophe, comme chez Chrétien de Troyes :

---

1 L'analyse a été menée sur les expressions *moult chier* et *très chier* dans une trentaine de textes du XIIe siècle, donc aux débuts du développement de *très* intensifieur. Ce corpus offre 51 cas de *moult chier*, et 4 de *tres chier*. Les 4 occurrences de *tres chier* sont épithètes, antéposées au nom, avec déterminant dont 3 fois un possessif ; elles ont toujours un sens affectif et concernent un lien interpersonnel, et l'expression est 3 fois sur 4 en apostrophe : « Ma tres chiere dame, … ». Les 51 emplois de *moult chier* sont fort différents : ils sont majoritairement attributs du sujet ou de l'objet direct (31 cas) avec les verbes *avoir, estre* et *tenir* ; un peu moins souvent (16 cas), *moult chier* a valeur adverbiale et se construit avec les verbes *vendre, comparer* ("payer") et *coster* ("coûter") et a dans ce cas le sens de "coûteux" ; dans quatre cas, *moult chier* est épithète d'un nom, mais jamais en apostrophe. De même pour l'adjectif *doux* à valeur affective : l'expression d'adresse *bel + très* + adjectif (notamment *doux* et *chier*) se trouve dès le milieu du XIIe siècle en fonction d'adresse, dans un "conte" écrit vers 1150, *Floire et Blancheflor*, composé dans la région de la Basse-Loire : « Biax tres dous pere, et vos, bele tres douce mere, … ».

si li dist : "Ma tres chiere dame,
vos qui…" (Chrétien de Troyes, *Yvain* [YvainR] v. 2551 : « Et il lui dit : "Ma
très chère dame, vous qui…" »)

quelques décennies plus tard, au début du XIIIe siècle, on le trouve,
toujours en discours direct, mais l'expression n'est plus seulement en
apostrophe, elle peut avoir d'autres fonctions telles qu'objet direct, ou
comme ci-dessous apposition au sujet :

En plorant dist : "Qu'est devenue
Aelis, *ma tres douce fille*?" (Jean Renart, *Escoufle* [EscoufleS] 4107 : « Il dit en
pleurant : "Qu'est devenue Aelis, ma très douce fille ?" »)

Et au XVe siècle, l'expression a un emploi banal en récit, son emploi
s'est généralisé :

Elle envoya vers *son treschier amy*, le jeune chevalier, et luy manda qu'il…
(*Cent Nouvelles* [CentNouvS], p. 546 : « Elle envoya un messager à son très
cher ami, et lui fit dire que… »)

Il est par ailleurs des cas dont on penserait *a priori* qu'ils n'entretiennent
aucun rapport privilégié avec l'oral, qui à analyse plus poussée semblent
se révéler sensibles à des contextes de discours direct. Nous n'évoquerons
que deux phénomènes de ce type : l'émergence du quantifieur/intensifieur
beaucoup, et celle des marqueurs de topicalisation *quant à* et *au regard
de*. Pour le premier, on constate que parmi les quatre plus anciennes
attestations de l'émergence d'un emploi (encore métaphorique et ambigu)
de *beau coup* avec une valeur intensive, deux se trouvent en discours
direct, et en l'occurrence dans des passages de « discours auctorial », où
l'auteur intervient en tant que locuteur, comme en (a) et (b), et un autre
des plus anciens témoignages de *coup* au sens métaphorique et intensif
est en DI (pensée rapportée) (c) :

(a) Miex le *devons* faire **biau cop**
De nos tamps que ne faisoit Job
Qui fu devant le tamps de grasce. (*Livre de Job*, ms G [JobG], composé à
la fin du XIIIe siècle, v. 1207-1209 : « *Nous devons* nous conduire **beaucoup**
mieux à présent que ne le faisait Job, qui vivait avant l'époque chrétienne. »)

(b) Nos engins getoient au leur et les leurs aus nostres, mes *onques n'oÿ dire* que
les nostres feissent **biau cop**. (Jean de Joinville, *Vie de saint Louis* [JoinvMo]

§ 193 : « Nos engins tiraient contre les leurs et les leurs contre les nôtres, mais *je n'ai jamais entendu dire* que les nôtres aient réalisé **un beau coup** » / « aient abouti à **beaucoup de résultats**. »)

(c) Lors *se pensse* que gaaingnier
Porra bien, sanz lui mehaingnier,
Grant cop a ces.ii. menestrels.
(*Fabliaux* [NoomenFabl], t. V, 45, v. 83-86 : mi-XIIIe siècle, cité par Buridant (2000 : 171) ; nous modifions la ponctuation de l'édition : « Alors il se persuade qu'il pourra certainement, sans se donner aucun mal, gagner beaucoup aux dépens de ces deux ménestrels. »)

En ce qui concerne *quant à*, Sophie Prévost écrit à propos du développement de cette expression au XIVe siècle : « Il faut cependant signaler que cette forte progression est en partie due au développement de l'expression *quant à moi* » (2003b), c'est-à-dire en DD :

« Or lui querez un mary qui soit digne de gouverner son royaume, car, **quant a moy**, j'ay assez pays a gouverner, je ne quier pas a avoir la gouvernance de cestui » (Jean d'Arras, *Mélusine* [MelusArrS], composé en 1392, p. 188 : « Allez donc lui chercher un mari qui soit digne de gouverner son royaume, car pour ma part j'ai suffisamment de territoire à gouverner, je ne souhaite pas avoir le gouvernement de celui-ci » ; de même p. 11.)

Et elle ajoute que les occurrences de cette expression se trouvent regroupées dans deux textes ; or l'un d'eux offre des emplois reliés au discours rapporté (DI) :

et **quant aus bourses et çaintures** dont cy-dessus est faite mencion, *il dist et confessa* que, quelque chose *qu'il eust paravant dit et confessé desdites bourses et çaintures*, verité estoit et est que, demain aura XV jours, de jour, il seul print et embla la grant çainture d'argent, une paire de gans, une bourse et un espinglier, en l'ostel d'un cordouennier. (*Registre criminel du Chatelet*, T2, 1389, édit. Suty et Haas : « et en ce qui concerne les bourses et les ceintures dont il a été fait mention ci-dessus, il dit et confessa que, quoi qu'il eût dit et confessé auparavant à leur propos, la vérité était et est que, il y aura quinze jours demain, lui seul prit et vola la grande ceinture d'argent, une paire de gants, une bourse et un épinglier, dans la maison d'un cordonnier. »)

De même pour certaines des occurrences les plus anciennes d'un autre marqueur cadratif étudié par Combettes et Prévost (2001 : 123), *au regard de*, l'une des plus anciennes attestations de cette expression se trouve dans une intervention d'auteur :

Au regard du premier point, je vous montrerai volontiers ce que le roi doit faire (Juvénal des Ursins, *Loquar*[1], 1440 : « En ce qui concerne le premier point, je vous montrerai volontiers ce que le roi doit faire. »).

Si Prévost, et Combettes et Prévost peuvent explorer le développement d'une valeur « cadrative » de *quant à*, ou *au regard de*, il ne semblerait pas que les paliers de changement se situent spécialement en DD, en situation d'interaction discursive ; ces marqueurs caractériseraient plutôt des genres littéraires précis. Comme pour bien d'autres changements, il reste à identifier ou du moins à vérifier où se situe l'émergence de ces nouveautés.

3.4 CONSÉQUENCES MÉTHODOLOGIQUES, BIAIS POSSIBLES, ET QUESTIONS

La démarche d'exploration couvrante et systématique que l'on vient de proposer et d'exemplifier sur des périodes très anciennes est certes reproductible pour des périodes plus récentes, avec d'autant plus de profit que ses résultats peuvent être recoupés, et validés ou non, par d'autres sources disponibles pour ces étapes moins anciennes, à la fois plus documentées et beaucoup plus outillées.

Pour terminer, nous insisterons sur deux points qui, à propos de cette démarche, peuvent faire l'objet de biais, ou d'insatisfaction.

Tout d'abord, dans le criblage contrastif effectué, apparaissent des différences dont toutes ne font pas sens immédiatement. Il faut souligner en effet que les variations éphémères, soit innovations temporaires, soit changements qui ne se sont pas révélés durables, font bien moins souvent l'objet d'une analyse approfondie de la part des diachroniciens. Or, en toute rigueur, il faudrait accorder autant d'importance à ce type de variations qu'à celles qui sont devenues de vrais changements (selon notre formule : « tout changement est une variation qui a réussi »). Et comme pour les autres innovations, il faut se demander où est l'origine de ce type particulier de variations : est-ce toujours à l'oral que naissent les phénomènes de courte durée, innovations météoriques, ou plus durables et admises quelque temps au titre de variantes registrales, mais qui ne s'ancrent pas comme changements ? Y a-t-il une différence d'origine entre des variantes éphémères et d'autres plus solidement ancrées ?

1   Jean Juvénal des Ursins, « Loquar in tribulacione », in P. S. Lewis (édit.) *Écrits politiques de Jean Juvénal des Ursins*, Paris, Klincksieck, 1978-1992, t. 1, p. 295-436.

Par ailleurs, il faut souligner l'une des limites de cette démarche contrastive. Une fois attesté qu'une variante puis un changement apparaissent d'abord en « oral représenté », une autre question, de nature sociolinguistique, se pose : dans quel type d'oral s'initient les changements ? Quels en ont été les prescripteurs ? Y a-t-il par exemple passage des registres de l'oral les plus éloignés de l'écrit normé, « immédiats » selon Koch et Oesterreicher (2001), à des registres moins éloignés de l'écrit normé, puis à l'écrit moins normé, et pour finir à l'écrit normé ? Ou bien au contraire faut-il faire l'hypothèse d'une innovation surgie au départ dans un oral plutôt médiat, ou plutôt normé, s'étendant ensuite aux autres registres ? Tous les changements commencent-ils dans l'oral le plus proche, le moins normé, pour atteindre à la grammaire la plus normée ou la plus écrite ? Ou bien l'innovation est-elle plus complexe ? Au moins en ce qui concerne les périodes les plus anciennes, c'est la limite de ce que nous permet de percevoir l'OR : il faut attendre assez tard (XVIIᵉ siècle ?) pour percevoir un effort pour « représenter » dans un même texte des sous-registres oraux différents selon le personnage auquel l'auteur délègue la parole[1].

Christiane MARCHELLO-NIZIA
ENS de Lyon, UMR ICAR

---

1   Ainsi dans le roman de Chrétien de Troyes composé vers 1180, *Yvain ou le Chevalier au lion*, le chevalier de la Table ronde Calogrenant et le gardien des taureaux sauvages ont la même grammaire, le même lexique, et l'intercompréhension entre eux est totale (v. 286-407) : à aucun moment, Calogrenant, qui rapporte leur dialogue, ne signale de discordance.

HISTOIRE ET HISTOIRE DU FRANÇAIS

Pour une approche interdisciplinaire des sources médiévales non littéraires

1. INTRODUCTION

Cela peut paraître une évidence : dans le syntagme nominal *histoire de la langue*, il y a le mot *histoire*. Pourtant, pour écrire la première, il n'est pas toujours fait appel à la seconde : un nombre non négligeable d'études linguistiques sont en effet menées en dehors de tout ancrage et de toute référence à l'époque dont ces textes sont le produit. Ceux-ci sont envisagés pour eux-mêmes et leurs caractéristiques internes sont l'objet d'analyses approfondies, mais les résultats ainsi obtenus ne sont pas mis en relation avec des faits, des phénomènes ou des tendances historiques bien établis par les historiens et qui pourraient, peut-être, les expliquer.

Certaines pratiques du côté des historiens pourraient également être améliorées. Dans leur très grande majorité, leurs recherches s'appuient, au moins partiellement, sur les textes. Or, bien rares sont les spécialistes de cette discipline qui ont reçu une formation poussée à l'analyse de la langue et qui maîtrisent les outils qui leur permettraient un meilleur accès au texte, comme, par exemple, les traités de phonétique historique ou les ouvrages lexicographiques comme le FEW pour le français, sans même envisager le cas du latin médiéval. Ce fait, s'il ne représente pas un obstacle majeur pour les contemporanéistes, est en revanche plus gênant pour les modernistes et, davantage encore, pour les médiévistes. Comment en effet tirer d'un texte ancien une analyse rigoureuse et exacte si sa compréhension n'est pas parfaite ?

Le problème est donc réel : parce que de spécialités différentes, des chercheurs travaillent sur des textes de la même période sans éprouver la nécessité de mettre à profit les connaissances, les outils et les perspectives élaborés dans les autres disciplines alors qu'ils pourraient préciser et enrichir leurs analyses. C'est d'autant plus étonnant que l'interdisciplinarité, ou au moins ce terme, est à la mode dans la recherche depuis quelques années déjà ; la pratique cependant ne suit pas toujours, même si certains travaux récents sont prometteurs. Il y a là pourtant une approche au potentiel important, notamment pour mieux cerner l'histoire de la langue ; c'est ce que nous allons tenter de montrer avec les sources médiévales non littéraires, plus particulièrement les documents comptables.

2. DES SOURCES MÉDIÉVALES ENCORE TROP PEU EXPLOITÉES PAR LES LINGUISTES, LES TEXTES NON LITTÉRAIRES

Il n'est que de feuilleter un ouvrage général sur l'histoire de la langue, particulièrement du français durant le Moyen Âge, pour la plupart du temps constater que la majorité sinon la totalité des exemples et des textes cités sont tirés de sources littéraires.

2.1 DES SOURCES NÉGLIGÉES PAR LES LINGUISTES

Si les textes non littéraires sont peu cités en comparaison des textes littéraires, c'est, entre autres raisons, parce que ces sources font l'objet de bien moins d'éditions et, par conséquent, d'études. Des travaux ont bien été menés ou le sont actuellement sur certains types de documents, comme les chartes (par exemple Dees 1980) ou les testaments (Trotter 2005), mais leur nombre et leur diffusion sont encore trop restreints pour qu'ils puissent être pris en compte dans les ouvrages généraux. Pourtant, malgré ce que pourrait laisser croire cette surreprésentation des textes littéraires, les sources non littéraires constituent une part non négligeable de la documentation qui a été conservée pour le Moyen Âge ; leur prise en compte, leur édition et leur étude sont donc indispensables pour embrasser la langue de cette période dans sa variété, à moins de considérer que la littérature est plus représentative de la langue médiévale que les autres types de textes.

Cette prédilection pour les uns et ce manque d'intérêt pour les autres n'est pas sans conséquences. Ainsi, une partie de la langue ancienne nous échappe encore en partie, celle des textes médicaux, juridiques, des lettres, etc. ainsi que son lexique, sa syntaxe, ses formulations, etc. Parmi ces différents aspects de la langue encore peu ou pas exploités figure notamment le discours rapporté, au style direct ou indirect, qui apparaît dans certains documents comptables médiévaux. Ceux d'officiers de justice, prévôts particulièrement, comprennent en effet des rubriques consacrées aux exploits de justice et aux amendes ; il n'est pas rare d'y trouver la mise à l'écrit des insultes, des moqueries et des accusations qui ont donné lieu à sanction (Wirth-Jaillard 2013a).

Comment expliquer cette prédilection pour les textes littéraires ? En premier lieu, les linguistes ne connaissent pas nécessairement les sources non littéraires dans leur variété et leur richesse, soit qu'ils n'y aient pas été formés, soit qu'ils manquent de curiosité pour celles-ci, soit que leur maîtrise imparfaite de ces documents dans leur ensemble les mette mal à l'aise, bride leur intérêt voire les pousse à les rejeter[1]. À ces possibilités s'ajoute la longue tradition d'éditions (imprimées mais aussi électroniques, que l'on retrouve dans les corpus en ligne) et d'analyse des textes littéraires, fournissant au chercheur une documentation et des outils abondants. Dans un tel contexte, il semble naturel qu'un grand nombre de linguistes suive cette voie déjà bien balisée, d'autant plus qu'ils sont majoritairement issus des formations littéraires ; ce goût qui a pu être le leur dans ce choix d'études se retrouve dans leurs sujets de recherche[2]. L'étude des textes littéraires peut aussi être considérée comme plus noble, avec des sujets plus élevés, comme l'amour courtois et la chevalerie, que celle des autres textes, tournant autour de questions financières, agricoles ou juridiques ; peut-être semble-t-elle aussi, au premier abord, plus facile : à tort ou à raison, l'expression de sentiments peut paraître en effet plus aisée à comprendre car considérée

---

1 Pour un tel phénomène de rejet chez les géologues et les paléontologues, *cf.* Frankel (1999 : 61-71), plus particulièrement p. 64.

2 « Les textes littéraires représentent le seul ensemble textuel qui ait été utilisé intensément par l'historiographie linguistique. Les philologues du XIXe et de la première moitié du XXe siècle étaient souvent autant linguistes que littéraires [...] et leur regard s'orientait naturellement vers ces genres élaborés, riches en sens, construits et esthétiques. Encore aujourd'hui, l'historiographie linguistique repose dans une large mesure sur des témoignages littéraires » (Glessgen 2007 : 393).

comme atemporelle, anhistorique ; saisir le contexte juridique et éco-nomique de production d'une source comptable nécessite en revanche des connaissances et la maîtrise d'outils que n'ont pas forcément les chercheurs travaillant sur la langue.

Un dernier point explique cette disparité, c'est que l'étude des sources littéraires est bien plus utile et rentable pour qui veut faire carrière à l'université, au moins en France. Les épreuves de l'agrégation portent sur ce type de textes ; qui veut réussir ce concours, souvent exigé pour être candidat à un poste de maître de conférences, a donc tout intérêt à se concentrer sur eux. Le recrutement des enseignants du supérieur est également effectué en fonction de la connaissance supposée de ces textes par le candidat, la personne finalement recrutée ayant toutes les chances par la suite d'assurer la préparation des étudiants à l'agrégation. Dans cette optique, un jury à un concours de maître de conférences ne portera que rarement son choix sur un candidat dont les travaux portent sur des textes non littéraires, réduisant d'autant plus les possibilités de voir ceux-ci enseignés aux étudiants et, par conséquent, de voir de jeunes chercheurs en formation s'y intéresser. À l'étranger, en revanche, on n'observe pas de telles exigences ni de telles conséquences ; c'est ce qui explique que la plupart des linguistes travaillant actuellement sur des sources non littéraires n'ont pas été formés en France.

La situation est en revanche totalement différente du côté des historiens, chez qui les sources non littéraires ont toujours constitué un matériau de choix. Certaines ont même connu, depuis quelques années, un regain d'intérêt ; c'est le cas des comptabilités, étudiées désormais sous l'angle de la façon dont est transmise l'information (*cf.* Wirth-Jaillard 2013b : 4. Les historiens et les documents comptables), avec une incursion vers la rhétorique et le vocabulaire[1], sujets éminemment linguistiques. Il paraît donc bien étonnant que là où certains chercheurs exploitent des perspectives nouvelles avec une dimension d'étude de la langue, d'autres, les linguistes, s'y intéressent encore si peu.

---

1   *Cf.* Les journées d'études du groupe de recherche *Comptables et comptabilités de la fin du Moyen Âge* intitulées « Le vocabulaire et la rhétorique des comptabilités médiévales. Modèles, innovations, formalisation » qui ont eu lieu les 30 septembre et 1er octobre 2010 à Dijon et Besançon. Nous étions la seule linguiste à participer à ces journées.

2.2 DES SOURCES NOMBREUSES, RICHES ET VARIÉES

Cet intérêt renouvelé de la part des historiens pour certaines sources non littéraires témoigne de la richesse et de la variété de ces documents, conservés en grand nombre, principalement dans les dépôts d'archives départementaux ou municipaux.

La variété des sources non littéraires est grande. Le manuel de la collection *L'atelier du médiéviste* consacré au français médiéval, dû à un chartiste (Duval 2009) et à destination des historiens[1], en donne un bon aperçu, avec une anthologie commentée (p. 195-376) analysant des extraits de traités (*Traitier de Cyrurgie* d'Albucasis, *Livre de Yconomique d'Aristote* traduit par Nicole Oresme), de chartes, de lettres, de textes de la coutume, de documents comptables, mais aussi d'une épitaphe, d'un obituaire ou d'un testament. Portant sur l'ensemble de l'histoire du français, l'ouvrage *A History of the French Language through Texts* (Ayres-Bennett 1996), propose, quant à lui, pour la période médiévale, des extraits commentés de textes dont quelques-uns sont des documents de la pratique (une donation testamentaire et une charte de vente), se démarquant ainsi de la plupart des ouvrages de même type sur la période.

Cette diversité plaide pour la prise en compte de textes non littéraires par les linguistes, plus particulièrement des documents de la pratique, encore très peu étudiés. Ces textes, sur lesquels nous nous concentrerons désormais, représentent en effet, au même titre que les textes littéraires, des facettes de la langue médiévale. Avec leurs caractéristiques propres que l'on ne retrouve pas dans les autres genres, ils présentent aussi un grand potentiel de recherches, aussi bien dans leurs thématiques que dans leur vocabulaire (général ou spécialisé), leur syntaxe, leur scripta, etc. Comme la grande majorité de ces sources ont été conservées sous forme d'originaux, aucune tradition manuscrite n'est à établir ; le travail de l'éditeur et du chercheur en est facilité d'autant. En outre, l'existence, pour certaines d'entre elles, de séries, rend possible des comparaisons sur plusieurs dizaines d'années voire sur plusieurs siècles de différents éléments, qu'ils soient scriptologiques, lexicaux, syntaxiques, etc.

---

1   « *Le Français médiéval* est un manuel spécifiquement adapté aux besoins du chercheur en histoire du Moyen Âge » (quatrième de couverture) ; l'avant-propos (p. 5-6) est lui aussi clairement orienté vers les étudiants en histoire. Il serait cependant souhaitable que ce manuel soit également exploité par les linguistes.

Les documents comptables, pour ne prendre qu'un seul exemple, contiennent ainsi des recettes et des dépenses qui ne sont pas seulement reportées, mais rédigées et parfois justifiées. Leurs auteurs peuvent aussi bien être des particuliers que des professionnels ou des officiers (receveurs, prévôts, argentiers, etc.); leurs thématiques comme leur lexique sont donc variés. Contrairement à de nombreux textes littéraires, les comptes sont datés et localisés avec précision; le chercheur qui les étudie n'est donc pas contraint de tenter de déduire ces deux données d'éléments linguistiques et extralinguistiques, au terme d'une recherche qui peut se révéler fastidieuse et dont les résultats sont parfois sujets à caution. Ces documents ont également été conservés en grand nombre; pour la Lorraine, les fonds de la chambre des comptes de Bar et de la chambre des comptes de Lorraine, aux archives départementales de Meurthe-et-Moselle et de la Meuse, ainsi que, de façon bien plus limitée il est vrai, les dépôts d'archives municipales de la région et les archives départementales des Vosges, conservent ainsi plusieurs milliers de documents comptables d'officiers, datant de la fin du XIIIe siècle jusqu'au début du XVIIIe, et représentant quelques centaines de milliers de pages pour l'ensemble de cette période. Grâce à ces séries de comptes, on peut ainsi disposer de séries de textes de même nature, pour une même entité administrative et donc une même région, pour une période allant du XIVe au XVIIe voire au XVIIIe siècle, sur des thématiques et des sujets qui se retrouvent d'un document à l'autre; la probabilité est donc forte pour l'historien de la langue qu'un lexème, une tournure syntaxique ou une graphie soient attestés durant toute cette période, sans doute pas dans absolument tous les documents de la série, mais au moins dans une grande partie. Comme des séries existent pour différentes entités administratives, il est également possible de mener cette étude pour d'autres zones géographiques, et de réaliser une analyse dynamique dans le temps comme dans l'espace pour un lexème avec ses variantes et ses évolutions sur les deux axes[1].

L'apport potentiel de ces sources à notre connaissance de l'histoire du français est donc important; seule cependant une approche interdisciplinaire pourrait permettre de les exploiter au mieux.

---

1   Pour une description plus détaillée des documents comptables, *cf.* Wirth-Jaillard 2013b : 2. Les documents comptables, présentation générale.

3. INTÉRÊT D'UNE APPROCHE INTERDISCIPLINAIRE DE CES SOURCES POUR L'HISTOIRE DU FRANÇAIS

L'histoire économique et sociale, mais aussi l'histoire de la justice ou l'archéologie sont essentielles, à différents niveaux, à la bonne compréhension de ces sources, de leur langue et de leur contexte de production.

3.1 DES DONNÉES SUPPLÉMENTAIRES PAR RAPPORT AUX TEXTES LITTÉRAIRES

En intégrant davantage dans leurs travaux les textes de la pratique, les linguistes auraient accès à des données supplémentaires par rapport à celles des textes littéraires, tant dans le domaine de la syntaxe que de la morphologie, de la scripta, de la ponctuation ou du lexique. L'aire de diffusion d'un lexème peut ainsi être étendue ; c'est le cas, par exemple, pour le type lexical ancien lorrain *meutier* n. m. « jaugeur, tonnelier », attesté depuis 1241 à Metz et jusqu'à 1562 dans la Meuse (FEW 22/2, 212b, tonnelier), et dont l'aire de diffusion s'étend de Longwy (nord de la Meurthe-et-Moselle, 1318) à la Meuse si l'on ne prend en considération que les données présentées par le FEW. Une attestation relevée dans la comptabilité des aides et des décimes ecclésiastiques pour Épinal (Vosges), *le genre Thiriet le meuttier* (1499 ; ADMM B 299, 2, f° 1v), permet d'étendre cette aire de diffusion au sud de la Lorraine. Il en est de même pour le type lexical judéo-français *vaucaire* n. m. « officier d'écurie », relevé uniquement à Dijon au début du XIVᵉ siècle par le FEW (22/1, 256a, écurie), et dont deux attestations désignant la même personne et tirées de comptes meusiens (Villotte-devant-Louppy) permettent d'étendre l'aire d'extension au département de la Meuse : *Aubriet le waucaire* en 1405 (ADMe B 1311, f° 147v) et *Aubriet filz le wauquaire* en 1406 (*ibid.*). Les exemples d'antédatations ne sont pas rares non plus : ainsi *dou bougnetier*, forme de français *bonnetier* n. m. « celui qui fait ou qui vend des bonnets, des bas et d'autres objets de tricot », a été relevé dans un compte de 1341/1343 concernant Varennes-en-Argonne (Meuse ; ADMM B 9696, f° 3r) ; les plus anciennes attestations identifiées jusqu'alors, citées mais non reprises par le TLF, dataient de 1390 et 1449.

Ce sont également parfois des lexèmes non recensés dans la lexicographie qui apparaissent, comme ceux de *La Coille le couvetour*, relevé à Varennes-en-Argonne en 1341/1343 (ADMM B 9696, f° 29r) et *Jenyn le couveteur*, à Trieux (Meurthe-et-Moselle) en 1480/1481 (ADMM B 9129, f° 36v), qui ont pour étymon un type lexical non attesté par la lexicographie, ayant le sens de « couvreur » et formé à l'aide du suffixe de nom d'agent *-eur* (< (AT)ŌREM, *cf.* Nyrop 1908 : 116) sur le type lexical représenté par l'ancien français *coveter* vb. « recouvrir, cacher » (XIIᵉ siècle – XIVᵉ siècle) et ancien lorrain *couvater* (FEW 2/2, 1443a, CŬBARE II 1). Le contexte de cette attestation le montre en effet clairement : « Item paiet a La Coille le couvetour pour couveter la halle de Varennes et touz les toiz des hostelz monsignour en la ville de Varennes · xxvi · sous ». Dans cette même page, on peut relever un autre type lexical resté inaperçu des lexicographes, *contrepostille* : « Item pour faire une paroi ou moulin de Malewaingne par devers la terne · et la moitié de l'autre paroi par devers la ville · et pour le charpentaige de · ii · postilles / ii · longerons et ii · contrepostilles [...] ». Seul *postille* n. f. « petit poteau » en effet est recensé dans les ouvrages lexicographiques de référence (DMF, Gdf, FEW 9, 249a, PŎSTIS) et localisé en Picardie, Normandie, Flandres et Lorraine, dans cette dernière région seulement sous la forme *petille* et en 1532 ; cet extrait permet donc également d'antédater de près de deux siècles l'apparition de ce lexème dans la Meuse.

Enfin, l'existence de séries de documents de la pratique de même nature pour parfois plusieurs siècles offre la possibilité de suivre l'évolution d'un lexème sur cette période (pour des exemples précis tirés de documents comptables, *cf.* Wirth-Jaillard 2011). Les champs lexicaux représentés sont ceux des domaines concrets du métier en question dans le cas de professionnels ; dans les comptes d'officiers dominent ceux des métiers, de la construction ou de l'imposition.

D'autres données peuvent se trouver enrichies ; c'est le cas du vocabulaire juridique, qui pourra être précisé avec les historiens du droit. De façon générale, le contexte ainsi que les gloses et les explications présentes dans certains textes aideront à affiner les définitions de ces lexèmes.

3.2 UNE RÉINSERTION DE LA LANGUE DANS SON CONTEXTE HISTORIQUE POUR DES ANALYSES APPROFONDIES

Mais, dans ces quelques exemples, il ne s'agit que d'apports ponctuels ; les textes de la pratique permettent également d'envisager des analyses différentes de celles habituellement menées et dans lesquelles les séparations entre les disciplines sont abolies ; dans cette perspective, les moyens, quels qu'ils soient (linguistiques, historiques, archéologiques, etc.), sont convoqués pour parvenir au but de connaissance historique fixé. Ce n'est plus l'approche qui compte, mais l'objet et l'objectif.

Prenons un seul exemple, celui déjà cité des amendes et du discours rapporté apparaissant dans certains documents comptables médiévaux. De façon générale, les études historiques ne portent pas que sur la grande histoire, celle de la noblesse, des dates et des batailles, mais aussi sur celle de la vie quotidienne, des matériaux, des rapports sociaux ou encore des façons de procéder à la mise par écrit d'informations. Le spécialiste de la langue s'intéressant à ce discours rapporté pourrait ainsi mettre à profit ce que l'on sait par ailleurs du contexte historique de ces peines pécuniaires (façon dont elles étaient établies, importance relative du montant, etc.) pour élaborer une analyse dont la base est une étude fine de la langue.

On l'a vu, différents types de propos ont pu donner lieu à amendes durant le Moyen Âge : moqueries, accusations, blasphèmes ou encore insultes. Ce sont probablement ces dernières qui ont fait l'objet du plus grand nombre de travaux : elles ont ainsi été étudiées dans les textes littéraires sous leurs aspects linguistiques (Lagorgette 1998, par exemple, en propose une approche pragmatique) et dans leur dimension historique par les médiévistes à partir d'attestations tirées de textes littéraires et de textes non littéraires (ainsi Gonthier 2007). Certaines des explications linguistiques fournies par les historiens sont cependant sujettes à caution. Ainsi Laetitia Cornu écrit-elle que « Les hasards de la conservation des archives font que l'on retrouve parfois les minutes d'une dispute pendant laquelle deux voisins se sont – oh ! malheur – traités de *layres* ou de *mesels*, alors que tant d'affaires beaucoup plus graves (meurtres, vols) n'ont laissé aucune trace » (Cornu 2002 : 59) et indique, en note de bas de page, pour *layres* et *mesels*, que « les deux termes signifi[e]nt "lépreux" ». Aucune référence n'est faite aux ouvrages lexicographiques, comme si le sens de ces textes médiévaux était une évidence pour l'historien. Or, l'article LAZARUS du FEW (5, 232b) ne répertorie pour le simple que les formes *lazre* pour l'ancien français et *ladre* pour le français (depuis le XIIᵉ siècle) et l'occitan (depuis 1465). *Layres* ne doit donc pas être rapproché de ce type lexical, mais de l'aboutissement du latin *latro*, attesté sous les formes de l'ancien et du moyen français *lere* n. m. « voleur qui dérobe furtivement » (XIIᵉ siècle – 1613, FEW 6/2, 201a, LATRO), *leire* (fin XIIᵉ siècle), ancien occitan *laire*, provençal *laire*. *Mesels*, quant à lui, peut en effet avoir le sens de « lépreux » dans l'exemple cité (*cf.* FEW 6/2, 166b, MISELLUS), mais il pourrait aussi, même si c'est beaucoup moins probable, assumer son sens premier de « malheureux, misérable » (*ibid.*). Les mêmes explications que celles de Cornu ont été retenues par Nicole Gonthier dans son ouvrage sur les injures au Moyen Âge (2007 : 105), puisque l'article qu'elle consacre à *Lere, lare, mezellus, mesel, meseaus* commence par ces termes : « l'insulte fait référence aux explications dépréciatives de la lèpre ». L'explication linguistique étant sujette à caution, l'analyse historique qui repose sur elle s'en trouve faussée.

Mais une étude interdisciplinaire de ces amendes en général pourrait apporter bien plus encore. Ayant pour socle une analyse linguistique fine des différents termes employés, avec notamment établissement précis de leur sens, elle devrait permettre de saisir des nuances dans le temps et dans l'espace révélatrices de changements sociaux (*cf.* les aboutissements en français de latin *misellus*, passant de « malheureux » à « lépreux »). Mais il est d'autres pistes riches de promesses. La cause de l'amende est accompagnée de façon systématique du montant dû. En comparant les montants demandés pour les causes verbales (insultes, accusations) et non verbales (vols, dégradations, coups, blessures, etc.) avec la valeur de ces amendes pour l'époque, il devrait être possible de connaître le poids attribué, au Moyen Âge, à la parole, et même aux différents types de paroles (insultes, accusations, moqueries), par rapport aux transgressions physiques, et de reconstituer l'échelle de valeurs qui motive ces montants. L'analyse linguistique initiale autorise également une approche sociologique, les comportements ainsi sanctionnés (et précisément définis grâce à cette analyse) étant révélateurs des relations sociales de l'époque entre des individus, des catégories sociales ou sexuelles, des classes d'âge, des minorités (juifs notamment) ou à l'égard des institutions.

Mais, plus généralement, c'est tout le texte des documents comptables d'officiers qui constitue un autre champ de recherche porteur, pas uniquement les amendes. Ces textes sont le résultat de la juxtaposition de données variant d'un compte à l'autre en fonction des événements ou des données de la période considérée, et de formules plus ou moins figées et répétitives introduisant, accompagnant ou concluant ces éléments ; ces sources présentent donc à la fois de la vitalité et du figement (Wirth-Jaillard 2012c). La question que se pose alors le chercheur est : comment les modèles qui sous-tendent ces textes se transmettent-ils ? Par qui ? Sous quel format ? Quelle était la marge de manœuvre de l'auteur ? L'approche linguistique, assistée par un traitement informatique, pourrait fournir des éléments de réponse à ce questionnement en s'intéressant aux ressemblances d'un compte à l'autre ou encore aux archaïsmes dans les formes, les graphies ou la syntaxe. L'historien trouverait dans ces résultats des données pour son analyse, tandis que le linguiste saisirait mieux le poids de la tradition dans la rédaction de ces textes, lui évitant ainsi des erreurs qu'une lecture naïve de ceux-ci pourrait entraîner.

Ces quelques pistes montrent l'intérêt, dans une étude des sources de la pratique, de se départir d'une vision purement disciplinaire (« quelles sont les caractéristiques linguistiques de ces textes ? ») pour ne voir que la diversité et la densité des analyses que l'on peut en tirer (« que peut apporter ce texte à la connaissance de la société médiévale ? »), puis de les mettre en pratique en convoquant toutes les disciplines utiles pour y parvenir, dont la linguistique.

Des études linguistiques de sources de la pratique pourraient intéresser de nombreux historiens utilisant ces documents. Il ne peut cependant s'agir uniquement de ce que les linguistes peuvent apporter aux historiens et réciproquement, mais de fondre l'analyse linguistique dans les autres, de ne voir dans toutes celles-ci que des voies d'accès vers une compréhension plus globale et à facettes multiples. La façon d'aborder la documentation est en effet très différente dans les deux disciplines. Le linguiste aura tendance à examiner en détail un texte ou un corpus de textes sur un ou plusieurs points de la langue pour caractériser celle-ci ; l'historien au contraire convoquera généralement toutes les sources possibles, écrites ou autres, pour tenter de comprendre un événement, un phénomène ou une époque. Ne serait-il pas possible de concilier les deux, la précision et la densité de l'analyse du premier trouvant tout son relief grâce aux perspectives du second ?

4. CONCLUSION :
POUR UNE INTERDISCIPLINARITÉ EFFECTIVE

Actuellement, la plupart des projets interdisciplinaires impliquant une dimension linguistique et une dimension historique se réduisent, dans les faits, à un établissement du texte pour la première, tandis que l'analyse est menée par les historiens. La linguistique se voit ainsi cantonnée au rôle de science auxiliaire de l'histoire, celle-ci seule restituant tout son sens et sa richesse à ces textes.

Mener ses recherches de façon isolée sur les textes de la pratique présente le risque de ne pas rendre justice à la richesse de ces documents. Un premier terrain d'application d'un travail mêlant perspectives linguistiques et historiques pourrait être la réalisation d'éditions interdisciplinaires de sources de la pratique, communes à l'ensemble des chercheurs, celles qui ont été réalisées jusqu'à présent étant généralement insuffisantes pour que des analyses linguistiques fines puissent être menées à partir d'elles (Wirth-Jaillard 2012a). Ce travail, supposant l'élaboration de normes d'édition communes à l'ensemble des chercheurs pouvant travailler sur ces sources, constituerait un bon moyen pour les uns et les autres de s'imprégner de leurs problématiques (Wirth-Jaillard 2012b). Les archivistes, encore trop peu présents dans la recherche, pourront trouver leur place dans cette phase en guidant les uns et les autres dans la quête et l'identification des documents dans les fonds, leur classement étant au premier abord malaisé à comprendre, mais aussi en les aidant pour la compréhension générale des documents.

Aude WIRTH-JAILLARD
Institut Émilie du Châtelet –
LAMOP, CNRS & Université
Paris 1 Panthéon-Sorbonne

LA LANGUE DES GRAMMAIRIENS
EST-ELLE UNE LANGUE EXEMPLAIRE ?

1. INTRODUCTION

Que les grammaires du français constituent un témoignage important pour l'histoire de la langue, nul ne songe à le nier, mais qui songe à les intégrer à cette histoire au même titre que les autres textes ? Elles servent plutôt de document d'appoint sur l'état de la pensée linguistique. Une grammaire écrite en anglais ou en latin fait alors aussi bien l'affaire que des grammaires rédigées en français. Les grammaires ont d'ailleurs la réputation d'être si peu représentatives de l'usage que leur pertinence semble assez limitée à l'historien de la langue qui arrêterait sa lecture aux prescriptions et aux exemples. Mais pour peu qu'il déplace son regard, il trouvera un résidu intéressant : la langue des grammairiens. « Comment parlent les grammairiens [du XVIIe siècle] ? Dans quels termes disent-ils leur rapport à langue ? » (Fournier 2004 : 167). Au-delà du discours construit sur la langue, ce sont les pratiques langagières des auteurs qui m'intéresseront ici, et plus particulièrement celles des auteurs du XVIe siècle pour qui écrire une grammaire en français constituait en soi un geste linguistique. Autrement dit, je propose d'aborder les textes de grammaire comme des témoignages linguistiques, témoignages parfois involontaires, l'auteur n'ayant pas conscience que, s'exprimant en français, il participe à l'illustration de la langue française, et livre à son lecteur l'exemple même de sa prose.

2. LES GRAMMAIRIENS ONT-ILS
LE SOUCI D'ÊTRE EXEMPLAIRES ?

D'un point de vue pédagogique, cette question prend tout son sens dès lors que l'on se remémore le fait suivant : la grammaire du français a d'abord été une grammaire destinée à des locuteurs non francophones soucieux d'apprendre le français tel qu'il se parle. C'est la raison pour laquelle le latin ou la langue de la population cible ont été dans un premier temps largement préférés au français. Le *Traicté de la grammaire françoise* paru à l'enseigne de l'Olivier en 1557 est traduit dès l'année suivante en latin. Le grand mérite de cet ouvrage, qui emprunte largement à Dubois (1531) et à Meigret (1550), c'est la qualité de sa présentation, la manière dont la mise en page et la typographie signale à l'attention du lecteur les fragments de langue à imiter et mémoriser. De ce point de vue, nulle différence entre le texte original et sa traduction, si ce n'est l'usage du français. Or ce fait n'est pas résiduel.

Écrire une grammaire en français c'est livrer quelque chose en plus à l'imitation du lecteur. Reste à savoir si l'auteur composant sa grammaire en a conscience et cherche à donner l'exemple. C'est bien la démarche que Maupas revendique dans l'avis au lecteur de sa *Grammaire et syntaxe française* :

> Il y en a eu assez qui eussent trouvé meilleur que je l'eusse escrite en langue latine, et assez me l'ont dit, & vrayement il ne m'eust pas plus cousté. Mais ne leur desplaise, leur advis n'est pas bon. Car par dessus l'exemple des plus fameux Grammairiens antique, qui tous ont escrit en leur langue […] un autre signalable profit en revient infailliblement à tous : Sçavoir est que tout d'un mesme soin et labeur on apprend la lecture & prononciation de la langue, l'intelligence, la phrase, le style, avec les reigles & preceptes, qui est faire d'une pierre plusieurs coups. Car il est du tout necessaire que les Apprentis s'appliquent à la lecture de quelque livre : on leur propose communément quelques petits & faciles colloques, quelques comedies ; hé bien, cela est bon ; mais j'ose affermer qu'on ne leur sçauroit mettre en main un meilleur livret que cette Grammaire industrieusement practiquee. (Maupas 1618 : 9-10)

Laurent Chiflet, dont l'*Essay d'une parfaite grammaire* fut en partie composé à l'intention des Flamands, espère que sa propre prose est conforme à ses prescriptions :

De ma part, je confesse ingenument, qu'en mes œuvres, que j'ay données au public, avant que je commençasse de travailler à cette Grammaire, j'ay failli, aussi bien que les autres, aux politesses de quelques Observations que j'ay icy couchées : sans mettre en compte ce qui arrive presque tousjours, que les Imprimeurs m'y ont aidé, par leur negligence, ou par leur caprice. Mais j'espere qu'à l'avenir mes nouvelles productions, qui sortiront en lumiere, & celles que l'on remettra sous la presse, dez cette année 1658. paroitront au jour avec plus d'exactitude : afin qu'on n'ait pas l'occasion de me reprocher, que je ne garde pas moy-mesme ce que j'enseigne aux autres. (Chiflet 1659 : 247)

En somme, le grammairien ne doit pas seulement donner des exemples, il doit montrer l'exemple. Il n'est pas indifférent de noter que les débuts de la grammaire française sont marqués par cette question : à qui appartient la légitimité d'un discours sur la langue française ? On se souviendra des réserves émises par Gilles du Wes à l'encontre de ceux qui – comme Palsgrave en 1530 – se mêlent de régler le français sans être natifs du pays :

Ne sembleroit ce point chose rare et estrange veoir ung Francois se ingerer et efforcer dapprendre aux Allemans la tyoise, voire et qui plus est sur icelle composer régles et principes [...] ce que scavoir faire nest ottroie a bien peu de ceulz qui sont mesme natif du dict langage car touchant moy mesmes a qui la dicte langue est maternelle ou naturelle [...] si nay je toutesvois peu trouver régles infaillibles pour ce quil nest possible de telles les trouver. (Génin 1852 : 895-896)

Robert Estienne (1557 : 3) met en cause « l'Introduction a la langue Francoise composee par M. Jaques Sylvius medecin (pourtant que souvent il a meslé des mots de Picardie dont il estoit) ». Cette suspicion est du reste un lieu commun du discours préfaciel : on dénonce l'incapacité des maîtres de langue qui se mêlent d'écrire des grammaires qu'ils farcissent de leurs provincialismes. Il s'agit pour qui prétend décrire et enseigner le français d'être soi-même un bon français, au risque de donner à lire aux lecteurs, et tout particulièrement à l'étranger non averti, un français vicié. C'est ainsi que la grammaire de Chiflet se voit qualifiée de grammaire « pas tout à fait française [...] l'Auteur étant né en Franche-Comté & élevé dans sa Province[1] ». L'incompétence notoire des locuteurs natifs de Franche-Comté

---

1   Dans les *Mémoires pour l'histoire des sciences & des beaux arts*, octobre 1722, Trevoux, Freres Bruyset, p. 1239.

est déjà mentionnée par Vaugelas au détour d'une remarque sur le genre du mot « comté », « plus usité au masculin »

> quoy que l'on die *la Franche-Comté*. Ceux du pays où elle est, ne sçachant gueres bien nostre langue, peuvent l'avoir nommée ainsi. (Vaugelas 1647 : 368)

Parce que ces accusations de régionalismes peuvent être tout simplement une manière facile de jeter le discrédit sur un auteur ou sur un ouvrage, il convient d'en vérifier les fondements par une étude de la langue effectivement pratiquée par l'auteur. Du point de vue de l'histoire de la langue, c'est aussi considérer, à coté des fragments de langue mis en exergue par le manuel, quel *usage* du français est proposé à l'imitation du lecteur. Ce qui pose la question des rapports qu'entretient l'usage propre de l'auteur avec l'état de langue qui lui est contemporain. Quel français parle-t-il ?

La confrontation entre le discours grammatical et la langue décrite repose souvent sur un principe d'extériorité : on oppose le système de règles à l'usage. Cette tension entre la règle, qui doit permettre un apprentissage par analogie, et l'usage est depuis l'Antiquité au cœur de la réflexion grammaticale :

> C'est à coup sûr parce que la langue était décrite comme un système que la référence à l'usage a été introduite dans la définition du solécisme comme limite à l'extension du principe analogique. (Baratin 1989 : 265)

Au XVIᵉ siècle, le débat théorique s'enrichit de considérations didactiques sur l'enseignement du français langue étrangère. Aux tentatives de mise en règles s'opposent ceux qui pensent que seul le bain linguistique est efficace lorsqu'on souhaite acquérir une langue, autrement dit « à l'usage ». Et c'est à l'usage encore, « infinęs exemplęs e vrei uzaję », que renvoie Ramus à la fin de sa grammaire (1562 : 126), comme à cet horizon externe, complément nécessaire aux rudiments qu'il vient d'exposer. Que la langue dans laquelle il a composé sa grammaire puisse être un exemple du « vrai usage », Ramus ne le dit pas. La postérité ne sera pas plus généreuse : le témoignage des grammairiens, réputé peu fidèle, est généralement évincé. Georges Gougenheim (1974 : 10) explique dans sa préface avoir

> préféré les témoignages des textes à ceux des grammairiens [...]. F. Brunot [...] a accordé une large place aux grammairiens. Il a eu raison car il voulait

retracer la formation d'une doctrine grammaticale classique. Mais notre propos étant avant tout descriptif, ce sont les textes qui nous ont paru fournir la meilleure documentation sur l'état de la langue au XVIᵉ siècle.

Mais les grammaires sont précisément des *textes*, dont l'écriture manifeste en outre une forte unité qui dément l'image véhiculée par les manuels dans lesquels le français de la Renaissance apparaît comme « une chimère composée des idiolectes de Marot, de Rabelais, de Montaigne, des poètes de la Pléiade » (Huchon 2002 : 129). Suspendons un moment la suspicion légitime de Gougenheim, et arrêtons-nous sur deux auteurs : Pierre de la Ramée, dit Ramus, et Louis Meigret, qui se recommandent à l'historien non seulement par la qualité de leur réflexion sur la langue française mais par le souci qu'ils ont eu dans leurs propres pratiques linguistiques de suivre ou d'infléchir l'usage.

3. OBSERVER LA LANGUE, EN SUIVRE L'USAGE : RAMUS

Entre 1562 et 1572, Ramus amende sa grammaire du français. La refonte la plus spectaculaire est celle de la graphie, puisqu'il renonce à une graphie phonétique, et opte pour une présentation sur deux colonnes, juxtaposant orthographe grammairienne et graphie traditionnelle. Une autre évolution importante concerne la deuxième partie qui traite de la syntaxe : Ramus passe de la terminologie des figures à celle des « anomalies », qui sont autant de « francismes » à ses yeux. Cette mutation conceptuelle résulte d'une maturation de la pensée linguistique qui ne doit rien à l'observation du français, puisque l'abandon des figures au profit des anomalies s'opère entre 1560 et 1564 pour sa grammaire latine. Le souci de dégager les spécificités de la langue française est toutefois sensible à travers l'évolution de la syntaxe même de l'auteur, et le remaniement des exemples. Ces derniers sont parfois directement issus de la tradition latine. Il en va ainsi de la phrase de Térence : *Rixae amantium integratio est amoris*[1]. De 1562 à 1572, l'analyse de l'exemple

---

1   « Les querelles des amants sont un renouvellement d'amour. » La phrase de Térence
     illustre un cas de prolepse : « Relève aussi de la prolepse l'accord du verbe avec l'attribut

suit l'évolution observée pour la grammaire latine : Ramus ne parle plus d'énallage mais d'« anomalie de nombre ». La traduction change également :

> Le' courous des amans, et un rẹnouvelẹment d'amour. (Ramus 1562 : 109)
>
> Les courroux des amoureulx cest ung renouvellement damour. (Ramus 1572 : 161)

Cette correction correspond à quelque chose de suffisamment authentique pour s'étendre à l'ensemble du texte :

> La seconde voyelle cest le son que nous escripvons par deux voyelles *a*, & *u* (Ramus 1572 : 5)
>
> Le verbe cest ung mot de nombre avec temps & personne. Temps cest la difference du verbe selon le present, preterit, futur. (Ramus 1572 : 75)
>
> Le verbe actif, cest celuy qui peult former un participe preterit : comme, Ayme, forme le participe, Ayme, aymee. Le verbe neutre cest celuy qui ne peult former ung participe preterit. (Ramus 1572 : 79)

En 1562, les définitions prenaient plutôt la forme suivante :

> Consonẹ, et unẹ letrẹ ci nẹ pẹut dẹ soe fer' unẹ silabẹ. (Ramus 1562 : 13)
>
> Lẹ verbẹ et un mot dẹ nombrẹ personel avec tam. (Ramus 1562 : 49)
>
> Lẹ verb' actif e' sẹlui ci peut former un partisipẹ entierẹment pasif, comẹ Eimẹ formẹ lẹ partisipẹ Eime, Eimeẹ. Lẹ verbẹ neutrẹ e' sẹlui ci nẹ peut former un partisipẹ entierẹment pasif. (Ramus 1562 : 51)

Cette syntaxe est conforme à sa manière d'écrire en 1555 :

> Dialectique est art de bien disputer et raisonner de quelque chose que ce soit tout ainsi que Grammaire est art de bien parler de tout ce qui se pourroit offrir et proposer. (Ramus 1555 : 4)

Ramus se livre donc à une réécriture, il ajuste sa prose aux « qualités propres » de la langue française. Tout aussi digne d'intérêt que

---

et non avec le sujet comme dans *Rixae amantium integratio est amoris* » (Colombat 1993 : 37). Ramus, à la suite de Linacre et Melanchton, reclasse l'exemple qui devient un cas d'énallage dans sa grammaire latine en 1560, puis une anomalie dans la version de 1564 (Colombat 1993 : 450-451).

ses déclarations sur la langue « gaulloise », cette démarche est une trace de son désir de « cultiver sa langue maternelle[1] », d'en exhiber les traits distinctifs par un usage répété. Se donner comme objet la langue du grammairien nous permet de réfléchir à une possible prise de conscience linguistique : l'auteur s'avise simultanément de ses pratiques et des caractéristiques de la langue qu'il décrit. Implicitement, Ramus apporte aussi sa contribution à une controverse toujours vivace autour des constructions en *c'est*, validant les analyses en termes de pivot, plutôt que celles qui privilégient la segmentation[2].

4. AGIR SUR LA LANGUE PAR L'USAGE : MEIGRET

La posture de Meigret est un peu différente. Soucieux d'affirmer la dignité du français, il s'avise également des possibilités d'agir sur la langue. Son usage manifeste un véritable volontarisme linguistique. En 1550 paraît chez Chrétien Wechel *Le Tretté de la grammere françoeze*, la première grammaire du français rédigée en français. La transcription modernisée de Frans Josef Hausmann a largement contribué à la redécouverte de ce texte. Relire le texte dans sa version originale permet toutefois de mieux en apprécier la dimension performative. Louis Meigret a composé son ouvrage selon une orthographe qui répond exactement aux principes qu'il défendait huit ans plus tôt dans son *Traité touchant la commune écriture françoise*. En même temps qu'il en rappelle les fondements, il les applique à sa propre écriture. Sur ce point, la langue de Meigret se veut *exemplaire* : il entend montrer la voie d'une écriture fondée sur la prononciation et sur la raison.

On peut étendre cette démarche à l'ensemble de son entreprise : avant même de formuler les règles qui régissent le français, Meigret s'y conforme, prouvant par là même que la langue française est une

---

1   Kees Meerhoff dans *Rhétorique et poétique au 16ᵉ siècle* décrit un Ramus « passionné de sa langue maternelle dès les années cinquante » (1986 : 35-36), pour qui « être cicéronien » revient à « cultiver sa langue maternelle » (1986 : 39).

2   C'est l'analyse que privilégient Chevalier, Blanche-Benveniste, Arrivé et Peytard (1997 : 105).

langue de savoir, qu'elle dispose de suffisamment de règles communes pour que le *Tretté* soit compris de tous : le socle de la grammaire réside dans ce qui fonde l'intercompréhension. Les possibilités de polémique, de réplique ou de reprise autour du *Tretté* sont les manifestations de l'intercompréhension : on sait quels débats entourent cette publication[1], et comment des pages entières seront reprises par Robert Estienne en 1557. Meigret aspire à illustrer un français standard, à trouver le fonds commun de la langue, qui permet aux Français de parler entre eux et de disserter sur tous les sujets. Il dit se conformer à son expérience de la langue, et pour la pérennité de son entreprise, il doit s'exprimer dans une langue qui ait des chances d'être entendue de ses lecteurs.

Quel est ce français que parle Meigret ? C'est là que peuvent se mutualiser ou se confondre les préoccupations de l'historien de la langue et de l'historien des idées. Ce dernier sera attentif aux marques du discours savant. Comment Meigret transpose-t-il en français la terminologie latine ? Par exemple, pourquoi emploie-t-il avec insistance le mot *bâtiment* comme équivalent au latin de *constructio* ? On peut aussi s'interroger sur le choix du mot *clause*. L'historien des idées sera en outre frappé par la forte implication personnelle de l'auteur, et un large usage des possibilités rhétoriques du français. Voilà un texte qui mérite d'être soumis à une analyse stylistique et linguistique : Meigret laisse suffisamment d'espace à l'expression de sa singularité langagière pour que l'on puisse réfléchir à sa langue, et à ses rapports avec la langue commune. À qui parcourt le texte dans sa version originale, il est d'ailleurs si difficile de démêler ce qui relève de la langue objet et du métalangage[2], qu'il devient presque inévitable de *lire* Meigret, et de le lire en abdiquant tous les mécanismes de sélection qui interviennent lorsque nous parcourons habituellement une grammaire.

Apparaît alors un trait qui l'isole parmi les grammairiens de son époque, mais qui paraît être une constante chez lui puisqu'on en

---

1   La publication de la grammaire et celle deux ans auparavant de la traduction du *Menteur de Lucien* relancent la controverse sur l'orthographe. Autour de 1550, les échanges sont nombreux entre Louis Meigret et ses contradicteurs, Jacques Peletier et Guillaume des Autels notamment. Sur la chronologie de ce débat, voir Hausmann (1980a).

2   Meigret ne recourt à aucune marque typographique pour signaler les exemples. La présentation est dense, ménageant peu de paragraphes.

retrouve des exemples dans ses traductions : l'emploi du subjonctif présent après *comme*. Le plus souvent la construction est précédée d'une conjonction[1] :

> Et comme nous ayons le verbe *munir* reçu en notre langue autant bien que *garnir* : nous dirons correctement *muniçíons*. (Hausmann 1980b : 103)

> mais comme la terre n'ait point de parole, ni d'ouïe, elle ne pourra pas dire *je suis labourée*. (Hausmann 1980b : 66)

> Or, comme en tous langages il soit nécessaire que le propos soit tenu par quelqu'un à quelqu'un présent de soi-même ou de celui à qui il parle ou bien d'un tiers. (Hausmann 1980b : 49)

Mais on relève aussi les exemples en tête de chapitre :

> Comme il soit certain que pour la commune nécessité de la vie et conservation des hommes en une paix, union et accord perdurables, la connaissance de raison et d'un devoir en l'observance d'une justice et égalité mutuelle soit principalement nécessaire et commode, nature ne nous a point avantagés d'un moyen plus aisé que de la parole, pour par une plus facile doctrine y parvenir. (Hausmann 1980b : 5)

Ferdinand Brunot (1905-1953 : II, 448-449) signalait la construction dans les propositions causales et dans les propositions temporelles :

> Propositions causales. [...] On trouve aussi le subjonctif même si l'idée est positive après *comme* ; la forme l'emporte ici sur l'idée : *comme il y ayt maintes choses en la philosophie* (Meigret, *De. Off. Cic.*, 4) *comme en divisant ce soit un bien grand vice (Id., ib., 8)* [...] Dans les propositions temporelles, quand la conjonction est *comme*, le subjonctif demeure commun : *comme les signes et prognostiques des hosties ne se monstrassent point propices* (Amyot, *Œuv. Mor.*, 377 r°D).

Georges Gougenheim (1974 : 133) relève également la construction, et l'explique par une allégeance au latin :

> Le subjonctif est fréquent avec la conjonction *comme*. C'est un latinisme résultant d'une fausse étymologie de *comme*, qu'on rattachait au *cum*, alors qu'en réalité il vient de *quomodo*. *Le lendemain, comme les tribuns du peuple le tirassent en jugement, et proposassent leur accusation contre luy, il pria Ciceron de le vouloir patiemment ouir* (Amyot, *Cicéron*, 9).

---

1   Le texte de Meigret (1550) est cité d'après l'édition modernisée de Franz Josef Hausmann (1980b). Ce dernier a toutefois conservé l'orthographe de Meigret pour les exemples.

Les ouvrages postérieurs ne fournissent pas d'analyse plus détaillée, certains ne ménagent plus la distinction fondamentale opérée par Brunot entre causales et temporelles :

> Par un latinisme qui est une erreur d'étymologie, on fait remonter comme à *cum* alors que la conjonction est issue de *quomodo. Comme les signes et prognostiques des hosties ne se montrassent point propoices* (Amyot, *Œuvres morales*, cité par Brunot 1905-1953 : II, 449)[1].

> *comme* temporel causal est suivi de l'indicatif mais fréquemment aussi à l'imitation du latin de l'imparfait du subjonctif : *Mais comme ils eussent commencé cette besoigne, la conduisans droit au pavillon de Pajazet et finablement fussent venus à faire jour, ils furent apperceuz et saisis* (B. de Vigenère, *L'Histoire de la décadence*, III, 13, p. 211)[2].

En dépit de nombreuses attestations, le tour reste minoritaire et ne se maintient pas au-delà de cette période. Nathalie Fournier (1998a : 356) le mentionne encore pour la langue du XVIIᵉ siècle : « on trouve parfois *comme* suivi du subjonctif, par un latinisme qui avait été très en vigueur au XVIᵉ siècle et qui est en voie de disparition ».

Parmi les auteurs cités dans les passages consacrés à l'histoire de la langue, Amyot vient en bonne place. Brunot, on l'a vu, cite également Meigret, mais c'est à sa traduction du *De Officiis* de Cicéron qu'il fait référence et non à sa grammaire. Meigret, marginal par cet usage au sein de notre corpus des grammaires de la Renaissance (Colombat, Fournier et Ayres-Bennett 2011), serait donc à ranger parmi les auteurs latinisants, ce qui ne manque pas de sel pour une grammaire qui milite pour la dignité du français. Mais après tout, on sait que Meigret est un grand traducteur, que sa grammaire elle-même est en bien des endroits une traduction de Priscien (Colombat 2013). Ce latinisme – si latinisme il y a – est un tour qu'il emploie régulièrement, qui le singularise, mais il ne revedique pas et ne le commente pas lorsqu'il envisage les modes ou les conjonctions. Tout au plus note-t-on l'exemple suivant :

> Le subjonctif emprunte pour le premier de ses présents le futur de l'optatif : aussi fait-il ses deux présents sans rien immuer, exemple *come j'aye bon droęt ne seroę je pas bien fol de le qitter*. (Hausmann 1980b : 100)

---

1 Fragonard et Kotler (1994 : 34).
2 Lardon et Thomine (2009 : 246).

Quel statut donner à ce tour ? Notons d'abord que ce latinisme-là n'est pas une importation à l'antique née d'un cerveau humaniste, il apparaît en français certes sous l'influence du latin mais bien avant le XVIᵉ siècle, relevé par Gérard Moignet dans « les textes influencés par le latin ». Observons en outre, à la suite de Brunot, que Meigret emploie le présent et non l'imparfait après *comme*. Ce qui doit nous orienter vers une autre source que la prose narrative. Douglas Kibbee (2010) apporte peut-être la clé décisive. Parmi les textes qu'il situe à l'aube du prescriptivisme figure le formulaire de Morchesne où on lit la recommandation suivante :

> *Item nota que après les lettres de l'adjournement incorporees en l'executoire doit estre mis* nous adjournons *par i entre n et o ou meuf conjunctif et non pas* nous adjournons *en temps present en l'indicatif*

> Note. Morchesne prescrit dans son nota d'utiliser le subjonctif après « comme », parallèle du latin *cum*, introduisant l'exposé des actes. C'est de fait la règle à la chancellerie royale, comme presque partout dans le formulaire de Morchesne (« comme … il soit », « comme ils aient »). La nécessité de la rappeler, comme certains écarts relevés ailleurs dans le manuscrit, la totale confusion introduite ici même par le copiste semblent montrer que hormis dans certaines expressions stéréotypées, la tendance était toutefois à l'introduction de l'indicatif, qui a fini par l'emporter en français moderne. (Guyotjeannin et Lusignan 2005 : 180)

Sur ce point, l'arbitrage de Meigret va donc à l'encontre des tendances déjà à l'œuvre en français. Il semble se prononcer en faveur d'un tour figé, typique du langage des juristes, du « style de notaire » que critiqueront les grammairiens du siècle suivant[1]. Cela pourrait expliquer certaines options terminologiques (comme le recours singulier au mot *clause*), cela replace surtout son entreprise dans la recherche d'un standard et renvoie au contexte juridique de la normalisation du français. C'est le point sur lequel insiste Douglas Kibbee : Meigret œuvre aussi à la « création d'une langue juridique stable »,

> la mise en règles de la langue française et sa stabilité s'avèrent ainsi plus importantes pour la justice que pour la littérature ou même pour les imprimeurs [...]. L'exigence de la transformation de la langue de la justice du latin au français et la nécessité de conférer à la nouvelle langue une compréhensibilité égale dans tout le royaume sont des facteurs qui nous aident à comprendre les choix effectués par Louis Meigret. (Kibbee 2003 : 73-74)

---

1   Voir par exemple Chiflet (1659 : 135).

De quelle conséquence sont ces singularités sur l'histoire de la
langue ? Sans doute aucune puisque la grammaire de Meigret, réputée
illisible, a connu peu de succès. Elle ne fait pas partie de ces grammaires
conçues pour être récitées par cœur. Néanmoins, réfléchir sur la syntaxe
de Meigret permet de comprendre son projet linguistique, un peu plus
complexe finalement que celui qui aurait simplement consisté à décrire
la langue pour le bénéfice des étrangers. Cette dernière remarque renvoie
à une autre difficulté pour appréhender ce domaine : l'extrême diversité
des ouvrages, la variété des contextes de publication et de réception, et
donc la complexité de leur rôle dans l'histoire de la langue.

5. CONCLUSION

Les grammaires sont des textes, soumis à des contraintes particulières,
qui peuvent être lus et étudiés au même titre que les grands textes
retenus pour l'étude de la langue. Pour l'historien de la grammaire,
s'intéresser à la langue du grammarien c'est considérer que la manière
d'écrire est déjà un discours sur la langue, dont la compréhension suppose une ouverture vers d'autres corpus que celui des grammaires, de
manière à reconstituer l'univers linguistique de l'auteur. Pour l'historien
du français, la langue des grammairiens peut être reçue sinon comme
un élément de « régulation consciente » (Auroux 1980 : 9), du moins
comme un témoignage pertinent renseignant sur l'usage et le sentiment
des locuteurs.

Cendrine PAGANI-NAUDET
BCL, UMR 6087
Université Nice – Sophia-Antipolis

LES DICTIONNAIRES ANCIENS :
DE L'INFORMATISATION À L'ÉPISTÉMOLOGIE

1. INTRODUCTION

L'objet de cet article est de réfléchir à l'exploitation d'une ressource propre à notre époque : les dictionnaires anciens informatisés[1]. S'ils sont susceptibles d'intéresser toute démarche heuristique engageant un retour historique sur la langue et la culture françaises, c'est en tant que linguiste que nous examinerons ce qu'ils apportent à notre discipline ; l'histoire du lexique au premier chef, mais aussi, plus généralement, l'histoire de la langue et la sociolinguistique historique y trouvent à l'évidence des moyens documentaires inédits. Partant d'une interrogation sur les méthodes de l'enquête, on défendra l'idée que cette ressource nouvelle nous donne aussi un accès plus précis à l'histoire de la description et des idées linguistiques.

Depuis la fin du XXe siècle, la numérisation des dictionnaires anciens, entreprise par les éditeurs privés et relayée par les organismes de recherche, a connu un remarquable essor (Pruvost 2000). Ce chantier n'est pas achevé : la numérisation des dictionnaires de Robert Estienne, ou celle du Trévoux, notamment, restent en chantier. D'ores et déjà cependant, nous disposons, avec les dictionnaires anciens actuellement informatisés,

---

1   La dénomination de dictionnaires anciens informatisés, utilisée par Russon Wooldridge (1998) et reprise notamment par Philippe Caron (Caron et Marchaudon 2009), désigne habituellement, dans le domaine de la diachronie du français, les dictionnaires de la langue française depuis le *Dictionnarium latino-gallicum* de Robert Estienne (1552), jusqu'à la huitième édition du *Dictionnaire de l'Académie française* (1932–35). Cette référence est susceptible d'être modifiée en fonction de l'évolution de la numérisation : en amont, elle pourrait commencer au *Dictionnaire françois-latin* de Robert Estienne (1539) ; en aval, la notion d'ancien est évidemment relative. La présente étude sera centrée sur les dictionnaires informatisés publiés entre 1606 (Nicot) et 1787-1788 (Féraud).

de documents métalinguistiques aisément consultables. Quel parti en tirent les linguistes d'aujourd'hui ? Les études récentes sur les dictionnaires anciens, comme *Le dictionnaire : un prêt à parler* d'André Collinot et Francine Mazière (1997), ou l'ouvrage de Gilles Petrequin sur le *Dictionnaire françois* de Richelet (2009), démontrent l'intérêt que l'histoire de la lexicographie peut trouver dans ces bases de données. De tels travaux restent rares, et, s'ils exposent les résultats de leur exploration, ils ne révèlent pas systématiquement la méthode suivie pour les obtenir.

Comment le chercheur contemporain doit-il s'y prendre pour trouver dans les dictionnaires anciens des informations sur les questions linguistiques qui l'intéressent aujourd'hui ? Supposons que notre chercheur soit un lexicologue, et qu'il veuille travailler sur les affixes dérivationnels dans les dictionnaires XVIe et XVIIe siècles ; il choisit par exemple la base des « Dictionnaires des XVIe et XVIIe siècles » éditée par Garnier numérique (dans Blum 2007) ; il commence par lancer une requête, en « texte intégral », sur le terme *suffixe*, attend, et voit finalement s'afficher à l'écran « Pas de résultat ». C'est que *suffixe* ne fait pas partie de la terminologie des lexicographes d'alors[1]. Est-ce à dire que les dictionnaires anciens ne disent et n'ont rien à nous apprendre sur la suffixation ? Évidemment non : mais les termes linguistiques qui seraient pertinents pour une recherche dans un dictionnaire contemporain, comme le *Trésor de la Langue Française* (Pierrel 2008 : 9–10), ne le sont pas forcément pour une recherche dans un dictionnaire d'autrefois. Le chercheur doit donc, pour chaque sujet, imaginer des stratégies spécifiques, et, pour les élaborer, comprendre la manière dont les lexicographes anciens abordent et pensent ces notions, ou les ignorent.

Pour illustrer la complémentarité entre requête informatique et enquête épistémologique, on fondera ici le propos sur l'expérience acquise lors d'un projet de recherche conduit à l'Université de Provence, sur le traitement des emprunts dans les dictionnaires, du XVIe au XXIe siècle ; parmi les études présentées, cinq (celles de Thorel, Petrequin, Steuckardt, Rey et Leclercq dans Steuckardt *et al.* (2011)) ont utilisé les

---

1   Il ne s'installe dans l'usage qu'au début du siècle : le *Trésor de la langue française* donne 1809 pour date de première attestation (dans *Essai sur la langue et la philosophie des Indous*, de Schlegel, traduit par Mauget). Beauzée, qui pose les bases d'une description de la morphologie lexicale, ne l'emploie pas : il oppose les « particules prépositives, ou préfixes » aux « particules postpositives, ou affixes » (*Encyclopédie*, article « Particule », 1765).

dictionnaires anciens informatisés. On montrera comment, en élaborant leurs méthodes d'investigation, ces études ont été amenées à dégager les notions linguistiques impliquées par le phénomène de l'emprunt ; dans un second temps, on cherchera à suivre l'évolution de ces notions dans les dictionnaires anciens informatisés, par une lecture transversale de ces études.

2. COMMENT REPÉRER L'OBJET D'ÉTUDE : LA RECHERCHE DES MOTS-CLEFS

Deux méthodes différentes ont été mises en pratique : les uns sont partis des mots cibles de l'enquête (les emprunts), les autres des termes utilisés dans le discours lexicographique sur l'emprunt.

2.1 REQUÊTE RÉTROSPECTIVE PAR LISTE D'EMPRUNTS OU REQUÊTE PAR TERMES ?

La première méthode, qu'a suivie Odile Leclercq (2011a), procède en deux temps : dans une première étape est dressée, d'après un dictionnaire contemporain, une liste des items à rechercher. Dans le cas présent, Odile Leclercq a répertorié, d'après le *Trésor de la Langue française* (TLFi), les emprunts disponibles à la date de publication des dictionnaires étudiés, en l'occurrence la première édition du *Dictionnaire de l'Académie française* (1694) et le *Dictionnaire universel* de Furetière (1690). Dans une seconde étape, cette liste a été confrontée à la nomenclature des dictionnaires étudiés.

Cette méthode, rigoureuse, permet de maîtriser le nombre d'items à étudier. Elle était probablement la meilleure possible pour interroger la première édition du *Dictionnaire de l'Académie*, qui n'indique pas l'origine du mot qu'elle enregistre dans sa nomenclature, considérant que l'enregistrement vaut déclaration d'appartenance à la langue commune et que, selon la jolie formule d'Odile Leclercq, « les mots communs n'ont pas d'histoire » (2011b). La méthode présente cependant un inconvénient notable : la liste étant établie à partir d'un dictionnaire du XXe siècle, elle laisse de côté des emprunts anciens, écartés parce qu'ils sont sortis d'usage entre le XVIIᵉ et le XXᵉ siècle : par exemple, l'emprunt à l'allemand *carrousse*, devenu obsolète, n'est pas enregistré dans le TLFi, et échappe à l'enquête, alors qu'il figure dans l'édition étudiée du *Dictionnaire de l'Académie*[1]. Cette première méthode ne donne donc qu'une approche partielle du traitement de l'emprunt dans les dictionnaires anciens.

La loi du silence sur l'origine des mots empruntés se fait moins rigoureuse dans les éditions ultérieures, étudiées par Christophe Rey (2011)[2], et elle n'est pas de mise dans les autres dictionnaires, qui n'occupent pas la position institutionnelle de l'Académie. Dès lors que des commentaires sur l'emprunt sont présents, une autre méthode d'investigation devient possible, et les études sur le *Thrésor de la langue françoyse* de Nicot (1606), le *Dictionnaire françois* de Richelet (1680), le *Dictionaire critique* de Féraud (1787-1788), sont parties non des mots-cibles – les emprunts mêmes –, mais des termes permettant de les atteindre. La liste de ces termes n'était pas prédéfinie : l'enquête a procédé par une progression de proche en proche, un terme amenant la découverte d'un autre.

La requête par termes, quand elle est possible, paraît préférable, parce qu'elle parcourt le champ discursif du dictionnaire, et permet de repérer, au final, tous les emprunts commentés. Cependant, la requête rétrospective par items, mise en œuvre par Odile Leclercq, n'est nullement à abandonner : elle peut être sollicitée non seulement comme un moyen complémentaire de trouver les termes, mais aussi pour repérer des emprunts non commentés – de façon délibérée, ou parce qu'ils ne sont pas identifiés comme tels – dans les dictionnaires anciens.

Un point aveugle demeure cependant : ni l'une ni l'autre des deux méthodes ne permet de repérer les emprunts disparus des dictionnaires contemporains et laissés sans marquage dans les dictionnaires anciens : par exemple, le mot *escorne* (« affront, honte »), tiré de l'italien *scorno*, n'est ni signalé comme emprunt dans les dictionnaires anciens, ni enregistré par le TLFi ; il a cependant été en usage en français classique, puisque la première édition du *Dictionnaire de l'Académie*[3] l'enregistre. L'enquête

1 « Carrousse. s.m. Grand' chere, débauche. Faire carrousse. Il est bas » (*Dictionnaire de l'Académie*, 1694).
2 Cette évolution dans le discours du *Dictionnaire de l'Académie* a conduit Christophe Rey à combiner les deux types d'interrogation (Rey 2011 : 108).
3 « Escorne. s.m. Il n'est point en usage au propre, mais au figuré on s'en sert en cette phrase. Il a receu une grande escorne, pour signifier, Un grand affront, un grand eschec. Il est bas » (*Dictionnaire de l'Académie*, 1694).

par les dictionnaires informatisés rencontre ici une limite, que seule une recherche philologique étendue à d'autres corpus que les dictionnaires peut surmonter. La requête par termes, qu'on illustrera ici par l'exemple de la recherche menée sur l'emprunt, permet cependant d'établir un recensement sinon exhaustif, du moins systématique, et pourrait être transposée à d'autres recherches linguistiques.

De quel terme partir ? Il serait souhaitable de disposer d'un inventaire diachronique des termes utilisés dans l'histoire de la grammaire et de la linguistique : en attendant qu'un tel objet existe, il est probable que, pour le linguiste du XXIe siècle, la démarche spontanée sera de chercher si le terme linguistique qui lui est familier est présent dans le corpus lexicographique.

2.2 LA REQUÊTE D'APRÈS LE TERME LINGUISTIQUE CONTEMPORAIN

La requête par le terme linguistique contemporain nous renseigne d'abord sur la terminologie grammaticale en usage à l'époque étudiée. Le cas d'un terme comme *suffixe* était assez simple à analyser : il est bien normal, on l'a vu, que la requête par ce terme ne donne aucun résultat, puisque *suffixe* n'est pas encore employé à cette époque ; le cas des termes catégorisant la notion d'emprunt est plus complexe.

Examinons le terme *emprunt* lui-même : d'après le TLFi, son entrée en linguistique daterait de la fin du XIXe siècle. On peut faire remonter cette date de première attestation : *emprunt* est employé par Henri Estienne et Marie de Gournay dans un sens linguistique (Petrequin 2011 : 44), mais son usage ne s'implante pas à cette époque. La requête par le mot *emprunt*, dans la base des « Dictionnaires des XVIe et XVIIe siècles » ne ramène que des occurrences où le mot est pris dans un sens non linguistique, à une exception près :

> Guere, ou Gueres, et Guieres, Est adverbe lequel veut tousjours estre precedé d'une particule negative, et se rend en Latin diversemement, comme, Il n'est gueres riches, *Non admodum diues*. Il n'est gueres que une heure, *Vix vna hora est*. Je n'ay gueres d'argent, *Parum nummorum mihi est*. L'Italien dit *Guari*, peu usitéement, et par emprunt du Provençal, lequel dit *Guayre*, par *é*, obscur. (Nicot, *Thresor de la langue françoyse*, 1606)

Cette attestation permet de remarquer que l'emploi d'*emprunt* entraîne la mention de la langue à laquelle on emprunte : ici, le provençal. Si la requête est certes un peu décevante, elle nous entraîne donc tout de même vers une autre piste : celle des noms de langues, piste qui, de proche en proche, mène vers d'autres termes-clefs.

Des cinq études sur dictionnaire ancien informatisé, trois ont procédé de cette manière ; on s'appuiera dans cette partie plus particulièrement sur celle que Mathilde Thorel mène sur le *Thresor de la langue françoyse* de Nicot (1606), le plus ancien des dictionnaires analysés, mais surtout le plus riche du point de vue de la diversité terminologique.

Adjectifs ou noms de langue

On peut, dans un premier temps, mener l'enquête de façon extensive, en incluant dans la liste des langues non seulement l'italien, l'espagnol ou l'arabe, mais aussi les langues mortes et les langues régionales. L'emprunt aux langues régionales semble généralement traité de la même façon que l'emprunt aux langues centrales, comme on l'a vu dans l'article « Guere », à propos d'un emprunt italien *guari* au provençal *guayre*, ou comme on le voit dans les articles suivants :

> Gambader, jetter gambades, *Crura in sublime iactare*, Il vient du mot Picard Gambe, que les François dient Jambe.

> Dorlot, m. acut. Est un mot Picard, et vaut autant qu'affiquet, c'est à dire ornement de femme.

Dans le commentaire sur *gambader*, la forme verbale *vient de* signale seulement un phénomène d'emprunt, sans commentaire appréciatif, et, dans l'article « Dorlot », *vaut autant* s'abstient de toute hiérarchisation. Certains articles amènent toutefois à penser que la mention d'une langue régionale intervient pour signaler une variante explicitement distinguée du « commun françois », plutôt que pour faire état d'un processus d'emprunt :

> Mesle, foemin. Espece de fruict à noyau, est un terme Picard, et vient du Latin *Mespilum*. Le commun François l'appelle Neffle, mesler Mesler.

> Croisée [...] Et est ce mot Croisée plus François que Croisade, qui est totalement Provençal et Languedoc.

Nicot note ici une variante sociolinguistique et non une filiation ; l'article « Croisée » laisse percevoir, par le comparatif « plus François », une hiérarchisation entre les variétés. Cette spécificité du discours sur les langues régionales invite à choisir de restreindre le champ – au moins dans un premier temps – en focalisant l'attention sur les emprunts dits « externes », comme l'a fait Mathilde Thorel (2011 : 29).

Les noms et adjectifs de langue étant généralement homonymes des noms de peuple (gentilés), la requête par ces lexèmes ramène des occurrences qui peuvent paraître extérieures à une recherche linguistique ; Mathilde Thorel cite l'exemple de l'article « Azagaye » :

> Azagaye f. penac. L'Espagnol dit aussi *Azagaya*. Et est la lance de ject Morisque.

Elle choisit d'écarter de son corpus ce type d'article, où l'emprunt du signe linguistique doit « être déduit de l'origine étrangère du référent désigné » (Thorel 2011 : 28). Si en effet le verbe *dire* plaçait le discours sous un régime métalinguistique, la seconde phrase, adoptant, avec le verbe *être*, la forme d'une « définition naturelle », passe en régime référentiel. Ailleurs, Nicot passe du discours référentiel au discours métalinguistique :

> Mosquette, C'est un temple des Turcs et Mores, *Templum Machumetarum.* L'Espagnol l'appelle aussi *Mesquita.*

La frontière entre métadiscours et discours ordinaire n'est pas absolument étanche. Si l'on veut, comme Mathilde Thorel, centrer l'étude sur le métadiscours de Nicot, on peut décider de laisser de côté ce type d'article ; cependant, si l'enjeu est de repérer les emprunts, on pourra estimer qu'il faut les intégrer et qu'il conviendrait même de prolonger l'enquête en direction des noms de pays. Une requête par le mot *Espagne* permet par exemple de repérer l'hispanisme *infante* :

> *Infante, l'Infante* d'Espagne, *id est*, la fille d'Espagne.

Même lorsque, comme ici, aucun métaterme du type *dire* ou *appeler* n'apparaît dans le discours du lexicographe, le résultat de la requête peut donc se révéler intéressant dans la perspective d'une recherche sur les emprunts.

Dans la mesure où nous cherchons ici les soubassements épistémologiques de la terminologie du lexicographe, nous nous en tiendrons,

à l'instar de Mathilde Thorel, à la requête par les adjectifs ou noms de
langue (comme italien, espagnol, latin, etc.). La requête par ces termes
ramène très majoritairement des emplois en discours métalinguistique,
commentant des emprunts. Les patrons syntaxiques se présentent sous
des formes récurrentes :

> – Métaterme + Adjectif de langue

> Une Guirlande, *id est*, chapeau de fleurs. Mot Italien. Aucuns escrivent
> Ghirlande.

> Accortement, *adverb. acut.* Est prins de l'adverbe Italien *Accortamente*, qui
> signifie adviséement, et l'œil au guet pour n'estre surprins, et tomber en
> faute par defaut d'avoir eu les yeux clair-voyans en entreprenant et exequutant
> quelque affaire […].

L'adjectif de langue est ici employé en fonction épithète du générique
mot, ou d'un nom de classe grammaticale comme *adverbe*.

> – Est + (Nom/Adjectif de langue)

> Abroger, Est Latin, *act. Abrogare*.

> Abstenir, neutr. Acut. Et est pur Latin, tiré de *Abstinere*.

> Forfant, m. acut. Est pur Italien, qui dit *Forfante*, Pour un caymand, meschant
> et mauvais garçon.

La troisième personne du verbe *être* introduit un attribut, dont la catégorie semble être plutôt nom qu'adjectif, puisqu'il est susceptible d'être
qualifié par *pur*.

> – Préposition *de* + Nom de langue

> Poltron, Un *Poltron, Homo nihili*. Mot d'Italien, Un vautneant.

> Accortesse, *f. penac.* (on dit aussi Accortise) est imité de l'Italien *Accortezza*,
> qui signifie subtilité d'esprit, *Solertia, Acumen ingenii.* voyez *Accortement*.

Le nom de langue est introduit dans le discours sous la forme d'un
complément prépositionnel.

Dans le dernier article cité, on voit le nom de langue entraîner l'emploi
d'un verbe décrivant le processus d'emprunt : *imiter*, ce qui nous ouvre
une troisième piste d'investigation.

Formes verbales décrivant le processus d'emprunt

Dans le cotexte des noms et adjectifs de langue, on repère une grande diversité de formes verbales, conjuguées ou, plus souvent, employées à la forme participe. Pour en esquisser un classement sémantique, on distinguera trois grandes catégories :

— Les verbes marquant principalement l'origine : *vient de*

Absconser, Vient du mot Latin *Absconsare*, dont il tient sa signification.

— Les verbes décrivant l'acte d'emprunt : *imité de* (voir *supra* « Accortesse »), *emprunté de, prins de, tiré de*

Flanc [...] c'est Costé, *Latus*, Il est emprunté de l'Italien *Fianco*, et flancs en pluriel, *Ilia*[1].

Esquadre [...] on dit Cap de *esquadre*, qui est prins de l'Italien, *Capo di squadra*, Car ce mot, tout ainsi que cestuy *Esquadron*, est à la mode Italienne, *Squadra* et *Squadrone*, qui viennent du verbe *Squadrare*, Qui est *esquarrir*.

Linseul ou Linsueil [...] Et est tiré de ce mot Grec *léntion*.

— Les verbes soulignant l'effort d'intégration, avec une réussite graduée, par ordre décroissant

Boscal [...] *Bocal* aussi naturalisé de l'Italien, est une fiole à eauë, à vin, ou un tel vase de terre cuite, car de difference la prononciation n'y en fait point, quoy qu'en la premiere signification on l'escrit aussi par *s, boscal.*

Patrie [...] Est francisé, du Latin *Patria*, qu'on dit pays de naïssance.

Maletoste, *f. penac.* Mot accommodé à la Françoise, et prins de deux mots Latins, *malus* et *tollo*, qui signifie lever, comme qui diroit chose malement levée.

Ainsi : *naturalisé*, pour *Bocal*, dénote une intégration réussie, *francisé*, pour *Patrie*, un effort d'intégration, sans doute jugé encore un peu voyant, *accomodé à la françoise*, une intégration malheureuse. Les déverbaux sont rares ; outre l'occurrence du mot *emprunt* évoquée plus haut, on relève dix occurrences d'*imitation*, pour décrire le processus d'emprunt, comme ici :

---

1   Les origines données par Nicot constituent un témoignage de la connaissance étymologique de son temps. Pour le mot *flanc* par exemple, les étymologistes contemporains le dérivent du francique, Ménage approuvait encore en 1694 l'étymon italien *fianco*.

> Drapeau, *m. acut. Linteolum.* C'est tantost un linge, tantost une enseigne de guerre, ce qui est dit à l'imitation des Italiens, qui usent de ce mot *Drapello*, pour une enseigne, *Vexillum.*

Du point de vue méthodologique, on a donc, au fur et à mesure de l'investigation, découvert deux types de termes-clefs : d'une part les adjectifs ou, plus rarement, noms de langue (auxquels on pourra éventuellement associer les noms de peuple ou de pays), d'autre part les verbes décrivant le processus d'emprunt, et leurs rares déverbaux. Les termes-clefs qui fonctionnent le plus efficacement sont ceux du premier type, puisque les verbes dénotant l'emprunt sont en fait toujours, dans le *Thrésor de la langue françoise*, accompagnés d'un adjectif ou nom de langue, de peuple, ou de pays.

Du point de vue épistémologique, on peut retenir en premier lieu que la différenciation entre emprunt interne et emprunt externe n'est pas faite dans le métadiscours. Cette terminologie se met en place en français seulement au début du XXe siècle[1]. Mais surtout, on remarque la grande variété des verbes utilisés pour nuancer l'appréciation d'intégration : le discours de Nicot pose la question de l'intégration en synchronie. Il examine, dans l'usage de ses contemporains, à quel degré le mot emprunté est « naturalisé », « francisé », « accommodé », ou bien s'il reste un « mot italien », voire « pur italien ». La question qui intéresse le lexicographe est de savoir si le mot emprunté peut être regardé comme partie prenante du « commun françois ». Il se place principalement dans la perspective de l'élaboration d'une norme linguistique.

3. ÉVOLUTION DES TERMES-CLEFS

Comment l'indication d'emprunt évolue-t-elle dans les dictionnaires des XVIIe et XVIIe siècles ? Le corpus diachronique des dictionnaires informatisés laisse voir à la fois changements et continuité.

---

1   Elle est posée par le linguiste danois Kristoffer Nyrop dans l'article « Mots d'emprunt nouveaux » (1919 : II, 36).

3.1 UNE UNIFORMISATION DU MARQUAGE

Un premier changement apparaît par la comparaison entre les éditions successives du *Dictionnaire de l'Académie*. En nombre limité[1], les discrètes corrections suivent une même tendance : elles homogénéisent l'indication d'emprunt.

Entrée	1694	1718	1740	1762	1798
Agenda	–	Mot pris du latin	Mot emprunté du Latin	Mot emprunté du Latin	Mot emprunté du Latin
Chorus	Ø	Mot latin	Mot latin	Mot emprunté du Latin	Mot emprunté du Latin
Comité	Ø	–	Terme pris des Anglois	Terme emprunté des Anglois	Ø
Florès	Terme Latin	Terme Latin	Terme Latin	Terme emprunté du Latin	Terme emprunté du Latin

TABLEAU 1 – Évolution du marquage de l'emprunt dans les articles du *DAF* au XVIIIe siècle[2]

Les modifications consistent d'abord à introduire un marquage de l'emprunt : *agenda* et *chorus*, non marqués en 1694, le sont à partir de 1718 ; *comité* l'est à son tour à partir de 1740[3]. À la diversité initiale des premiers marquages fait place un patron standardisé : [mot/terme emprunté + *de* + déterminant + nom de langue]. Plus généralement, l'emploi du marqueur *emprunté* est en nette progression quantitative dans les éditions successives du *Dictionnaire de l'Académie* :

1694	1718	1740	1762	1798	1835	1878	1935	1992-
9	20	35	145	158	261	317	324	9950

TABLEAU 2 – Progression du marqueur *emprunté*, dans le *Dictionnaire de l'Académie française*

---

1   Christophe Rey recense neuf articles modifiés ; on présente ici un extrait du tableau auquel il parvient (2011 : 116).

2   Légende : Ø : absence de la nomenclature ; – : absence d'indication d'emprunt.

3   S'il perd son marquage en 1798, c'est sans doute que les Académiciens jugent que sa transparence formelle et son adoption par l'usage rendent superflue la mention de l'origine anglaise.

Du point de vue épistémologique, cette uniformisation représente un progrès du métalangage : une terminologie linguistique se met en place. On peut se demander pourquoi, parmi tous les verbes qui étaient disponibles du temps de Nicot (*prendre, tirer, imiter*), c'est finalement *emprunter* qui a été préféré. Ce n'était pas le choix le plus évident ; *emprunter* comporte un sème de réciprocité : l'étymon latin vulgaire *impromutuare* est formé sur l'adjectif *mutuus* ; « *mutuum sumere* » signifie « prendre avec obligation de réciprocité » ; or cette idée de « réciprocité », de « rendre » n'est pas pertinente pour décrire l'emprunt linguistique, les linguistes contemporains le remarquent souvent. Cependant, au XVIe siècle déjà, l'idée de réciprocité est estompée dans certains emplois ; Nicot signalait parmi les derniers sens du mot : « Emprunter [...] Emprunté et prins d'ailleurs, *translatitius* ». Il s'agit alors d'une « prise », sans idée de retour. *Translatitius* est repris par Nicot à l'article « Nouveau », dans la glose : « Emprunté et prins d'ailleurs, qui n'est pas nouveau, *Translatitius* ». On n'a donc plus affaire au sème de réciprocité, mais à un sème de l'« ailleurs », de l'altérité, sème qui ne serait sans doute pas aussi nettement perceptible dans des déverbaux formés sur *prendre* et *tirer*.

Le dérivé du verbe *imiter* (qu'utilisait Nicot), *imitation*, aurait quant à lui préservé, voire souligné, le sème de l'altérité. Mais il n'aurait pas pu actualiser un sème d'appropriation. On peut donc penser que le verbe *emprunter* et son déverbal *emprunt*, qui s'installera au début du XIXe siècle dans la terminologie linguistique, présentent l'avantage de dénoter à la fois le sème d'altérité, essentiel dans une approche normative de l'emprunt, et le sème d'appropriation – certes provisoire –, important dans une approche étymologique, qui devient de plus en plus présente dans la description linguistique, on va en voir un signe dans le second changement notable du traitement de l'emprunt.

3.2 L'APPARITION DU MARQUEUR *ORIGINE*

Dans les dictionnaires des XVIIe et XVIIIe siècles, on retrouve les patrons qu'utilisait le *Thrésor de la langue françoyse* de Nicot, à un détail près : l'introduction du mot *origine*. Chez Nicot, le mot *origine* présente 35 occurrences, dont seulement deux concernent l'emprunt. Dans les dictionnaires du XVIIe siècle, un seuil quantitatif est franchi. Si le terme *origine* est évidemment très employé (477 occurrences), par Ménage, qui avec les *Origines de la langue françoise*, écrit un dictionnaire étymologique, il apparaît aussi chez Furetière (189). Toutes les occurrences du mot *origine* ne sont pas intégrées à une indication d'emprunt : dans le *Dictionnaire critique* de Féraud, que j'ai étudié plus précisément, sur les 111 occurrences du mot *origine*, 21 participent à une indication d'emprunt ; le discours sur l'emprunt est alors clairement étymologique :

> Persique. adj. [...] On prétend qu'il doit son origine à la victoire que Pausanias remporta sur les Perses. (*Dictionnaire de l'Académie françoise*, 1762)

L'introduction du mot *origine* apporte notamment une variante des patrons 1 [*Est* + Nom/Adjectif de langue] et 2 [Terme + adjectif de langue]. Le patron 1 prend dans les dictionnaires du XVIIe siècle la forme [*Est* + adjectif de langue + *d'origine*] :

> Schilling, Schelling, [...] Monsieur Zapfe qui est un honnête homme Alemand, d'une erudition connuë, et mon tres-cher confrère en Apollon, que j'ai consulté sur le mot de Schilling m'a fait voir que ce mot êtoit Alemand d'origine, et qu'on écrivoit *Schilling*, et non pas *Schelling*. (Richelet, *Dictionnaire françois*, 1680)

> Connil, [...] Varron et Elian disent que ce mot est Espagnol d'origine. (Furetière, *Dictionnaire universel*, 1690)

L'adjectif passe de la fonction attribut du nom autonyme à celle d'épithète du nom *origine*, dans le *Dictionaire critique* de Féraud, selon un ordre des mots *déterminé* + *déterminant*, sans doute plus conforme à l'évolution de la syntaxe ; le patron se trouve alors modifié en [*Est d'origine* + adjectif de langue] :

> Cavalcade, s. f. Ce mot est d'origine italiène. (Féraud, *Dictionnaire critique*, 1787-1788)

Le patron 2 [Terme + adjectif de langue] devient [Terme + *d'origine* + adjectif] :

> Bocal, s. m. Mot d'origine italiène (Féraud, *Dictionnaire critique*, 1787-1788)

Quel est l'intérêt de ces variantes comportant le terme *origine* ? Si l'on compare : *mot d'origine italienne* à *mot italien*, il apparaît clairement qu'il y a un déplacement de point de vue : la présence mot *origine* place le discours dans une perspective étymologique, et non plus normative.

3.3 LA PERSISTANCE DES MARQUEURS D'INTÉGRATION

Il ne faut pas, néanmoins, forcer le trait : jusqu'à la fin du XVIIIᵉ siècle, l'attention portée au degré d'intégration reste manifeste dans les dictionnaires de langue. Outre les mots déjà signalés dans Nicot, on signalera la péjoration de la métaphore *écorché*, utilisée par Richelet (Petrequin 2011 : 57), et la réserve de *transporté* (Leclercq 2011a : 71), utilisé dans le *Dictionnaire de l'Académie* :

> Proroger, *v. a.*, Mot écorché du latin. C'est donner du tems par delà le tems préfix. (Richelet, *Dictionnaire françois*, 1680)

> Frater, Mot transporté du Latin dans notre Langue, sans aucun changement, et dont on se sert pour dire, Garçon Chirurgien. (*Dictionnaire de l'Académie françoise*, 1718, 1740, 1762, 1798)

Le *Dictionaire critique* de Féraud (1787-1788) est sans doute celui qui apporte la plus grande précision à ses marquages de l'emprunt ; sans reprendre le détail de la description (Steuckardt 2011), on en donnera ici un aperçu synthétique :

Indication d'origine et d'intégration	*emprunté* (48)	48
Indication d'origine	*origine* (21), *vient de/du* (11), *tiré de* (1), *pris de/ du* (4), *dérivé de* (2), *sent le* (7)	46
Indication d'intégration	*naturalisé* (10), *adopté* (5), *francisé* (4), *habillé à la française* (3), *pâssé dans la Langue française, transporté dans notre langue, rendu français, employé en français.*	26

TABLEAU 3 – Marqueurs d'origine externe (latin et grec inclus, langues régionales exclues) dans le *Dictionnaire critique*

Le rapport quantitatif entre marquage d'intégration et marquage d'origine n'est pas aisé à évaluer car le marqueur *emprunté* peut relever de l'une ou de l'autre catégorie. Quand Féraud développe le commentaire métalinguistique autour de ce marqueur, il l'infléchit parfois vers un discours sur le parcours étymologique, comme dans :

> Police est emprunt de l'espagnol, poliça, qui signifie cédule. Ce sont les Négocians de Marseille qui ont introduit ce mot dans le commerce. (Féraud, *Dictionnaire critique*, 1787-1788)

Mais il peut aussi pointer, à partir d'*emprunté*, une intégration limitée :

> Florès, terme emprunté du latin : il n'a d'usage que dans cette expression :
> *faire florès*. (Féraud, *Dictionnaire critique*, 1787-1788)

Le commentaire de Féraud reste partagé entre le jugement d'intégration, synchronique, et la description étymologique. Les deux perspectives ne sont en fait pas dissociées ; le mot emprunté est jaugé en synchronie comme le résultat d'un processus : le lexicographe examine s'il est intégré, à quel degré il l'est, dans quelle phase d'intégration il se trouve. Du point de vue épistémologique, le discours des dictionnaires anciens manifeste en définitive une grande sensibilité au caractère processuel de l'emprunt, et, plus généralement, une forte intrication entre perspective synchronique et diachronique.

Si l'on se déplace au-delà du XVIIIe siècle, il est clair que la perspective étymologique l'a emporté dans les dictionnaires (Jacquet-Pfau 2011 : 192-193). Une persistance, faible, du marquage d'intégration est perceptible dans les emplois du terme *anglicisme* : ainsi Littré note-t-il avec prudence dans l'article « Conséquentiel » : « Cet anglicisme n'est pas inacceptable ». Dans la dernière édition du *Dictionnaire de l'Académie française*, le terme *anglicisme* fonctionne sans ambiguïté comme une marque anti-intégrative : *bilan de santé* « doit être préféré à l'anglicisme » *check-up*, de même qu'*enjambement* à *crossing over*, ou *croustille* à *chips*. Mais les Académiciens eux-mêmes ont introduit, dans cette dernière édition, une rubrique « Étymologie » ; dans la description de l'emprunt telle qu'on la lit dans les dictionnaires, c'est le discours étymologique qui l'a emporté.

Le marquage de l'emprunt dans les dictionnaires, dont l'histoire est devenue plus lisible grâce à leur numérisation, manifeste, par des inflexions discrètes, une évolution dans la manière d'aborder cette question linguistique. Les dictionnaires numérisés pourraient, de façon analogue, permettre d'explorer d'autres sujets, phonologiques, comme le jugement de l'oreille, lexicologiques, comme la dérivation, syntaxiques, comme les parties du discours, ou encore sociolinguistiques, comme le niveau de langue. Les deux voies méthodologiques suivies pour l'enquête sur l'emprunt sont transposables à ces chantiers : on peut par exemple aborder la dérivation par l'utilisation d'« expressions régulières », selon la terminologie informatique, comme l'expression [dé*], qui permettra d'extraire une partie des préfixés en *dé-* (Caron et Marchaudon 2009 : 449-450), ou par le biais de marqueurs d'autrefois, comme *particule*, ou d'aujourd'hui, comme *suffixe*. Si l'on s'en rapporte à l'exploration métalexicographique de l'emprunt, c'est peut-être surtout dans les silences du lexicographe et dans ses tâtonnements terminologiques que nous pouvons espérer saisir le cours de la pensée linguistique.

Agnès STEUCKARDT
Université Paul-Valéry –
Montpellier III, PRAXILING
(UMR 5267)

N (ÊTRE) CENSÉ / RÉPUTÉ X
DANS LES DICTIONNAIRES MONOLINGUES
(FIN DU XVIIᵉ-XXIᵉ SIÈCLES)

1. INTRODUCTION

Nous tenterons de mener ici une étude diachronique de *censé* et *réputé* dans la construction N *(être) censé/réputé* X[1], en travaillant exclusivement à partir de dictionnaires de langue monolingues, depuis le *Dictionnaire françois* de Richelet (1680) jusqu'au *Petit Larousse* (2010) et au *Nouveau Petit Robert 2010*.

Cet article vise un double objectif. Les travaux de lexicologie diachronique se fondent ordinairement sur un corpus d'occurrences construit à partir de textes relevant de domaines divers, les dictionnaires étant alors utilisés pour fixer préalablement quelques points de repère. Nous voudrions examiner ici dans quelle mesure la seule prise en compte de ces ouvrages permet de contribuer à une étude des changements lexicaux ; au delà de la confrontation des définitions successives de *censé* et *réputé*, il s'agira d'étudier les occurrences de ces unités dans l'ensemble du texte des dictionnaires. Nous faisons l'hypothèse que le corpus ainsi constitué donne une image, même partielle, des variations dans l'usage de ces unités au fil du temps : usage des auteurs du dictionnaire (dans les définitions, donc dans un type d'énoncé particulier), usage admis dans la communauté linguistique à laquelle appartiennent les lexicographes (dans les exemples). La méthode consistera donc à envisager le dictionnaire à la fois comme texte métalinguistique et comme corpus d'occurrences. Notre second

---

1   N étant un groupe nominal et X un infinitif, un adjectif, un participe passé ou un groupe nominal ; par ailleurs, X peut être précédé d'une préposition.

objectif sera de compléter les analyses sémantiques que nous avons élaborées avec Danielle Coltier pour *censé* et *réputé* dans deux articles, l'un portant sur *censé/réputé/supposé* en français contemporain (Féron et Coltier 2009), l'autre sur les occurrences de *censé* dans les définitions des éditions successives du *Dictionnaire de l'Académie française* (Féron et Coltier 2012)[1]. Nos descriptions s'inscriront ici dans le cadre théorique des univers de croyance (Martin 1983, 1987).

Les deux unités retenues, présentées assez régulièrement dans les dictionnaires consultés comme sémantiquement proches, ont en commun d'être modalisatrices[2] : elles suspendent la valeur de vérité du contenu propositionnel p, construit par $N\ X$, dans l'univers de croyance du locuteur (le cotexte peut cependant lui en attribuer une).

Les informations historiques fournies par les dictionnaires contemporains consultés (*cf. infra*, corpus de dictionnaires) laissent penser que ces unités ont connu peu de changements depuis leur première attestation[3] : pour *censé*[4], la notice historique du TLFi par exemple donne d'abord comme définition « classé, rangé dans une catégorie, répertorié, estimé, évalué » (d'après Cotgrave 1611), puis celui de « considéré comme, réputé » (définition empruntée à Furetière) ; aucun changement n'est signalé pour *réputé* : *être réputé* + attribut ou infinitif défini par « être considéré comme, avoir la réputation de » est attesté, selon le TLFi, depuis le début du XIVᵉ siècle.

Or, d'une part, des emplois anciens nous paraissent sortis de l'usage, ou au moins de l'usage courant ; ainsi, la coordination des deux unités, attestée au XVIIᵉ siècle, nous parait difficilement acceptable aujourd'hui :

> (1) Les absents pour le service du Roy sont censez & reputez presents, & ont part aux distributions. (Furetière[5])

D'autre part, l'emploi usuel de *censé* en français contemporain – paraphrasable par « considéré comme devant être ou devant faire » (PL), par

1   Les unités *censé* et *réputé* sont également étudiées dans Coltier et Dendale (2010).
2   Gaatone (1998 : 81) classe *être censé* dans la modalité : en revanche, selon Borillo (2005 : 77), *être censé* fait partie d'un groupe de « quelques verbes assez disparates, qui ne sont ni modaux, ni aspectuels ».
3   Nous ne mentionnons que les définitions correspondant à la construction retenue.
4   L'attestation la plus ancienne que nous connaissons date de 1400.
5   Les abréviations utilisées sont explicitées dans la liste des textes de notre corpus de dictionnaires à la fin de l'article.

exemple dans : *Vous êtes censé arriver à l'heure* – n'apparait pas dans les articles *censé* des dictionnaires les plus anciens.

L'étude diachronique de chaque unité sera menée en deux temps : nous observerons d'abord les descriptions que les dictionnaires retenus (du XVIIᵉ au XXIᵉ siècle) proposent dans les articles consacrés à *censé* et à *réputé* ; ensuite, nous prendrons en compte les définitions[1] et les exemples comprenant une occurrence de *N (être) réputé X* et *N (être) censé X* dans des articles consacrés à d'autres mots ; pour cette étape du travail, nous nous limiterons aux éditions du DAF accessibles en ligne[2]. Ce choix de corpus d'énoncés implique un certain nombre de limites :

– Notre étude commence à la fin du XVIIᵉ siècle, alors que les deux unités sont attestées antérieurement dans la construction étudiée.

– Le corpus est relativement restreint : nous relevons 136 occurrences de *censé* et 115 de *réputé*, mais les définitions et exemples étant parfois inchangés au fil des éditions[3], nous obtenons au total 50 occurrences dans des cotextes différents pour *censé*, 46 pour *réputé*.

– C'est un corpus hétérogène en ce sens que les énoncés qu'il comprend relèvent de deux genres différents de discours – définition et exemple – mais homogène en ce sens que, même si le *Dictionnaire de l'Académie française* ne rend pas compte exclusivement du « bon usage[4] », tous les énoncés, y compris les exemples, émanent de sujets appartenant à une même institution. Ces énoncés ont donc un statut sociolinguistique particulier : ils figurent dans des ouvrages émanant d'une institution qui vise principalement à représenter une certaine variété de français – le bon usage – et à la fixer, cette institution se présentant comme l'autorité en matière de langue.

Les occurrences sur lesquelles nous travaillerons ne permettent certes pas de préjuger de la diversité des usages à l'époque où les dictionnaires

---

1   Nous excluons les cas où *censé* et / ou *réputé* constituent une définition synonymique d'une autre unité (par exemple, de *présumé*, dans le DAF8) et ceux où l'une des deux unités fournit une définition de l'autre.

2   Nous avons construit ce corpus par des recherches en plein texte, dans la base *Dictionnaires d'autrefois* (http://artfl-project.uchicago.edu/content/dictionnaires-dautrefois) pour les éditions 1, 4, 5, 6, 8, et dans la base accessible sur le site de l'ATILF pour la 9ᵉ édition.

3   Ainsi, un même exemple est cité dans l'article *infâme*, de la quatrième à la 9ᵉ édition. Par ailleurs, *Nul n'est censé ignorer la loi* est donné comme exemple dans trois articles du DAF9.

4   Collinot et Mazière (1997 : 29) signalent que le DAF1 inclut des populismes parisiens.

ont été rédigés, mais ce corpus présente néanmoins un intérêt réel, en raison des changements qu'on peut observer d'une édition à une autre : énoncés définitoires sémantiquement équivalents mais présentant des variantes lexicales ou syntaxiques (lorsque le mot défini reste sémantiquement stable), exemples remaniés ou supprimés. Ces réécritures ou suppressions peuvent s'interpréter de diverses manières : elles peuvent être dues à un changement d'attitude des rédacteurs sur le monde (*cf.* infra, à propos de l'exemple 28) ou à un infléchissement dans la pratique lexicographique ; mais dans certains cas, on peut faire l'hypothèse que les modifications dans le texte lexicographique sont l'indice de changements sémantiques ou syntaxiques affectant les formes entrant dans ces définitions et ces exemples.

Ce travail s'inscrit dans un projet d'étude diachronique plus vaste portant sur un ensemble d'expressions modalisatrices – entrant dans la même construction que *réputé* et *censé* (*présumé, supposé*) ou non (*soi-disant, prétendu*) – et reposant sur l'exploration de corpus variés, incluant des textes métalinguistiques.

2. N (ÊTRE) RÉPUTÉ X

2.1 DESCRIPTIONS LEXICOGRAPHIQUES

L'observation des définitions de *N (être) réputé X*[1] dans les dictionnaires du XVIIe au XXIe siècle[2] conduit à penser que cette unité a connu une évolution sémantique : mis à part Richelet, qui donne comme définition « être cru, être estimé », tous les dictionnaires définissent *réputé* par « censé » jusqu'à la fin du XIXe siècle – le GDU ajoutant cependant une autre définition, « être regardé comme ». Dans les dictionnaires postérieurs, *réputé* est défini par « considéré comme », à quoi s'ajoutent « passer pour » dans le Lexis, « tenu pour » dans le TLFi et le NPR. Mais inversement, *censé* est presque toujours défini par « (qui est) réputé »

---

1   Dans les dictionnaires consultés, *N (être) réputé X* ne donne pas systématiquement lieu à une définition.
2   *Réputé* n'est pas encore traité à ce jour dans la 9e édition du DAF.

(éventuellement accompagné d'un ou plusieurs autres définissants), et ce depuis le DAF1 jusqu'au NPR.

Les définitions successives sont au total assez peu éclairantes. L'analyse des exemples permet en revanche d'affiner la description : d'une part, dans toutes les occurrences, *réputé* introduit une image d'univers dans laquelle le contenu propositionnel *p* (construit par N X) est pris en charge avec la valeur vraie ; d'autre part, on peut dégager trois effets de sens saillants.

Le premier (désormais *réputé*$_1$) est principalement actualisé dans des énoncés relevant du domaine du droit ; l'image d'univers en question correspond alors à la loi :

> (2) Les enfants nez pendant le mariage sont reputez être du mary. (Furetière)

Le contenu propositionnel *p* peut être faux dans le monde de ce qui est (il appartient à un monde contrefactuel ; *cf. supra*, dans (1) : « les absents… sont présents », qui relève également de *réputé*$_1$) ou seulement possible (« les enfants sont du mary »), mais vrai aux yeux de la loi. On a affaire à une fiction de la loi[1] : la caratéristique X est attribuée à N arbitrairement, par convention, par décision de la loi. Nous parlerons donc pour ces emplois de *réputé* « conventionnel[2] ». C'est pour des exemples de ce type que les dictionnaires donnent comme définition « censé » ; ainsi, dans DAF4-5-6, plusieurs exemples de N (*être*) *réputé* sont cités parmi des exemples de *réputer* à l'actif, mais un énoncé actualisant *réputé*$_1$ est isolé et précédé de cette définition ; il en est de même dans le GDU, qui distingue *réputé* participe passé de *réputer*, défini par « regarder comme », et l'emploi juridique défini par « censé ».

Deux autres exemples nous paraissent relever de *réputé*$_1$; dans l'un, l'élément X est un groupe prépositionnel en *de* :

> (3) Cette Ville a tousjours esté reputée d'un tel Evesché, d'une telle Province. (DAF1-4-5-6)

---

1   La différence avec l'univers de la fiction narrative (Martin 1987 : 282-291) tient à ce que, ici, l'écart entre le monde de ce qui est et l'image d'univers évoquée concerne non l'existence d'êtres, mais les caractéristiques d'êtres du monde.

2   Dans cet effet de sens, *réputé* peut être performatif (dans un article du code civil par exemple), ou décrire une décision, comme c'est le cas dans les exemples de dictionnaire.

« Reputée d'un tel Evesché » semble glosable par « considéré par convention comme relevant de, comme appartenant à tel évêché » ; dans l'autre,

(4) L'intention est réputée pour le fait. (GDU)

réputé pour présente X non comme une caractéristique de N mais comme l'équivalent de N (dans l'image d'univers évoquée, par convention, N est équivalent à, vaut autant que X).

Dans les autres cas, l'image d'univers est celle d'une communauté humaine que le cotexte permet parfois d'identifier. À l'intérieur de ce groupe d'exemples, on peut isoler un sous-ensemble (*réputé₂*) dans lequel la caractérisation que fournit X suppose une catégorisation des référents établie selon des critères sociaux, culturels, ou scientifiques ; en (5), p (« un tel est infâme ») est vrai au regard de critères définis par une communauté, identifiable grâce au groupe prépositionnel « dans mon pays » :

(5) Étant d'une caste réputée infâme dans mon pays. (Littré : Bernardin de Saint-Pierre)

En l'absence d'indice cotextuel, on tend à assimiler cette communauté à celle du locuteur – l'emploi de *réputé* signalant que la caractérisation vaut relativement à certains critères :

(6) Pour être réputé animal, il faut être doué de sensation. (GDU : Voltaire)

Dans un autre sous-ensemble, X dénote une caractéristique remarquable, distinctive du référent de N :

(7) Il se lia en particulier avec M. Mydorge, alors réputé le premier mathématicien de France. (TLFi : Valéry)

(8) Cette portion de la bonne société londonienne, qui est réputée ne pas engendrer la mélancolie. (NPR : Benoit)

Ces exemples peuvent être glosés par : « qui avait alors la réputation d'être le premier mathématicien », « qui a la réputation de ne pas engendrer la mélancolie » : p a dans ce cas le statut de croyance collective, d'opinion véhiculée par un discours. En (7), l'adverbe *alors* limite cette opinion à une époque du passé. En (8), comme en (6), le cotexte ne fournit pas d'indice sur la communauté pour laquelle *p* est vrai : *réputé* présente X (« ne pas engendrer la mélancolie ») comme une représentation du référent de *N*, une caractérisation qui lui est ordinairement attachée dans la communauté dont le locuteur fait partie. *Réputé* a dans ce cas le trait médiatif /emprunt/ : l'information que véhicule le contenu propositionnel *p* ne provient ni d'une inférence, ni d'une expérience directe du locuteur, il est acquis *via* un discours. On parlera dans pour cet effet de sens de *réputé*₃.

La lecture des articles de dictionnaires permet de formuler quelques hypothèses d'ordre diachronique pour ces trois effets de sens :

- *Réputé* « conventionnel », illustré dès le DAF1, ne serait plus en usage : d'une part, nous l'avons signalé, « censé » n'apparait plus comme définissant dans les définitions des dictionnaires des XIXᵉ-XXIᵉ siècles, d'autre part les dictionnaires de cette époque ne donnent plus d'exemples dans lesquels *p* serait interprétable comme une convention.
- L'emploi supposant une catégorisation est déjà présent dans le Richelet mais aucun exemple, selon nous, ne s'interprète de cette manière après le DAF8.
- *Réputé*₃ (« qui a la réputation de », si X est un infinitif, « qui a la réputation d'être », dans les autres cas) est courant en français contemporain : c'est cette interprétation que l'on retient pour les exemples cités dans les dictionnaires des XXᵉ et XXIᵉ siècles. Pour les périodes anciennes, l'interprétation des exemples où X dénote une caractéristique distinctive reste incertaine ; dans :

(9) Les Espagnols et les Italiens sont reputez sages et graves. (Furetière)

il parait impossible de décider, dans les limites du corpus, si, pour un locuteur du XVIIᵉ siècle, *réputé* signifie sans plus l'attribution d'une qualité distinctive ou si *réputé* renvoie à une croyance et à un dire.

2.2 CORPUS D'ÉNONCÉS

L'examen des occurrences de *réputé* dans les articles consacrés à d'autres unités permet de retrouver les trois effets de sens mentionnés dans la section précédente. Nous signalerons simplement le passage suivant, qui illustre *réputé* « conventionnel » hors de la langue juridique :

(10) Sous-entendre. On dit, qu'*Une chose se sous-entend*, pour dire, qu'Elle est reputée pour exprimée. (DAF1. Repris dans DAF-4-5-6-8 mais en construction directe.)

Comme dans l'exemple (1), *p* (« elle [telle chose] est exprimée ») appartient à un monde contrefactuel, mais, par convention, on fait comme si *p* était vrai.

En ce qui concerne la relation entre *X* et *N* (relation limitée à l'image d'univers introduite par *réputé*), deux cas de figure sont attestés :

- *X* fournit une caractérisation du référent de *N*, qu'il s'agisse d'une propriété de *N* (*être du mari, ne pas engendrer la mélancolie, sages et graves*, etc.), de la catégorie dont le référent de *N* est une espèce (*animal*) ; *X* peut aussi être une expression en relation d'équivalence référentielle avec *N*, par exemple en (7) *(le meilleur mathématicien)* ou en (11) :

(11) Mars. Une des sept Planetes qui prend son nom de Mars, reputé par les Romains pour le Dieu de la guerre. (DAF1)

- *N* et *X* sont qualitativement équivalents, dans l'adage juridique cité en (4) ou sa variante :

(12) la bonne volonté est réputée pour le fait (DAF9)

En ce qui concerne la diachronie, nous sommes amenée à préciser et à moduler les hypothèses formulées dans la section précédente. Le DAF9 conserve ou introduit plusieurs occurrences de *réputé* illustrant les deux effets de sens qui ne sont pourtant plus représentés dans les descriptions lexicographiques des dictionnaires des XXe et XXIe siècles, à savoir *réputé*$_1$ (« conventionnel ») et *réputé*$_2$ (renvoyant à une catégorisation) ; ainsi, dans la définition de *correctionnaliser*, « ce qui était réputé crime » reformule le segment « un fait punissable de la catégorie des crimes » qui figurait dans la 8e édition. Pour les mots relevant du droit, les rédacteurs du DAF9 recourent, plus que ceux des éditions précédentes, à un lexique spécialisé, dans lequel *réputé* « conventionnel » s'est maintenu.

Si *réputé* reste polysémique en français contemporain, il semble que l'effet de sens « qui a la réputation de » (ou « qui a la réputation d'être ») soit le plus courant et le DAF9 introduit plusieurs occurrences de *réputé* pour lesquelles cette interprétation parait seule possible, notamment dans les définitions qui évoquent une entité ou une propriété relevant de croyances ou de savoirs qui ne sont pas ceux de la communauté que le dictionnaire représente, ou qui ne sont pas unanimement partagés par cette communauté, par exemple « porter malheur » (dans 13) :

> (13) *Faire les cornes*, pour se protéger des maléfices, des gens, des choses ou des mots réputés porter malheur. (DAF9)

Bien que *réputé* soit originellement le participe passé de *réputer*, c'est au nom *réputation*, au sens de « fait d'être connu pour », qu'il se rattache dans cet effet de sens (de même que dans un emploi comme *un vin réputé*), ce nom supposant un dire exprimant une croyance collective.

On est ainsi conduit à examiner le rapport entre la forme *réputé* et le verbe *réputer* à l'actif. On relève N *(être) réputé* X accompagné d'un complément en *par* + N qui apparait comme un complément d'agent dans le DAF1 (en (11) : « par les Romains ») et dans des éditions postérieures :

> (14) Paria. La caste des parias est réputée infâme par toutes les autres. (DAF6-8)

De fait, *réputer* à l'actif a pu se construire avec un attribut référant à une catégorie :

> (13) Réputer. Car je ne puis réputer savant tel qui… (TLFi : Proudhon).

On peut encore avoir un complément en *par* + N analysable également comme un agent dans le DAF9, mais uniquement pour *réputé* « conventionnel », alors même que *réputer* à l'actif, d'après les descriptions lexicographiques, ne signifie pas l'établissement d'une convention :

> (15) Infâme. Ceux qui sont réputés infâmes par la loi, ne peuvent être admis en témoignage. (DAF4-5-6-9)

En revanche, un tel complément parait exclu en français moderne pour *réputé*$_3$[1] et il est difficile de juger si *réputer* a pu signifier une croyance ; on relève certes des exemples dans lesquels ce verbe à l'actif a pour attribut de l'objet un adjectif référant à une propriété distinctive, mais, comme pour l'occurrence citée en (9), l'interprétation reste incertaine :

---

1   Seuls seraient acceptables des compléments restreignant l'attribution de la propriété par *réputé* dans l'espace (*en Espagne*), le temps (*au Moyen Âge*) ou une communauté (*chez les Anciens*).

(16) Réputer. Révérée par le quartier qui la réputait influente et juste. (NPR : Huysmans)

Ce verbe n'appartient plus, en effet, à l'usage courant actuel – ce que signalent les dictionnaires contemporains, à l'exception du TLFi : le NPR donne l'emploi actif comme « littéraire », alors que *être réputé* est présenté comme « courant », le Lexis n'introduit *réputer* que dans la rubrique « classique » et le PL2010 l'exclut de sa nomenclature. *Réputé* serait donc en français contemporain un adjectif[1] – et c'est ainsi que le PL1905, le Lexis et le PL2010 catégorisent cette unité[2].

L'examen du corpus permet enfin de faire quelques commentaires sur la distribution de *réputé*, d'une part sur l'alternance construction directe / construction avec *pour*, d'autre part sur le constituant X. On a la construction avec *pour* lorsque X entretient avec N une relation d'équivalence qualitative (*cf. supra*, 4 et 12) : dans ce cas, la préposition ne peut pas être supprimée. Dans les autres cas, les deux constructions, avec ou sans *pour*, sont attestées ; la construction peut varier au fil du temps pour une même définition reprise d'édition en édition (*cf. supra*, 10), pour un même exemple ou pour des exemples très proches comme (17) et (18) :

(17) Réputer. Il est réputé pour homme de bien. (DAF4-5-6)

(18) Réputer. Il est réputé homme d'honneur. (DAF8)

Mais si, dans ces exemples, *pour* est supprimé soit dès la 4ᵉ édition, soit postérieurement, inversement deux nouvelles occurrences dans DAF8 présentent cette construction, la préposition étant suivie soit d'un adjectif, soit d'un infinitif, comme c'est le cas en (19) :

(19) Apache. Malfaiteur [...], par allusion à une tribu d'Indiens Peaux-Rouges, réputés pour être rusés et cruels et auxquels s'applique l'expression proverbiale [...] (DAF8)

Par ailleurs, le Lexis mentionne comme seule construction *être réputé pour* (sans précision sur ce qui suit la préposition) ; le NPR ne donne

---

1   Gross (1975 : 164) catégorise *réputé* et *censé* comme adjectifs, en précisant que ce sont les seuls adjectifs à admettre un complément direct.

2   Les autres dictionnaires, y compris les plus récents, soit n'isolent pas la forme *réputé* (dans la construction étudiée ici) et donc la catégorisent implicitement comme participe, soit la présentent explicitement comme tel.

comme « courant », dans la construction avec attribut de l'objet, que la construction avec *pour* et oppose *être réputé* + infinitif, qui serait « vieilli » à *être réputé pour* + infinitif, qualifié de « moderne ». La construction prépositionnelle se serait donc imposée dans l'usage contemporain, ce que le corpus d'énoncés ne reflète pas : *réputé pour* n'est attesté dans le DAF9 que dans un exemple, l'énoncé figé « l'intention est réputé pour le fait ».

En revanche, la construction avec *pour* parait exclue pour *réputé* « conventionnel » en français moderne, et peut-être antérieurement : Féraud, qui signale que « le passif gouverne la prép. *pour* », cite en fin d'article un exemple actualisant cet effet de sens où l'on a la construction directe. Une autre construction est cependant attestée dans la dernière édition du DAF, *réputé comme* (dans 6ᵉ et 8ᵉ éditions, la définition est identique, mais X est construit directement) :

(20) *Père putatif*, qui est réputé légalement comme le père d'un enfant. (DAF9)

En ce qui concerne X, il peut s'agir d'un infinitif, d'un adjectif, ou d'un groupe nominal ; dans ce dernier cas, *réputé*$_1$ admet un nom déterminé par l'article défini (*cf.* 20), *réputé*$_3$ ne semble pouvoir admettre qu'un nom qualifié par un superlatif ou un adjectif équivalent (*cf.* 7 : « le premier mathématicien »), tandis que pour *réputé*$_2$, seul un nom non déterminé peut apparaitre.

3. N (ÊTRE) CENSÉ X

3.1 DESCRIPTIONS LEXICOGRAPHIQUES

Nous l'avons signalé, *réputé* apparait régulièrement dans les définitions de *censé* ; d'autres définissants s'y ajoutent éventuellement : « tenu, estimé » dans Furetière, puis à partir de la fin du XIXᵉ siècle : « regardé comme » (Littré), « supposé » (GDU, Lexis, TLFi, DAF9, NPR), « admis par hypothèse » (GDU), « présumé » (DAF9) ; par ailleurs, DAF9 introduit le verbe *devoir* dans la définition (« Qui est supposé, présumé, réputé faire, avoir fait, devoir faire quelque chose »). Font exception Richelet, PL1905 et 2010, qui définissent respectivement *censé* par « estimé », par

« considéré comme » et par « considéré comme devant être ou devant faire qqc. ; supposé ».

L'ajout de « supposé », « admis par hypothèse », « présumé » et « considéré comme » à partir de la fin du XIXᵉ siècle d'une part, l'introduction de « devoir » dans des définitions de dictionnaires contemporains d'autre part, suggèrent que *censé* a connu des changements, ce que confirme l'examen des exemples.

Mis à part dans le Richelet, avant le DAF6 *censé* apparait dans des énoncés relevant du domaine du droit et semble alors être synonyme de *réputé* conventionnel (*censé*₁)¹, auquel il peut être coordonné (*cf.* aussi *supra*, exemple 1)² :

> (21) Il a été censé & reputé complice de cet assassinat par les preuves et indices qui se sont trouvés au procés. (Furetière)

C'est le seul emploi représenté chez Furetière, dans le DAF jusqu'à la 5ᵉ édition³, ainsi que dans DAF8 ; les dictionnaires contemporains ne donnent plus d'exemples de ce type, sauf le TLFi, dans une citation du XIXᵉ siècle.

Censé apparait par ailleurs dans des exemples où il introduit un contenu propositionnel correspondant à une attente (*censé*₂) : X est une propriété attendue du référent de N ; p appartient alors à un monde potentiel. C'est de ce sens que rendent compte les définitions du DAF9 et du PL2010, qui introduisent le verbe *devoir* ; de fait, *censé* est assimilable dans cet emploi à un modalisateur déontique. Un exemple du DAF6 semble interprétable de cette façon⁴ :

> (22) Vous êtes censé l'avoir fait. (DAF6)

et les dictionnaires des XXᵉ et XXIᵉ siècles, mis à part le DAF8, l'illustrent tous.

---

1   Dans cet effet de sens, *censé* peut être en construction impersonnelle et régir une subordonnée : *Il est toujours censé, par le droit naturel, que les engagements qu'il a pris avec l'Espagne sont subordonnés à ceux dans lesquels il est né* (Littré : Fénelon) et admet en outre, comme *réputé* « conventionnel », un complément en *par* à valeur agentive.

2   C'est le cas dans tous les exemples donnés par Furetière.

3   S'y ajoute *Il est censé et réputé pour tel* dans le DAF1, repris sans préposition dans les 4ᵉ et 5ᵉ éditions, exemple pour lequel, faute de cotexte suffisant, il parait difficile de proposer une interprétation.

4   Il n'est cependant pas repris dans le DAF8.

Enfin, on repère un autre effet de sens, dans des exemples tirés d'œuvres du XIXe siècle :

> (23) Chez les anciens, les prêtres et les prêtresses étaient censés commercer intimement avec le ciel. (Littré, GDU : Chateaubriand)

Cet énoncé peut se gloser par « les Anciens tenaient *p* (les prêtres et les prêtresses commercent avec le ciel) pour vrai ». La différence avec *réputé*₃ tient au fait que *censé*, en lui-même, ne rapporte pas une croyance : comme dans l'exemple (22), *censé* présente X comme une propriété attendue de l'entité à laquelle N réfère ; mais le cotexte (l'emploi de l'imparfait et la présence du complément « chez les Anciens ») conduit à limiter cette attente à une image d'univers, celles des « Anciens » et, de ce fait, à interpréter *p* comme faux dans l'univers de croyance du locuteur.

En plus de ces effets de sens, nous relevons des emplois, toujours antérieurs au XXe siècle, où *N être censé X* peut se gloser par « N est considéré comme étant X », sans que l'on puisse préciser davantage, faute d'indices cotextuels :

> (24) Censé. Cela est censé bien fait. (Richelet)

ou encore, comme *réputé* dans l'exemple (3), et avec la même construction, par « N est considéré comme relevant de, comme appartenant à X » :

> (25) Les Lapons moscovites sont aujourd'hui censés de l'église grecque. (Littré : Voltaire)

Compte non tenu de ces occurrences, *censé* aurait d'abord signifié une convention dans le domaine juridique, emploi qui n'est plus signalé dans les descriptions fournies par les dictionnaires contemporains. À partir du XIXe siècle, un nouvel effet de sens apparait : *censé* signifie alors une attente, le cotexte renvoyant éventuellement cette attente dans une image d'univers identifiable.

3.2 CORPUS D'ÉNONCÉS

La prise en compte des exemples insérés dans des articles concernant des unités autres que *censé* confirme les conclusions tirées de l'étude des définitions dans Féron et Coltier (2012).

Censé dans des énoncés d'ordre juridique tend à disparaitre : ainsi, l'exemple *Il est censé héritier (sv. héritier)* est supprimé à partir de la 8ᵉ édition du DAF. Pourtant, *censé* s'est maintenu dans le lexique juridique et le DAF9 réintroduit une occurrence de *censé* dans un exemple illustrant l'expression *à perpétuelle demeure*, qui relève du domaine du droit (cet exemple reprenant partiellement une formulation du Code civil).

Censé « conventionnel » est attesté dès la 4ᵉ édition du DAF et jusqu'à la dernière incluse en dehors du domaine du droit ; il peut par exemple s'agir d'une convention sociale, ou encore artistique, théâtrale :

> (26) Coulisse. Dans la tragédie classique, les actes de violence sont censés se dérouler en coulisse. (DAF9)

*Censé*₂ (*X* est une propriété attendue du référent de *N*) apparait dès la 4ᵉ édition, alors qu'aucun exemple relevant de cet effet de sens n'est donné dans la description lexicographique de *censé* avant la 6ᵉ édition :

> (27) Enfant. On appelle figurément Enfant de la balle, Les enfans qui exercent la profession de leurs pères, & qui sont censés la faire mieux que les autres. (DAF4-5)

Enfin, à partir de la 6ᵉ édition, nous relevons des énoncés dont le cotexte permet de rapporter cette attente à une image d'univers, par exemple :

> (28) Possession. La possession diffère de l'obsession, en ce que, dans la possession, le diable est censé agir au dedans, et que, dans l'obsession, il est censé agir au dehors. (DAF6-8)

D'une part, l'existence réelle du référent du sujet, *le diable*, est ordinairement considérée par la communauté à laquelle s'adresse le dictionnaire comme de l'ordre de la croyance ; d'autre part la présence d'une marque de discours rapporté, « on dit », dans la définition qui précède l'exemple (« L'état d'un homme qu'on dit possédé par le démon ») situe la propriété « possédé par le démon » dans une image d'univers. Dès lors, les contenus propositionnels « le diable agit au-dedans » et « le diable agit au-dehors » appartiennent à cette même image d'univers. Les éditions antérieures citent le même exemple sans *censé* et ce qui précède ne comporte aucune marque de discours rapporté (« De l'état d'un homme possédé par le Démon »). L'insertion de *censé* dans les 6ᵉ et 8ᵉ éditions correspond à un changement d'attitude des rédacteurs sur le référent virtuel du mot-entrée[1]. Nous interprétons de la même manière les occurrences de *censé* dans les définitions de mots tels que *discorde, fortune, esprit, magie, manitou, médium* ; il arrive que ce soit le cotexte qui conduise à construire cette interprétation, par exemple dans la définition suivante, l'adjectif « imaginaire » et le complément « de la légende » :

> (29) Esprit. Être imaginaire de la légende, censé présider à un phénomène naturel ou influer sur la destinée d'un individu ou d'un groupe. (DAF9)

Mais dans d'autres cas, c'est le contexte extralinguistique qui justifie cette interprétation :

> (30) Malheur. *Porter malheur,* se dit d'un être, d'un objet, d'un acte, etc., qui est censé influer défavorablement sur le sort d'une personne ou sur le cours des choses. (DAF9)

C'est parce que le lecteur sait que la propriété « influer défavorablement sur le sort d'une personne ou sur le cours des choses » ne relève pas des croyances unanimement partagées par la communauté que représente le dictionnaire qu'il construit cette interprétation.

L'étude du corpus d'énoncés nous amène à corriger nos conclusions précédentes concernant la datation des effets de sens de *censé* : *censé*₁, attesté dès les dictionnaires du XVIIᵉ siècle[2], appartient toujours au lexique juridique contemporain, et peut par ailleurs figurer dans des énoncés référant à une convention qui relève d'autres domaines à partir du siècle suivant. *Censé*₂, signifiant une attente, apparait au XVIIIᵉ siècle, mais ce n'est, selon notre corpus, qu'au XIXᵉ siècle que cette attente peut être située dans une image d'univers identifiable ; *censé* peut alors se substituer à des expressions rapportant une croyance : par exemple, dans la définition de *demi-dieu*, *censé* remplace dans DAF6-8 « que l'on croyait » qui figurait dans les éditions antérieures.

---

1   Des changements de ce type sont étudiés dans Éluerd (2011).
2   C'est cet effet de sens qui est actualisé dans les occurrences les plus anciennes que nous connaissons, par exemple : *[...] toutes les pescheries que a faites en la ditte riviere ycelluy Delcy et ses consors sont censees et reputees pour non faites et non advenues* (*Chartres de l'Abbaye de Saint-Magloire*, 1400).

Concernant la construction, N *(être) censé* infinitif[1] n'apparait qu'à partir de la 6ᵉ édition, dans un exemple où *censé* signifie une attente (*cf. supra*, 22) et c'est la seule qui soit attestée dans le PL1905, le Lexis, le NPR et le DAF9 ; le TLFi donne des citations du XIXᵉ siècle où l'on a *être censé* + déterminant + nom et *être censé* + complément de lieu :

(31) Censé. [Je] suis censé à vingt lieues de Paris. (TLFi : Balzac)

Dans ces constructions, que le TLFi analyse comme des ellipses, *censé* peut signifier une convention ou une attente.

4. CONCLUSION

Les analyses qui précèdent permettent de tirer les conclusions suivantes concernant la proximité sémantique et syntaxique des deux unités en diachronie : leur construction diffère dès le XVIIᵉ siècle, seul *réputé* pouvant admettre la préposition *pour* ; en outre, tandis qu'en français moderne *réputé* peut être suivi d'un infinitif, d'un groupe nominal ou d'un adjectif, *censé* ne se construit dans l'usage courant actuel qu'avec un infinitif. Du point de vue sémantique, les deux unités semblent proches dans les emplois anciens avec la préposition *de*. Elles ont également en commun de pouvoir signifier une convention, qui peut être d'ordre artistique ou littéraire avec *censé*, mais non avec *réputé*. Enfin, si l'une et l'autre figurent dans des énoncés renvoyant à des croyances, *réputé* comporte le trait médiatif /emprunt/ et présente le dire qu'il introduit comme une croyance, tandis que pour *censé*, c'est le contexte – linguistique ou extralinguistique – qui peut conduire à interpréter *p* comme une croyance.

Même si l'on ne parvient pas à dégager la spécificité de chacune des unités dans la langue juridique, on voit que, alors qu'elles étaient d'abord sémantiquement proches, elles acquièrent progressivement des

---

1   L'infinitif a pu se construire avec *de* ; le TLFi en cite un exemple (*sv. censé*) correspondant à *censé*₂ : *Il [Strouvilhou] était censé de suivre des cours, mais, quand on lui demandait : lesquels ? ou quels examens il préparait, il répondait négligemment : je varie* (Gide).

propriétés distinctes. Les articles consacrés à *censé* et à *réputé* ne révèlent cette différenciation qu'avec retard ; mais si la description peut ainsi être jugée partielle, une double lecture des dictionnaires — comme textes métalinguistiques et comme corpus d'occurrences —, désormais permise par l'informatisation, permet de poser les jalons d'une étude diachronique de ces unités lexicales.

Corinne FÉRON
Université du Mans
Labo 3L.AM, EA 4335

CORPUS DE DICTIONNAIRES

DAF1 : *Le Dictionnaire de l'Académie française*, 1re éd., Paris, Vve Coignard et J.-B. Coignard, 1694.

DAF4 : *Le Dictionnaire de l'Académie française*, 4e éd., Paris, Brunet, 1762.

DAF5 : *Le Dictionnaire de l'Académie française*, 5e éd., Paris, Smits, 1798.

DAF6 : *Le Dictionnaire de l'Académie française*, 6e éd., Paris, Didot, 1835.

DAF8 : *Le Dictionnaire de l'Académie française*, 8e éd., Paris, Librairie Hachette, 1932-1935.

DAF9 : *Le Dictionnaire de l'Académie française*, 9e éd., 1992-, ATILF/Académie française [http://atilf.atilf.fr/academie9.htm].

Lexis : *Dictionnaire de la langue française, Lexis*, Larousse, 1989.

Féraud : FÉRAUD, Jean.-François, *Dictionnaire critique de la langue française*. Marseille, J. Mossy, 1787-1788.

Furetière : FURETIÈRE, Antoine, *Dictionnaire universel*. La Haye / Rotterdam, A. et R. Leers, 1690.

GDU : LAROUSSE, Pierre, *Grand Dictionnaire universel du XIXe siècle*, Paris, Administration du Grand dictionnaire universel, 1866-1876.

Littré : LITTRÉ, Émile, *Dictionnaire de la langue française*, Paris, Hachette, 1863-1877.

NPR : *Nouveau Petit Robert 2010*, Dictionnaires Le Robert/Sejer, 2009.

PL1905 : *Le Petit Larousse illustré 1905* [http://dictionnaire1905.u-cergy.fr/].

PL2010 : *Le Petit Larousse illustré 2010*, Paris, Larousse, 2009.

Richelet : RICHELET, Pierre, *Le Dictionnaire françois*, Genève, J.-H. Widerhold, 1680.

TLFi : *Trésor de la langue française informatisé* (Paris, ATILF, 2000 [http://atilf.atilf.fr/tlf.htm]).

LA LANGUE FRANÇAISE ET SON HISTOIRE DANS LES DICTIONNAIRES DU XIXᵉ SIÈCLE

Comment évaluer les méthodes du passé ?

1. INTRODUCTION

Parmi les outils pour l'étude de l'histoire de la langue, les dictionnaires occupent une place de choix. Les dictionnaires historiques proprement dits, aussi bien que ceux qui appartiennent au passé et qui représentent des synchronies aujourd'hui en partie révolues, constituent une archive et un observatoire importants de la langue et du discours lexicographique.

Nous entendons donner un aperçu de la description de la langue française et des modalités de prise en compte de l'histoire de celle-ci dans les grands dictionnaires monolingues de la seconde moitié du XIXᵉ siècle : le *Dictionnaire de la langue française* (1863-1872) d'Émile Littré, le *Grand dictionnaire universel du XIXᵉ siècle* (1866-1876) de Pierre Larousse et le *Dictionnaire général* (1890-1900) d'Adolphe Hatzfeld, Arsène Darmesteter et Antoine Thomas. Bien que contemporains, ces ouvrages mettent en place des approches descriptives et explicatives différentes. Ainsi, l'étude de la langue exige-t-elle une réflexion préalable sur les démarches qui ont présidé à sa description. Or, s'il appartient à l'historien de s'interroger sur les méthodes du passé, on court le risque d'évaluer la pertinence de ces méthodes à l'aune de concepts et de pratiques postérieurs. Comment éviter l'écueil de l'anachronisme ? Une solution serait d'appréhender les dictionnaires comme des *objets historicisés* (Collinot et Mazière 1997) qui sont toujours l'expression des formations discursives dominantes d'une époque donnée dont il s'agit d'étudier la spécificité.

Nous analyserons d'abord les postulats de départ des trois dictionnaires retenus afin de comprendre les différentes possibilités d'articulation
entre histoire et état de langue. Il sera ensuite question de la fonction
et des enjeux de l'étymologie dans chaque ouvrage. Cette étude se dou-
blera enfin d'une réflexion épistémologique sur la tâche qui incombe à
l'historien lors de l'analyse des méthodes du passé.

2. LA PLACE DE L'HISTOIRE DANS LA DESCRIPTION DE LA LANGUE : QUERELLES DE MÉTHODE DANS LA LEXICOGRAPHIE DE LA SECONDE MOITIÉ DU XIXᵉ SIÈCLE

Les dictionnaires du XIXᵉ siècle introduisent une nouvelle donne
dans l'histoire de la lexicographie. À cette époque, « [l]'histoire de la
langue commence à s'imposer dans les dictionnaires d'usage » (Glatigny
1998 : 149). En réalité, la notion d'usage elle-même ne va pas de soi
car, nous le verrons, la légitimation de l'usage actuel passe par la prise
en compte de l'histoire.

Les trois dictionnaires retenus se réclament tous des avancées des
recherches linguistiques du XIXᵉ siècle, notamment des acquis de la
méthode comparée. Cet alignement sur les principes de la science du
langage sert de caution à une lexicographie qui se veut scientifique. En
particulier, la description de la langue est tributaire de la perspective
historique qui marque la linguistique de l'époque et qui acquiert, chez
certains auteurs, une dimension proprement évolutionniste[1]. Dans cette
optique, la langue est considérée comme un *organisme* dont il s'agit de
suivre les filiations, ou plus généralement, les changements à la fois dans
un état déterminé et dans le temps. La notion même de *changement* est
le creuset où se rencontrent les postulats du darwinisme linguistique
et les principes de la linguistique historique. Or le problème majeur
des lexicographes du XIXᵉ siècle est précisément d'associer une description fonctionnelle de la langue à l'explication de son histoire, ce
qui est susceptible d'aboutir à une impasse, voire de compromettre la
fonctionnalité du dictionnaire.

---

1   Voir à ce propos Conry (1974), Auroux (2007), et Klippi (2010).

Chacun de ces trois dictionnaires est marqué par ce que l'on pourrait appeler une *dominante épistémologique* : l'histoire pour le *Dictionnaire de la langue française* d'Émile Littré, l'encyclopédisme pour le *Grand dictionnaire universel du XIXᵉ siècle* de Pierre Larousse, et la logique pour les auteurs du *Dictionnaire général*. L'appréhension de la langue et de son histoire est donc surdéterminée, dans une certaine mesure, par la posture épistémique de chaque lexicographe. Bien entendu, si cette posture est à même de déterminer les grandes orientations du travail lexicographique, il serait impensable de réduire un dictionnaire à un ensemble homogène d'hypothèses qui structureraient, avec le même degré de rigueur et d'uniformité, tous les niveaux du discours lexicographique. Cette impossibilité tient à la fois à des raisons linguistiques (l'hétérogénéité de la matière lexicale) et à des raisons extralinguistiques et purement rédactionnelles (le nombre souvent élevé de collaborateurs impliqués dans les différentes phases de rédaction et de révision du dictionnaire). Ceci étant, il nous semble significatif que ces dictionnaires présentent tous une structure à deux niveaux : la partition entre *état de langue* et *historique* des articles du dictionnaire de Littré, la subdivision entre volet linguistique et volet encyclopédique dans la microstructure des articles de Larousse et la séparation entre dictionnaire de langue et traité grammatical dans le *Dictionnaire général*. Ce hiatus structurel nous semble le corollaire des différents postulats que les lexicographes font valoir dans l'étude de la langue : la confiance en les vertus explicatives de l'histoire chez Littré ; l'optique encyclopédique de Larousse ayant pour objectif la démocratisation du savoir indispensable pour former non seulement des locuteurs, mais aussi des citoyens ; le principe logico-rhétorique du *Dictionnaire général* qui vise à retracer les généalogies des significations. Pour bien cerner la spécificité des trois dictionnaires, nous allons passer en revue chacune de ces trois démarches, en essayant de les mettre en regard.

La microstructure du *Dictionnaire de la langue française* (dorénavant DLF) d'Émile Littré (1801-1881) est subdivisée en deux rubriques : état de langue (espace sémantique faisant l'objet de la description) et historique (recensement archéologique des états de langue passés). Comme Littré l'explique dans la *Préface* de son dictionnaire, son but est « de combiner et d'embrasser l'usage présent de la langue et son usage passé, afin de

donner à l'usage présent toute la plénitude et la sûreté qu'il comporte »
(1874-1881 [1863-1877] : II). La connaissance de l'histoire des mots est
donc préalable à leur emploi actuel. Si, aux yeux de Littré, le fait de
« soumettre le dictionnaire à l'histoire » n'est pas en contradiction avec
l'étude de l'usage contemporain, c'est parce qu'il propose une acception
extensive de la notion d'usage : « l'usage contemporain, pris dans un
sens étendu, enferme le temps qui s'est écoulé depuis l'origine de la
période classique jusqu'à nos jours » (*ibid.* : IV).

Le corpus de Littré, qui rassemble des ouvrages du XVIIᵉ au XIXᵉ
siècle, tend à exclure les auteurs de son temps (Stendhal, Flaubert, etc.)
et privilégie le XVIIᵉ par rapport au XVIIIᵉ siècle[1]. Si l'état de langue
décrit (1630-1830) appartient à une époque révolue, le postulat de
Littré est que ce laps de temps est partie prenante de l'usage actuel.
Comme l'ont observé Rey et Delesalle (1979 : 12) : « Tout se passe
comme si le modèle de communication pour ce "français moderne"
était fonctionnel (comme si tous les discours étaient compatibles). Il
y a sans doute là une illusion pré-scientifique. » L'historique, quant
à lui, n'est qu'une anthologie de citations classées par siècle du XIIᵉ
au XVIᵉ. Selon les dires de Littré, l'originalité de son approche réside
précisément dans la structuration bipartite de ses articles et dans la
manière dont il interroge l'histoire :

> L'une [partie] comprend les diverses significations rangées suivant leur ordre
> logique, les exemples classiques ou autres où les emplois du mot sont consignés,
> la prononciation discutée quant il y a lieu, et les remarques de grammaire et
> de critique que l'article comporte. L'autre comprend l'historique, les rapports
> du mot avec les patois et les langues romanes, et, finalement, l'étymologie.
> Ces deux parties se complètent l'une l'autre ; car la première, celle de l'usage
> présent, dépend de la seconde, celle de l'histoire et de l'origine. Les séparer
> peut se faire et s'est fait jusqu'à présent ; mais la première sans la seconde est
> un arbre sans ses racines, la seconde sans la première est un arbre sans ses
> branches et ses feuilles ; les avoir réunies est l'originalité de ce dictionnaire.
> (1874-1881 [1863-1877] : XXXVII)

En réalité, le choix de cette « pseudo-synchronie » (Rey-Debove 1971 :
96) relève d'un effort de mise à distance de l'usage actuel, qui tient, à

1	Nous renvoyons à Goosse (1983) pour un sondage concernant la prépondérance du XVIIᵉ
	siècle, qui toutefois diminue progressivement en passant de 76 % du premier volume à
	57 % du quatrième.

notre avis, à l'hypertrophie de la méthode positiviste. Littré, partisan (puis dissident) du courant positiviste d'Auguste Comte (1798-1857), recherche une certaine distance par rapport à son objet d'analyse[1]. C'est le caractère contingent et instable de l'usage contemporain qui l'amène à dépasser « l'état présent de la langue ». Cette nécessité de recul ressortirait à l'impossibilité de construire un modèle de langue qui sert de norme pour l'usage du français de l'époque, en se servant de ce même usage. S'il privilégie la langue classique, c'est non seulement pour son prestige littéraire, mais surtout pour sa valeur archéologique et documentaire. On comprend alors que l'enquête historique est censée garantir une vision empirique de la langue. De surcroît, cet effort de distanciation se confond avec l'attitude normative du lexicographe puisque c'est la connaissance de l'histoire de la langue qui entérine un discours prescriptif. À travers la caution de l'histoire, l'usage présent peut devenir le *bon usage*, que Littré entend néanmoins soustraire à la rigueur excessive des grammairiens et des écrivains. En particulier, il s'inscrit en faux contre toute approche visant à « imposer à la langue des règles tirées de la raison générale et abstraite », qui « conduit facilement à l'arbitraire » (1874-1881 [1863-1877] : V), ce qui constitue une déclaration programmatique contre les grammaires générales qui se développent depuis le XVIIe siècle. Dans son dictionnaire, Littré prend le parti de limiter les néologismes, ainsi que les formes qui s'éloignent du canon littéraire des écrivains classiques. Il n'en reste pas moins que sa doctrine évolue dans le *Supplément* de 1877, qui s'ouvre aux formations nouvelles pourvu qu'elles soient conformes au génie de la langue.

En somme, la méthode positiviste vient renforcer la posture normative et lui fournit un argument de poids. On pourrait représenter ce modèle de langue comme il suit :

---

1   Dans un article de circonstance paru dans *Le Figaro* du lundi 13 juin 1881, intitulé « Hugo et Littré », Émile Zola remarque : « Auguste Comte lui donna la méthode qu'il cherchait […]. Il accepta la formule positiviste […] : il arrêta la formule, en la dégageant des rêveries d'Auguste Comte, en la ramenant à une rigueur toute scientifique […]. Sa peur de l'hypothèse est telle qu'il refuse toute théorie où elle entre pour la moindre part […]. » L'article est reproduit dans l'édition Gallimard/Hachette (1964) du dictionnaire de Littré, aux pages 45-55, cit. p. 52. Sur Littré et le positivisme, voir Rey (2008b : 55-93).

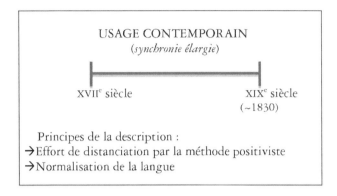

FIGURE 1 – Étendue de la nomenclature chez Littré
correspondant à un état de langue

Chez Littré, la contradiction est flagrante entre l'observation empirique
(la langue change) et le programme théorique que le lexicographe
s'assigne (justifier la langue actuelle en fonction de la langue passée),
Gaston Paris (1839-1903) mettra en évidence l'antinomie, somme toute
fructueuse, entre ces vues :

> L'illusion de Littré a d'ailleurs été féconde [...]. Il lui est un peu arrivé ce qui
> est arrivé à Christophe Colomb : imbu des idées des géographes de son temps,
> Colomb, en s'élançant à l'Occident, croyait devoir rencontrer le rivage oriental
> de l'Inde : au lieu de fermer le cercle du monde ancien, il trouva un monde
> nouveau. Littré, fidèle aux théories des grammairiens, ne prétendait que les
> compléter, en ajoutant à l'usage classique le renfort de l'usage médiéval : il a
> révélé à la fois la continuité et l'évolution constante de la langue, continuité
> que n'altère aucune brusque interruption, évolution qui dure toujours et qui
> se continuera indéfiniment. (Paris 1907 [1900] : 370)

Si la démarche de Littré aboutit à la découverte de l'histoire de la
langue comme continuité ininterrompue, ce n'est pas pour autant que
Littré adhère à une vision continuiste de l'histoire des langues (voir
infra). Au sein du *continuum* qu'il découvre, le lexicographe s'efforce de
mettre en sourdine l'écart, l'anormal et l'irrégulier, ce qui ouvre la voie
à l'explication pathologique[1]. Sa méthode se fige dans deux attitudes

---

1   Rappelons l'opuscule *Pathologie verbale ou lésions de certains mots dans le cours de l'usage*
    (1880), où Littré rassemble les anomalies de certains mots qu'il avait relevées pendant la

opposées – positivisme et normativité – qui n'en produisent pas moins le même effet : la méthode positiviste privilégie la rationalité au détriment de tout ce qui s'en écarte, de même que le parti pris normatif rend la description imperméable à la notion même d'écart.

Si Littré thématise la notion d'état de langue, son fidéisme positiviste et sa posture normative l'empêchent de parvenir à une conception réaliste des faits linguistiques. Au demeurant, une tentative de mise à distance du réel – certes de toute autre nature – ressortira de l'effort théorique d'abstraction de Ferdinand de Saussure (1857-1913). Celui-ci se démarquera également d'une conception réaliste des états de langue à travers le geste épistémologique qui identifie *synchronie* et *diachronie* pour les distinguer. La synchronie, qui annule la temporalité toute en la supposant génétiquement, est la condition *sine qua non* de la généralisation scientifique : « *Il n'y a de "langue" et de science de la langue* qu'à la condition initiale de faire abstraction de ce qui a précédé, de ce qui relie entre elles les époques. Toute *généralisation* est impossible tant qu'on n'a pas séparé l'état de sa genèse » (Godel 1957 : 46). L'approche de Littré révèle les contradictions du discours sur le changement qui appréhende l'histoire en termes de caution et de justification de l'usage contemporain. La lexicographie du XIXᵉ siècle permet alors de mieux saisir la portée et l'historicité de la leçon saussurienne. Il nous semble en effet significatif que, dans sa réflexion sur la place de l'histoire dans l'étude de la langue, Saussure s'en prenne à la démarche empirique et pseudo-scientifique de la lexicographie de l'époque, à partir précisément d'une analyse de la méthode du DLF de Littré et du *Dictionnaire général*[1].

Quant au *Grand dictionnaire universel du XIXᵉ siècle* (dorénavant GDU) de Pierre Larousse (1817-1875), sa méthode se définit par opposition à celle de Littré, ce qui prouve, de notre point de vue, l'importance des « mises en série » afin de comprendre les dynamiques productives et les modalités de construction, voire de circulation, des savoirs sur la langue (Colombat, Fournier et Puech 2010). Larousse taxe la démarche de Littré de « philologie archéologique » :

---

rédaction de son dictionnaire.

[1]   Voir Engler (1967-1974 : 1600 B : II R). Sur la place de la lexicographie dans la réflexion saussurienne, voir Bisconti (2010 : 275-338).

> Ces études rétrospectives, cette sorte de philologie archéologique peut plaire
> aux savants et aux linguistes ; mais elle n'offre qu'un médiocre intérêt pour
> les gens du monde, qui veulent connaître avant tout la langue telle qu'elle
> existe aujourd'hui. (Larousse 1990-1991 [1866-1890] : XVI)

Il va de soi qu'aux yeux de l'ancien instituteur de Toucy, soucieux avant tout de démocratisation, les choix de Littré, imprégnés d'érudition, s'accommodent mal des exigences du grand public. Contrairement à Littré, Larousse vise à décrire la langue dans l'état le plus contemporain : « Un dictionnaire du XIXe siècle ne doit-il pas s'attacher de préférence à reproduire la physionomie de la langue au moment actuel ? » (Larousse 1990-1991 [1866-1890] : LXV-LXVI). Cette posture est cohérente avec les vues qu'il expose dans le *Nouveau dictionnaire de la langue française* (1856) où il propose une nouvelle approche qui s'attache à décrire l'usage le plus actuel, en réalisant une *daguerréotypie* de la langue : « C'est au lexicographe à observer, à suivre attentivement cette transformation et à daguerréotyper, pour ainsi parler, cette physionomie au moment même où il écrit, ainsi qu'à utiliser les richesses que les langues vivantes acquièrent avec le temps » (*ibid.* : IX). Ce n'est sans doute pas un hasard s'il utilise un néologisme pour qualifier une lexicographie également nouvelle[1] et qui se veut en prise directe sur la langue actuelle.

Les articles du GDU comportent deux volets : le premier constitue la partie lexicologique du dictionnaire ; le second, beaucoup plus long, propose des développements encyclopédiques. Si le lexicographe sépare structurellement ces deux parties, le volet lexicologique ne parvient pourtant pas à éviter la superposition entre *signe-nommant* et *chose-nommée* (Rey-Debove 1971). Qui plus est, tout en rejetant l'intervention systématique de l'histoire, la partie proprement lexicologique du GDU n'en présente pas moins un mélange de plusieurs états de langue. Prenons, parmi beaucoup d'autres exemples, le traitement de l'entrée *bureau*. Les informations que Larousse donne dans le volet lexicologique de l'article tendent à déborder la description synchronique car certaines institutions

---

1   À propos du titre *Nouveau dictionnaire de la langue française*, Pruvost (2002 : 62) remarque justement : « C'est au demeurant [dans] son titre […] que la volonté de se dissocier des autres ouvrages est explicite. Le qualificatif "nouveau", antéposé, est en effet le plus souvent associé au remaniement, à la cure de rajeunissement, d'un dictionnaire déjà existant […]. Or ici, le titre […] résonne comme une pierre dans le jardin des autres dictionnaires, le "petit" dictionnaire de langue française […] est en effet "nouveau" par rapport à tous les autres. »

que le lexicographe mentionne (*bureau de rencontre, bureau d'adresses*) ne sont plus actuelles à son époque. Considérons de près la locution *bureau d'adresses*. La comparaison avec le traitement de la même expression chez Littré nous semble éclairante :

Littré - DLF	Larousse – GDU
Bureau [...]	Bureau [...]
9° Bureau d'adresse, lieu où l'on se charge de procurer divers renseignements. ‖ <u>Familièrement</u>. C'est un vrai bureau d'adresse, c'est-à-dire c'est une maison où l'on dit beaucoup de nouvelles, c'est une personne qui a toujours beaucoup de nouvelles à dire. (C'est nous qui soulignons)	– *Bureau des longitudes* ‖ *Bureau d'adresses*, Établissement qui fournissait <u>autrefois</u> des renseignements de diverse nature. ‖ Se dit <u>par plaisanterie</u> d'une maison où se débitent un grand nombre de nouvelles, et même de la personne qui le débite ‖ *Bureau de rencontre*, Nom sous lequel, <u>au XVIIIᵉ siècle</u>, le public désignait les bureaux d'adresses, parce qu'on était sûr d'y rencontrer nombre de personnes que l'on avait intérêt à voir. (C'est nous qui soulignons)

FIGURE 2 – L'entrée *bureau* dans le DLF de Littré et le GDU de Larousse

Comme l'indique le présent de l'énonciation, Littré décrit cette institution comme étant encore actuelle, mais il n'y a pas moyen de savoir si cette actualité s'identifie effectivement au temps de l'auteur. Le résultat est une synchronie indéterminée, d'autant plus que l'acception ne comporte aucun exemple qui aurait pu éclairer le lecteur. Or, pour expliquer les sous-acceptions, la métalangue de définition introduit une marque diastratique, « Familièrement[1] ». L'indication de registre, qui est une marque fonctionnelle (Rey 2008a : 66), nous fait comprendre que le signe-nommant est bel et bien en usage à l'époque de Littré. Comme l'a bien démontré Glatigny (1998), les marques d'usage ne sont ni systématiques ni homogènes dans la lexicographie du XIXᵉ siècle. En particulier, chez Littré le nombre de marques diachroniques est

---

1   Glatigny (1998 : 80) montre que, chez Littré, le marquage diastratique est très faible par rapport à des marques d'autre nature. Sur le corpus de quatorze dictionnaires retenu par Glatigny, qui comprend aussi le GDU, seul le *Dictionnaire général* utilise moins de marques diastratiques et fait « bien peu d'allusions à la stratification sociale du lexique » (*ibid.* : 99).

très faible car « [d]'une façon inattendue, mais parfaitement logique, la prise en considération du fonctionnement de la langue ancienne a fait baisser le nombre d'unités jugées comme survivances artificielles de cette langue » (*ibid.* : 144).

En revanche, Larousse propose, en plus d'une marque diachronique explicite (« autrefois »), un marquage diastratique différent (« par plaisanterie »). Sa définition, qui porte sur la chose-nommée[1], présente le *bureau d'adresses* comme une institution définitivement révolue, ce qui se traduit au plan énonciatif par un verbe à l'imparfait accompagné de l'adverbe temporel « autrefois » servant de marqueur. Or, si les informations non fonctionnelles concernent les données étymologiques et historiques (Rey 2008a : 66), la marque diachronique « autrefois » semble justifier les significations en usage introduites par la notation diastratique (« par plaisanterie ») associée au présent de l'énonciation. Comment expliquer la présence d'éléments explicitement diachroniques dans un dictionnaire qui vise à daguerréotyper l'usage actuel ? Une réponse est à rechercher dans l'encyclopédisme du dictionnaire qui affecte également la partie lexicologique des articles. En particulier, pour rendre compréhensible l'usage actuel (« par plaisanterie »), Larousse se doit de remonter à la signification propre. Ainsi, l'évocation du référent désuet (la chose-nommée) permet-elle d'expliquer l'usage actuel de l'expression (le signe-nommant) en termes de plaisanterie. Voilà pourquoi on peut dire avec Glatigny (1998 : 149) que « [l]es marques de vétusté prennent assez souvent une allure nouvelle ».

De même, Larousse présente la locution *bureau de rencontre* – que Littré ne recense pas – comme une expression en usage au XVIIIe siècle. Dans ce cas, l'utilisation de la métalangue du signe (« désignait ») fait le départ entre le signe-nommant et la chose-nommée, qui a disparu. Les exemples de ce type sont légion et prouvent, d'une part, que les frontières entre partie lexicographique et encyclopédique sont difficiles à fixer, et d'autre part que l'encyclopédisme de l'information et le souci d'expliquer l'usage contemporain conduisent Larousse à récupérer l'histoire au sein de l'état actuel. Cela ne détermine pourtant pas un mélange indifférencié de synchronies comme chez Littré :

---

1   On voit bien que la caractérisation du dictionnaire de langue comme étant un dictionnaire de mots (*versus* de choses) est factice. Pour une étude typologique des dictionnaires de langue et des dictionnaires encyclopédiques, voir Rey-Debove (1971 : 32-34) et Rey (2007 : 37-43).

[O]n voit dans GDU à la fois la dérive et l'évolution de l'attitude historicisante dans le marquage de la vétusté. Notre dictionnaire *universel* garde du début du siècle la conception d'un répertoire recueillant les richesses du passé. Il les voit surtout comme des curiosités, des bibelots rares et précieux dont la connaissance est valorisante pour le lecteur [...]. L'appréciation esthétique a tendance à remplacer une analyse philologique. (Glatigny 1998 : 150)

En général, dans les dictionnaires du xixe siècle, il faut tenir compte de la « distinction entre l'archaïsme au sens moderne (terme encore utilisé, mais senti comme ancien) et le mot recueilli comme souvenir d'usages classiques » (*ibid.* : 132), et ce *a fortiori* dans un dictionnaire universel[1].

La question de la relation entre état de langue et histoire se pose aussi bien pour le *Dictionnaire général de la langue française du commencement du* xviie *siècle jusqu'à nos jours* (dorénavant DG), qui prend le parti d'associer l'histoire à la logique afin d'expliquer la causalité des transformations de sens. Comme le titre de l'ouvrage l'indique, la description de l'état de langue repose sur les trois siècles retenus par Littré. En particulier, Adolphe Hatzfeld (1824-1900) et Arsène Darmesteter (1846-1888) prennent leurs distances des lexicographes qui « proscrivent sévèrement les mots anciens comme surannés » (1964 [1890-1900]) : VIII). Or l'analyse des causalités vise à retracer la démarche rationnelle de l'esprit dans l'évolution du sémantisme des mots. Il s'agit de « chercher dans les lois de la pensée la cause historique des transformations » (*ibid.* : II). Dans ce dictionnaire, l'analyse de la généalogie des significations des mots est exclusive car tous les autres aspects – phonétique, morphologie, syntaxe – sont abordés dans le *Traité de formation de la langue*, place en tête du dictionnaire. Le traité est structurellement intégré au dictionnaire à travers un système de renvois qui relie les articles aux différentes parties de l'exposé théorique (hormis les deux derniers livres)[2].

---

1   Voilà pourquoi, par rapport au DLF de Littré et au *Dictionnaire général*, le GDU est celui qui affiche un plus grand nombre de marques diachroniques, voir Glatigny (1998 : 108).

2   Le *Traité de la formation de la langue* se compose de quatre livres : *Le matériel des mots ou le lexique* (Livre premier), *Histoire de la prononciation* (Livre deuxième), *Formes grammaticales* (Livre troisième), *Notes de syntaxe* (Livre quatrième). Élaboré par Darmesteter, ce traité reste inachevé à cause de la mort prématurée de l'auteur, en 1888. Il sera achevé par Léopold Sudre et Antoine Thomas à partir des ébauches de Darmesteter, des notes de ses cours et de ses ouvrages, *Traité de la formation des mots composés* (1874) et *De la création actuelle des mots nouveaux* (1877).

Dans le DG, le goût pour l'explication logique se combine avec une structure arborescente des filiations de sens qui est essentiellement tributaire d'un modèle généalogique. Cette approche postule une logique interne à la langue que l'histoire permet de dégager. À travers la méthode historique, les auteurs visent à retracer les étapes par lesquelles l'esprit est passé dans son travail de production du sens : c'est par là que la lexicographie est partie prenante du développement de la sémantique[1]. Le but du dictionnaire est non seulement de recenser les diverses acceptions des mots mais surtout d'en explorer la filiation des sens. Dès lors, les auteurs rejettent la classification proposée par Littré qui repose sur « une série de subdivisions de même degré » (*ibid.* : XVII). Ce dernier a établi une filiation sémantique en fonction de l'étymologie, mais qui n'a qu'un caractère de *successivité*. On connaît bien, au contraire, l'avancée remarquable du DG qui introduit de « grandes divisions » par le biais d'un système de notations typographiques comprenant des chiffres romains (I, II, III, etc.), des numéros (1°, 2°, 3°, etc.), des simples chiffres (1, 2, 3, etc.) et d'autres métasignes (‖, |). Il s'agit de rendre compte de l'ordre rationnel qui explique la ramification sémantique d'un mot : « l'acception n'est plus isolée, elle est reliée aux autres par l'Histoire de la pensée qui, au-delà des significations particulières, permet de dégager l'unité fondamentale du mot » (Matoré 1968 : 241).

La difficulté d'articuler la logique à l'histoire pourrait se solder par une aporie. Or, entre ces deux pôles, se fait jour une troisième voie qu'est la psychologie collective[2]. Celle-ci est à même d'infléchir la logique vers l'histoire. Le DG nous paraît, dès lors, comme une œuvre de transition entre une exigence de rigueur qui est encore imprégnée de rationalisme logique et une exigence de généralisation qui émane de l'objectivisme historique.

---

1   Voir Bisconti (2010 : 135-174).
2   Cet infléchissement vers la psychologie ressort notamment de l'ouvrage de Darmesteter, *La Vie des mots étudiée dans leurs significations* (1887). Dans son compte rendu de l'ouvrage, Gaston Paris (1906 [1887] : 294) s'inscrit en faux contre les recherches sur la psychologie particulière d'un peuple auxquelles il faut préférer, comme Darmesteter le fait, une investigation sur le « double point de vue du rapport des idées avec leur signe linguistique et du problème fondamental de ce qu'on pourrait appeler la mécanique psychique, à savoir l'association des idées ».

3. LES ENJEUX DE L'ÉTYMOLOGIE
DANS L'ÉTUDE DE LA LANGUE

L'étude de la place de l'histoire de la langue dans la lexicographie du
XIXe siècle ne peut pas être dissociée d'une réflexion sur les conceptions
de l'étymologie, qui, une fois de plus, divergent dans les trois dictionnaires. Par delà l'exactitude des analyses étymologiques – aujourd'hui
en partie périmées –, c'est la fonction que l'on attribue à l'étymologie
dans la description de la langue qu'il nous importe d'analyser.

Selon Littré, après des débuts incertains, l'étymologie est devenue une
véritable science procédant de « règles générales et positives » (Littré 1874-
1881 [1863-1877] : XXXI). Dans l'*Histoire de la langue française* (1863),
il considère l'histoire comme un « microscope » et définit l'étymologie
comme « l'instrument analytique qui permet d'observer cette grande
faculté [celle qui transforme] dans ses opérations » (Littré 1863 : 27). La
pratique étymologique de Littré repose sur les acquis de la *Grammatik
der romanischen Sprachen* (1836-1843) et de l'*Etymologisches Wörterbuch
der romanischen Sprachen* (1853) de Friedrich Diez (1794-1876). Comme
l'a remarqué Gilles Roques (1994 : 403) : « [s]on rôle fut de mettre les
étymologies, surtout celles de Diez, à l'épreuve des matériaux historiques
qu'il avait constitués », ce qui lui a permis de faire « passer l'histoire du
vocabulaire et l'étymologie dans la sphère de la lexicographie générale
du français ».

Dans le DLF, l'étymologie intervient à la fin de l'article, après les
matériaux documentaires de l'historique dont elle est l'aboutissement[1].
La recherche étymologique repose alors sur la méthode inductive :

[L]a base de l'étymologie est désormais placée dans l'induction historique ;
et induire historiquement, c'est rassembler et conférer toutes les formes col-
latérales d'un même mot soit dans les différentes régions où il s'est produit,
soit dans les différents temps où il a existé. (Littré 1863 : 38)

---

1   Tirant les leçons de la méthode comparative, Littré fixe six critères que la recherche
    étymologique doit pouvoir remplir pour ne plus être une pure conjecture : « le sens, la
    forme, les règles de mutation propres à chaque langue, l'historique, la filière et l'accent
    latin » (Littré 1874-1881 [1863-1877] : XXVIII).

Gilles Roques (1983 : 374) salue ce « va-et-vient constant qui s'établit
entre l'historique et l'étymologie » — véritable innovation par rapport à
Diez —, mais n'en relève pas moins l'illusion d'objectivité car « la présentation des matériaux est déjà une interprétation ». La conception de
l'étymologie chez Littré révèle un défaut majeur, qui tient à la notion
de filiation entre langues. Cela le conduit à distinguer — selon la mode
de l'époque — entre « étymologie primaire » (langues mères) et « étymologie secondaire » (langues filles) : dans le DLF, il n'est question
que de cette dernière. Mais, le « principal tort » (Roques 1983 : 369)
du dictionnaire est de ne pas avoir distingué les mots empruntés (ex.
féminin, emprunt au lat. class. *femininus*) des mots hérités (ex. *femelle*, du
lat. class. *femella*, dimin. de *femina*), distinction qui sera mise à l'honneur
par le *Dictionnaire général*. Gaston Paris, qui bat en brèche la notion de
filiation entre langues, met en évidence la myopie de ces vues[1] :

> Le français […] n'est que le latin parlé, sans aucune solution de continuité,
> ni rien qui ressemble à la génération d'un individu par un autre. Quand un
> mot appartenant au vocabulaire du latin parlé a passé jusqu'à nous par une
> tradition orale ininterrompue, le ramener à sa forme latine n'est pas en faire à
> proprement parler l'étymologie, c'est remonter plus haut dans son l'histoire de
> l'évolution qu'il a décrite. […] Il faudra donc, en réalité, remplacer la rubrique
> *Étymologie* par la rubrique *Histoire du mot* […]. Il n'y a d'étymologie, — non au
> sens grec, mais au sens moderne —, que pour les mots empruntés à d'autres
> langues. Voilà la vraie distinction entre deux genres de recherches que l'on
> confond sous le nom d'étymologiques. ([1900] 1907 : 378-379)

Dans le GDU, Pierre Larousse insiste, à son tour, sur l'importance
de l'étymologie et vante les mérites de la philologie comparée « qui ne
date que d'hier et qui, cependant, a pris rang immédiatement à côté de
l'histoire, de l'anthropologie […] pour lesquelles elle est désormais un
auxiliaire indispensable » (1990-1991 [1866-1890] : LXVI) :

> D'abord l'*étymologie*, ou l'histoire des origines individuelles des mots, la généa-
> logie des termes d'une langue. Les lecteurs verront comment nous avons traité
> cette partie, qui, dans un dictionnaire français, doit être considérée comme
> une des plus importantes, au point de vue de la connaissance exacte des mots.
> Le *Dictionnaire du XIXᵉ siècle* est le premier jusqu'ici […] qui ait inauguré en
> France ce progrès capital. (*ibid.* : LXVIII)

---

1   De même, Paul Meyer (1863-1864) sera très critique envers la vision discontinuiste de
     l'histoire des langues romanes de Littré.

Le programme de Larousse est plus ambitieux que celui de Littré, dont il veut se démarquer. Les analyses étymologiques de ce dernier sont, à ses yeux, totalement indigentes car Littré n'est pas remonté au-delà du latin et du grec. En revanche, Larousse se propose de franchir les « colonnes d'Hercule de la philologie classique » et de reconstruire « l'histoire complète d'un radical » en suivant les transformations qu'il a subies dans toute la grande famille indo-européenne. L'étymologie s'en trouve alors élevée « à la hauteur d'un enseignement philosophique et historique » (*ibid.* : LXVIII). Il ne s'agit plus d'une quête de légitimation par le passé comme chez Littré, mais de la recherche de tout ce qui peut aider à mieux comprendre la langue actuelle. Dans l'optique démocratique de l'auteur du GDU, le but éducatif de l'analyse étymologique ressort comme une évidence.

Force est de constater que le jugement de Larousse sur l'étymologie n'est pas univoque. Dans le *Nouveau dictionnaire de la langue française* (1856) – qui comprend aussi des notes étymologiques –, l'intérêt qu'il porte à l'étymologie est mitigé, et ce pour des raisons qui tiennent à la prise en compte de l'usage actuel des mots :

> Un grand nombre de mots ont commencé pour avoir un sens fidèlement étymologique. C'est ainsi qu'ignoble (de *in nobilis*, qui n'est pas noble, qui est plébéien), insolent (de *insolens*, qui n'est pas dans l'usage, dans la coutume) ont exprimé d'abord une idée analogue au sens des mots qui ont servi à leur formation. Mais il est souvent arrivé que, dans le langage ordinaire et sous la plume des écrivains, le sens étymologique a subi des transformations [...]. Ne devient-il pas alors inutile, sinon ridicule, de le consigner scrupuleusement dans les colonnes d'un dictionnaire ? [...] quelle idée se faire d'un livre que l'on croit composé pour les besoins de l'époque, mais dont les réminiscences du moyen-âge ont fait les frais ? (Larousse 1856 : VIII-IX)

En réponse aux attaques des « grammatistes modernes » à l'adresse du dictionnaire de l'Académie française (1835), il va jusqu'à remettre en question l'intérêt de l'étymologie dans l'étude de la langue :

> Ils reprochent à l'Académie de ne s'être inquiétée ni de l'étymologie, ni de la prosodie, ni des formes grammaticales. Mais toutes ces choses [...] n'ont qu'un intérêt très-secondaire et ne sont nullement la langue. L'Académie avait à s'occuper du sens des mots, de leurs acceptions propres et métaphoriques, de nos expressions proverbiales, en un mot, à fixer cette langue. [...] (*ibid.* : XII)

Dans ses manuels de lexicologie, Larousse exprime ses réserves envers un assujettissement à l'étymologie qui pourrait être fourvoyant au point de vue du sémantisme des mots. Il rejoint par là les positions des sémanticiens[1]. Néanmoins, l'étymologie est vue comme un exercice cognitif stimulant, susceptible de conduire les élèves à une compréhension des dynamiques de production de sens qui sont à l'œuvre dans la langue. Comme le remarque Saint-Gérand (2005), « [l]à où [Littré] se satisfait du parfait fonctionnement d'une machine linguistique ayant pour moteur une morphologie régulière, l'auteur du G.D.U. apprécie le maillage en quelque sorte cognitif avant la lettre que cette discipline permet d'opérer au-dessus du champ des connaissances générales ». Dans le *Jardin des racines latines* (1860), Larousse se rallie alors au cratylisme, dont il s'approprie la devise : « [l]a connaissance des mots conduit à la connaissance des choses » (1860 : 11). Il va sans dire que ce principe s'accommode bien du volontarisme pédagogique, la lexicologie étant pour lui « essentiellement une pédagogie globale du vocabulaire, en tant que moyen d'accès aux connaissances » (Rey 1995 : 134). Dans ce manuel, Larousse propose aussi des devoirs de morphologie dérivationnelle à travers des batteries d'exercices de suffixation et de préfixation. On voit alors apparaître une nouvelle manière d'entendre le travail étymologique. L'étymologie ne concerne pas seulement ce que Saussure appellera, dans *De l'essence double du langage*, « identité étymologique », elle a également affaire aux rapports de dérivation grammaticale (Engler 1967-1974 : 2836)[2].

Selon les auteurs du DG, l'étymologie relève de la pure anecdote si l'on se borne à la noter sans en tirer des lumières. Il est insuffisant d'indiquer la forme primitive d'un mot et celles qui en dérivent : pour que l'étymologie soit éclairante « il faut expliquer en vertu de quelles règles la forme étymologique a subi telle ou telle métamorphose » (Hatzfeld, Darmesteter et Thomas 1964 [1890-1900] : XI). À la différence de Littré et comme dans le GDU, les auteurs du DG placent l'étymologie en tête de chaque article « parce que c'est elle qui doit rendre compte

---

1   Comme le dira Michel Bréal (2005 [1897] : 204) : « [L]'examen des origines d'un mot peut constituer un point de départ ; mais ce ne serait pas la preuve d'un esprit bien fait d'y insister trop fortement et d'en tirer de trop longues ni de trop importantes conséquences ».

2   Saussure expliquera que l'étymologie est une application spéciale des principes relatifs aux faits synchroniques et diachroniques (Engler 1967-1974 : 2836). En tant qu'application des « principes relatifs aux faits synchroniques », elle s'occupe des rapports de dérivation grammaticale qui permettent de dire que « pommier vient de pomme » (*ibid.* : 2836).

de la signification première et qui conduit à la définition comme au classement des sens » (*ibid.* : XI). Elle est donc le point de départ des filiations sémantiques. De plus, elle est accompagnée d'un renvoi au paragraphe du *Traité* qui explique la « raison d'être » d'un fait linguistique donné : « [T]ous les faits qui constituent les divers moments de son existence sont donnés en détail à chaque article du Dictionnaire, pour être appris et étudiés d'une manière générale dans la partie du Traité qui s'y rapporte. » (*ibid.* : XI) Dès lors, les informations étymologiques s'organisent en un véritable système. L'étymologie est le dispositif qui permet d'extraire la généralité de l'accidentalité qui intervient dans l'histoire des mots. Comme l'observe Gaston Paris :

> L'idée de Darmesteter, en ce qui concerne l'étymologie, dépassait singulièrement en profondeur et en portée celle de Littré. Chaque étymologie, chez celui-ci, reste isolée : il ne renvoie qu'accidentellement à un autre mot pouvant fournir un exemple pareil de permutation phonétique. Darmesteter voulut non seulement donner l'analyse de tous les phénomènes de tous les mots dans leurs transformations successives, mais, dans une synthèse de toutes les observations faites sur chaque mot, constituer une histoire phonétique générale du français. (Paris 1907 [1900] : 393)

Rappelons que Darmesteter est, en étymologie, un néogrammairien. Son postulat est que le français est la continuation du latin, et cela sans rupture de continuité. Or la rubrique étymologique du DG contient la notation « *m.s.* » (*même sens*) après le mot latin pour indiquer que le sens latin a subsisté en français. Gaston Paris conteste cette pratique réductrice « qui nous laisse dans l'ignorance » et met en garde contre l'erreur qui consiste à considérer que le sens du mot latin coïncide systématiquement avec le premier sens assigné au terme français. La microstructure du DG laisse en effet croire que les autres significations sont des développements spécifiques du français, ce qui n'est pas toujours le cas[1]. À cause de ce défaut, la généalogie des acceptions à partir du latin pourrait donc être erronée.

---

[1] Paris (1907 [1900] : 401-402) en donne un exemple : « Au mot *sein*, nous lisons à l'étymologie : "Du lat. *sinum*, m.s." puis, comme sens : "I. *Vieilli*. Courbure, d'où 1. (Marine.) Partie de la voile arrondie par le vent qui la gonfle ; 2. (Géogr.) Sinuosité du rivage. II. 1° Partie du corps humain qui est entre les deux bras et porte les mamelles ; 2° Mamelle de la femme ; 3° Partie du corps où la femme porte l'enfant." Le sens I, qui se retrouve en latin, semble être seul héréditaire en français et avoir engendré le sens II avec ses trois

4. EN GUISE DE CONCLUSION :
JALONS POUR UNE RÉFLEXION HISTORICO-ÉPISTÉMOLOGIQUE

Cette étude sur les méthodes lexicographiques du passé nous amène à deux ordres de conclusions qui concernent, d'une part, les intérêts de connaissance suscités par notre objet d'étude (les dictionnaires du XIXe siècle), et d'autre part, le positionnement de l'historien des idées linguistiques face aux modèles explicatifs élaborés dans le passé.

Quant au premier aspect, les dictionnaires analysés permettent de saisir les différentes conceptions de l'histoire de la langue au XIXe siècle. Si l'Histoire est l'une des coordonnées épistémiques majeures de la recherche linguistique de la fin du siècle, elle n'en produit pas moins une hétérogénéité de discours qui tient aux postulats que les différents lexicographes font valoir. La question qui se pose est bien la tentative de concilier la description de l'usage actuel avec la prise en compte de l'histoire de la langue en tant que légitimation, documentation, voire explication de l'usage actuel. De ce point de vue, le discours lexicographique ne postule pas de véritable solution de continuité entre la langue et l'histoire de la langue.

Pour ce qui est du second aspect, les discours programmatiques des lexicographes permettent de suivre le débat d'idées sur les langues et le langage et le décalage possible entre les positions théoriques et leur mise en œuvre. Par là, les dictionnaires deviennent des observatoires privilégiés de l'historicité des idées linguistiques et des procédures d'analyse, ainsi que de la cumulativité partielle que suppose leur transmission. La prise en compte de cette historicité conduit ainsi à rechercher la causalité dans la production des savoirs linguistiques car il s'agit, pour l'historien, de comprendre la dialectique entre passé et présent, la transmission d'héritage en héritage et l'essor de nouvelles façons de penser l'activité langagière ou d'outiller la langue. Ainsi l'historien ne vise-t-il pas à

---

subdivisions. Or, il n'en va pas ainsi. Le sens I, tout "vieilli" qu'il soit, n'est en français qu'un latinisme : les géographes qui ont dit "le sein Persique" ont simplement calqué le *sinus Persicus* du latin, et le "sein" d'une voile n'est également que la reproduction du latin *sinus*. Le mot n'est vraiment héréditaire en français qu'au sens II, 1° ; les sens 2° et 3° sont des euphémismes qui se sont développés, en français même, à une époque relativement récente. »

juger les approches et les démarches anciennes à l'aune de l'exactitude des résultats. Son intérêt se porte plutôt sur l'élaboration progressive des méthodes et des techniques d'analyse, et sur le changement théorique dont il s'agit d'analyser les causalités (Colombat, Fournier et Puech 2010, Auroux 2006), de même que sur les dispositifs herméneutiques du passé qui ne coïncident pas nécessairement avec les nôtres.

Les leçons de l'histoire n'en sont pas moins instructives. Le débat qui accompagne la description lexicographique de la langue dans la deuxième moitié du XIXᵉ siècle est à l'origine d'une double dynamique : d'une part, la possibilité d'une révision des modèles descriptifs jugés inadéquats par les lexicographes eux-mêmes (le GDU et le DG face aux analyses étymologiques ou aux aspects typographiques de Littré, les analyses de Saussure par rapport aux articles de dictionnaires de Littré et du DG, etc.) ; d'autre part, la ratification de certains objets d'analyse et procédures qui sont soumis à d'autres finalités (la synchronie étendue de Littré adoptée par les auteurs du DG pour suivre le travail de la pensée). Cette double dynamique fait ressortir la spécificité même du dictionnaire, « un objet technique qui se modifie par *accrétion*, reprise, ajout » et qui n'est pas « une théorie qui est susceptible de se modifier d'un coup » (Auroux 1994 : 118).

Valentina BISCONTI
Université Sorbonne nouvelle
– PRES Sorbonne Paris Cité ;
Laboratoire d'Histoire des Théories
Linguistiques, UMR 7597/CNRS/
Université Paris 7

COHÉSION ET COHÉRENCE DISCURSIVES EN DIACHRONIE

Mise au point et perspectives

1. INTRODUCTION

Au centre de notre étude se trouvent les notions de cohérence et cohésion discursives analysées du point de vue de leur pertinence pour une démarche diachronique. Afin d'aboutir à ce que Jean-Michel Adam et Ute Heidmann (2004 : 62) appellent un effet de texte, un texte doit répondre aussi bien à l'exigence de la cohérence qu'à celui de la cohésion. Quant à l'analyse des effets de cohérence et de cohésion, il s'agit surtout d'élargir le champ traditionnel des études de linguistique textuelle qui se sont majoritairement concentrées sur les marques fortes de la cohésion des discours, même si la réflexion sur la cohérence du discours est une question centrale des recherches en linguistique, déjà ciblée depuis longtemps par des linguistes comme Bernard Combettes (1983, 1987, 1988, 1993) et Michel Charolles (1982, 1988, 1989)[1]. Ce recentrement des recherches sur la question de la cohérence ressort, par exemple, dans les articles réunis dans l'ouvrage *Cohérence et discours* (Calas 2006) dont nous retenons surtout – étant donné l'intérêt qu'elle représente pour les recherches en diachronie – l'étude de Bernard Combettes intitulée « Textualité et systèmes linguistiques » (2006 : 39-52). L'auteur propose de prendre en compte le texte dans sa spécificité, dans la structuration des catégories qui lui sont propres pour en évaluer de façon globale la cohérence. C'est dans une perspective diachronique qu'il montre comment l'évolution des catégories textuelles joue un rôle non négligeable dans le domaine de la structuration de l'information. La prise en considération

---

1   Voir également la bibliographie générale établie par Karabétian (1999).

d'une perspective diachronique permettra de déterminer les modifications importantes dans la conception même de la phrase comme palier de traitement et les relations qui s'établissent entre le texte et l'unité phrastique. D'un point de vue méthodologique – et c'est sur ce point que nous souhaitons insister – il est important de dépasser une mise en relation trop simple entre le texte et la phrase, car « les variations et les évolutions dans la nature des paliers de traitement du niveau informationnel sont aussi importants que le codage linguistique au sens strict » (Combettes 2006b : 51). Avec l'évolution des structures syntaxiques, la hiérarchisation du dynamisme communicatif ainsi que la mise en place de nouveaux genres et univers discursifs apparaîtra une autre conception de la cohérence discursive qui agit sur des fragments textuels de plus en plus vastes et nécessite la mise en relation d'éléments macro- et microstructurels. Au plan macrostructurel, il s'agit de la division d'un ensemble textuel en chapitres, traités ou parties, mais aussi de la prise en considération de l'ensemble de l'appareil d'encadrement du texte (les énoncés du titre, du sous-titre, la dédicace, la préface, les illustrations). Le niveau microstructurel est celui des propositions qui sont analysées en tant qu'éléments constitutifs d'une séquence (enchaînement des micro-propositions, phénomènes d'empaquetage) et du point de vue de leur arrimage les unes aux autres (par exemple : création de séries énumératives et emploi de connecteurs comme structurants textuels). Un arrimage réussi des énoncés fait ressortir la structure globale du texte, c'est-à-dire les relations sémantiques et les liens hiérarchiques qui sont établis entre les idées.

L'examen de la cohérence et cohésion d'un texte met en jeu deux types d'unités : celles qui se manifestent au niveau de la structure propositionnelle, où doit s'organiser la linéarisation des divers syntagmes, et celles qui jouent un rôle au niveau textuel, où s'enchaînent les propositions successives et les segments du texte. Les fonctionnements respectifs de ces deux unités, en ce qui concerne le plan informationnel, sont étroitement reliés et confèrent au texte une certaine continuité ou homogénéité. La démarche croisée d'analyse macro-linguistique et micro-linguistique donne des résultats assez significatifs pour être proposée comme une solution à certaines impasses actuelles des théories et des méthodes de référence classiques. La démarche proposée permet de lier l'analyse du général (procédures de textualisation et genres de discours) et l'analyse du particulier (singularité de chaque texte) dans l'espoir de rendre compte de ce qui importe prioritairement : la production co(n)textuelle de sens.

2. COHÉSION ET COHÉRENCE : DEUX NOTIONS INSÉPARABLES

Le terme « cohésion » désigne, depuis *Cohesion in English* de Halliday et Hasan (1976), l'ensemble des moyens linguistiques qui assurent les liens intra- et interphrastiques permettant à un énoncé d'apparaître comme un texte. Relevant de la texture, la cohésion est un aspect de la grammaticalité, un dispositif assuré par « l'emploi de procédés linguistiques appropriés ([...] choix de l'article défini/indéfini, pronominalisation, anaphores, connecteurs etc.) » (Ducrot et Schaeffer 1995 : 503). Adam précise qu'« à un niveau intermédiaire entre le global et le local, la dimension sémantico-référentielle est analysable en termes d'*isotopie(s)* et de *cohésion* du monde représenté » (1992 : 22)[1]. En effet, les marqueurs de connexité induisent un effet sémantique de cohésion (un effet d'isotopie permettant de dégager le thème général du texte). Mais est-ce parce qu'il présente des marques de connexité-cohésion qu'un texte est jugé cohérent ? Nous reviendrons vers la question de la cohérence après une brève présentation des marques de cohésion.

Les connexions qui s'établissent entre les unités textuelles sont à la fois structurales et non structurales. À côté des liens structuraux (dispositif syntaxique) il existe, dans les différentes langues et aux différentes phases de leur évolution, un ensemble d'outils relationnels de nature sémantico-pragmatique qui, en quelque sorte, complètent le système des relations distributionnelles et positionnelles de caractère syntaxique ainsi que le dispositif logico-énonciatif (thème / propos) :

> Parmi ces systèmes de marques on trouve notamment :
> – les connecteurs qui indiquent les relations fonctionnelles entre les contenus propositionnels et/ou les actes illocutionnaires qui leur sont associés (relations du type : justification, opposition, consécution, etc.),

---

1   Pour une analyse des formes discursives qui contribuent à la cohésion textuelle (en particulier la cohésion lexicale), voir l'article de Marion Pescheux (2010).

— les différentes formes d'anaphores qui assurent les solidarités référentielles (coréférence, associativité, etc.) entre certains constituants des énoncés et qui donnent naissance à des chaînes de référence,
— les expressions introductrices de cadres de discours qui délimitent des domaines ou cadres (temporels, spatiaux, modaux, etc.) s'étendant parfois sur de vastes séquences,
— les marques configurationnelles (alinéas, organisateurs métadiscursifs) qui délimitent au sein du continuum textuel des ensembles présentés par le locuteur comme constituant une ou plusieurs unités en regard d'un certain critère dispositionnel. (Charolles 1995 : 128)

C'est sur cet ensemble de marques que reposent les liens de cohésion qui contribuent à ce que Halliday et Hasan (1976) appellent sa *texture*. Les différents systèmes de marques évoqués ne sont certainement pas les seuls à travers lesquels se réalise la cohésion. Ils constituent simplement quelques-uns des « plans d'organisation du discours » (Charolles 1993) qui « peuvent être envisagés séparément, mais surtout [dont la] distinction permet d'étudier leurs interactions » (Charolles 1995 : 128). En tant qu'opérateur relationnel, chaque marqueur offre des possibilités qui lui sont spécifiques. Certains acquièrent ces spécificités tout au long de leur parcours diachronique. Dans le cadre de notre étude, nous nous intéressons plus particulièrement aux marques intervenant aux niveaux micro- (fonctionnement des structurants textuels dans les propositions constitutives d'une séquence) et macrostructurel (marques configurationnelles, disposition textuelle : division en traités, doctrines, chapitres, cadres). En effet, comme la nature des marques citées par Charolles (1995) le montre, la mise en place de la texture se manifeste dans des phénomènes qui dépassent le niveau de la phrase, comme la création d'unités textuelles sous forme de cadres ou la mise en place d'une macrostructure insérant les séquences textuelles dans une hiérarchie concernant le traitement de l'information. Halliday et Hasan parlent de « macrostructures » qui font de chaque texte un texte de « nature spécifique – conversation, récit, chanson, correspondance commerciale, etc. » (1976 : 324). Selon eux, chacune de ces sortes de textes possède sa propre structure discursive et ils entendent par là la structure globale « inhérente aux notions de récit, prière, ballade, correspondance officielle, sonnet, etc. » (1976 : 326-327). D'un point de vue diachronique, la mise en place de cette structure globale n'est pas un fait acquis dès la mise à l'écrit du texte. En effet, la disposition du texte dans les manuscrits

– surtout pour les textes en prose – ne permet pas de distinguer des niveaux hiérarchiques par rapport aux contenus exprimés. Le passage à un nouveau segment textuel n'est souvent matérialisé que par un changement de la taille des caractères, des lettrines, un changement de couleur[1] ou l'ornementation qui, d'abord destinée à accroître la valeur et l'attrait de l'ouvrage, se doubla progressivement d'un rôle didactique. L'absence de plans de texte conventionnels, fixés par le genre, ne signifie donc aucunement l'absence de principes ou outils de structuration. La taille des initiales et la finesse de leur exécution imposent à la page des feuillets d'un codex du Moyen Âge une division comparable à celle en chapitre et paragraphes. La rubrication (réalisation de rubriques à l'encre rouge) structure les manuscrits en mettant en valeur titres, intitulés de parties, etc. Nous partons donc de l'hypothèse que l'ornementation – autrement dit le recours à des marques dans un premier temps décoratifs (par exemple : initiales ornées, initiales de couleur, passages entiers en couleur rouge) – faisait ressortir les articulations du texte, guidant ainsi le lecteur, en un temps où l'on n'avait pas l'habitude de séparer les chapitres ou les parties d'un volume, et lui permettant de retrouver plus facilement un passage précis.

L'apparition des plans de texte qui jouent un rôle capital dans la composition macro-textuelle s'explique à partir de ces premiers éléments formels de distinction ainsi que des marques linguistiques comme les organisateurs textuels ou introducteurs de cadre qui créent des unités textuelles. Ces plans de texte correspondent à ce que les Anciens rangeaient dans la *dispositio* – notion que Barthes a définie comme le « traitement des contraintes de succession » (1970 : 172). Les objets réglés par le système rhétorique n'ont jamais été des objets quelconques : tout d'abord, des productions orales à caractère juridique, puis des exercices (littéraires et/ou scolaires) aboutissant à la maîtrise de l'art de bien écrire. Mais, comme l'a démontré Antonia Coutinho, « par emprunt à la rhétorique, la notion de *disposition* peut acquérir une autre portée, capable de rendre compte d'un éventail plus large de textes écrits » (2004 : 33). Elle admet que la « succession » n'est qu'un des cas possibles de *figure* de texte. Cette notion de *figure* ou de *figuralité* du texte nous paraît tout à

---

1   L'encre rouge était utilisée pour tracer les lettrines et parfois aussi le titre et les premiers mots d'un chapitre. C'est de là que vient le terme « rubrique » (lat. *rubrum*, rouge), qui désigne ces divisions.

fait décisive dans la mesure où il s'agit là d'une voie d'accès au sens, vu sa condition intrinsèquement textuelle, comme le souligne Jean-Louis Galay d'un point de vue philosophique :

> Le sens n'est pensable, c'est-dire accessible et présent à une pensée quelconque, que moyennant un texte qui en porte une vue (par sa figuralité) dans l'acte même de se faire texte. (Galay 1977 : 96)

L'idée de *figuralité*, ou de *figure*, a des points de contact avec la notion de *configuration* utilisée en logique naturelle et en linguistique textuelle où cette notion a été explicitement rapprochée de la problématique textuelle. En effet, l'expression « disposition des énoncés » est utilisée pour faire référence à la problématique de l'organisation textuelle :

> Nous appellerons configurations les diverses dispositions des énoncés les uns par rapport aux autres. Ce concept relève de ce que Halliday nomme *texture*, c'est-à-dire le tissu même du texte. (Grize 1983 : 103)

Reprenant de Ricœur la notion de *configuration*, Adam a fait dépendre l'effet de texte du passage de la séquence à la *figure*, c'est-à-dire, de la suite de propositions (ou dimension séquentielle), de type linéaire, à l'orientation configurationnelle (ou configuration pragmatique), d'ordre global. En d'autres termes, et ceci rejoint une des hypothèses majeures de la linguistique textuelle, comprendre un texte, ce n'est pas décoder une à une des phrases (microporopositions) et les phases (macropropositions, séquences) d'une intrigue, c'est passer d'une successivité à un tout de sens cohésif-cohérent ressenti comme formant un texte. L'extrait suivant de la *Linguistique textuelle* confirme qu'Adam s'est démarqué d'une conception additive de la totalité textuelle et donc d'une conception qui s'arrête au niveau du décodage successif de l'information :

> Un texte est, d'une part, une suite linéaire de parties (paragraphes correspondant à des périodes ou séquences) formant une structure compositionnelle donnée, mais un texte est, d'autre part, un tout de sens sémantique ou pragmatique, une unité configurationnelle. (Adam 1999 : 68)

L'importance des plans de texte est essentielle pour la mise en place d'une autre conception de la totalité textuelle. Il faut réinvestir la notion de plan de texte pour en faire un niveau de structuration textuelle embrassant la totalité textuelle. Ces plans de texte (du moins ceux qui sont conventionnels) sont liés aux genres de discours : « Les plans de texte sont généralement fixés par l'état historique d'un genre ou d'un sous-genre de discours » (Adam 1997 : 665). Ainsi, par le biais du concept de plan de texte, la notion de genre trouve-t-elle place dans la conceptualisation de la textualité de Jean-Michel Adam. Cette notion est également pertinente pour la perspective diachronique dans la mesure où, avec le passage de l'ancien au moyen français, nous assistons à une diversification des types de textes et univers discursifs régis par des macro-actes de discours (*raconter, décrire, argumenter, expliquer*) différents de ceux de l'ancien français. Tandis que les textes d'ancien français appartiennent essentiellement au type narratif, ceux du moyen français représentent surtout le type argumentatif dont l'apparition « va de pair avec une autre conception de la cohérence discursive et, par voie de conséquence, avec une autre organisation du niveau thématique » (Combettes 2007 : 36). Dans le cadre de notre étude nous nous intéresserons plus particulièrement aux discours explicatif, descriptif (traités de médecine, d'agriculture et de bergerie) et didactique (livres de morale, traités d'économie domestique). Nous partirons de l'hypothèse que ces textes visant à transmettre un savoir ou des consignes en vue de l'acquisition d'une compétence ou d'un type de comportement sont caractérisés par une *figuralité* et donc une organisation macrostructurelle spécifique car facilitant le processus de mémorisation ou d'application des instructions à la pratique.

La définition du texte comme objet de figure implique une réflexion sur la complexité du jeu qui s'installe entre la totalité textuelle (plan de texte, *figuralité*, disposition) et la notion de séquence et qui ne peut être rendu par la simple opposition *global vs local*. La description de cette interdépendance nécessite, comme nous l'avons déjà souligné, la prise en considération du genre[1]. C'est « *le genre qui pré-figure le texte* ou le genre

---

1   « Parmi les composantes du genre, et sans aucune prétention d'exhaustivité, on peut faire place à la *gestion énonciative* et à la *compositionnalité*. La première concerne les choix plus ou moins contrôlés des plans d'énonciation – ou types de discours, selon Bronckart. La seconde impliquera l'identification d'unités et de sub-unités textuelles (unités macrostructurelles de différents niveaux, unités aux formats séquentiels plus ou moins prototypiques, segments subordonnés ou autonomes, aux contours morpho-syntaxiques) et la *disposition*, plus ou moins (im)prévisible, de ces unités – l'autosuffisance d'une unité, quand c'est le cas, le type d'enchaînement qui unit plusieurs unités (les structures séquentielles homogènes ou hétérogènes n'étant que des cas possibles, parmi d'autres), des places fixes ou prévues attribuées à des unités, dans le texte ou le paratexte, des rôles métatextuel et/ou rhétorique

qui définit *ce qui, dans le texte empirique, fait figure – de texte* » (Coutinho
2004 : 37 ; c'est l'auteur qui souligne).

La cohésion d'un ensemble textuel se manifeste aux niveaux global
et local ; selon la terminologie de Beaugrande elle s'appuie sur une
« textualité basée sur la forme » (1979 : 490) qui, pour lui, s'oppose à
une « textualité basée sur l'information » correspondant à la cohérence.
Les marqueurs de cohésion ne sont que des indices d'une cohérence à
construire par un travail interprétatif qui prend appui sur la connaissance
de la situation et les savoirs lexico-encyclopédiques des sujets :

> [...] la cohérence n'est pas liée à l'occurrence de tels ou tels relateurs linguis-
> tiques. La reconnaissance de ce qui rend un discours cohérent implique non
> seulement l'interprétation des éventuelles marques de cohésion qu'il comporte
> mais encore, et beaucoup plus fondamentalement, la mise en œuvre d'opérations
> inférentielles et, singulièrement d'inférences de liaison, portant conjointement
> sur le contenu du donné discursif, la situation dans laquelle il est communiqué
> et les connaissances d'arrière-plan des sujets. (Charolles 1995 : 133)

Dès 1970, Irena Bellert relevait l'importance pour la reconnaissance d'un
lien de cohérence de ce qu'elle appelle les « quasi-implications ». Ces
quasi-implications, comme elle le montre, doivent être comprises comme
des « règles générales de raisonnement » permettant de découvrir les relations entre des états de choses décrits par deux énoncés successifs via des
connaissances du monde associées. La nature des connaissances mobilisées
dépend de la nature du texte et donc de son appartenance à un genre.

Le texte ne peut s'imaginer sans cette qualité qui fait de lui un texte :
la cohérence. Celle-ci repose sur la pertinence (la raison d'être) de chaque
énoncé et de chaque séquence, et sur la façon dont les énoncés et les
séquences s'arriment les un(e)s aux autres[1]. Dans la partie suivante de
notre étude, nous analyserons les effets de cohérence/cohésion dans une
perspective qui nous conduit de la macro- à la microstructure.

---

que ces unités jouent, dans le développement textuel. Ces deux composantes se trouvent
pré-établies par le genre – lui-même choisi ou imposé selon les contraintes associées à
une pratique discursive donnée. » (Coutinho 2004 : 37)

1   « Or un texte n'est pas un jeu de dominos, dans lequel les pièces (les énoncés) *se juxta-*
posent simplement les unes aux autres ; un texte, c'est un casse-tête, dans lequel les pièces
s'emboîtent les unes dans les autres. Dans un texte comme dans un casse-tête, chaque pièce
(chaque énoncé) a sa raison d'être, et la présence de chacune ainsi que la façon qu'elle a
de s'arrimer aux autres contribuent à en façonner l'image globale. » (Gagnon 2010 : 223)

3. COHÉSION ET COHÉRENCE DE LA MACROSTRUCTURE

Une des caractéristiques du texte scolastique au Moyen Âge est l'attention particulière portée aux arts du discours, à l'agencement des propos et à la rigueur d'une construction explicite. Il ne s'agit pas uniquement de transmettre un savoir, mais de proposer un discours structuré qui favorise une consultation rapide et ciblée des textes (la lecture devient une *navigation*)[1]. Au plan macro-structurel, il s'agit de la division en traités, doctrines et chapitres. Les principes structurants appliqués par les auteurs peuvent être clairement définis (présence d'une table des matières, annonce de la structure dans l'introduction) ou implicites, le lecteur étant alors renvoyé à un ensemble de connaissances partagées. C'est la reprise des termes désignant les unités et sub-unités macrostructurelles constitutives de l'ouvrage tels qu'ils apparaissent dans la table des matières (noms et numérotation des traités et chapitres, titres et sous-titres), dans le développement textuel qui assure la cohésion au plan macro-structurel. Le format des (sub)unités textuelles et la disposition qui les organise obéissent à des contraintes de genre. Ainsi la macrostructure des ouvrages médicaux s'aligne progressivement sur un plan conventionnel selon lequel la table des matières est située en général entre le *chapitre singulier* qui joue le rôle d'une introduction et le corps de l'ouvrage.

La question de la cohérence est étroitement liée à celle de la réception du texte par un public pour lequel les principes structurants mis en place renvoient à un ensemble de connaissances partagées. La cohérence d'un traité de médecine résulte de la prise en considération des savoirs des lecteurs qui interprètent, par exemple, la division des matières dans les traités en deux doctrines comme le reflet de l'opposition anatomique entre membres simples et membres composés. Dans son

---

1   Hamesse (1997) présente le « modèle scolastique de la lecture » (*lectura*) qu'elle considère comme une nouvelle manière de pratiquer la lecture à l'époque scolastique. La *lectura*, qui fait concurrence à la *rumination* (lecture lente, régulière, profonde et personnelle de la *Sacra Scriptura*) et consiste en un procédé d'exposition et d'explication de textes, est le propre de l'enseignement scolastique. La lecture sort des monastères pour devenir un outil pédagogique mis à profit dans les nouveaux lieux d'apprentissage que sont les écoles et les universités. Le rapport au texte et la construction du savoir s'en trouvent bouleversés.

étude consacrée à *L'articulation des séquences textuelles dans la traduction française de la « Chirurgia Magna » de Guy de Chauliac (XVᵉ siècle)*, Sylvie Bazin-Tacchella a montré que la distinction des membres simples et des membres composés « constitue la clé de voûte de l'ouvrage » (2007 : 62). À cette distinction fondamentale s'ajoute le principe de la division du corps en quatre régions anatomiques successivement montrées dans le protocole de la dissection : membres nutritifs, membres spirituels, membres animaux et extrémités. Toutes ces distinctions constitutives du savoir médical de l'époque se transforment en principes structurants qui assurent la cohérence de l'édifice. En d'autres termes, la cohérence du discours médico-chirurgical transparaît dans la correspondance établie entre la réalité anatomique et l'organisation même du texte. L'ambition de rendre compte d'un ordre qui est à la fois celui des choses (la réalité anatomique) et du discours revient comme une sorte d'impératif tout au long du traité de Chauliac. Ce type de fonctionnement se manifeste aussi dans un autre traité médical, antérieur à celui de Chauliac, même si la question de la cohérence du discours médical s'y pose de façon différente : le traité de chirurgie[1] écrit entre 1306 et 1320 par Henri de Mondeville, chirurgien de Philippe le Bel. L'ensemble fut traduit en 1314, peut-être par un jeune écolier normand qui commençait ses études médicales à l'université de Paris. Les principes structurants de ce traité sont annoncés dans le prologue, lui-même subdivisé en paragraphes :

> 3. [...] Ceste cyrurgie contendra .v. traitiés.
> 4. Le premier sera de l'anathomie, aussi com du fondement de cyrurgie, abregie tant comme il appartient a l'estrument de cyrurgie, si com Avicene la mist, et si com el pot mieux estre estraite de lui par moy et par aucuns melliours, et si com je la vi par experience.
> 5. Le segond traitié sera de la cure universel et particulier de plaies et de contucions et de ulcerations, si comme il pot estre miex estrait du premier et du segont livre de la gregneur cyrurgie Thederic, avec aucune cure neuve et legiere, nouvelement aquise et demenee en lumiere par l'experience de ceux d'ore.
> 6. Le tiers traitié sera des cures de toutes maladies qui ne sont plaies ne ulceracions ne passions d'os. Les queles maladies avienent communement a tous membres et a chascun du chief dusc'aus piès ; pour la quele cure l'en a recours en cas de necessité au cyrurgien.

---

1   *La Chirurgie de maître de Mondeville*, éd. par Alphonse Bos, Paris, Firmin Didot, 1897-1898, 2 t.

7. Le quart sera de la cure des froisseures, des dislocations, des torsions et des plications des os.
8. Le quint sera l'antidotaire. (*Le proheme de ceste cururgie*, p. 2-3)
[3. Cette *Chirurgie* est constituée de 5 traités. 4. Le premier est celui de l'anatomie, base de la chirurgie et présentée de façon abrégée comme il se doit pour l'instrument de la chirurgie, comme Avicenne l'a décrite et comme moi-même et d'autres – meilleurs que moi – ont su l'extraire de son ouvrage, et comme je l'ai rencontrée dans mon expérience. 5. Le second traité sera celui des soins généraux et particuliers des plaies, contusions et ulcérations d'après le premier et le second livre de la grande *Chirurgie* de Théodoric, avec quelques soins nouveaux et faciles, récemment réalisés et expliqués par l'expérience actuelle. 6. Le troisième traité sera consacré aux soins de toutes les maladies qui ne sont ni plaies ni ulcérations ni maladies d'os. Ces maladies touchent en général toutes les parties du corps, de la tête jusqu'aux pieds. Pour leur soin on a recours – en cas de nécessité – au chirurgien. 7. Le quatrième traité sera celui des soins des fractures, des dislocations, des contorsions et déformations des os. 8. Le cinquième présentera les remèdes contre un poison. (*La Chirurgie de Maître Henri de Mondeville*, prologue)]

La cohésion de la macrostructure est garantie par la reprise de ces différents points dans le développement textuel sous forme de titres et/ou sous-titres, c'est-à-dire de fragments macrostructurels « *vi- et lisibles* » (Adam 1990 : 68). La subdivision des traités en chapitres est évoquée par Mondeville dans le paragraphe final du prologue[1]. Elle est explicitée à l'ouverture de chaque traité dont le premier paragraphe se transforme ainsi en guide de lecture présentant *l'ordenance du traité*, comme c'est le cas, par exemple, du traité d'anatomie : « Le premiers d'iceux a une seule doctrine la quele contient .XII. chapitres. Le premier chapitre est de l'anathomie des membres consemblables, simples et compos. Le segont : [...] » (p. 15). [Le premier traité est constitué d'une seule doctrine qui contient XII chapitres. Le premier chapitre traite de l'anatomie des membres de même nature, simples et complexes. Le second (...)]

Les principes structurants appliqués au discours médico-chirurgical s'expliquent par les conditions socio-historiques qui ont fait naître ce genre

---

1   28. Et pour ce que chascun puisse trouver legierement en procès toutes les choses dont il a besoing, j'escrirai devant chascun traitié ou doctrine tous les titres ou tous les rebriches de tous leurs chapitres, et procederoi es traitiés selonc l'ordre qui sera proposé eu proeme. (*Le Proheme de ceste Cyrurgie*, p. 11) [28. « Et afin que chacun puisse au cours de la lecture facilement trouver les choses dont il a besoin, j'indiquerai au début de chaque traité ou doctrine tous les titres ou sous-titres des chapitres qui les constituent. Dans les traités, je procèderai selon l'ordre proposé dans le prologue. (Le *prologue* de cette *Chirurgie*) »]

de discours. En effet, pour rendre compte à ses élèves de ces réalités multiples et foisonnantes qui le captivaient dans l'exercice quotidien de l'art
chirurgical, Mondeville procède « *successivement et en ordre* » (§ 28), utilisant
l'outillage intellectuel mis en place par la scolastique avec un souci constant
et presque obsessionnel de clarté dans l'exposition. Dans son ouvrage *Corps
et chirurgie à l'apogée du Moyen Âge*, Marie-Christine Pouchelle a montré
que « le dénombrement et la numérotation des propositions énoncées
tiennent dans la *Chirurgie* un rôle qui dépasse leur fonction de repérage
mnémotechnique. Ils permettent une scansion de la démonstration et
une maîtrise du texte qui à elles seules ont valeur d'argument » (1983 :
52). Les segments dégagés par ce processus de « dénombrement obstiné »
(Pouchelle 1983 : 53) intègrent aussi bien la macro- que la microstructure
de l'ouvrage. Au niveau microstructurel, il faut signaler l'importance du
dénombrement dans la perspective totalisante d'un savoir conçu comme
une somme. Ce traitement arithmétique caractérise donc le texte dans
son intégralité. Les unités textuelles (paragraphes) qui constituent les
chapitres des traités sont elles-mêmes structurées selon un principe de
dénombrement assurant la progression de l'information par la mise en
place d'hyperthèmes se présentant sous forme d'une somme :

> 83. Les utilités de la creation des arteres ou cors sont .3. : **La premiere** est que
> par la dilacion d'elles, l'air [soit] atrait au refroidissement et au confort du cuer.
> 84. La .2. est que, par la restrinction et le contraignement d'elles, la fumosité
> du cuer soit ostee.
> 85. La .3., que le sanc, la chaleur de vie et l'esperit soient portés du cuer par
> elles aus autres membres. (*La.7. Rebriche*, p. 31)
> [83. Les utilités de la création des artères dans le corps humain sont au nombre
> de trois. La première est que la dilatation des artères conduit de l'air au cœur,
> ce qui permet au dernier de se rafraîchir et de se fortifier. 84. La seconde est
> que par le resserrement et la contraction des artères le cœur se libère de ses
> vapeurs. 85. La troisième s'explique par le fait que les artères transportent le
> sang, la chaleur de la vie et l'esprit à partir du cœur dans les autres parties
> du corps. (La 7ᵉ rubrique)]

Comme on peut le voir dans cet exemple, la perception visuelle du
corps, les principes expliquant son fonctionnement, d'un côté, et les
découpes textuelles, de l'autre, sont étroitement liés. Tandis que la
cohésion du discours se nourrit essentiellement de la reprise des termes
fonctionnant comme principes structurants ainsi que du dénombrement
appliqué à tous les niveaux du texte, la cohérence quant à elle résulte de

la mise en relation des techniques de discours de Mondeville avec les arts du trivium et la connaissance du monde[1] et, plus particulièrement, de l'association de la grammaire et de la médecine. En effet, dans un texte comme celui de Mondeville, la médecine articule l'univers naturel comme la grammaire organise le langage. En profondeur, le discours médical tenait lieu d'une grammaire des corps. La cohérence du discours médico-chirurgical de Mondeville résulte donc du fait de le situer entre l'arithmétique et la grammaire. Un autre aspect fondamental pour la reconnaissance de liens de cohérence est la prise en considération des statuts de la médecine et de la chirurgie à l'époque de Mondeville. En effet, médecins et chirurgiens sont en conflit ; la pratique manuelle – celle des chirurgiens – est abandonnée par l'élite médicale. Le discours de Mondeville est un discours *médico-chirurgical* qui témoigne de la volonté manifestée par le chirurgien de Philippe le Bel de restaurer l'unité menacée de la chirurgie et de la médecine.

C'est surtout au cours du XVIe siècle que la chirurgie s'enrichit de traités de grands praticiens de langue française comme Ambroise Paré qui de 1545 à 1585 construit la première grande somme de chirurgie française tout en menant une réflexion profonde sur l'efficacité du discours médical. Cette efficacité s'acquiert en partie par une organisation macrostructurelle, une *figuralité* définie par le genre.

Mais le discours médical n'est pas le seul univers discursif qui donne au texte une orientation configurationnelle se manifestant sous forme de plans de texte. Nous avons déjà souligné l'importance du texte argumentatif/explicatif pour la période du moyen français. C'est surtout dans ce type de textes que sont appliqués des principes structurants agissant aux niveaux macro- et microstructurel. Ainsi l'auteur du *Traité de l'Art de la Bergerie* (1379), Jehan de Brie[2], manifeste-t-il dans le prologue de son ouvrage la même volonté de structurer son discours :

---

1   « Il faut dire que la place de la médecine dans l'ensemble des savoirs médicaux n'a jamais été définie une fois pour toutes. La médecine en effet ne figurait pas parmi les sept arts libéraux (grammaire, rhétorique, dialectique, arithmétique, géométrie, astronomie, musique) qui, jusqu'au XIIe siècle, furent considérés comme les branches fondamentales de la connaissance. En revanche le savoir médical était censé mettre à contribution les arts en question : c'était justement la raison pour laquelle Isidore l'avait placé au rang de *seconde philosophie*. » (Pouchelle 1983 : 32)

2   Jehan de Brie, *Le Bon Berger, ou le vray régime et gouvernement des bergers et bergères, composé par le rustique Jehan de Brie, le bon berger*, Paris, édition Liseux de 1879 (sur l'édition de 1541).

Et sera cest ouvraige mis et divisé par chapitres, et les chapitres par parties et par pièces, pour le mieulx déclairer et donner à entendre, à fonder l'intention du docteur, et procéder par ordre. Et qui n'y saura retourner, si y mette une pierre ou aultre enseigne pour trouver le chapitre. (Jehan de Brie, *Le bon berger*, prologue, p. 7-8)

[Cet ouvrage sera écrit et divisé en chapitres, et les chapitres – à leur tour – en parties et sous-parties, pour mieux expliquer et faire comprendre, pour faire apparaître l'intention du savant et procéder de façon ordonnée. Et que celui qui ne saura pas retrouver le passage, y mette une pierre ou une autre marque pour retrouver le chapitre. (*Le bon berger*, prologue)]

Le prologue est suivi d'une table des matières qui présente les chapitres numérotés, repris au fur et à mesure de la disposition textuelle. Tandis que la distinction des chapitres au niveau macrostructurel garantit la cohésion de l'ensemble, les procédés de structuration (distinction de *parties et de pièces*) au niveau microstructurel ne sont souvent pas appliqués jusqu'au bout, car malgré la présence d'organisateurs textuels du type *premièrement* introduisant le premier sous-thème d'un hyperthème mis en place, les autres sous-thèmes ne sont souvent pas explicitement marqués par la présence d'un connecteur énumératif[1]. Malgré ces « faiblesses » concernant l'organisation de la microstructure, ce traité est considéré comme le guide et le manuel professionnel de cette population de bergers qui vivaient entre eux au milieu de leurs bêtes. Le discours est cohérent dans la mesure où il s'appuie sur les expériences d'un auteur-berger qui décrit et explique dans son ouvrage tous les aspects de la vie d'un bon berger (saisons, météorologie, animaux : garde et maladies, chiens du berger …).

Comme nous venons de le constater à plusieurs reprises, l'application de principes structurants par dénombrement ou, plus généralement,

---

1   « La raison et la cause mouvans de l'utilité et prouffit [des oeilles et bestes] est tres-clere et tres-demonstrative et prouvable. **Premièrement**, de *la laine et tonsure* de l'oeille sont faits les draps … […] // *La chair* du mouton et de l'oeille est bonne pour nourrir créature humaine […] // *Le fient* des oeilles est moult prouffitable à fumer et amender les terres […] // *Le suin de la laine* vault à laver et nettoyer draps et autres choses souillées. […] // Par ces raisons et autres assez meilleurs, que Jehan de Brie ne fait pas mettre en escript, conclut-il, et est assez souffisamment monstré, que les oeilles sont moult prouffitables. […] » (p. 32-37) [« La raison et la cause qui expliquent l'utilité et le profit à tirer des brebis et du bétail sont très claires, faciles à démontrer et à prouver. Premièrement, de la laine du brebis sont faites des couvertures […] // La chair du mouton et du brebis est une bonne nourriture pour la créature humaine […] // Les excréments des brebis servent à fumer et amender la terre […] // Le suint de la laine est bon pour laver et nettoyer les tissus et d'autres matières souillées […] // Pour toutes ces raison et d'autres – meilleures – encore que Jehan de Brie n'a pas notées, conclut-il, il est suffisamment prouvé que les brebis sont d'une très grande utilité. »]

la mise en place d'hyperthèmes (traités) qui seront divisés (chapitres, sous-parties) ne s'arrête pas au niveau macro-structurel, mais traverse l'ensemble textuel pour garantir sa cohésion et sa cohérence.

Dans la dernière partie de notre étude, nous ferons quelques remarques concernant les structurants textuels utilisés au niveau microstructurel, leur rôle pour la création d'un « effet de texte », tout en insistant sur la complexité du jeu qui s'installe entre les niveaux global et local. Cette partie servira plutôt de transition pour la présentation des perspectives dans ce domaine de recherche.

4. DE LA MACRO- À LA MICROSTRUCTURE

Des études récentes en linguistique diachronique insistent sur le rôle de structurants textuels comme *lequel, ledit* ou *quant à*. Nous voudrions souligner l'importance des travaux de Mortelmans (2006, 2008), Mortelmans et Guillot (2008), De Wolf (2003) consacrés à *ledit*, ainsi que de Bazin-Tacchella (2005 et 2007) pour le structurant *lequel*.

L'emploi de *ledit* – anaphorique plus fort que l'article défini – peut accentuer le phénomène de reprise nominale immédiate et souligner la répétition de l'anaphore. *Ledit* contribue ainsi à la cohésion d'une unité textuelle. Comme le structurant *ledit*, l'anaphorique *lequel* est plutôt spécialisé au niveau microstructurel où il joue le rôle d'une pierre d'attente d'un nouveau développement dont l'intégration dans le discours est nécessaire afin de garantir sa cohérence. Les exemples suivants représentatifs du discours médical (Ambroise Paré) et didactique (*Mesnagier de Paris*) témoignent de ce type de fonctionnement selon lequel l'anaphorique en question apporte sa pierre à l'édifice de la cohésion – cohérence :

> Car comment est-il possible que le Medecin et Chirurgien puissent conserver et garder par choses semblables, la santé, laquelle consiste au temperament, commoderation et union naturelle des parties simples pour la conformation du corps : ou chasser la maladie, laquelle est corruption d'iceux [...] (Paré, *Préface* du 3ᵉ Livre des *Œuvres*[1])

---

[1]   Ambroise Paré, *Œuvres complètes*, édit. par J.F. Malgaigne, Paris, Baillière, 1840-1841.

[Car comment est-il possible que les médecins et chirurgiens puissent conserver par des moyens pareils la santé qui réside dans le tempérament, la modération et l'union naturelle des parties simples qui constituent le corps, ou chasser la maladie qui correspond à la corruption de ces derniers éléments. (Paré, *Préface* du 3ᵉ Livre)]

Or continuons donques nostre matiere et commençons a ce premier article. Lequel article je faiz savoir à tous qu'il ne vient mie de mon sens, ne l'ay mis en la fourme qu'il est [...] (*Mesnagier*, II,1, *Récapitulatif*[1]).
[Continuons donc notre propos avec ce premier article. Je tiens à faire savoir à tout le monde que ce qui suit n'est pas de moi ; ce n'est pas moi qui suis responsable de sa mise en forme (*Mesnagier*, II,1, *Récapitulatif*)]

En moyen français, *lequel* fonctionne comme un instrument original et souple de structuration du texte argumentatif/descriptif. En tant qu'anaphorique il sert d'enchaîner deux énoncés et de les enfermer dans un seul paragraphe. Ce type de fonctionnement permet donc d'établir un lien entre les niveaux global et local d'un texte.

Contrairement à *lequel* et *ledit* qui agissent plutôt à l'intérieur d'une séquence comme outils transphrastiques, la locution *quant à*[2] peut servir de lien entre la macro- et la microstructure en introduisant, par exemple, une composante d'un hyperthème qui peut se présenter au niveau de la disposition textuelle comme un titre ou sous-titre. Cette locution constitue donc un outil linguistique capable de fonctionner aux niveaux global et local. Dans les deux cas, elle fournit un cadre, indique la portée d'une prédication tout en assurant la cohésion du discours par le jeu de reprises anaphoriques. Ce sont surtout le discours savant et les traités didactiques qui se nourrissent de cet organisateur textuel qui concurrence la simple juxtaposition des idées ou même l'addition par un outil tel que *item*. Dans l'extrait suivant du *Mesnagier de Paris* – ouvrage avec une macrostructure très complexe distinguant plusieurs traités, chapitres et articles – la locution (*et*) *quant à* se trouve à l'ouverture d'un nouveau cadre (paragraphe) dont il marque le début tout en introduisant la première des « deux choses » (hyperthème) nécessaires à l'éducation religieuse de la jeune épouse :

---

1 *Le Mesnagier de Paris*, édit. par G. E. Brereton et J. M. Ferrier, Paris, Librairie Générale française, 1994.
2 Pour une description du fonctionnement de cet organisateur textuel en diachronie, nous renvoyons aux études de Prévost (2008, 2010).

Le tier article.
1. [...] Et pour ce que ces deux choses - de oyr messe et confession - sont aucunement differens, nous parlerons premierement de la messe et puis de la confession.
2. Et quant est de la messe, chiere suer, saichiez que la messa a pluseurs dignitez [...] (*Mesnagier*, 1re distinction, 3e article, p. 50)
[Troisième article. 1. [...] Nous parlerons d'abord de la messe et ensuite de la confession, puisque ce sont là deux sujets quelque peu différents. 2. Concernant la messe, sachez donc, chère amie, que l'ordinaire de la messe comporte plusieurs fonctions (*Mesnagier*, 1re distinction, 3e article)]

Dans son étude consacrée aux *Organisateurs textuels et marqueurs argumentatifs en moyen français* (1986), Bernard Combettes a souligné l'importance dans les textes non narratifs en moyen français d'une série de locutions prépositionnelles permettant l'introduction d'un élément en position de thème, ou plus exactement de topique. Rappelons que c'est par le biais du concept de plan de texte que la notion de genre doit retrouver sa place dans la conceptualisation de la textualité. En effet, cet exemple nous montre que la disposition textuelle répond au contenu des micropropositions constitutives des paragraphes. Elle applique, d'une certaine façon, les indications des organisateurs textuels au niveau configurationnel, c'est-à-dire au niveau des plans de texte. Les plans de texte sont généralement fixés par le genre, autrement dit : le genre préorganise le tissu même du texte en fournissant des indications pour sa configuration.

5. CONCLUSION ET PERSPECTIVES

Dans le cadre de notre étude, nous avons insisté sur le lien qui s'établit entre la cohésion et la cohérence d'un ensemble textuel. Il nous semblait important de souligner dans quelle mesure la linguistique diachronique peut tirer profit des outils et des méthodes de travail en linguistique textuelle ainsi qu'en analyse du discours. Nous avons souligné à plusieurs reprises l'importance de la notion de plan de texte pour proposer une autre conception de la totalité textuelle. Cette notion implique d'être éprouvée par un travail systématique genre par genre tout en insistant sur les différentes phases dans le processus de la constitution d'un genre et donc de ses plans de texte.

Cet état des lieux nous a permis de prendre conscience de la nécessité d'intégrer davantage les notions de *pertinence* (principe de pertinence de Sperber et Wilson, 1986) et d'*arrimage* dans l'étude de la cohérence. Ces notions sont importantes tant du point de vue de la production – et donc de la mise en place de différents univers discursifs – que de la réception des textes. Les concepts clés de l'enchaînement des énoncés, soit leur pertinence et leur arrimage les uns aux autres, sont également à transposer sur le plan global du texte dans l'enchaînement des séquences et paragraphes. La cohérence globale du texte est ainsi assurée par la pertinence de chaque paragraphe à l'égard de l'idée principale du texte et de la séquence dans laquelle il s'insère et par la pertinence de la segmentation de chacun d'eux, ainsi que par un arrimage réussi des uns aux autres. Un arrimage réussi fait ressortir l'architecture globale du texte, sa structure compositionnelle et son orientation configurationnelle.

Cette approche permettrait de consolider la liaison étroite qui s'établit entre la macro- et la microstructure. L'approche diachronique devrait se charger de l'étude de la complexification de cette liaison en fonction du genre discursif et des contraintes que ce dernier impose à l'objet texte.

Sabine LEHMANN
Université Paris-Ouest – Nanterre
– La Défense, Laboratoire MoDyCo,
UMR 7114

TROISIÈME PARTIE

APPROCHES THÉORIQUES

.

LA TRADUCTION COMME SOURCE
DE CHANGEMENTS LINGUISTIQUES
DANS L'HISTOIRE DE LA LANGUE FRANÇAISE

1. INTRODUCTION

Parmi les facteurs externes qui influent sur l'évolution des langues, le contact de langues est reconnu comme l'un des plus importants. Nous suggérons pourtant que la traduction est un agent de changement qui a été jusqu'alors négligé par les linguistes. Ceci ne veut pas dire que la traduction ne figure pas dans la recherche sur le changement linguistique. Elle y occupe une place importante comme outil analytique. Des linguistes tels que Lakoff (1972) et Lehiste (1999) ont utilisé des traductions successives pour capter des changements à de nombreux niveaux. Pour ce qui est de la linguistique historique française, citons bien entendu les travaux de Goyens et Van Hoecke[1]. Bien que cette approche ait mené à des résultats intéressants – surtout en sémantique historique – ce n'est pas la traduction elle-même qui est visée. Quand il s'agit de la traduction en tant qu'agent de changement, c'est surtout dans le contexte de l'approche philologique que son rôle est examiné. Malheureusement, les résultats des études qui illustrent les changements que peut introduire la traduction dans des langues particulières circulent peu. Il n'est donc guère surprenant que les chercheurs en linguistique historique générale ne semblent pas s'intéresser au fonctionnement de ce facteur.

Par contre, les chercheurs en linguistique historique française reconnaissent que la traduction peut jouer le rôle de mécanisme de contact. La tendance générale est de l'associer à certains moments particuliers

---

1 Voir, par exemple, Van Hoecke et Goyens (1990) et Goyens et Van Hoecke (2000, 2002).

dans l'histoire de la langue. Comme le note Bérier (1988 : 221) : « Les manuels d'histoire de la langue et de la littérature françaises négligent en général de considérer ce qui est produit par les traducteurs. Les XIVᵉ et XVᵉ siècles font exception. » La période contemporaine sera probablement une autre exception. Mais le fait d'accepter l'importance du rôle joué par la traduction à ces moments particuliers ne signifie pas que nous avons une compréhension fine de la manière dont elle a exercé cette influence. À l'exception de quelques brèves comparaisons entre la traduction de l'italien au XVIᵉ siècle et la traduction de l'anglais de nos jours, il manque également une vue d'ensemble sur ce facteur et son influence dans l'évolution de la langue. Qui plus est, tout comme leurs collègues généralistes, les chercheurs en linguistique historique française mettent l'accent sur le processus linguistique de l'emprunt plutôt que d'attirer l'attention sur le rôle joué par la traduction. Par exemple, la traduction ne figure pas dans l'index d'un livre général sur le vocabulaire français par Wise (1997) ; et ce en dépit du fait qu'elle doit bien entendu décrire à plusieurs reprises des changements introduits par la traduction[1].

L'objectif de cet article est donc d'attirer l'attention sur le rôle de la traduction comme agent de changement dans l'histoire de la langue française. Nous formulons une première approche théorique à la traduction en linguistique historique qui permettra d'étudier son influence de manière systématique. Les quelques observations sur le rôle joué par la traduction à certains moments clés dans l'histoire de la langue n'ont pas abouti à une vraie compréhension du fonctionnement de ce facteur dans le changement linguistique en général. Premièrement, il n'y a pas de modèle pour indiquer dans quelles circonstances la traduction peut toucher l'évolution de la langue. Deuxièmement, nous n'avons pas de perspective globale sur tous les effets linguistiques qu'elle peut produire. Troisièmement, nous ne savons pas ce qui détermine quel effet linguistique se manifestera à un moment donné. Nous considérons ces points obscurs comme une lacune considérable en linguistique historique française. Nous espérons montrer ici qu'en examinant le rôle de la traduction dans l'histoire

---

1 Citons, à titre d'exemple, les doublets étymologiques qu'elle présente comme le trait le plus saillant du vocabulaire français et qui ont souvent été introduits par la traduction du latin (Wise 1997 : 45).

du français, nous pourrons mieux cerner cette pratique linguistique centrale et mieux comprendre comment elle affecte l'évolution des langues en général.

Pour tenter une théorisation du rôle de la traduction, nous adoptons une approche qui se caractérise avant tout par son interdisciplinarité. Elle se situe au croisement de la linguistique et de la traductologie[1]. Bien que ces deux disciplines se rencontrent souvent, la conversation a été jusque là asymétrique : les traductologues ont emprunté beaucoup de concepts et d'outils à la linguistique mais les linguistes ne se servent guère de la traductologie[2]. Nous considérons que le moment est venu de chercher un meilleur équilibre. Notre conception du contact linguistique transmis par la traduction diffère du modèle classique du contact qui part du principe d'un bilinguisme qui touche la société entière. Dans notre cas de figure, le traducteur sert d'ambassadeur et la majeure partie de la population peut rester monolingue[3]. En ce qui concerne la traductologie, notre analyse se fonde sur la traductologie descriptive, dont le but principal est de décrire les normes traductives (le comportement linguistique des traducteurs). Dans le cadre de cette approche, on a formulé deux observations fondamentales pour notre travail : d'abord, le fait que les normes traductives varient d'une époque à une autre et d'une culture à une autre, et deuxièmement le fait que les normes ne varient pas indépendamment du système culturel mais en tant que partie du système culturel[4]. Ces deux constats seront illustrés dans la partie suivante.

L'article se divise en deux parties. La première partie offre un survol du rôle joué par la traduction dans l'évolution du français. Cet examen nous permettra dans la deuxième partie de proposer un premier modèle de la traduction comme facteur dans le changement linguistique.

---

1   Ce n'est pas la première étude fondée sur cette approche interdisciplinaire. Voir aussi McLaughlin (2008, 2011a).
2   La linguistique a touché surtout la traductologie sur corpus. Voir Laviosa (2003).
3   Notre métaphore de l'ambassadeur est inspirée par Hampton (2009).
4   Sur la traductologie descriptive, voir les travaux fondamentaux d'Even-Zohar (1978) et de Toury (1995). Sur la variation des normes traductives dans l'histoire de la traduction en France, voir McLaughlin (2008 : 62-63).

2. LE RÔLE DE LA TRADUCTION
DANS L'HISTOIRE DU FRANÇAIS

2.1 L'ANCIEN FRANÇAIS

La traduction en ancien français s'associe en général à la deuxième moitié de la période, c'est-à-dire des XIIᵉ et XIIIᵉ siècles. La plupart des traductions qui datent de cette partie de la période concerne des textes religieux, y compris le *Psautier*, l'*Apocalypse* et une version complète de la *Bible*[1]. Pourtant, en adoptant une définition plus large de la traduction, il devient évident que d'autres textes français qui datent du début de la période peuvent eux aussi être considérés comme des traductions. Pope (1934 : 27) utilise le terme d'« adaptation » pour décrire des genres tels que les vies des saints, les traités moraux et les chroniques qui sont tous basés sur des textes latins dès le début. Ainsi, même les tout premiers textes de langue française se caractérisent par la présence de la traduction. À plusieurs reprises, Beer (1992) a souligné l'importance du rôle joué par l'influence du latin dans le développe-ment de la prose française. Elle insiste sur le fait que le texte français des *Serments de Strasbourg* (842 AD) a été traduit du latin (Beer 1992 : 16)[2]. Elle parle également des « procédés traductifs » impliqués dans la préparation de tout sermon en français à cette époque, y compris *Le Sermon bilingue sur Jonas* (*ca.* 937-52) (*ibid.* : 37). En effet, il n'est rare de classer ces textes comme des traductions. Chavy (1988 : 8) explique pourquoi il fait de même : « Nous avons pensé qu'il eût été d'une mauvaise méthode d'affirmer, à partir de nos idées modernes, qu'il ne s'agissait pas là d'une forme de traduction. » Bien que le rapport entre l'original et la version française soit moins direct qu'il ne l'est, par exemple, dans le domaine de la traduction littéraire de nos jours, ces premiers textes français sont fortement marqués par l'influence de textes latins.

---

1   Sur la traduction de textes religieux en français avant 1300, voir De Poerck et Van Deyck (1968).
2   Voir Ayres-Bennett (1996 : 20-21) qui esquisse des alternatives.

En ce qui concerne les effets de la traduction au Moyen Âge, il ne fait aucun doute qu'elle est à l'origine de nombreux emprunts lexicaux. Étant donné la primauté du genre religieux, la plupart des emprunts concerne des termes sacrés sans équivalents dans la langue vernaculaire. Plusieurs linguistes ont offert des listes de ces emprunts. Duval (2007 : 246) cite *adorer, confondre, consommer* et *deluge* qui viennent du latin. Wise (1997 : 49) lie les mots de *sépulchre, chrétien, archange* et *apôtre* à la traduction du grec. Et *séraphin, sabbat, Pâque*, et *chérubin* sont attribués à la traduction de l'hébreu par Darmesteter (1891-1897 : II, 12). Duval (2007 : 245) a souligné l'importance de l'influence de la Bible sur le lexique français au Moyen Âge en général : « Par l'intermédiaire de la prédication, de la littérature religieuse ou de ses traductions, la Vulgate a contribué à l'enrichissement du lexique français, en y introduisant la plupart des mots savants de l'ancien français. » De nouveau, c'est Pope (1934 : 29) qui attire notre attention sur le rôle des adaptations. Elle cite la *Vie de Saint Alexis* (xiᵉ), un texte « relativement court » qui comprend pourtant 30 emprunts savants dont *affliction, escole, miracle, nobilitet, regenerer* et *trinitet*. Pour ce qui est des autres niveaux linguistiques, Brunot et Bruneau (1969 : 99) suggèrent que la traduction a touché le français au niveau morphologique en faisant remarquer que « les suffixes grecs *-isme, -iste* ont été répandus par le latin de la *Vulgate* ». Cependant selon la perspective traditionnelle il ne semble pas que la traduction ait affecté l'évolution de la syntaxe à cette époque. Rickard (1989 : 33), par exemple, distingue entre les niveaux lexical et orthographique qui sont touchés par l'influence du latin et la syntaxe qui reste indépendante[1].

2.2 LE MOYEN FRANÇAIS

Tout a changé au xivᵉ siècle. Bérier (1988 : 221) souligne la singularité de la période : « on ne traduit pas au xivᵉ siècle comme on le faisait au xiiiᵉ siècle (ni comme on le fera à partir des années 1500) : pas les mêmes textes, pas de la même façon, pas dans le même but. » À l'origine de ce

---

1   Nous remercions un lecteur anonyme qui a noté que la distinction traditionnelle que fait Rickard est peut-être moins nette qu'elle n'apparaît. Il est possible que des recherches futures modifieront cette opinion.

bouleversement se trouve la nouvelle autorité accordée aux auteurs de l'antiquité (*ibid.* : 227). Il en résulte une augmentation importante du statut et du volume de la traduction qui acquiert dès lors une fonction didactique[1]. Pour la même raison, il se produit un changement des normes traductives en France. Pour la première fois, les traducteurs expriment un désir de traduire de manière fidèle. À titre d'exemple, Brucker (1997 : 66) cite les propos de Nicole Oresme, traducteur de Aristote au XIVe siècle : « je ne ose pas esloingnier mon parler du texte de Aristote, qui est en pluseurs lieux obscure, afin que je ne passe hors son intencion et que je ne faille. » Naturellement, l'intérêt et l'autorité des classiques ne feront qu'augmenter. D'autres changements importants toucheront la pratique de la traduction en France au XVIe siècle : la première théorie de la traduction a été élaborée (Dotoli 2010 : 70-72) et l'on a commencé à traduire des textes italiens, grecs, anglais et allemands. C'est aussi à ce moment que se réalisent les premières traductions motivées par un nouveau but, celui d'illustrer la langue française.

Il a déjà été établi que la traduction a eu un effet profond sur l'évolution du français à cette époque. Lusignan lie l'importance de la traduction comme facteur au processus de l'élaboration de la langue :

> À chaque étape de l'acquisition de nouveaux domaines d'écriture, le texte français a utilisé, emprunté, s'est approprié l'expérience du texte latin. Le texte latin fournit des modèles que le texte français assimile et redonne selon les exigences culturelles qui sont les siennes. (Lusignan 1986 : 129)

Il n'est pas difficile de trouver des listes d'emprunts lexicaux introduits par la traduction en moyen français. Reprenons ici à titre d'exemple la liste de mots introduits par Oresme : *aphorisme, aristocratie, architecte, democratie, extase, heroïque, monarchie, monopole* et *symphonie* (Pope 1934 : 30). Bien que ce soit de nouveau le vocabulaire savant qui est touché par la traduction, cette période se distingue de l'ancien français par l'ampleur de ses effets. De Clerico (1999 : 147) va jusqu'à dire que « les traducteurs avaient été, à la fin du Moyen Âge, les principaux pourvoyeurs de la langue en mots "savants" ». De plus, il n'y a pas que le manque d'équivalents dans la langue cible qui motive l'emprunt lexical par moyen de la traduction. Les traducteurs de l'époque faisaient très attention au niveau de langue et ils ont souvent rejeté un terme français

---

1   Voir Hall (1974 : 135) et Lusignan (1986 : 129).

en faveur d'un emprunt qui serait plus illustre. La traduction contribue alors au développement de ce que Lusignan (1986 : 141) appelle « un nouveau registre d'expression » en français.

Par contraste à l'ancien français, la contribution de la traduction est beaucoup plus étendue à cette époque. La traduction a été maintes fois liée aux changements syntaxiques en moyen français[1]. Elle doit aussi être à l'origine de l'usage des doublets synonymiques, un trait typique du moyen français[2]. Qui plus est, la traduction a influé sur la standardisation de la langue à l'époque. Elle a contribué à l'élaboration du français en fournissant le nouveau matériel linguistique, à savoir des mots, des structures, des traits stylistiques et même des genres textuels. Elle a également contribué à l'augmentation du prestige linguistique du français en montrant que la langue vulgaire était capable de traiter les mêmes sujets que le latin. Lusignan offre un bon résumé de l'influence du traducteur à cet égard :

> S'appuyant sur des modèles latins, le traducteur crée, en même temps qu'il traduit, le mode de l'écriture savant en français. Il opéra sur la langue tout autant que sur le texte. (Lusignan 1986 : 149)

2.3 LE FRANÇAIS CONTEMPORAIN

Nous ne discutons que brièvement la dernière étude de cas qui concerne le français contemporain. Depuis le début du XXe siècle, les linguistes considèrent la traduction dans la presse comme une source probable d'emprunts à l'anglais, surtout au niveau syntaxique. Nous avons examiné cette hypothèse dans un livre récent (McLaughlin 2011a). Nous avons pu montrer que la traduction dans la presse représente bel et bien une éventuelle source d'emprunts syntaxiques à l'anglais. Cependant, la conclusion majeure de cet examen est que la traduction mène non pas à l'usage de nouvelles constructions en français mais à ce que nous appelons « l'emprunt sélectif » qui modifie les constructions préexistantes. Ainsi, la fréquence, la forme et la fonction de constructions syntaxiques françaises pourraient se voir altérer par l'influence de la traduction de l'anglais en français dans la

---

1   Voir Lebègue (1952 : 28), Rickard (1989 : 77-78) et Huchon (2002 : 165-166).
2   Sur l'usage des doublets synonymiques, voir, par exemple, Bérier (1988 : 261) et Rickard (1989 : 79).

presse[1]. Pour expliquer la capacité de la traduction journalistique à provoquer des changements syntaxiques en français, nous faisons appel à certains facteurs importants, y compris le volume de la traduction de l'anglais dans ce domaine, la rapidité à laquelle elle se fait et la relative fidélité de la traduction de nombreuses dépêches[2].

3. VERS UN MODÈLE THÉORIQUE

3.1 LA TRADUCTION

Le premier composant du modèle théorique que nous développons dans cette partie est une définition de la traduction[3]. Étant donné la longue perspective historique et la diversité des types de traduction impliqués (y compris les adaptations), il convient d'utiliser une définition large. Nous proposons la définition suivante : la traduction est la production d'un texte dans la présence d'un texte dans un autre code[4].

3.2 LES EFFETS

Le deuxième composant du modèle concerne les effets qui résultent de la traduction. Les études de cas discutées ci-dessus indiquent que les effets se repartissent en deux grandes catégories : les effets linguistiques et les effets métalinguistiques. Le Tableau 1 présente l'ensemble des effets.

---

1   Nous n'excluons pas l'hypothèse que la traduction dans d'autres domaines mène à l'emprunt (global) de constructions neuves.
2   Notons toutefois que la traduction n'est pas toujours fidèle dans ce domaine. Bielsa (2007 : 142) met l'accent sur la relative liberté de la traduction dans la presse. En analysant notre corpus, nous avons constaté un mélange de la liberté dont parle Bielsa et d'une fidélité stricte liée surtout à la rapidité de la traduction des informations urgentes (McLaughlin 2011a : 20-21, 112-113).
3   Ce modèle a été développé à partir des trois études de cas discutées dans la section 2. Afin d'élargir la portée du modèle, nous ferons également référence à d'autres études de cas. Voir, par exemple, Iartseva (1981-1982), Lépinette (1998), Mühleisen (2002 : chap. 6), et McLaughlin (2011b).
4   Nous reconnaissons bien entendu que l'étendue de cette définition nécessitée par la perspective universelle adoptée ici la rendrait peu utile dans certains autres contextes.

Changements linguistiques	Changements métalinguistiques
Phonétique et phonologie	Idéologie linguistique
Orthographe	Prestige et attitudes
Morphologie	Standardisation
Syntaxe	(Changement de langue[1])
Lexique	
Style	
Pragmatique et discours	

TABLEAU 1 – Les effets

La traduction peut en principe mener à des changements linguistiques à tous les niveaux de la langue, de la phonétique au discours.
Elle peut provoquer deux types de changement : soit, l'introduction
d'un élément nouveau, soit une modification apportée à élément pré-
existant. Ces deux possibilités sont illustrées par l'histoire du français ;
il suffit de penser aux emprunts de termes sacrés au Moyen Âge[2], et
aux effets de la traduction journalistique aujourd'hui[3]. Les études de
cas donnent à penser que certains niveaux sont impliqués plus souvent
que d'autres. Le lexique est manifestement le plus sensible aux effets
de la traduction, mais l'orthographe est souvent touchée elle aussi.
L'exemple le plus frappant est l'impact de la traduction de la *Bible* en
de nombreuses langues. Van Hoof (1990 : 38) souligne son importance :
« D'emblée, la traduction biblique allait devoir se doubler d'un travail
linguistique considérable auquel certaines cultures sont redevables les
unes de la naissance de leur langue écrite, les autres, du développement
de leur langue littéraire. » Quant à la syntaxe, elle subit l'influence si et
seulement si la traduction est fidèle. D'où le contraste entre l'ancien et
le moyen français ; la syntaxe n'est pas touchée en ancien français mais
dès que la relative liberté de la traduction cède le pas à la quête de la
fidélité en français moyen, elle se voit impliquée.

Les changements métalinguistiques affectent les perceptions et
jugements concernant la langue. Nous insistons sur l'importance de
ce type d'effet parce qu'ils montrent que la traduction peut contribuer

1   Les parenthèses indiquent l'incertitude : la traduction pourrait théoriquement mener à
    un changement de langue mais nous n'en avons trouvé aucun exemple convaincant.
2   Voir 2.1.
3   Voir 2.3.

à déterminer l'avenir d'une langue même si le matériel linguistique n'est pas impliqué[1]. L'histoire du français illustre l'indépendance des effets linguistiques et métalinguistiques. À la fin du Moyen Âge et aux débuts de la Renaissance, la traduction du latin a facilité le processus de l'élaboration de la langue française en fournissant le matériel linguistique nécessité par son usage dans de nouveaux domaines. Pourtant, ceci ne suffisait pas à renverser la hiérarchie linguistique régnante. Un changement de hiérarchie ne pouvait être provoqué que par une augmentation du prestige du français. Cette augmentation a eu lieu au XVIe siècle et elle peut être attribuée en grande partie à la traduction des classiques. Comme l'explique Rickard (1989 : 97) la traduction « encouraged other writers to use French rather than Latin, since translation, when well done, showed that French could after all express ideas hitherto confined to Latin[2] ». La traduction de l'italien a également joué son rôle.

Il est intéressant de constater un paradoxe dans le rôle joué par la traduction au XVIe siècle qui pourrait éventuellement se produire ailleurs. La pratique de la traduction contribue à la nouvelle autorité de la langue vulgaire mais se voit elle-même touchée par ce gain de prestige. Occuper une meilleure place dans la hiérarchie linguistique implique une réduction de la fidélité de traduction et du taux de l'emprunt aux langues sources. Même si la traduction garde sa place centrale dans le système culturel au XVIIe siècle[3], sa contribution à l'évolution de la langue est transformée. L'effet principal n'est plus l'importation des éléments étrangers ; la traduction est plutôt l'endroit où s'illustre le meilleur usage des éléments indigènes[4].

3.3 LES VARIABLES

Le troisième composant du modèle concerne les variables qui déterminent si la traduction touchera l'évolution d'une langue et, le cas

---

1 Nous ne voulions pas exclure la possibilité que la traduction pourrait mener à un changement de langue bien que ceci ne soit évidemment pas illustré par l'histoire du français.

2 Tr. : « [La traduction] a encouragé d'autres auteurs à utiliser le français au lieu du latin parce que, si elle était bien faite, elle montrait que le français était en fait capable d'exprimer des idées qui avaient été jusqu'alors réservées au latin. »

3 Pour une introduction à la traduction au XVIIe siècle, voir Dotoli (2010 : chap. IV) qui le nomme « le siècle de la traduction » (*ibid.* : 95).

4 Nous remercions Wendy Ayres-Bennett de nous avoir signalé qu'il s'agit d'une transformation de son rôle et non pas d'une disparition.

échéant, quel effet sera produit. Le modèle comprend quatre types de variables, tel que résumé dans le Tableau 2. Chaque catégorie contient deux ou trois variables de base sous lesquelles sont indiquées les variables les plus importantes. Par manque de place, nous ne pouvons pas discuter toutes les variables ; nous nous limitons à celles dont le fonctionnement est élucidé par l'histoire du français[1].

Variables traductives	Variables linguistiques
Pratique de la traduction	Nature de la langue cible
Domaine	Élaboration
Volume	Standardisation
Conception de la traduction	Présence d'un registre littéraire
Skopos[2]	Conventions stylistiques
Perception de sa fonction	Nature de la langue source
Normes traductives	Standardisation
Fidélité	Langue morte
Degré de résistance	
Variables culturelles	**Variables sociales**
Idéologie linguistique	Nature de la communauté
Perception de l'état d'élaboration	Conditions propices à la diffusion
Prestige relatif aux autres codes	des innovations
Statut de la traduction	Technologie
Prestige relatif	Moyens de diffusion des traductions
Volume relatif	
Conception de l'auteur	
Identité	
Lien entre langue et nation	

TABLEAU 2 – Les variables

En ce qui concerne les variables traductives, le domaine dans lequel s'effectue la traduction semble une variable essentielle. Il n'est pas surprenant que la traduction devienne un facteur plus important quand elle s'effectue dans plusieurs domaines à une même époque. Cela explique au moins en partie pourquoi la traduction est évoquée

---

1   Voir aussi McLaughlin (2011b).
2   Ce terme désigne la fonction de la traduction en traductologie.

comme source de changements linguistiques en moyen français ainsi qu'aujourd'hui[1]. Il semble également que certains domaines favorisent le fonctionnement de la traduction comme facteur : c'est le cas de la religion, de la science et de la littérature. Il ne fait aucun doute que la traduction de textes littéraires en moyen français a stimulé l'écriture en langue vulgaire en général. C'est un cas de figure qui se présente dans d'autres contextes. Schaefer (2006) remarque ce même effet en anglais médiéval et de nos jours, Bissiri (2000 : 212) réclame la traduction littéraire en langues non-européennes en Afrique pour qu'elles puissent un jour y servir de « moyen d'expression artistique de base[2] ». Cet exemple illustre l'importance d'une autre variable traductive, à savoir la perception de la fonction de la traduction : la présence de l'idée que la traduction a sa place dans le développement de la langue joue un rôle déterminant dans le fonctionnement de la traduction comme facteur.

Quant aux facteurs linguistiques, le niveau de standardisation de la langue cible s'est révélé un facteur significatif. Nous avons déjà fait mention de la contribution de la traduction à l'élaboration et à la standardisation du français. Ainsi, si la langue traduisante est déjà soit élaborée soit standardisée, le rôle de la traduction en tant que facteur est forcément limité. C'est ainsi que Wise (1997 : 81) explique le fait que l'influence de l'anglais sur le français reste relativement restreinte : « significant borrowing was only initiated following the period of standardization and codification of French, and reached a peak at a time when the language had assumed the symbolic value of the nation[3] ». À la fin de cette citation, Wise indique que l'existence d'un lien entre langue et nation peut également empêcher l'influence étrangère. Il nous semble que le même effet peut limiter l'influence de la traduction. Cette variable se trouve dans la liste des variables culturelles dans le Tableau 2. Y figure aussi la perception du niveau de standardisation parce que ce n'est pas la réalité linguistique tout

---

1   Il suffit de penser à la traduction de textes religieux, scientifiques et littéraires en moyen français, et à la traduction de textes techniques, journalistiques et publicitaires de nos jours.

2   Voir aussi Iartseva (1981-1982 : 80-81) qui considère la traduction un facteur essentiel dans le développement de langues littéraires en général.

3   Tr. : « ce n'est qu'après la période de standardisation et de codification du français que la fréquence des emprunts devient importante, et son apogée a eu lieu à un moment où la langue était déjà dotée de la valeur symbolique de la nation. »

court qui détermine si les éléments étrangers se verront empruntés par moyen de la traduction ; la perception des locuteurs eux-mêmes joue un rôle déterminant.

Considérons deux dernières variables linguistiques. La première concerne les conventions stylistiques de la langue cible. Une comparaison entre l'ancien français et l'anglais de la même époque révèle une différence frappante : même si les mêmes types de textes sont traduits, l'emprunt lexical est plus rare en anglais qu'il ne l'était en français[1]. Godden attribue cette différence aux conventions stylistiques :

> *Although most of the literary prose drew on Latin sources, individual prose-writers generally resisted the temptation to borrow the technical terminology of Latin. [...] What is involved here is something more than a desire to simplify for a readership without Latin. There is clearly some deep-seated and widely shared feeling about the inappropriateness of Latin borrowings to tone*[2]. (Godden 1992 : 516)

Il en est de même pour la traduction journalistique aujourd'hui. C'est la pression de la norme qui limite les effets de l'influence ; elle peut toucher les constructions préexistantes mais ne mène pas à l'usage de constructions neuves[3]. La dernière variable à identifier est la nature de la langue source. Blake (1992 : 11) a noté que la traduction du latin a contribué à la standardisation de l'anglais parce que le latin était une langue morte et figée. Puisque nous avons observé des effets similaires dans d'autres études de cas[4], nous proposons un lien essentiel entre la relative fixité de la langue source et la codification de la langue cible. Si la langue source est standardisée – et d'autant plus si elle est morte – elle peut inspirer la codification de la langue cible. Cette variable explique pourquoi le latin a joué un rôle si important dans l'évolution de nombreuses langues à beaucoup de moments historiques différents et ce qui

---

1   Sur la pratique de la traduction en anglais médiéval, voir McLaughlin (2011b).

2   Tr. : « Bien que la plupart des textes littéraires en prose se base sur des sources latines, les prosateurs ont en général préféré ne pas emprunter le vocabulaire technique au latin. [...] Il y a là bien plus que le désir de simplifier pour un public qui ne sait pas le latin. De toute évidence, il s'agit d'une réaction forte et généralisée contre les emprunts au latin que l'on juge inappropriés au niveau stylistique. »

3   Notons toutefois que l'emprunt sélectif pourrait en principe mener à l'emprunt global (McLaughlin 2011a : chap. 5).

4   Voir par exemple Lépinette (1998).

rend cette langue particulière est la durée de sa présence comme langue
morte prestigieuse.

Nous concluons avec les variables sociales en signalant l'importance
de la technologie. Non seulement elle détermine comment s'effectue
la pratique de la traduction et quelles seront les normes traductives,
mais elle détermine en outre l'étendue de son influence. Une piste
pour la recherche future est d'explorer quel modèle de communication
entre le traducteur et le lecteur favorise le plus le fonctionnement de
la traduction comme facteur dans le changement linguistique. Dans
un premier temps, il serait intéressant de comparer les effets liés à
la traduction manuscrite aux effets liés aux livres imprimés qui permettent à un seul texte traduit d'atteindre un public beaucoup plus
vaste. Il conviendrait également d'examiner la situation contemporaine
où l'on voit émerger grâce aux nouvelles technologies un nouveau
type de réseau qui permet à des traductions multiples d'atteindre
une multitude de lecteurs.

4. CONCLUSION

Le but de cet article était d'explorer le rôle de la traduction comme
agent de changement dans l'histoire de la langue française. Bien que
le modèle proposé ne représente qu'une première tentative de théorisation, le fait même de pouvoir l'esquisser indique que la traduction
ne devrait plus être considérée comme un facteur marginal qui opère
d'une manière *ad hoc* à certains moments de l'évolution linguistique. La
traduction est plutôt une activité linguistique importante qui devrait
trouver sa place parmi les autres facteurs – tels que l'alternance de
code – qui sont reconnus pour leur capacité à provoquer des changements linguistiques.

Au terme de notre étude, nous voudrions souligner la nécessité de
poursuivre les recherches sur la traduction et l'histoire du français. Il
faut approfondir la compréhension du fonctionnement de ce facteur
à chaque époque et raffiner les généralisations proposées par notre
modèle en comparant les différentes périodes. Ainsi pourrons-nous

à l'avenir mieux comprendre le rôle joué par la traduction dans le passé et de nos jours, en français comme dans d'autres langues. Ici, comme dans d'autres domaines, la linguistique générale ne peut que bénéficier du travail accompli dans le domaine de l'histoire de la langue française.

Mairi MCLAUGHLIN
Université de Californie, Berkeley

GRAMMATICALISATION *VS* PRAGMATICALISATION

Bref retour sur les éléments d'un débat[1]

1. INTRODUCTION

Les relations de la grammaticalisation et de la pragmaticalisation demeurent encore aujourd'hui un objet de débat. Certains linguistes affirment que celle-ci est un cas particulier de celle-là. D'autres plaident pour la désolidarisation des deux notions. À vrai dire, ces prises de position sont très largement tributaires de l'idée, large ou étroite, cognitive ou morphosyntaxique, que les uns et les autres se font de la grammaticalisation. Et la discussion risque bien de tourner en rond, puisque par le terme de « grammaticalisation », les deux parties en présence ne désignent pas la même chose. L'objet de cet article est tout d'abord de rappeler ce qui est visé, précisément, par « grammaticalisation au sens étroit » (désormais « G1 ») et « grammaticalisation au sens large » (désormais « G2 ») ; puis de chercher à déplacer le débat, en interrogeant la pertinence de l'approche désolidarisante (que nous défendons) dans le cadre théorique qui, *a priori*, lui est le moins adéquat : celui de la grammaticalisation au sens large.

---

1 Présentée au premier colloque international de la SIDF en septembre 2011, cette contribution a donné lieu à une suite (Badiou-Monferran et Buchi 2012), à laquelle nous renvoyons nos lecteurs. Tandis que la présente étude développe surtout un état de la question, le texte de Badiou-Monferran et Buchi multiplie pour sa part les arguments et les exemples plaidant en faveur de la désolidarisation de la grammaticalisation et de la pragmaticalisation.

2. LA PRAGMATICALISATION EST DISTINCTE DE G1
(GRAMMATICALISATION AU SENS ÉTROIT)

Pour Kuryłowicz (1965), Erman et Kotsinas (1993), Aijmer (1997), Erman (2001) et indirectement Waltereit (2006), la notion de grammaticalisation désigne le résultat d'une évolution où une unité – lexicale ou peu grammaticale – développe des emplois hautement grammaticalisés, pouvant conduire jusqu'aux emplois de morphèmes (de temps, de mode, d'aspects, etc.). Par rapport à l'unité source, l'unité cible se caractérise alors par trois paramètres, repérés et modélisés par Lehmann (1995 [1982]) :

1. La perte de poids (au sens paradigmatique de perte de consistance phonétique et/ou accentuelle mais aussi au sens syntagmatique de réduction de la portée) ;
2. La perte d'autonomie (qui, au plan paradigmatique, peut se traduire par l'intégration de l'unité dans un paradigme et qui, au plan syntagmatique, se réalise sous des formes variées, allant de la simple cohésion syntagmatique à l'agglutination en passant par la coalescence et la cliticisation) ;
3. La perte de variabilité (au sens paradigmatique où l'emploi de l'unité, naguère facultatif, devient obligatoire, mais aussi au sens syntagmatique de perte des flexions en tout genre, en nombre, en personne, en genre, ou encore en temps notamment).

Dans ce cadre, qui promeut une approche très largement morphosyntaxique de la grammaticalisation, la notion de pragmaticalisation, entendue, à la suite de Dostie (2004 : 27) ou encore de Diewald (2006 : 404) comme le développement, par une unité lexicale ou grammaticale, d'emplois non référentiels mais conversationnels, ne se superpose pas (du moins pas exactement) à celle de la grammaticalisation. La désolidarisation des deux notions se soutient de deux types d'arguments, les uns, diachroniques, les autres, synchroniques.

2.1 L'ARGUMENTAIRE DIACHRONIQUE

Les études de linguistique diachronique montrent que certains marqueurs pragmatiques sont directement dérivés des unités lexicales sources, sans être associés à un quelconque processus de grammaticalisation.

Autrement dit, la pragmaticalisation n'est pas consubstantielle à la grammaticalisation, elle peut emprunter un cheminement indépendant :

> *It is possible (but not necessary) for a lexical element to develop directly into a discourse marker without an intermediate stage of grammaticalization. As a consequence, we suggest that lexical items on their way to becoming function words may follow two different paths, one of them resulting in the creation of grammatical markers, functioning mainly sentence internally, the other resulting in discourse markers mainly serving as text-structuring devices at different levels of discourse. We reserve the term grammaticalization for the first of these two paths, while we propose the term pragmaticalization for the second one.* (Erman et Kotsinas 1993 : 79)[1]

Aussi ne peut-elle être conçue comme l'aboutissement, logique ou chronologique, de la grammaticalisation.

2.2 L'ARGUMENTAIRE SYNCHRONIQUE

Dans un article qui fait désormais référence, Waltereit (2006 : 73 et suiv.) discute la capacité des pragmatèmes (autrement nommés « marqueurs discursifs ») à se conformer aux paramètres morphosyntaxiques permettant d'évaluer le degré de grammaticalisation d'une unité, selon Lehmann (1995 [1982] : 306).

Si les marqueurs discursifs partagent *de facto* avec les unités cibles de la grammaticalisation la tendance à l'attrition ou érosion phonologique[2], c'est bien leur seul point commun. Encore notera-t-on que l'attrition phonologique n'est pas spécifique aux faits de grammaticalisation, et qu'elle se retrouve dans d'autres processus de changement[3]. Aussi la tendance à l'attrition n'est-elle pas un facteur totalement pertinent (pour notre propos).

---

1   « Il est possible (mais non nécessaire) qu'une unité lexicale développe directement un emploi de marqueur discursif sans passer par une étape intermédiaire de grammaticalisation. Donc, nous suggérons qu'il y a deux façons pour une unité lexicale de devenir un mot fonctionnel, l'une aboutissant à la création d'un marqueur grammatical, fonctionnant principalement à l'intérieur du cadre phrastique, l'autre aboutissant à la création d'un marqueur discursif, fonctionnant principalement comme un élément du dispositif de structuration textuelle, à différents niveaux du discours. Nous réservons le terme de grammaticalisation pour la première manière, et le terme de pragmaticalisation pour la seconde. » Nous traduisons.

2   Le marqueur discursif *Coudon* étudié entre autres par Dostie (2004) est ainsi le produit de l'érosion de « Écoute donc ».

3   À titre d'exemple, on invoquera l'amuïssement, en français, de la marque de nombre [s] pour les noms et les adjectifs (sauf en cas de liaison).

Concernant les autres paramètres, Waltereit rappelle, entre autres[1], que si les marqueurs grammaticaux – désormais MG – sont (presque toujours) obligatoires[2], les pragmatèmes ou marqueurs discursifs – désormais MD – sont facultatifs ; que si les MG tendent à la coalescence, les MD sont toujours des morphèmes libres ; enfin, que si les MG occupent (du moins tendanciellement) une place fixe, les MD sont mobiles.

Il en déduit que l'apparition des MD ne relève pas des faits de grammaticalisation. Hansen (2008 : 58-60) et Claridge et Arnovik (2010 : 185-187) soutiennent la même conclusion.

3. LA PRAGMATICALISATION EST UN CAS PARTICULIER DE G2 (GRAMMATICALISATION AU SENS LARGE)

Les linguistes (parmi d'autres, Traugott 1995, Brinton 1996, Traugott et Dasher 2002, Dostie 2004, Marchello-Nizia 2006b, Diewald 2006 ou encore Prévost 2011) considérant, à l'opposé, que la pragmaticalisation a à voir avec la grammaticalisation, n'incluent celle-là dans celle-ci qu'à la faveur d'un élargissement de la notion de grammaticalisation. Inscrivant cette dernière dans un cadre non plus seulement morphosyntaxique mais cognitivo-communicationnel, ils la redéfinissent comme un mouvement conduisant tout à la fois du concret à l'abstrait, et de l'objectif au subjectif. Partant, la pragmaticalisation, qui satisfait tous les points définitoires de G2, semble bien constituer « un cas particulier » de celle-ci (Dostie 2004 : 11). À l'appui de cette thèse, sont allégués les deux arguments de l'unidirectionnalité et de la décatégorisation.

3.1 L'ARGUMENT DE L'« UNIDIRECTIONNALITÉ »

Pour les auteurs cités ci-dessus, l'irréversibilité du passage du concret-objectif à l'abstrait-subjectif constitue l'un des traits spécifiques de la grammaticalisation (voir entre autres Prévost 2003a)[3]. Or, de la même

---

1   Pour des raisons de place, on ne reviendra pas ici sur le détail de la démonstration concernant les paramètres de la portée et de la paradigmaticité.
2   À ce sujet, voir la synthèse de Marchello-Nizia (2006b : 31).
3   En réalité, le débat est loin d'être clos et nous remercions nos relecteurs de nous avoir signalé, entre autres, la contribution récente de Willis (2010) faisant retour pour la défendre

façon, le processus de pragmaticalisation est unidirectionnel. Comme il n'existe pas de dégrammaticalisation, il n'existe pas de dépragmaticalisation. Les quelques contre-exemples traditionnellement requis comme « donner le OK », « mettre le holà » sont *de facto* ressaisis par la littérature comme des cas de « lexicalisation », non de dépragmaticalisation (Dostie 2004 : 28).

3.2 L'ARGUMENT DE LA « DÉCATÉGORISATION »

Si elle n'est pas un trait spécifique de la grammaticalisation, la décaté-gorisation, conçue comme le passage de catégories majeures (nom, adjectif, verbe) à des catégories secondaires (adverbe, participe, préposition...) n'en est pas moins l'un de ses traits caractérisants les plus remarquables. À ce titre, elle constitue le 5ᵉ « principe » de Hopper (1991 : 17-36).

Or, les pragmatèmes sont eux aussi le produit d'une décatégorisation. La citation suivante rend compte de la « déverbalisation » de la forme *tiens*, originellement verbale, dans ses emplois discursifs :

> [Celle-ci] se fait de manière graduelle, puisqu'il y a des degrés dans l'appartenance à une catégorie. La décatégorisation se manifeste par des pertes de flexibilité syntaxique et par des figements, ce que l'on peut illustrer au moyen de *tiens*. Dans une phrase comme *tiens, ton crayon*, la forme *tenez* est possible, mais non la forme *tenons*. Cependant, dans un dialogue où A demanderait *Qui a fait ça ?* et ou B répondrait *Sophie, tiens !*, à la fois *tenez* et *tenons* seraient exclus. C'est dire qu'en glissant dans la zone pragmatique, *tiens* se fige progressivement, de sorte qu'on observe l'alternance *tiens, tenez*, jusqu'à ce que seule la forme *tiens* demeure possible dans certains emplois. (Dostie 2004 : 35)

En vertu de leur commune unidirectionnalité — allant dans le sens d'une généralisation du sens et du développement de l'aspect subjectif et intersubjectif du langage — et en raison de leur commune propension à la décatégorisation, grammaticalisation et pragmaticalisation semblent bien avoir quelque chose à voir. Pour les tenants de l'approche cognitivo-communicationnelle de la grammaticalisation, celle-ci intègre, dans sa modélisation, les faits de pragmaticalisation. Grammaticalisation et pragmaticalisation entretiennent un rapport d'inclusion.

Telle qu'elle est conduite, la discussion sur les liens de la grammaticalisation et de la pragmaticalisation est *de facto* aporétique, puisque les prises de position respectives sont constitutives de l'approche, étroite ou large,

---

sur la notion de « dégrammaticalisation ».

choisie pour traiter de la notion de grammaticalisation. Nous souhaitons pour notre part déplacer et renouveler le débat en montrant que même dans le cadre d'une définition large, cognitivo-communicationnelle, de la grammaticalisation, le rapport d'inclusion de la pragmaticalisation dans G2 ne va pas de soi. Selon nous, la pragmaticalisation n'est ni un après (Dostie 2004 : 27), ni une réalisation singulière (Dostie 2004 : 11) de la grammaticalisation. Pour rendre compte de l'indépendance des deux notions, nous mobiliserons ici trois points de vue différents : l'un historique, l'autre cognitif, le dernier communicationnel.

4. PAR-DELÀ L'APORIE : DE LA DÉSOLIDARISATION DES DEUX NOTIONS DANS G2[1]

4.1 APPROCHE HISTORIQUE

Rien n'interdit de reconduire, dans le cadre de G2, l'argument diachronique mobilisé ci-dessus dans le cadre de G1. Historiquement, le mouvement de pragmaticalisation des unités sources ne s'inscrit pas nécessairement dans la continuité d'un mouvement de grammaticalisation. Contrairement à ce que laisse entendre la littérature, du moins celle plaidant pour une superposition – certes partielle – des deux processus[2], il n'en constitue pas systématiquement un "après", un "aboutissement". Soit en effet, parmi d'autres, l'item *donc*, qui a développé, au cours de son histoire, des emplois grammaticaux et des emplois pragmatiques, et qui est issu d'un étymon indiquant une circonstance temporelle (*donc* < *dunc* « alors » [von Wartburg 1930 *in* FEW 3, 179a-180a, DUNC ; TLFi]) :

---

1 Cette section reconduit partiellement un argumentaire développé dans Badiou et Buchi (2012).

2 Voir entre autres à ce sujet Dostie (2004 : 27) : « une unité lexicale/grammaticale peut développer des emplois où elle ne joue pas un rôle sur le plan référentiel, mais bien, sur le plan conversationnel : elle sera alors le résultat d'un processus de "pragmaticalisation". Ce parcours peut être illustré en français avec le mot *bien*. Celui-ci passe des catégories substantivale/adjectivale à celle, notamment, de quantificateur nominal (*Il y avait ben du monde / Il y avait ben ben du monde* = "beaucoup"), **puis** de MD [autrement dit de "marqueur discursif" ou de pragmatème] (*Ben, je pense qu'il vaudrait mieux laisser tomber*) ». Dans cette description, l'adverbe *puis* (que nous soulignons) postule sans l'expliciter que la pragmaticalisation du marqueur *bien* s'inscrit dans la subséquence de sa grammaticalisation.

DONC				
Emplois grammaticaux				Emplois pragmatiques
CHAÎNE DE GRAMMATICALISATION →				
Emplois peu grammaticalisés	Emploi de transition (conclusion)	C H A Î N E D E G R A M M A T I C A L I S A T I O N ↓	Emplois consécutifs	Emplois de ponctuants d'opération de parcours
– Reprise	*L'assemblée nationale*		– Consécution intralinguistique	
Aujourd'hui nous allons nous intéres-ser [...] *peut-être aux autobiographies mais surtout aux biographies* **donc** *un spécial bio avec trois critiques…*	*et le sénat ont voté l'abolition de la peine de mort, nous aurions pu penser qu'une peine de substitution incompressible aurait été proposée* [...] ; *ceci n'a pas eu lieu, je crois* **donc** *qu'il est indis-pensable d'abord de*		factuelle *Il a plu* **donc** *l'herbe a poussé.* inférentielle *L'herbe a poussé* **donc** *il a plu.* – Consécution métalinguistique	– Ponctuant de l'interrogation *Où sont* **donc** *mes clefs ?* – Ponctuant de l'injonction *Tais-toi* **donc** *!*
– Récapitulation *On connaissait ses drames, ses fresques et ses épopées. Le voilà qui nous révèle ses rêves* [...]. *À quatre-vingt ans, après cinq années de silence, Akira Kurosawa en est* **donc** *à l'heure du bilan.*	*voir le problème de la peine incompressible.*		factuelle *Tout ce qui s'est passé est inconscient,* **donc** *nul et non advenu.* inférentielle *Ces visions-là, que je ne suis pas en mesure de dire, qui sont le vrai "interdit" (pas du tout inconscient,* **donc***) qui pèse sur ma faculté de raconter.*	– Ponctuant de l'exclamation *Que vous êtes* **donc** *jolie ce matin !*

TABLEAU 1 – Emplois de *donc* en français moderne et contemporain[1]

---

1 Les exemples figurant dans ce tableau sont empruntés à Hybertie (1996) ou à Frantext, mais leur classement nous revient.

Nos enquêtes, effectuées sur un empan chronologique conduisant du XVIe siècle au XXIe siècle à partir des données que nous avons pu recueillir dans Frantext[1], montrent que le mouvement de pragmaticalisation de *donc* est très largement antérieur à celui de sa grammaticalisation. En effet, en français préclassique, les emplois pragmatiques de *donc*, au demeurant d'ores et déjà attestés en ancien français[2], sont bien implantés :

> *Donc* ponctuant de l'interrogation :
> Alors ma mere, toute transportée de douleur et ne songeant pas bien à ce qu'elle disoit se coupa proprement en me disant : « et pourquoy **donc**, en l'excès de vos desplaisirs, sur la perte de Deucalie, avez-vous dit à Nerée que vous n'attendiez que cette ordination pour vous porter par desespoir aux extremitez du monde, d'où jamais on n'auroit de vos nouvelles ? » (1621, Camus, *Agathonphile*)

> *Donc* ponctuant de l'injonction :
> vous me permettrez que je vous represente pour ma justification cette instruction salutaire. Sçachez **doncques**, madame, qu'en l'eglise d'orient, il est bien vray que quelques prestres sont mariez, mais non pas tous indifferemment (1621, Camus, *Agathonphile*)

> *Donc* ponctuant de l'exclamation :
> et ayant r'appellé une partie de ses forces et de ses esprits, qui l'avoient presque tous quitté ; il est **doncque** bien vray, dit-il, que c'est vous, ô ma Phylistee, que je voy [...]. (1634, Mareschal, *La Chrysolite ou le secret des romans*).

En revanche, au même moment, le mouvement de grammaticalisation de *donc*, en cours, est loin d'être achevé. Le tableau ci-dessus, qui reflète un classement des emplois grammaticaux de l'item en fonction de son

---

1 Nos observations se fondent principalement, mais sans exclusive, sur le dépouillement de trois corpus en prose figurant dans Frantext. Le premier est constitué d'un ensemble de neuf récits de fictions, traités, essais ou correspondance des XVIe et XVIIe siècles (Flore, 1537 ; Rabelais, 1552 ; Castellion, 1562 ; Estienne, 1564 ; Serres, 1603 ; Camus, 1621 ; Urfé, 1631 ; Mareschal, 1634 ; Peiresc, 1634). Le second comprend un ensemble de quatre romans et de trois essais de la fin du XXe siècle et du début du XXIe siècle (pour les romans : Carrère, 1995 ; Échenoz, 1997 ; Angot, 2006 ; Guyotat, 2007, et pour les essais : Roubaud, 1997 ; Pontalis, 2000 ; Lejeune, 2005. Le troisième ensemble est un corpus transversal qui comprend tous les pamphlets en prose de la base Frantext – dans son état de 2010. Pour les références de ces textes, voir Frantext.
2 Voir l'entrée DONC dans Tobler et Lommatzch (1925-2002), qui, parmi bien d'autres, recense des emplois de ponctuant de l'injonction dans *RCharr.* 173 et de ponctuant de l'interrogation dans *Ox. Ps.* 49,14.

plus ou moins haut degré de grammaticalité[1], place au bout de la chaîne horizontale de grammaticalisation, les emplois consécutifs inférentiels de *donc*, et au bout de la chaîne verticale, les emplois métalinguistiques de *donc*. Sans entrer dans le détail de la démonstration – que nous avons entreprise ailleurs[2] –, nous considérons en effet :

1. Que le marquage de la consécution inférentielle est plus grammaticalisé que celui de la consécution factuelle[3], dans la mesure où il atteste un processus de subjectivation supplémentaire. De fait, *donc* inférentiel, articulant un fait donné dans l'expérience du sujet parlant (par exemple, le constat que « l'herbe a poussé ») à son explication probable (« donc, il a plu »), rapporte bien la relation causale à une évaluation interne (celle de la cause supposée). Il se voit ainsi doté d'une signification plus grammaticalisée que lorsqu'il se contente de spécifier une simple consécution factuelle (c'est-à-dire d'articuler deux contenus propositionnels X et Y, qui constituent des données d'expériences, et ne supposent aucune évaluation du sujet parlant[4], comme dans l'enchaînement : « Il a plu, donc l'herbe a poussé »).

2. Que le marquage de la consécution métalinguistique est plus grammaticalisé que celui de la consécution intralinguistique, dans la mesure où il ne se contente pas de *spécifier* une relation causale sous-jacente, comme dans le cas du marquage de la consécution intra-linguistique factuelle (« il a plu : l'herbe a poussé ») ou inférentielle (« l'herbe a poussé : il a plu »), mais qu'il *produit* la relation causale en en construisant le lien implicatif. Dans l'énoncé – cité dans le tableau ci-dessus – « *tout ce qui s'est passé est inconscient, donc nul et non advenu* (Guyotat 2007) », en l'absence de *donc*, (ou de tout autre marqueur de sens proche), la relation entre *inconscient* et *nul et non advenu* est proprement

---

1   Par le terme de « grammaticalité », nous désignons ici le résultat du processus – plus ou moins achevé, plus ou moins abouti – de grammaticalisation (et non l'acceptabilité d'une structure).

2   Voir Badiou-Monferran (à paraître).

3   Rappelons que les marqueurs de consécution factuelle établissent une relation de cause à conséquence entre « deux faits donnés dans l'expérience du sujet parlant » (Hybertie 1996 : 3), tandis que les marqueurs de consécution inférentielle établissent une relation de cause à conséquence entre un fait X donné dans l'expérience du sujet parlant et un autre fait Y non donné dans son expérience (en l'occurrence, entre un fait X attesté et son explication probable Y).

4   Si ce n'est, bien entendu, l'existence d'une relation entre le contenu des propositions.

indécidable. En l'occurrence, il peut tout aussi bien s'agir d'une relation additive (inconscient *et* nul) que d'une relation causale. Le choix de *donc* engage à ce titre la responsabilité du locuteur. Il met en scène de façon quintessenciée ce mouvement de subjectivation par lequel se signale un processus de grammaticalisation avancé.

Or, dans nos corpus de français préclassique et classique, *donc* métalinguistique n'est pas attesté. Rarissimes sont, jusqu'en 1850, les occurrences de *donc* à articuler une consécution de niveau « méta ». Jusqu'à cette date, pour des raisons sur lesquelles on ne reviendra pas ici, l'expression de la consécution métalinguistique est prise en charge par d'autres connecteurs, notamment par *par conséquent*. Quant aux emplois inférentiels de *donc*, ils sont, quantitativement, faiblement représentés dans le corpus de français préclassique et classique : 5 occurrences sur 300. Ils sont en outre qualitativement sujets à caution, dans la mesure où ils apparaissent dans des contextes de transition[1], où ils sont toujours susceptibles de se prêter à une autre analyse[2]. Sans entrer dans le détail de la démonstration, nous constatons que la pragmaticalisation de *donc* ne s'inscrit pas dans la subséquence de sa grammaticalisation, et qu'elle est même très largement antérieure. Si nos études attestent que la pragmaticalisation n'est pas (nécessairement) un « après » de la grammaticalisation, il reste à montrer que celle-là ne constitue pas non plus un cas particulier de celle-ci. Pour ce faire, nous invoquerons un point de vue cognitif puis communicationnel.

---

1   Comme le rappelle Marchello-Nizia (2006b : 258), « après une période où Heine utilisait, comme tout diachronicien, un changement en trois étapes (Heine 1993 : 49), il a proposé, dans un article important qui synthétisait bon nombre de réflexions en cours, un modèle plus complexe, en quatre étapes, qui mettait en évidence le rôle crucial du contexte […] Ce "scénario" a pour particularité d'affiner de façon décisive l'étape intermédiaire, en y distinguant deux étapes […]. Le point de départ est l'idée que ce que l'on nomme "changement de sens" d'un mot est en fait une modification des constructions dans lesquelles il apparaît ». Partant, au stade I, stade initial (*initial stage*) où dans tous ses emplois l'*item* a son sens originel, succède un stade II, nommé « contexte de transition » (*bridging context*). Il consiste en un contexte possiblement ambigu, conduisant par inférence à une nouvelle signification. Suit un stade III, nommé « contexte de passage » (*switch context*), qui apparaît comme un contexte désambiguïsé, incompatible avec la signification originelle du terme. Le stade IV, enfin, est celui de la « conventionalisation » des nouveaux contextes, phase d'achèvement de la grammaticalisation.
2   Voir à ce sujet Badiou-Monferran et Buchi (2012), et Badiou-Monferran (à paraître).

4.2 APPROCHE COGNITIVE

Les modes d'institutionnalisation des grammèmes et des pragma-tèmes dans le système de la langue sont différents. Dans le premier cas, l'imposition de la nouvelle unité est toujours progressive ; dans le second, elle est souvent catastrophique.

Traditionnellement, le processus de grammaticalisation se définit en effet par son caractère tout à la fois unidirectionnel et progres-sif (Marchello-Nizia 2006b : 30-34). Sans revenir sur la question de l'unidirectionnalité du phénomène[1], et pour nous en tenir à la celle de sa nature progressive, nous rappellerons que, dans la première phase de changement, le processus en cause met en jeu des « grammaires concurrentes » (Marchello-Nizia 2006b : 31). Autrement dit, pour l'expression d'une notion, il suppose la coexistence d'au moins deux variantes, dont l'une finira (sauf cas à la marge) par triompher de l'autre. Avant de devenir obligatoire, c'est-à-dire de s'imposer comme la seule façon d'exprimer la notion grammaticale dont il est porteur, le grammème connaît ainsi une phase plus ou moins longue, plus ou moins durable, au cours de laquelle sa mobilisation demeure optionnelle, et entre en concurrence avec celle d'une autre unité (ou d'une autre structure) qui lui coexiste. Son instauration dans le système de la langue, comme item indispensable, n'est donc jamais immédiate. Elle suppose une phase antérieure de variation, pendant laquelle le grammème se contente du statut (instable) de variante susceptible d'échouer ou de réussir.

Or, même dans le cadre d'une diachronie étendue portant également sur les états les plus reculés du français, on n'observe rien de tel dans la pragmaticalisation de *donc*. En tant que ponctuants d'opérations de parcours, *donc* remplit des fonctions inédites, pour lesquelles il n'existe et n'a existé aucune variante concurrente. Rappelons en effet que le pragmatème *donc* présente le type phrastique de l'énoncé hôte (type interrogatif, type injonctif, type exclamatif) (i) comme la conséquence d'un parcours sans issue et (ii) comme la solution élaborée en discours par le locuteur pour parvenir à trouver une issue au parcours. Dans les exemples du premier tableau ci-dessus, les clefs sont introuvables, et l'interrogation « Où sont donc mes clefs ? » est posée, via *donc*, comme

---

1   Voir à ce sujet la section 3.1 de cette contribution.

la conséquence du fait qu'il n'y a plus d'autres solutions pour trouver ces clefs que de poser la question de savoir où elles sont ; l'injonction « Tais-toi donc ! » est présentée par *donc* comme la conséquence du fait que l'interlocuteur ne cesse de parler et qu'il n'y a plus d'autres solutions pour le faire taire que de lui intimer cet ordre ; de même, dans « Qu'elle est donc jolie ce matin ! », *donc* présente le recours à l'exclamation comme la conséquence de la nature incommensurable du degré de beauté de la délocutée. Autrement dit, *donc* valide ou renforce le type phrastique requis en le présentant comme la clef linguistique grâce à laquelle une issue pourra se dégager. Or, en français moderne, *donc* ne connaît aucun concurrent dans ce type d'emploi. Ponchon (2004) n'en identifie pas non plus pour la période de l'ancien et du moyen français. Dans toute l'histoire de cette langue, *donc* semble bien être le seul marqueur discursif susceptible de présenter l'interrogation, l'injonction ou l'exclamation comme la conséquence nécessaire d'une impasse dont la proféation du type de phrase requis permettra de sortir. Pour cet emploi, il n'est en fait susceptible de commuter qu'avec sa non expression (car comme tous les marqueurs discursifs, il est bien entendu facultatif. Mais alors, la notion qu'il porte, celle de renforcement du type phrastique, n'est pas exprimée, et de ce fait, l'absence de *donc* n'est pas une « variante » de *donc*). Autant dire que l'apparition et l'installation du pragmatème ne relèvent pas d'un processus progressif : elles sont « catastrophiques ». Il s'agit là d'une différence majeure avec le mode d'émergence des grammèmes.

On pourra toutefois alléguer que cette divergence n'affecte que le mode d'institutionnalisation des nouvelles unités dans le système de la langue, pas les processus de changement qui leur sont sous-jacents, et que le modèle quadriphasé[1] mis au point pour décrire les diverses étapes du processus de grammaticalisation vaut aussi pour la pragmaticalisation. Nous montrerons dans la section suivante que tel n'est pas le cas.

---

1   Dans la version de Heine (2002) – qui fait se succéder un stade I « initial », un stade II dit « contexte de transition », un stade III dit « contexte de passage » et un stade IV de « conventionnalisation » – ou dans celle, revue et corrigée, qu'en propose Marchello-Nizia (2006b : 258-262).

4.3 APPROCHE COMMUNICATIONNELLE

Si l'on suit Marchello-Nizia (2006b), le ressort de la subjectivation, dans le processus de grammaticalisation, intervient dans les premières phases du changement (soit, dans le passage du stade initial au stade II, dit « contexte de transition », et dans celui du « contexte de transition » au « contexte de passage » – stade III, ou avant-dernier stade). Il disparaît dans l'ultime phase de routinisation, de conventionalisation. La présence/absence d'une composante subjective permet donc d'évaluer le plus ou moins haut degré de grammaticalité[1] de l'unité linguistique à l'étude.

Qu'en est-il pour la pragmaticalisation ? Nos enquêtes permettent bien, à l'image de la grammaticalisation, de distinguer deux phases intermédiaires de changement, l'une où le pragmatème apparaît dans des contextes de transition, c'est-à-dire où il est susceptible de faire l'objet d'une autre analyse (que celle de pragmatème) ; la seconde où il apparaît dans un contexte de passage, *id est* où sa valeur de pragmatème est devenue indiscutable.

1. Le pragmatème *donc* figure dans des contextes de transition :

a. *Donc* ponctuant de l'injonction et/ou marqueur de récapitulation
aussi dit on que le hairon est viande royale : mais ce plaisir couste doublement : posons **donc** le cas que le pere de famille et maistre de nostre maison Rustique, soit prince ou grand seigneur, et qu'il se delecte à toute sorte de chasse et à richesse de gueule, il se pourra faire qu'il prendra quelque foisses esbats au hairon, soit pour la chasse, ou pour la viande : ne sera donc outre raison, si nous touchons quelque petit mot de la haironniere [...] (1564, Estienne, *L'Agriculture et maison rustique*)

b. *Donc* ponctuant de l'injonction et/ou marqueur conclusif
En ce poinct, mesdames, mourust Narcissus contempteur du vray Amour. Ne vueillez **donc** despriser le feu amoureux, si vous estes sages, que telle fin, ou plus malheureuse, ne vous advienne : ne vueillez, dis je, despriser vos serviteurs (1537, Flore, *Contes amoureux*)

c. *Donc* ponctuant de l'injonction et/ou marqueur consécutif
[...] vous serez la vie de ma flamme, vostre douceur me nourrira ou vostre rigueur m'accablera : [...]. Or sus, faictes **donc** que je vive ou que je meure, puisque mon sort est entre vos mains. (1621, Camus, *Agathonphile*)

---

1   Pris là encore au sens de résultat plus ou moins achevé du processus de grammaticalisation (et non en tant que degré d'acceptabilité d'une structure).

2. Le pragmatème *donc* figure dans des contextes de passage (sa valeur de pragmatème est indiscutable) :

> Je ne voulus jamais me defendre, estimant que la verité seule me delivreroit, estant plus forte muette que le mensonge avec son vain babil [...] tout ce que je dis est que j'estois encores plus meschant que l'on ne me despeignoit et beaucoup plus coulpable envers Dieu qu'envers les hommes, que je me soumettois à toutes les volontez de mes parens et à toutes les plus severes rigueurs de la justice.

> Alors Neree faisant bouclier de mon silence et espee de ma confession : « soyez **donc**, dit-elle, messieurs, maintenant ses juges comme ses tesmoins » (1621, Camus, *Agathonphile*)

Sans revenir ici sur le détail des propriétés caractérisant chacun de ces emplois[1], on constatera que tous les exemples figurant sous i) mettent en relation l'énoncé accueillant *donc* avec l'énoncé immédiatement antérieur, tandis que dans l'exemple figurant sous ii), l'énoncé hôte enchaîne sur du situationnel, et se trouve en décrochage avec le contexte de gauche. On peut alléguer comme preuve la possibilité, pour les occurrences de *donc* consignées sous i), d'occuper une position initiale dans l'énoncé hôte, à l'articulation de X et Y, et l'impossibilité pour celle consignée sous ii) d'occuper cette place :

> Je ne voulus jamais me defendre, estimant que la verité seule me delivreroit, estant plus forte muette que le mensonge avec son vain babil [...] tout ce que je dis est que j'estois encores plus meschant que l'on ne me despeignoit et beaucoup plus coulpable envers Dieu qu'envers les hommes, que je me soumettois à toutes les volontez de mes parens et à toutes les plus severes rigueurs de la justice.

> * Alors Neree faisant bouclier de mon silence et espee de ma confession : « **donc** soyez, dit-elle, messieurs, maintenant ses juges comme ses tesmoins[2]. »

Autrement dit, tout comme les grammèmes, les pragmatèmes semblent bien connaître des contextes de transition et des contextes de passage, assurant et attestant tout à la fois leur routinisation. Toutefois, pour

---

1   Pour de plus amples développements, voir Badiou-Monferran (à paraître).
2   Le changement de locuteur et de type de discours (passage du discours indirect au discours direct) bloque en effet l'acceptabilité du tour. Qu'il soit marqueur de reprise, de conclusion ou de conséquence, *donc* en position initiale ne saurait apparaître, par définition, que dans un contexte énonciativement homogène, ce qui, ici, n'est pas le cas.

les pragmatèmes, la force de subjectivation/intersubjectivation du sens innovant n'est pas altérée dans le sens routinisé. Bien au contraire, elle semble devoir être décuplée. De fait, pour *donc*, en contexte de passage, le renforcement du type illocutoire mobilisé devient la seule fonction du marqueur, alors que dans les emplois transitionnels, le renforcement doit composer avec une autre fonction : celle de balisage récapitulatif, de balisage conclusif ou de marquage consécutif.

De ce point de vue, la pragmaticalisation observe, par rapport à la grammaticalisation, une trajectoire inverse qui va non vers un affaiblissement de la subjectivation mais vers un accroissement de la subjectivation, tout du moins vers une activation constante du ressort de la subjectivation, qui fait du pragmatème un produit bien différent du grammème et plaide en faveur de la décoïncidence des deux processus de changement.

5. CONCLUSION

Un ultime argument va, pour *donc*, dans le sens de l'indépendance des notions de grammaticalisation et de pragmaticalisation : tout en exprimant bien une relation de conséquence, *donc* ponctuant d'opération de parcours sort du paradigme consécutif tel que l'a défini Rossari (2000) pour le grammème correspondant : si *donc* grammème i) accepte les « configurations causales inversées[1] », ii) refuse « l'accommodation[2] » – et, partant, certains types de phrase, comme les questions, dans son contexte gauche[3] –, *donc* pragmatème, à l'inverse, i) est réfractaire aux

---

1 C'est-à-dire, les trajectoires inférentielles conduisant de la conséquence avérée à son explication probable comme dans : *l'herbe a poussé donc il a plu.*

2 C'est-à-dire la transposition d'une information d'un état dans un autre.

3 Rappelons en effet à la suite de Rossari (2000) que dans la mesure où le grammème *donc* refuse l'accommodation, i) il n'accepte pas : les questions à gauche, la relation de garantie ne pouvant s'établir à partir d'un état non stabilisé [?? Est-ce que tu as acheté le journal ? Donc ça m'évitera de l'acheter] ; la configuration « impératif DONC assertion », la relation de garantie ne pouvant ne pouvant s'établir à partir d'un état futur idéal pour aller vers un état réel [?? Prends ta voiture ! Donc je n'aurai pas besoin de prendre la mienne] ; ii) il accepte (outre l'enchaînement « assertion DONC assertion ») : la combinaison « impératif DONC impératif » si l'état de choses requis dans le second impératif n'est

configurations causales inversées, ii) accepte tout type de phrase dans son contexte gauche.

L'irréductibilité du pragmatème au grammème correspondant – tout du moins du point de vue du format défini pour ce dernier par Rossari – constitue une nouvelle pièce à verser au dossier que nous venons de rouvrir. Quel que soit l'arrière-plan théorique requis (G1 ou G2), elle plaide en faveur de la désolidarisation des notions de pragmaticalisation et de grammaticalisation.

Claire BADIOU-MONFERRAN
Université de Lorraine
EA 7305 LIS

---

pas déjà réalisé lors de la réalisation du premier [Essaie d'arriver à l'heure ! Donc prends l'autoroute !] ; la combinaison « assertion DONC question » si le contenu de la question peut être relié causalement à celui de l'assertion [Je n'ai plus reçu de courrier depuis une semaine. Donc est-ce que les postes ne seraient pas encore en grève ?] ; la combinaison « assertion DONC impératif » [Ma voiture est en panne. Donc appelle-moi un taxi !].

« SYSTÈME DE POSSIBILITÉS »
ET CHANGEMENT LINGUISTIQUE

1. INTRODUCTION

Interroger l'état des recherches actuelles sur le changement linguistique – et, partant, les théories de la diachronie susceptibles d'en rendre compte – suppose également d'interroger les théories plus générales du langage pour évaluer l'articulation qu'elles proposent entre l'usage courant d'une langue et le fait que cette même langue soit en constante évolution. Dans cette perspective, l'interrogation de ces théories peut se faire partir d'un postulat rappelé par Christiane Marchello-Nizia :

> Une théorie du changement linguistique doit nécessairement dire quelque chose de la faculté de langage, en expliciter les propriétés qui rendent compte du caractère hétérogène et mutable des langues singulières. (Marchello-Nizia 1995 : 31)

Pour le dire autrement, la théorie doit impérativement rendre compte du fait suivant :

> Loin de considérer que le changement trouble le fonctionnement des langues [...], on le conçoit désormais comme la condition même du fonctionnement des langues, chaque langue étant représentée non comme une structure stable, mais comme un système dynamique portant en lui-même les conditions de son évolution. (Marchello-Nizia 2006b : 64)

De ce point de vue, l'hypothèse avancée par Eugenio Coseriu selon laquelle la langue peut être conçue comme un « système de possibilités » (1973 : II, § 3.1.3)[1] nous semble mériter examen dans la mesure où elle correspond bien au principe d'un « système dynamique portant

---

1   Les références à l'ouvrage *Synchronie, diachronie et histoire* sont faites par rapport à la traduction que nous en avons proposée sur le site *Texto !* (2007), ce qui explique que nous

en lui-même les conditions de son évolution ». Inscrite au cœur même de son dispositif épistémologique, elle a fondamentalement vocation à résoudre ce qu'il nomme les antinomies saussuriennes, et particulièrement l'antinomie de la diachronie et de la synchronie. À un niveau plus général, elle a également vocation à saisir la langue dans sa réalité ontologique, ce qu'il nomme son « se re-faire » (*re-hacerse*) quotidien, lequel inclut au premier rang la question du changement linguistique[1]. Dès lors, et après avoir (très) brièvement rappelé les principaux usages de la notion de possible en linguistique, nous montrerons que l'hypothèse d'un « système de possibilités » ouvre de nouvelles perspectives sur la conception du changement linguistique et sur son rapport à l'usage de la langue. C'est en somme au croisement de l'historiographie de la discipline et de son épistémologie que se situera notre propos.

2. USAGES DE LA NOTION DE POSSIBLE

Les usages les plus courants de la notion de possible en linguistique sont, nous semble-t-il, de deux ordres :

1. L'usage du *possible* tel qu'il est défini par la logique modale et qui a pu donner lieu à la notion de *mondes possibles* (*inter alia* Martin 1983 : 32), notamment utilisée dans les appréhensions du mode subjonctif ou de phénomènes apparentés.

2. L'usage du *possible* lié à la détermination de la grammaticalité ou de l'agrammaticalité de tel énoncé donné, l'énoncé en question étant déclaré *possible* ou *impossible*.

---

donnions le numéro du chapitre suivi de celui du paragraphe plutôt que la page de la version espagnole.

1 Sur la dimension ontologique attachée au changement linguistique dans la théorie de Coseriu, voir Verjans (sous presse). D'autres recherches ont été menées en recourant à un cadre inspiré, de façon plus ou moins explicite, de la théorie cosérienne. Deux directions principales nous semblent pouvoir être évoquées : la sémantique lexicale diachronique, à l'instar des travaux de Peter Koch, et la singularisation typologique à partir du moyen français, pour laquelle on peut évoquer certains travaux de Claude Buridant (1993) ou de Gabrielle Böhme-Eckert (2004).

Si, pour d'évidentes raisons, le premier usage demeure hors de notre propos, le second, en revanche à forte vocation épistémologique, mérite que l'on en rappelle l'enjeu essentiel. En effet, l'opposition possible/impossible se trouve au cœur de la grammaire générative, redoublant d'une certaine manière l'opposition grammatical/agrammatical. Elle a surtout vocation à permettre l'évaluation des hypothèses formulées sur la structure profonde d'une construction et sur les étapes conduisant aux réalisations de surface, ces étapes ne devant aboutir qu'à des phrases possibles, c'est-à-dire, en somme, grammaticales. De ce point de vue, l'épistémologie milnérienne est celle qui lui a assigné le rôle le plus important – ou, à tout le moins, le plus explicite :

> La science du langage entretient une relation essentielle à la répartition différentielle entre possible de langue et impossible de langue. Non seulement elle la requiert comme une des conditions nécessaires de sa légitimité empirique, mais elle se propose de la décrire en détail et de l'expliquer. Or, cette répartition prend la forme d'une attribution de propriétés : assigner à une donnée de langue telle valeur du différentiel, c'est en fait lui attribuer la propriété Correct ou la propriété Incorrect (à supposer que tels soient les noms retenus pour repérer les valeurs pertinentes). (Milner 1989 : 265)

Le possible y fonde en effet le *factum grammaticae*, autrement dit le constat de la disjonction entre possible de langue et possible matériel.

> La grammaire se propose de décrire des propriétés ; par définition elle les tient pour objectives, mais il se trouve que ces propriétés censément objectives concourent à définir une répartition du possible et de l'impossible qui ne se confond pas entièrement avec l'attesté et l'inattesté. (Milner 1989 : 89)

C'est finalement à partir de ce constat qu'est fondée l'« hypothèse grammaticale minimale », selon laquelle « le possible de langue et le possible matériel peuvent ne pas coïncider » (Milner 1989 : 55).

Sans développer outre mesure ce point qui demeure malgré tout aux marges de notre propos immédiat, nous nous bornerons simplement à constater que, pour avoir un rôle relativement important dans l'outillage du linguiste, notamment de tradition générativiste, la notion de possible s'est rarement trouvée au centre d'une théorie, au moins de façon explicite, en tant que concept visant à saisir le fonctionnement même de la langue, sinon, précisément, dans la théorie cosérienne.

Mais si l'hypothèse cosérienne n'est pas sans lien avec l'interprétation milnérienne, elle s'en distingue cependant sur deux points essentiels et étroitement corrélés : elle détache la notion de possible de l'appareillage méthodologique, et cela pour la situer au niveau de la langue, saisie dans sa réalité ontologique.

3. LE « SYSTÈME DE POSSIBILITÉS »

Tout au long de son œuvre, qui se veut une *linguistique intégrale*, Coseriu affirmera que chaque langue doit, au niveau historique[1], être conçue comme un « système de possibilités » :

> Le *système* est « système de possibilités, de coordonnées qui indiquent les chemins ouverts et les chemins fermés » d'une activité de parler « compréhensible » au sein d'une communauté [...]. Le système contient les *formes idéales* de réalisation d'une langue, c'est-à-dire la technique et les règles du savoir-faire linguistique correspondant [...]. De cette manière, le système représente la *dynamicité* de la langue, *sa façon de se faire*, et, par conséquent, sa possibilité d'aller plus loin que ce qui a déjà été réalisé. (Coseriu 1973 : II, § 3.1.3)

L'un des présupposés fondamentaux d'une telle conception tient à l'octroi d'une dynamicité inhérente au système, reposant en l'espèce sur la notion aristotélicienne d'*energeia*[2]. Mais la notion de système de possibilités doit d'abord − et surtout − être replacée dans le cadre de l'architecture théorique générale, distinguant la *norme*[3], le *système* et le

---

1   Voir, pour la tripartition des niveaux *individuel − historique − universel*, Coseriu (1981 : 269-286 ; 1992 [1988]) et, pour une application plus spécifique au changement linguistique, Koch (sous presse).

2   Coseriu conçoit en effet la langue comme *energeia*, *i.e.* « un système de façon d'agir : technique ouverte et, en conséquence, système de possibilités ou de virtualités qui se réalisent progressivement dans l'histoire » (Coseriu 2001 : 433). Ce principe, qu'il emprunte d'abord à Humboldt, s'inscrit dans la droite ligne de l'héritage aristotélicien auquel il reprendra également le concept de *dunamis*. Voir, sur ce point, Laplace (1994 : 111).

3   La norme correspond ici à l'ensemble des réalisations linguistiques traditionnelles et attestées au sein d'une communauté donnée. Elle ne doit donc pas être confondue avec la dimension normative qui peut lui être attachée. Voir, sur ce point, Lara (1976). C'est en ce sens que, sauf précision contraire, nous l'entendons ici.

type[1], chacun des niveaux étant inclus dans le niveau supérieur. Coseriu la représente comme suit :

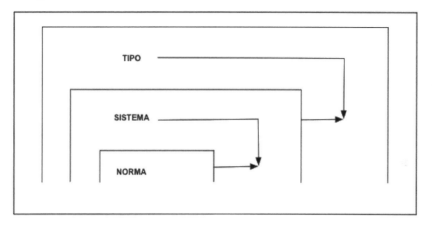

FIGURE 1 – Architecture générale des notions de *type, système, norme*[2]

Outre le fait d'inclusion, d'emboîtement des différents niveaux, il convient encore de noter que chacun de ces niveaux se définit comme contenant les possibilités du niveau inférieur.

> Pour résumer : la « norme » comprend les réalisations linguistiques tradi-tionnelles ; le « système », les règles correspondant à de telles réalisations ; le « type », les principes correspondants aux règles du système. De la même façon, le système s'étend au-delà de la norme, et le type au-delà du système. En ce sens, toute langue est une technique en partie réalisée et en partie réalisable : le système est un système de possibilités par rapport à la norme, le type l'est par rapport au système. (Coseriu 1977a : 195, nous traduisons)

Autrement formulé :

> La norme comprend uniquement les faits déjà réalisés tandis que le système embrasse aussi bien les faits réalisés que les faits possibles sur la base des oppositions déjà fournies ; et les principes du type de la langue rendent possibles non seulement les fonctions et les oppositions déjà existantes, mais également de nombreuses autres qui, possiblement, ne seront jamais créées.

---

1   Pour une présentation plus précise et plus développée de cette architecture, voir Coseriu (1987 : 53-54) et Verjans (2009 : 82-86).

2   Nous reprenons ici la figure de Coseriu (1977 : 197).

En ce sens, toute langue est une technique ouverte ou dynamique, *i.e.* une technique qui, en partie, est réalisée et, en partie, doit toujours être réalisée ou, à tout le moins, peut l'être. Le système est un système de possibilités par rapport à la norme, le type est un système de possibilités par rapport au système. (Coseriu 1992 [1988] : 305, nous traduisons)

En définitive, la relation inclusive des différents niveaux correspond au principe selon lequel le niveau supérieur offre des règles abstraites que le niveau inférieur instancie en fonction de ses propres caractéristiques et de ses exigences spécifiques. Il s'agit ainsi d'une singularisation progressive des règles et des principes contenus au niveau immédiatement supérieur.

La notion de possible joue donc un rôle central au sein de son architecture théorique et il reste alors à la cerner plus précisément, ainsi que son éventuel rendement en matière d'évolutions diachroniques. La citation suivante peut offrir un point de départ à son analyse :

[I]l faut souligner que le système linguistique comporte l'ensemble des réalisations possibles dans une langue donnée : il comprend aussi ce qui n'a pas encore été réalisé à un moment donné, mais qui est néanmoins déjà donné précisément comme « potentiel » (ayant une existence virtuelle), c'est-à-dire, ce qui peut être créé par l'utilisation de fonctions oppositives et de procédés. Or, quand de telles possibilités se réalisent dans la norme, elles entraînent à ce niveau-là un « changement linguistique » ; du point de vue du système, toutefois, ce sont des faits « synchroniques », puisqu'ils correspondent à des structures déjà données. On a donc dans ce cas un développement de la norme suite à la simple utilisation du système ; c'est précisément dans ce sens que, dans la langue (et pour les locuteurs), la synchronie (fonctionnement) et la diachronie (changement) peuvent constituer un seul et même moment. (Coseriu 2007 [1980] : 10)

De prime abord, l'exégèse de cette citation révèle deux modes complémentaires d'application de cette notion : l'un, dans le domaine synchronique et l'autre, dans le domaine diachronique.

3.1 LE POSSIBLE EN SYNCHRONIE

Du point de vue synchronique, le principe d'un système de possibilités se présente d'abord comme garantissant un choix, pour l'individu parlant, entre des variantes qualifiées d'« isofonctionnelles » :

La variété même du savoir linguistique offre de larges possibilités de *sélection* (entre diverses réalisations normales et divers moyens systématiques isofonctionnels), et toute sélection est une modification de l'équilibre de la langue observée dans l'activité de parler. (Coseriu 1973 : III, § 2.3.2)

De ce point de vue, la *norme* (ou, plus généralement, le niveau inférieur) joue le rôle d'une contrainte sur la sélection des possibles. L'on peut, à partir de cela, rappeler ce qui nous paraît être l'un des exemples les plus évidents parmi ceux que propose Coseriu (1952) et qui concerne la morphologie, et en particulier la morphologie dérivationnelle :

> Dans le système existent en tant que virtualités tous les noms possibles en *-miento* et en *-ción* dérivés d'un verbe ; tous les verbes possibles en *-izar* et les abstractions en *-idad*, etc., indépendamment de leur consécration par la norme : le système est un ensemble de voies fermées et de voies ouvertes, de coordonnées prolongeables et non prolongeables. (Coseriu 1952 : 78, nous traduisons)

De la même façon,

> Pour le féminin des noms d'agent en *-tor*, le système offre les possibilités *-tora* et *-triz*, mais, dans la réalisation de la norme ces modèles s'opposent et se différencient : la norme préfère *actriz* et *directora*, réservant *actora* pour le droit et *directriz* pour la géométrie (ce par quoi deux variantes interchangeables deviennent des unités distinctes). (Coseriu 1952 : 79, nous traduisons)

Aux possibilités morphologiques offertes par le système s'opposent donc les réalisations normales qui en contraignent fortement les usages et distribuent les instanciations possibles de manière parfois irréductible les unes aux autres, en instaurant, le cas échéant, des principes de complémentarité. Dans cette perspective, tout phénomène de variation synchronique[1] manifeste une concurrence qui relève en réalité d'instanciations spécifiques liées aux possibilités du niveau supérieur.

L'on peut encore ajouter l'exemple suivant, portant, cette fois, sur la structuration syntaxique de l'énoncé latin (Coseriu 1952 : 84). Théoriquement, en effet, six réalisations sont possibles au niveau du système pour un énoncé tel que *Paulus Paulum amat* :

---

1   Cela concerne en réalité la majeure partie des phénomènes regroupés autour de la racine *dia-* et pour partie inspirée de la linguistique cosérienne. On distingue notamment la diatopie (variation géorgraphique), la diaphasie (variation des niveaux de langue) et la diastratie (variation sociale). Voir sur ce point Gadet (2003).

(1) Paulus Paulum amat.
(2) Paulum Petrus amat.
(3) Petrus amat Paulum.
(4) Paulum amat Paulus.
(5) Amat Petrus Paulum.
(6) Amat Paulum Petrus.

Or, la norme n'en admet en réalité qu'une seule, au moins en tant que réalisation commune non marquée par une intention expressive spécifique, en l'occurrence la première. Également en syntaxe, donc, la norme joue le rôle d'une contrainte par rapport aux possibilités du système.

Plus généralement, la norme possède une dimension régulatrice en regard des possibilités systématiques, soit qu'elle en spécifie les instanciations parmi toutes celles qui sont – fût-ce théoriquement – possibles, soit qu'elle instaure des phénomènes de complémentarité, rendant irréductibles les unes autres ces mêmes possibilités. Et, à l'évidence, une telle appréhension du système en synchronie s'accompagne d'une remise en perspective de son appréhension en diachronie.

3.2 LE POSSIBLE EN DIACHRONIE

Au plan diachronique, en effet, la notion de système de possibilités permet, d'un certain point de vue, de contraindre les lieux autant que les modes de l'innovation, ce qu'explicite le principe suivant :

> Les inventeurs de mots inventent toujours des mots « possibles » dans le système (dans un système). (Coseriu 1973 : II, § 3.2.2[1])

Ce principe est illustré par le fait qu'« un locuteur espagnol reconnaît comme non espagnoles des formes comme *mögöröp* ou *stramd*, et en cela manifeste sa connaissance du *système* de la langue qu'il parle, tandis que, face à des formes comme *nurro* ou *llambada*, il dirait simplement qu'il ne les connaît pas » (*ibidem*). D'une façon plus générale, l'une des implications diachroniques essentielles de cette hypothèse est que,

---

1   L'on retrouve ici un lien avec un principe rappelé par Christiane Marchello-Nizia, selon lequel « tout mot ne migre pas vers n'importe quel contexte, autrement dit n'acquiert pas n'importe quelle autre signification » (2006b : 25). De ce point de vue, donc, les possibilités se trouvent également contraintes.

> pour les individus parlants eux-mêmes, la langue actuelle n'est pas seulement un ensemble de formes déjà réalisées, de modèles utilisables en tant que tels (*norme*), mais également une technique pour aller au-delà de ce qui est réalisé, un « système de possibilités » (*système*) [...]. (Coseriu 1973 : VII, § 3.2)

En définitive, le système (et, plus haut, le type) met à la disposition des individus parlants les moyens nécessaires à la satisfaction de nécessités expressives ou communicatives nouvelles. Il leur procure ainsi les moyens d'introduire dans la langue une création (systématique). C'est là, par ailleurs, ce qui conduit Coseriu à refuser la partition chomskyenne entre la « créativité gouvernée par les règles » (« rule-governed creativity ») et la « créativité changeant les règles » (« rule-changing creativity ») (Chomsky 1964 : 22), au motif qu'elle est

> dépourvue de sens, puisque, en réalité, le fonctionnement des règles et le « changement linguistique » ne constitue dans la langue qu'un seul et même moment, et non pas deux moments différents. (Coseriu 2001 : 20)

De fait, l'opposition pré-citée ne peut être valable que si l'on se maintient exclusivement en synchronie, alors que si l'on conjoint les deux perspectives, « le changement linguistique est la réalisation historique du système de possibilités qu'est la langue » (Coseriu 1977b : 358, nous traduisons)[1].

3.3 LE POSSIBLE ET LES PROCESSUS DU CHANGEMENT LINGUISTIQUE

De tout cela résultent naturellement des conséquences sur les conceptions des processus du changement linguistique, fait que Coseriu exemplifie par le cas de l'analogie. Partant de la définition saussurienne selon laquelle « une forme analogique est une forme faite à l'image d'une ou plusieurs autres d'après une règle déterminée » (Saussure 1995 [1916] : 221), il avance que :

> L'analogie est, en effet, un changement dans la « norme », mais non dans le « système », puisqu'elle est, au contraire, une « création systématique », une réalisation d'une possibilité du système. (Coseriu 1973 : VII, § 1.1.2)

L'accord manifesté par Coseriu à l'égard de Ferdinand de Saussure va même plus loin dans la mesure où celui-ci recourait également à la notion de possibilité :

---

1   Voir encore Coseriu (2007 [1980]).

> L'activité continuelle du langage décomposant les unités qui lui sont données contient en soi non seulement toutes les possibilités d'un parler conforme à l'usage, mais aussi toutes celles des formations analogiques. C'est donc une erreur de croire que le processus générateur ne se produit qu'au moment où surgit la création ; les éléments en sont déjà donnés. Un mot que j'improvise, comme *in-décor-able*, existe déjà en puissance dans la langue ; on retrouve tous ses éléments dans les syntagmes tels que *décor-er, décor-ation : pardonn-able, maniable : in-connu, in-sensé*, etc., et sa réalisation dans la parole est un fait insignifiant en comparaison de la possibilité de le former. (Saussure 1995 [1916] : 227)

Ce faisant, il confirme la dimension synchronique de la création analogique, laquelle, dans son fonctionnement, est un fait de synchronie, et n'est en réalité un fait de diachronie que dans ses conséquences, dans la mesure où n'apparaît véritablement une innovation que dans le plan de la norme[1].

D'autres processus du changement pourraient être ainsi situés au niveau du système[2], mais, plus généralement, en associant le fonctionnement synchronique du système aux conséquences diachroniques dans la norme, la théorie cosérienne préserve le principe fondamental de la continuité dans le changement. Ainsi,

> tout déplacement dans la norme (langue réalisée) n'apparaît que comme une concrétion historique de quelque possibilité existant déjà dans le système. (Coseriu 1973 : IV, § 4.3.1)

Le principe vaudrait naturellement pour la relation unissant le type et le système. L'on pourrait toutefois arguer, à ce propos, qu'un mécanisme tel que l'analogie – et, sans doute encore, d'autres processus du changement linguistique – doivent davantage relever du savoir élocutionnel associé au niveau universel, mais il conviendrait, pour ce faire, de ne pas se limiter, comme nous le faisons ici, au seul niveau historique, et d'étendre la réflexion au niveau universel[3]. Et malgré les discussions que le principe même des universaux a pu provoquer (Evans et Levinson

---

1   Cette dernière ne se confondant toutefois pas avec la *parole* saussurienne, voir Coseriu (1952 : *passim*).
2   Tous ne semblent pas pour autant susceptibles de l'être, et l'on songe en particulier à l'emprunt, difficilement interprétable en termes de fonctionnement systématique.
3   Pour la dimension universelle de l'analogie en particulier, voir Itkonen (2005). Pour les questions relatives à la métaphore ou à la métonymie, par exemple, voir Koch (sous presse).

2009), la récurrence des processus du changement linguistique dans les diverses familles de langue plaiderait, selon nous, en faveur d'une telle inscription, seuls leurs domaines d'application étant en réalité susceptibles d'être contraints par une langue spécifique.

Dans tous les cas, cependant, cette articulation du synchronique et du diachronique nous paraît apporter quelques éléments de réponse à certains des problèmes persistant en linguistique diachronique, et, notamment, la question de l'interprétation d'une innovation, ou la relation existant entre les deux perspectives.

4. QUELQUES CONSÉQUENCES DU SYSTÈME DE POSSIBILITÉS

Envisager la langue en tant que système de possibilités et conférer ainsi aux processus du changement linguistique une dimension systématique, y voir, autrement dit, des mécanismes de fonctionnement du système – voire du type –, tout cela implique plusieurs conséquences sur la conception que l'on peut se faire, non seulement du changement linguistique et de ses modélisations éventuelles, mais encore de la linguistique diachronique.

En particulier, cela peut apporter quelques éléments de réponse au problème, au reste fort ancien, de la compréhension dudit changement, préalable à son institutionnalisation, et dont la formulation est rappelée par Coseriu :

> Comment est-il possible que celui qui écoute comprenne ce qui est «altéré», ce qui est «nouveau», quelque chose qui «n'a jamais été dit auparavant», si la communication s'établit au moyen de la langue ? (Coseriu 1973 : III, § 4.2)

La formulation suppose que la compréhension de la nouveauté puisse intervenir dans deux contextes distincts, celui de l'acquisition (ce qui n'a jamais été entendu), et celui de l'innovation (ce qui n'existait pas)[1].

---

1   Rappelons simplement que, pour Coseriu, le changement linguistique ne commence pas avec l'innovation, mais avec son adoption par un autre individu parlant. Voir, sur ce point, Coseriu (2001 : 413-429).

THOMAS VERJANS

4.1 LE POSSIBLE ET L'ACQUISITION

Dans le premier cas, celui de l'acquisition d'une langue, cela correspond au principe de l'induction du système à partir d'un certain nombre d'éléments de la norme, ou, pour le dire autrement, au fait que le système s'acquiert bien avant la norme. C'est ainsi que l'enfant, par exemple, est à même de comprendre ce qu'il n'a jamais entendu auparavant, mais c'est aussi ce qui explique quelques-unes des erreurs les plus fréquentes qu'il peut commettre :

> Le système est appris bien avant la norme : bien avant de connaître les réalisations traditionnelles pour chaque cas particulier, l'enfant connaît le système de « possibilités », d'où ses fréquentes « créations systématiques » contraires à la norme [...], constamment corrigées par les adultes. (Coseriu 1973 : IV, § 5.2)

L'on peut citer, à titre d'exemple, des réalisations usuellement tenues pour fautives, comme *je mourirai* pour *je mourrai*[1] ou (?) *le vélo à Jules* pour *le vélo de Jules*[2]. Ce faisant, Coseriu retrouve un principe mis en évidence par Humboldt et selon lequel « on n'apprend pas à proprement parler une langue, mais on apprend à créer dans une langue » (Coseriu 1988b : 6-7). Dès lors,

> [d]e telles erreurs procèdent presque toujours d'une application des oppositions fonctionnelles du système contraire à l'application consacrée comme normale en une communauté linguistique donnée, c'est-à-dire de l'utilisation anormale de moyens que le système procure en tant que formes idéales, déliées de l'usage concret, mais que la norme a fixées, codifiées et classifiées en modes traditionnels de réalisation. (Coseriu 1952 : 75-76, nous traduisons)

De ce point de vue encore, la norme assume un rôle de régulation des possibilités offertes par le système[3].

---

1   Une telle construction est naturellement à mettre en relation avec la prédominance des verbes du premier groupe, les créations correspondant à des activités modernes (*faxer, mailer* ou *googler*) s'alignant systématiquement sur ce modèle, si l'on excepte l'exemple bien connu d'*alunir*, modelé sur le second groupe par analogie avec *atterrir*.

2   Il convient de noter, dans ce dernier cas, que l'usage de la préposition *à* répond en réalité au fonctionnement profond de la langue, au signifié fondamental de la préposition, et non à son fonctionnement normé (cette fois dans le sens normatif) et que l'emploi de la préposition *à* était l'un des usages courants du français médiéval. Voir, *inter alia*, Moignet (1973).

3   Sous cet aspect peut-être, mais sous cet aspect seulement, la norme telle que l'entend Coseriu peut recouper l'usage de la notion de norme dans ce qu'il a de prescriptif. Dans tous les autres cas, il convient de l'en distinguer.

4.2 LE POSSIBLE ET L'INNOVATION

Dans le second cas, celui de l'innovation, Coseriu rappelle que le système – et sa conception – vaut pour le locuteur aussi bien que pour l'interlocuteur :

> il faut prendre en compte le fait que le *système* linguistique est un « système de possibilités » (*cf.* II, 3.1.3.) non seulement pour l'individu parlant, mais également pour celui qui écoute : ce n'est pas seulement un canon d'expression, mais également un canon d'interprétation de possibilités non encore réalisées. (Coseriu 1973 : III, § 4.2)

Le partage d'un système commun, et donc de possibilités communes, est alors ce qui est susceptible de garantir l'intercompréhension y compris en cas d'innovation, dans la mesure où l'interlocuteur possède les mêmes règles de construction du discours. Ainsi, et pour prendre un exemple particulièrement simple, la création d'un adverbe en *-ment* peut être reconstruite par l'interlocuteur qui dispose d'un procédé similaire de fabrication des adverbes. Il en irait de même pour le résultat d'une analogie ou d'un autre type de changement, quel que soit le niveau auquel on situe celui-ci.

4.3 LE POSSIBLE ET L'ARTICULATION SYNCHRONIE/DIACHRONIE

Une autre conséquence de cette conception est l'articulation modifiée du diachronique et du synchronique qui en résulte.

> (L)a soi-disant aporie du synchronique (« fonctionnement de la langue ») et du diachronique (« changement linguistique ») peut être résolue (ou, pour mieux dire, supprimée), si on conçoit le langage comme *energeia* au sens de Humboldt. (Coseriu 2001 : 19)

En effet, le changement linguistique doit, dans cette perspective, être conçu comme une condition même de l'existence – ou, du moins, du maintien – des langues, et se voit de la sorte octroyer un statut proprement ontologique (Verjans sous presse). Dès lors, la langue doit contenir les moyens, mis à la disposition des individus parlants, de son propre dépassement. Et ce sont précisément les possibilités cumulées du système et du type qui en constituent l'essentiel. À la contrainte initiale correspondant au principe d'un système portant en lui-même les conditions de son évolution, le système de possibilités offre donc de nouveau quelques éléments de réponse en ce que l'on doit considérer la langue comme *système ouvert*, puisque telle est la langue pour les individus parlants : elle leur permet de dépasser la tradition tout en la continuant. (Coseriu 1973, VII, § 3.2)

Et si cela fonctionne sur le plan interne, autrement dit dans l'espace d'une langue donnée, cela s'étend aussi, au moins en principe, au niveau du type. De la sorte, chacune des langues romanes représenterait une possibilité (ou un ensemble de possibilités) contenue(s) dans le type et ayant ainsi évolué de façon singulière.

UN EXEMPLE : LES CONJONCTIONS DE SUBORDINATION ROMANES

À comparer les langues romanes, il est un fait qui, de longue date, a questionné les linguistes, savoir les similarités perceptibles aux différents niveaux de l'analyse linguistique entre leur système conjonctif. Sans développer en détail ce point que nous avons traité ailleurs (Verjans 2013)[1], nous en rappelons simplement le tableau récapitulatif, limité à quatre langues romanes :

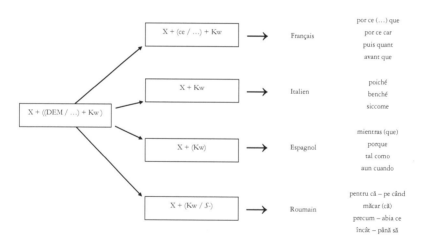

FIGURE 2 – Le patron conjonctif roman et ses principales instanciations

---

1 Voir également, pour une étude menée dans un cadre différent – celui de la grammaticalisation en tant que cadre théorique – mais aboutissant à des résultats partiellement similaires, au moins en regard de la possibilité d'isoler une forme de patron morphosyntaxique conjonctif commun à ces langues, Fagard (2011).

Ce qu'ajoute à ces conclusions le principe du système de possibilités nous semble tenir dans les faits suivants. Il existerait ainsi une structure conjonctive abstraite, progressivement grammaticalisée dès le latin, et située au niveau du type. Cette structure offre des possibilités diverses d'instanciations, plus ou moins bien attestées au cours de l'histoire des langues romanes en fonction de caractéristiques propres à chacune, la singularisation intervenant en définitive au niveau de leur système (*i.e.* de leur archisystème) propre, selon des modalités représentées par la figure précédente, où la première colonne représente le type et la seconde les différentes instanciations propres à chacun des systèmes romans. C'est encore à partir de cette structure abstraite située au niveau du type ou bien de chacune de ses instanciations romanes, que se manifeste la possibilité de créations nouvelles. Et l'on se risquerait volontiers à dire que, dans ce cas précis, le processus de grammaticalisation de la structure révèle l'enracinement d'un changement au niveau du type, amorcé dès le latin et se spécialisant ensuite d'une manière plus ou moins singulière au niveau de l'archisystème que constitue chacune des langues romanes, tandis que le degré relatif de figement atteint par telle ou telle d'entre elles illustrerait le double processus d'adoption et de diffusion des instanciations qui leur sont plus ou moins spécifiques. Dans tous les cas, cependant, une telle conception des conjonctions romanes s'accorde bien, selon nous, à une saisie typologique des homogénéités observables aussi bien que des singularités progressivement mises en œuvre par chacune.

5. OUVERTURES

Cet article n'avait d'autres ambitions que de montrer ce que signifie l'idée d'un système de possibilités et quelles sont quelques-unes des voies qu'ouvre, pour la linguistique diachronique, cette conception de la langue. De fait, une telle hypothèse, associée à sa récursivité au niveau du type, permet d'abord d'articuler raisonnablement le versant synchronique et le versant diachronique de la langue, non pas en tant que dichotomie méthodologique, mais en tant que saisie ontologique de celle-ci. Ce qu'une telle architecture met alors en évidence concerne les niveaux des changements linguistiques, appelant ainsi à distinguer des changements survenant dans la norme, dans le système ou encore dans le type ou, pour reprendre des notions guillaumiennes, des changements évolutifs et des changements révolutifs[1]. De façon plus prospective,

> La description [...] doit rendre compte des possibilités ouvertes, de tout ce qui est « règle productive », schéma applicable pour la réalisation de ce qui n'existe pas encore en tant que norme ; et, cela, non seulement dans la morphologie mais également dans la syntaxe, dans le lexique (dérivation et composition de mots) et dans le système phonétique même, où la latitude de réalisation n'est pas identique pour toutes les unités fonctionnelles. (Coseriu 1973 : VII, § 3.2)

Il y aurait également lieu de rapprocher cette hypothèse de ce que Guillaume nomme le « caractère prévisionnel de la langue[2] », caractère motivé par le fait que « la langue ne prévoit pas dans sa construction telle ou telle éventualité de discours, mais les prévoit toutes » (Guillaume 1990 (*LL* 10) : 96 (13/1/44-A)). Quoi qu'il en soit, il reste assurément bien des recherches à faire autour de cette notion de possible, et à un niveau plus général, il conviendra de déterminer plus précisément encore, et notamment dans ses relations à la philosophie, ce que peut être, appliquée à la linguistique, une ontologie du possible.

Thomas VERJANS
Université de Bourgogne
EA 4178-CPTC/Grelisc

---

1 Voir, sur ce point, la leçon du 10 février 1944 dans Guillaume (1990).
2 Guillaume oscille en réalité entre « prévisionnel » et « provisionnel ». Nous ne développerons pas ici notre choix du premier terme et renvoyons pour cela à Verjans (2011 : 113-117).

PHASES ET CHARNIÈRES

Modéliser l'histoire de la langue
(élaboration – standardisation – coiffure – régression)[1]

1. INTRODUCTION

On a l'habitude de considérer l'histoire externe de la langue comme l'un des secteurs du langage humain dans lesquels prédomine la plus grande contingence et idiosyncrasie. Étant donné la grande diversité des processus politiques, sociaux, économiques et culturels que l'on observe dans le domaine de l'histoire externe de la langue, les sociétés et les époques historiques multiformes semblent dépourvues de tout terme de comparaison. Or, dans le présent article nous appliquerons notamment au territoire de la France septentrionale d'aujourd'hui un modèle variationnel et médial diachronique (des *Phases et charnières*) qui nous permet d'interpréter les phases de l'histoire externe de la langue selon des catégories plus générales, applicables à n'importe quelle communauté linguistique et susceptibles de mettre en évidence des similarités et des divergences du déroulement de l'histoire de langues différentes, en d'autres mots : de rendre comparable l'apparemment incomparable.

2. CONCEPTION ET RÉALISATION MÉDIALE

Le modèle des *Phases et charnières* que nous développerons plus bas (sections 6-10) est basé sur une approche théorique qui présuppose une différentiation conceptuelle et terminologique de ce qu'on appelle, en termes

---

1   Je remercie Aurélie Pépiot de la révision stylistique du présent article.

trop imprécis, « oralité » et « écriture » (ou bien « scripturalité »). Un certain nombre de linguistes a déjà eu l'intuition que la paire terminologique « oral/écrit » ou « parlé/écrit » ne correspond pas à une opposition simple, mais circonscrit une zone de divergences complexes[1]. La conceptualisation la plus satisfaisante du problème a été proposée par Ludwig Söll, qui dès 1974 (Söll et Hausmann [3]1985 : 17-25) a opposé la *réalisation médiale* (« phonie » *vs* « graphie », selon sa terminologie) à la *conception* d'un énoncé (« parlé » *vs* « écrit », selon sa terminologie). Ainsi, la Figure 1 contient quatre variantes du même petit énoncé français. La version [fopal'diːʁ] est à considérer comme « parlée » selon la conception et comme « phonique » selon la réalisation médiale, la version *faut pas le dire* comme « parlée » et « graphique », la version [ilnəfopalə'diːʁ] comme « écrite » et phonique et la version *il ne faut pas le dire* comme « écrite » et « graphique ».

CONCEPTION

		'parlé'	'écrit'
RÉALISATION MÉDIALE	graphique	fr. *faut pas le dire*	fr. *il ne faut pas le dire*
	phonique	fr. [fopal'diːʁ]	fr. [ilnəfopalə'diːʁ]

FIGURE 1 – Conception et réalisation médiale – un exemple français
(d'après Söll et Hausmann 1985 : 17-25)

Les options conceptionnelles découlent d'un certain nombre de paramètres communicatifs et fonctionnels qui ont un statut fondamental, voire universel et anthropologique : communication privée *vs* publique ; émotionnalité forte *vs* faible ; ancrage *vs* détachement situationnel et référentiel ; coprésence *vs* séparation spatio-temporelle ; dialogue *vs* monologue ; spontanéité *vs* préparation, etc. (*cf.* Koch et Oesterreicher 2012 : 444-451 ; 2001 : 584-588 ; 2011 : 3-14 ; *cf.* aussi Gadet 2003 : 33-37). Pour utiliser une terminologie conceptionnelle complètement

---

1   *Cf.* par exemple Martinet (1960 : 160) ; De Mauro (1970 : 176-178).

libre de toute association médiale, il convient de substituer les termes
« parlé » et « écrit » de Söll par « immédiat communicatif » et « distance communicative » De la sorte, nous obtenons quatre secteurs
conceptionnels-et-médiaux (Figure 2) : l'« immédiat phonique » (α), la
« distance phonique » (β), l'« immédiat graphique » (γ) et la « distance
graphique » (δ), la dimension conceptionnelle (immédiat-distance)
constituant un continuum, alors que la dimension médiale (phonie/gra-
phie) a un caractère dichotomique. Par sa forme de parallélogramme, cette
figure symbolise également le fait que la réalisation phonique s'associe
plus naturellement à l'immédiat communicatif, tandis que la réalisation
graphique se prête particulièrement à la distance. Les combinaisons
opposées ne sont cependant pas inhabituelles ni sans intérêt.

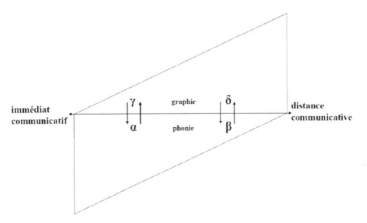

FIGURE 2 – Espace conceptionnel-et-médial

Il est possible de situer, dans l'espace conceptionnel-et-médial représenté dans la Figure 2, n'importe quel type de communication par
rapport à ses caractéristiques conceptionnelles et médiales. Étant donné
que l'histoire de la langue se base à tout moment sur l'évolution, la
mise en langue, la traduction etc. de différents types de communication,
cette « topologie » conceptionnelle et médiale est hautement pertinente
dans ce domaine. Pour ce qui est de la dynamique entre les quatre secteurs conceptionnels-et-médiaux représentés dans la Figure 2, il s'avère
indispensable de distinguer les deux processus suivants (*cf.* Oesterreicher
1993 ; Koch et Oesterreicher 2008 : 2575) : α/β → γ/δ = « passage au

graphique » (all. *Verschriftung*, en tant que changement de code purement médial) ; α/γ → β/δ = « passage à l'écrit » (all. *Verschrift*lich*ung*, en tant que transposition conceptionnelle).

3. VARIATION LINGUISTIQUE ET TRADITIONS DISCURSIVES

Pour l'histoire de la langue dont nous parlerons dans ce qui suit, l'aspect conceptionnel (immédiat/distance) aussi bien que l'aspect médial (phonie/graphie) seront pertinents. Il y a toutefois une différence foncière entre ces deux aspects : la réalisation médiale, quelle que soit son importance historique, concerne les techniques physiologiques et culturelles qui permettent aux communautés linguistiques de matérialiser les signes appartenant à leur langue, indépendamment de la variété de langue concernée. La conception, par contre, constitue, par elle-même, un aspect de la variation linguistique. Toutefois, cet aspect conceptionnel n'est qu'une des quatre dimensions de la variation linguistique qui constituent un espace variationnel complet (*cf.* Oesterreicher 1988 : 373-378 ; Koch et Oesterreicher 2001 : 604-608 ; 2011 : 15-19). Les trois dimensions « classiques » de la variation linguistique (diatopie, diastratie et diaphasie) se rattachent au continuum conceptionnel grâce à des affinités typiques et, en dernière analyse, naturelles : les variétés fortement marquées en diatopie ainsi que les variétés basses du point de vue diastratique ou diaphasique tendent vers le pôle de l'immédiat, tandis que les variétés faiblement marquées en diatopie ainsi que les variétés élevées du point de vue diastratique ou diaphasique tendent vers le pôle de la distance. Ce phénomène de polarisation des variétés suggère que la dimension conceptionnelle constitue le « pivot » de l'espace variationnel, voire le principe même qui nous permet de structurer les espaces variationnels de langues différentes (*cf.* Koch et Oesterreicher 2001 : 605s. ; 2011 : 16s. ; Koch 1999 : 149s.).

Or, la variabilité et l'historicité du langage se manifestent encore dans un autre domaine, à savoir la capacité humaine de produire des discours et des textes selon des traditions et des modèles historiques, logiquement indépendants des traditions des langues historiques particulières et de leurs espaces variationnels respectifs : les « traditions discursives » (*cf.* Schlieben-Lange 1983 : 27s., 138-148 ; Koch 1997a ; Oesterreicher 1997 ; Wilhelm 2005 ; Aschenberg 2003).

La notion de « tradition discursive » inclut, certes, celle de « genre littéraire ou non littéraire », mais aussi, bien au-delà, celles de « style », de « type historique d'acte de langage » et de « formule », comme par exemple : article de fond, sonnet, causerie, calembour, *chat* ; style sublime, atticisme, maniérisme ; actes de langage du baptême, du serment, etc. ; formules de salutation, de remerciement, de pénalité, etc. C'est surtout la « tradition discursive » en tant que « genre » (litteraire ou non littéraire) qui nous intéressera dans ce qui suit. Soulignons que les traditions discursives, tout en représentant des traditions historiques, ne se confondent nullement avec les langues particulières. On peut pratiquer, par exemple, les traditions de l'article de fond ou du sonnet dans différentes langues.

4. CONSTELLATIONS CONCEPTIONNELLES-ET-MÉDIALES FONDAMENTALES DANS L'HISTOIRE DE LA LANGUE

Nous avons déjà vu dans la section 2 que les paramètres qui définissent le continuum de l'immédiat et de la distance ont un statut universel et quasiment anthropologique : toute manifestation de l'activité de parler humaine dépend, par définition, de ces paramètres. Ainsi, le continuum de l'immédiat et de la distance représente le principe central selon lequel s'organisent, à travers les affinités décrites dans la section 3, les espaces variationnels de toutes les langues particulières (au niveau historique de la structure générale du langage), que ce soit en synchronie ou en diachronie[1].

En ce qui concerne l'histoire des langues, il est, dès lors, évident que les agents de quelque communauté linguistique que ce soit se trouvent sans cesse face à la nécessité d'organiser – et, le cas échéant, de *ré*organiser – leur communication entre les pôles de l'immédiat et de la distance (*cf.* Koch 1999 : 154 ; 2003a : 113-117 ; Koch et Oesterreicher 2008 ; 2011 : 135-142). On peut donc envisager que, malgré la contingence indéniable de l'évolution historique des langues particulières, on verra

---

1 Ce même principe de l'immédiat et de la distance sous-tend d'ailleurs non seulement le champ de la variation linguistique, mais aussi un large éventail de domaines de l'activité de parler : *cf.* Koch et Oesterreicher (2012 : 451-453 ; 1994 : 588, 594) ; Koch (1999 : 151-153).

émerger, à tout moment de l'histoire de langues complètement différentes, des constellations conceptionnelles comparables.

N'oublions pas qu'à cela s'ajoute l'aspect médial (Figures 1 et 2 : phonique/phonie *vs* graphique/graphie), qui, bien entendu, n'est pas universel au sens strict puisqu'il faut également tenir compte des sociétés dépourvues d'une écriture. Pour ce faire, il suffit de supprimer, dans le modèle de la Figure 2, le triangle supérieur (graphique) là où l'option de l'écriture n'existe pas (cultures « orales ») et de l'ajouter dans le cas des cultures à écriture (*cf.* Koch 1997b : 153-155).

Somme toute, l'espace conceptionnel-et-médial représenté dans la Figure 2 constitue une espèce de « jauge » anthropologiquement fondée pour « mesurer » les étapes et la périodisation de l'histoire de n'importe quelle langue particulière. Si nous projetons maintenant le modèle conceptionnel-et-médial de la Figure 2 sur la multitude des situations linguistiques qui se présentent à nous, à différents moments, dans différents territoires, nous apercevons – en schématisant beaucoup dans un premier temps – au moins deux constellations de base idéales (Figures 3 et 4) susceptibles d'être interprétées comme étapes synchroniques prototypiques de l'histoire de langues différentes. Dans la constellation de base I (Figure 3), une tradition linguistique[1] *x* recouvre le secteur de l'immédiat phonique (= α) :

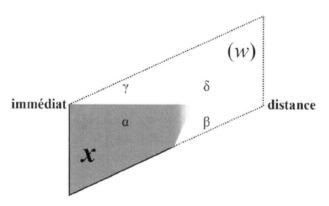

FIGURE 3 – Constellation de base I

---

1   Nous employons délibérément le terme « tradition linguistique » parce qu'il est suffisamment neutre pour ne pas spécifier le statut historique d'un complexe de règles linguistiques en vigueur dans un territoire donné : « langue », « variété », « dialecte », etc. (*cf.* les sections 5 et 9).

En dehors de *x*, l'espace conceptionnel-et-médial peut revêtir deux formes différentes (c'est pourquoi *w* n'apparaît qu'entre parenthèses). Il y a, tout d'abord, la variante qui correspond à une société exclusivement orale et exclusivement basée sur *x* (situation que nous pouvons négliger dans ce qui suit). Il y a ensuite la variante qui représente une société à écriture où entre en jeu une tradition linguistique *w* qui recouvre la sphère de la graphie (δ et éventuellement aussi γ) aussi bien que le domaine de la distance communicative (de nouveau δ, mais aussi β). Cette dernière constellation est hautement pertinente pour notre thématique.

La constellation de base II (Figure 4) correspond à la situation d'une tradition linguistique *x* qui recouvre pratiquement l'espace conceptionnel-et-médial tout entier, soit les secteurs α + β + γ + δ.

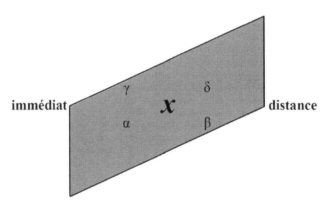

FIGURE 4 – Constellation de base II

Comme nous l'avons déjà signalé, il s'agit, au premier abord, de constellations idéales prototypiques qui impliquent une forte schématisation (indispensable pour mettre en évidence l'essentiel). En y regardant de plus près, on constatera bien entendu que certaines nuances s'imposent. En disant, par exemple, que dans la constellation II, la tradition linguistique *x* recouvre l'espace conceptionnel-et-médial tout entier, on fait évidemment abstraction d'une variation minimale inhérente à *x*, qui est inévitable. De même, la limite entre immédiat et distance qui apparaît dans la constellation I n'est pas toujours aussi tranchée que le montre le schéma. Il faut s'attendre à des phénomènes de concurrence, voire d'hybridation entre x et w, notamment dans les secteurs de la distance phonique (β) et de l'immédiat graphique (γ). Nous y reviendrons dans les sections 6.1, 6.2 et 7.1.

Les constellations de base I et II constituent en quelque sorte des « points cardinaux » entre lesquels s'effectuent les processus de transformation des espaces conceptionnels-et-médiaux particuliers qui caractérisent l'« allure » de l'histoire de langues différentes. Dans les sections 6-10, nous essaierons de distinguer des types d'itinéraires évolutifs possibles qui relient entre elles les constellations I et II et de développer, de la sorte, un modèle des *phases et charnières* qui nous permet de systématiser l'histoire de langues différentes et de « rythmer », selon ces critères systématiques, l'histoire de n'importe quelle langue (ou tradition linguistique : voir p. 326, note 1). En gros, les sections 6-10 représenteront un passage en revue « éclair » de certaines phases de ce qu'on a l'habitude d'appeler l'« histoire de la langue française ». De temps en temps, il sera d'ailleurs utile de jeter également un coup d'œil sur les phases analogues de l'histoire d'autres traditions linguistiques romanes[1].

5. LE PROBLÈME DE LA « TÉLÉOLOGIE INVERSÉE »

L'histoire des grandes langues nationales est en général présentée comme histoire de l'ascension « irrésistible » de la langue littéraire et/ou standard respective. Cette vision des choses, problématique en elle-même puisqu'elle néglige le caractère par principe ouvert de toute évolution historique, risque d'entraîner, en outre, une description au

---

1   Pour ne pas les citer à tout moment, donnons ici des renvois généraux à quelques ouvrages fondamentaux portant sur l'histoire des langues les plus importantes dont nous tiendrons compte ici : gallo-roman septentional/français (Brunot 1905-1953 ; Wartburg 1971 ; Lodge 1993 ; Picoche et Marchello-Nizia 1996 ; Marchello-Nizia 1997 ; Chaurand 1999 ; Tritter 1999 ; Huchon 2002 ; Rey, Duval et Siouffi 2007 ; Ducos et Soutet 2012) ; ibéro-roman/castillan/espagnol (Entwistle 1980 ; Lapesa 1980 ; Candau de Cevallos 1985 ; Cano Aguilar 1988, 2005 ; Menéndez Pidal 2005 ; Echenique Elizondo et Sánchez Méndez 2005) ; italo-roman/italien (Migliorini 1978 ; Durante 1981 ; Gensini 1982 ; Bruni 1984 ; Bruni 1989-2003 ; Serianni et Trifone 1993-1994 ; Marazzini 2002 ; Serianni 2002). Pour le latin, *cf.* maintenant Leonhardt (2010).

fond anachronique des faits du passé : on présente les faits appartenant au moment t_n sous un jour qui anticipe nos connaissances actuelles concernant une évolution historique subséquente (et qui s'étend, le cas échéant, sur plusieurs siècles). Ainsi, on entend parler de l'« ancien dialecte picard[1] ». Cependant, comme nous le verrons dans la section 10.2, rien n'était encore décidé, au Moyen Âge, au sujet du statut de l'ancien picard : ce n'est qu'à partir du XVe siècle que le picard est devenu progressivement « dialecte » de la « langue française ». Oesterreicher (2007) a dénommé « téléologie inversée » une démarche qui consiste à projeter sur un moment t_n du passé des catégories descriptives dérivées en réalité des résultats d'une évolution postérieure.

L'espace conceptionnel-et-médial et les constellations I-II qui en découlent nous dispensent de capituler devant l'idiosyncrasie apparente et nous servent de base pour identifier, là où c'est possible, des patrons évolutifs récurrents dans l'histoire des langues. Pour ne pas courir, néanmoins, le danger de la téléologie inversée, il est nécessaire de ne pas concevoir ces patrons comme des automatismes unidirectionnels, mais plutôt de prévoir dans notre modèle suffisamment de « charnières » à partir desquelles des itinéraires différents, voire divergents sont possibles. Il faut même envisager des retours en arrière : les régressions (voir section 10).

Aussi nous sommes-nous contentés à la fin de la section 4 – et nous contenterons-nous dans ce qui suit dans les sections 6-8 – de parler du « gallo-roman septentrional ». Ce qui peut apparaître comme une acrobatie verbale ne sert en réalité qu'à éviter le terme de *françois/français* tant qu'il ne se justifie que par une téléologie inversée.

6. PHASES ET CHARNIÈRES : POINT DE DÉPART

6.1 MODÉLISATION

On choisira comme point de départ saillant de l'itinéraire évolutif de l'histoire d'une langue la constellation de base I (Figure 3), et plus

---

1   *Cf.* par exemple http://www.diachronie.be/cours/complement/marquage_dialectal.html.

exactement la variante qui représente une société à écriture, prise dans son ensemble. Nous partons donc du moment où une tradition linguistique *x* recouvre essentiellement le secteur α de l'immédiat phonique et où une tradition linguistique *w* recouvre la sphère de la graphie aussi bien que le domaine de la distance communicative (notamment le secteur δ). À présent, le moment est venu de préciser quelque peu cette constellation de départ. Comme nous l'avons déjà noté dans la section 4, il convient de prévoir des phénomènes de concurrence et d'hybridation dans les secteurs au profil conceptionnel-et-médial complexe. Ainsi, la tradition linguistique *x* qui recouvre l'immédiat phonique (α) s'étend, certes toujours dans la sphère de la phonie, en partie au secteur de la distance phonique (β), sans pour autant atteindre le pôle de la distance maximale. C'est le cas de certaines formes de la communication distanciée qui sont accessibles même dans les conditions de la phonie : formules de droit oral, formules d'incantations, devinettes, chansons, épopées orales, etc., bref : des traditions discursives d'une « oralité élaborée[1] ». Somme toute, *x* constitue le moyen de communication d'une culture orale partielle, enchâssée dans une culture plus complexe, à écriture, qui s'appuie sur la tradition linguistique *w* (*cf.* Bäuml 1980 : 246s. ; Koch 1997b : 152-157). Il est typique de cette constellation de départ que dans le secteur de la distance phonique (β), les traditions linguistiques *x* (sous forme d'« oralité élaborée ») et *w*, en tant que langue de la distance de la culture à écriture, se trouvent partiellement en coexistence et partiellement en concurrence, comme le montrent la coloration grise et la hachure du secteur β dans la Figure 5.

En ce qui concerne le secteur γ, la seule tradition linguistique susceptible d'une réalisation graphique est évidemment *w*. Or, étant donné que nous nous trouvons ici dans le domaine de l'immédiat, il n'est pas tout à fait inévitable que les manifestations de *w* se mélangent dans une certaine mesure avec des éléments de la tradition *x* (ce qui est représenté dans la Figure 5 par une nuance grise qui se glisse dans la hachure du secteur γ).

---

1   *Cf.* par exemple Ong (1982) ; Zumthor (1983). Pour le concept d'« oralité élaborée », *cf.*
    Koch et Oesterreicher (2012 : 456-458 ; 1994 : 588, 593) ; Oesterreicher (1997 : 207-211) ;
    Koch (1997b : 154s).

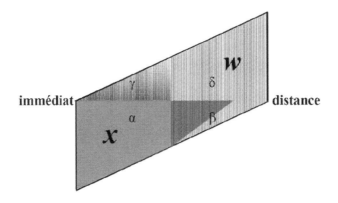

FIGURE 5 – Point de départ (variante de la constellation de base I)

6.2 APPLICATION

Comme tous les idiomes qui entreront, plus tard, sur la scène de l'histoire de la langue, les traditions linguistiques « romanes » (ou « vulgaires ») de la Romania du Moyen Age avaient le statut de x dans la Figure 5. C'est le latin médiéval écrit, en tant que tradition de la distance par excellence, qui correspondait à w^1. Voilà la situation qui s'applique également à la Gaule septentrionale.

Enchâssée dans une culture à écriture globale (assurée par la présence du latin écrit, w, en tant que langue de la distance et de la graphie pratiquée par l'infime minorité des lettrés), la culture orale partielle existante de l'énorme majorité des illettrés était axée sur les traditions gallo-romanes septentrionales (x). Le chevauchement entre x et w dans le secteur de la distance phonique (β) traduit le fait qu'au sein de cette culture, prise dans son ensemble, coexistaient, d'une part, les traditions discursives de l'« oralité élaborée », réalisées en « roman » x (dont les traces ne nous sont accessibles qu'à travers un passage au graphique postérieur : § 7.2) et, d'autre part, les traditions discursives distanciées et réalisées à haute voix en latin (w) : prédication, vies de saints ; chartes, souvent déclamées, etc., domaine que Banniard (1992 : 421s., 489s., 492) a dénommé « communication verticale ».

1   Exception faite d'un certain nombre de territoires où w est représenté par une autre langue de culture : le grec (extrême sud de l'Italie) ; l'arabe (Péninsule Ibérique, Sicile à partir du IXe siècle) ; le slavon d'église (Balkans). Pour le rapport complexe entre latin et grec en tant que traditions w en Sardaigne, cf. Blasco Ferrer (1993 : 116-121, 124-126, 131s.).

Le secteur de l'immédiat graphique (γ), dont la documentation reste relativement pauvre, est caractérisé par des effets d'hybridation linguistique soit involontaires, soit volontaires (lorsqu'il s'agit par exemple de citations ou d'effets parodiques). On trouve effectivement, dans certains documents (ou certaines parties de documents) qui se rapprochent du secteur γ, un langage de compromis (*scripta latina rustica* ou *latinum circa romançum*)[1], pas tout à fait indépendant du latin écrit médiéval (*w*), mais portant un cachet plus ou moins « roman » (*x*), travesti par une graphie latinisante. Ce phénomène s'observe dans différentes parties de la Romania : pour ce qui est du domaine géographique et de l'époque qui nous intéressent, par exemple dans la *Parodie de la Loi Salique* (Est de la France, seconde moitié du VIIIe siècle ; *cf.* Selig 1993 : 96-100) ou dans la formule *Tu lo iuva* citée dans les *Laudes regiae de Soissons* (Ile-de-France, 783-787).

7. PHASES ET CHARNIÈRES : PASSAGE AU GRAPHIQUE ET À L'ÉCRIT

7.1 MODÉLISATION

Avec l'état de choses décrit dans la section 6.1, nous sommes arrivés à une première « charnière » de notre modèle : soit que la situation ne change pas du tout (ce qui ne nous intéresse pas ici, mais voir § 10.1), soit que nous assistons, par la suite, à une « acculturation » médiale et linguistique de la tradition *x*, stimulée par le modèle de la tradition *w* et de son écriture qui incarnent un niveau de culture plus élevé : *x* commence à être transféré dans la réalisation médiale graphique (« passage au graphique ») et à s'étendre – en même temps ou avec un certain délai – au-delà de l'oralité élaborée, pour pénétrer, de manière disséminée dans le domaine de la distance phonique et graphique (β et δ : « passage à l'écrit »). De la sorte, nous entrons dans la « phase » représentée dans la Figure 6 (*cf.* Koch 2003a : 114-116 ; 2010 : 165s. ; Koch et Oesterreicher 2008 : 2580s.)[2].

---

1   *Cf.* Avalle (1965) ; Sabatini (1968).
2   Nous nous dispensons de représenter dans la Figure 6 des degrés exacts de pénétration du domaine de la distance par la tradition *x*.

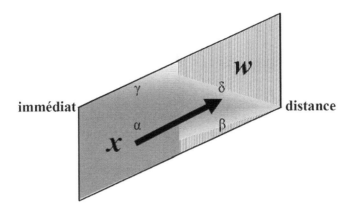

FIGURE 6 – Passage au graphique et à l'écrit de *x*

Dès les tout premiers débuts du passage à l'écrit s'amorce un processus que Kloss (1978 : 37-61 ; Muljačić 1986) a dénommé « élaboration » (all. *Ausbau*), terme que l'on pourrait paraphraser par « adaptation aux exigences de la distance communicative ». Il convient de distinguer ici deux aspects (*cf.* Koch 1988 : 344 ; Koch et Oesterreicher 1994 : 589-594 ; 2001 : 600-604 ; 2008 : 2585s. ; 2011 : 136) : (1) Au cours de l'élaboration, une tradition linguistique *x* pénètre dans un nombre croissant de traditions discursives (*cf.* § 3) et vient à occuper, par là, de plus en plus de situations de communication de la distance dans la société en question. C'est ce qu'on appelle l'élaboration *en extension*. (2) Dans un même temps, les moyens d'expression linguistiques d'une tradition *x* s'adaptent progressivement aux exigences de la distance en développant par exemple des processus de structuration textuelle, en intensifiant et en différenciant les techniques intégratives au niveau de la syntaxe de la phrase (hypotaxe, constructions participiales, etc.), ainsi qu'en « enrichissant » le lexique, notamment grâce à des synonymes différenciés, à des termes abstraits, à des nomenclatures rigoureuses, etc. C'est ce qu'on appelle l'élaboration *en intensité*. Les processus d'élaboration en extension aussi bien qu'en intensité s'échelonnent en général sur un grand nombre de siècles et accompagnent les phases décrites dans la présente section ainsi que dans 8.1 et 9.1. Par conséquent, on ne peut parler que du « degré » d'élaboration relatif d'une tradition *x*, dans une situation historique donnée.

Dans la perspective d'une historiographie linguistique non téléologique (§ 5), il faut préciser qu'il est, pour l'instant, hors de propos de parler du « passage au graphique/à l'écrit de la *langue* particulière *x* » (et de même pour l'élaboration). Au point où nous en sommes, cette « *langue* particulière *x* » – tout simplement – n'existe pas encore : *x* désigne ici plutôt un ensemble de traditions linguistiques de l'immédiat qui varient dans l'espace et dont l'avenir est, pour l'instant, tout à fait ouvert (*cf.* Koch et Oesterreicher 2008 : 2575, 2586s. ; Koch 2010 : 166). Pendant un certain temps encore, nous ne parlerons donc, par rapport au domaine géographique qui nous intéresse, que du « gallo-roman septentrional ».

7.2 APPLICATION

La communication verticale de l'Antiquité tardive (*cf.* § 6.2), qui se base traditionnellement sur le latin écrit (*w*), s'adresse à un public constitué largement d'illettrés qui ne possèdent que le roman (*x*), comme le montre l'exemple type de la prédication. Partout dans la Romania, l'écart entre *x* et *w* va s'accentuant au cours des siècles, mais dans la Gaule septentrionale romanophone, les changements que subit *x* s'accélèrent tellement que dès le VIe siècle des difficultés sensibles commencent à apparaître au niveau de la communication verticale qui ne fonctionne plus qu'à travers certains compromis et, à partir de 650, de manière plus ou moins approximative. Vers 750, une véritable crise s'installe dans ce domaine communicatif (*cf.* Banniard 1992 : 488s.). La Réforme carolingienne (autour de 800) rompt définitivement le lien entre *x* et *w*, ce qui est très explicitement confirmé par la décision du Concile de Tours (813) de *transferre* la prédication *in rusticam Romanam linguam*[1].

---

1   Il n'y a pas unanimité sur l'interprétation exacte de la terminologie latine. Wright (1982 : 118-122) met pleinement l'accent sur l'aspect médial. Pour lui, *transferre* « transposer » visait l'application, dans le débit des sermons, d'une prononciation *rustica* qui – en dépit de l'orthographe conservatrice du latin tardif et médiéval – ne s'éloignait pas trop de la prononciation quotidienne innovatrice des illettrés (dans le secteur α de la Figure 2, comme nous dirions). De la sorte, les décisions de Tours auraient rétabli une pratique de lecture tout à fait habituelle depuis le latin tardif (*cf.* Lüdtke 2005 : 616-618, 623-625), mais qui s'opposait à la prononciation *litteralis* introduite par la Réforme carolingienne. Cet aspect médial est d'une pertinence indéniable, mais il ne suffit pas pour saisir la problématique dans toute son ampleur (*cf.* Berschin et Berschin 1987 : 1-8). Étant donné que la Réforme

Cette rupture constitue effectivement un premier catalyseur du passage non seulement au graphique, mais aussi à l'écrit qui amène le roman à se substituer de façon sporadique au latin, langue dominante lors du processus d'acculturation, même dans le domaine de la distance. Ainsi, les premières traces graphiques de *x*, relativement précoces dans le Nord de la Galloromania, ne servaient, en dernière analyse, que de support d'une phonation, voire d'un débit de nature essentiellement vocale, sous forme de lecture publique, de récitation, de chant, etc. (δ→β ; *cf.* Lüdtke 1964 ; Wunderli 1965 ; Koch 1993 : 49-54)[1]. Il s'agit de formules rituelles (*Serments de Strasbourg*, 842), mais dans la plupart des cas, tout simplement d'instruments de la communication verticale comme la prédication (*Sermon sur Jonas* ; 1re moitié du Xe siècle) ou la poésie religieuse (par exemple : *Séquence de Sainte-Eulalie*, fin du IXe siècle ; *Vie de Saint-Alexis*, milieu du XIe siècle). Assez tôt s'y ajoutent les reflets, certes « scripturalisés », d'une tradition discursive de l'oralité élaborée (*cf.* § 6.2) : l'épopée, réalisée depuis toujours en roman (*Chanson de Roland*, vers 1100 ; *cf.* Duggan 1973 ; Oesterreicher 1997 : 207-211). Notons que ces premiers tâtonnements ne remettent pas encore en question la suprématie absolue du latin dans le domaine de la distance ainsi que dans la sphère de la graphie. Il est significatif que, dans bon nombre de documents, les traces graphiques du roman sont encore intimement liées au latin (*cf.* Selig 1993 ; 2006 : 1929-1932) : citations dans un texte latin (par exemple les *Serments*), passages d'un texte bilingue latin-roman (par exemple *Jonas*), griffonnages en marge d'un texte latin, etc.

Du point de vue géographique, ce premier passage au graphique/à l'écrit du roman est pluricentrique. Les régions présentes dans la documentation qui nous est parvenue sont surtout la zone Picardie/Artois/Wallonie (par exemple *Jonas*, *Eulalie*), la Normandie (par exemple *Alexis*),

---

carolingienne comportait également une restauration grammaticale et « stylistique », on aurait tort de négliger le côté conceptionnel et variationnel de l'affaire. Il restait, certes, un lien génétique entre les deux variétés *w* et *x* en jeu (latin des lettrés et *rustica Romana lingua* = « latin [!] des illettrés » selon Banniard 1992 : 414), mais l'écart linguistique entre les deux avait désormais augmenté à tel point qu'il fallait déjà « traduire » (*transferre*) de l'une à l'autre, terme qui s'appliquait d'ailleurs aussi, dans le même texte, au rapport entre le latin et la langue germanique, *[lingua] Thiotisca* (*cf.* Banniard 1992 : 411-417 ; v. aussi Uytfanghe 2008 : 327-335).

1   *Cf.* Frank et Hartmann (1997, n° 1094, 2055, 2056, 2057, 2064, 2095, 2134, 2169, 4001, 5016).

le domaine anglo-normand (par exemple *Roland*). Mais plusieurs manuscrits n'ont pas de provenance linguistique très claire ou sont rédigés dans un langage roman hybride (par exemple les *Serments*).

Dans d'autres parties de la Romania, nous avons une typologie à peu près semblable des documents romans de la distance destinés à la phonation (δ→β), mais avec un décalage temporel considérable et une densité souvent réduite par rapport à la Gaule septentrionale[1]. La fin plus tardive de la communication verticale y est certainement pour quelque chose : selon Banniard (1992 : 485-492), elle survient en 800-850 dans le domaine gallo-roman méridional, en 850-900 sur la Péninsule Ibérique mozarabe et en 900-950 en Italie septentrionale et centrale[2]. D'après Wright (1982 : 208-213), il faut attendre le concile de Burgos (1080) pour voir s'instaurer en Espagne une séparation entre *w* et *x* qui soit à peu près comparable à celle qui avait été provoquée par la Réforme carolingienne.

Parallèlement au passage à l'écrit dans le domaine δ→β, d'autres processus interviennent qui se sont déjà amorcés, dans la Romania, au début du Moyen Age.

Premièrement, le déclin général de l'alphabétisation avait contribué à dégrader la connaissance du latin même chez le nombre réduit des (clercs) lettrés. Le latin des chartes rédigées par ceux-ci devient perméable à des interférences avec le roman (*cf.* Politzer et Politzer 1953 ; Avalle 1965 : 185-197 ; Lapesa 1980 : 160s. ; Koch 1993 : 55s.). C'est ce que nous constatons dans les chartes latines de la Gaule mérovingienne, des Lombards d'Italie et de la Péninsule Ibérique. En Gaule et en Italie (du moins dans la partie conquise par Charlemagne) l'évolution naturelle est interrompue par la Réforme carolingienne. Mais dans la Péninsule Ibérique, et notamment en Léon, où la documentation ne remonte, de toute façon, qu'au VIIIe siècle, le processus d'hybridation prend de l'envergure au cours des Xe et XIe siècles : on glisse progressivement de *w* vers *x* – un tout autre type de passage du roman au graphique et à l'écrit, bien que toujours dans le domaine de la distance (secteur δ de

---

1   *Cf.* par exemple Frank et Hartmann (1997) ; Petrucci (1994 : 45-73) ; García Árias (1995 : 619-624) ; Hilty (1995 : 516-524) ; Lindenbauer *et al.* (1995 : 538-546) ; ainsi que d'autres articles pertinents dans Holtus *et al.* (1988-2005 : t. II,2).

2   Pour ce qui est de l'Italie, Raible (1993 : 236s.) et Lüdtke (2005 : 640, 734-741) ne situent la fin de la communication verticale qu'au XIIIe siècle.

la Figure 6)[1]. Quelque chose de semblable se passe un peu plus tard, à partir du XIIe siècle, dans les chartes du domaine gallo-roman méridional (voir aussi § 8.2). Par contre, rien d'équivalent dans le nord, où d'abord la Réforme carolingienne et ensuite la bifurcation croissante entre x et w a bloqué cette voie du glissement (pour les chartes, voir § 8.2).

Deuxièmement, la tradition de la *scripta latina rustica* ou du *latinum circa romançum* (§ 6.2) persiste et engendre quelques-uns des premiers documents « romans », notamment en Italie (*cf.* Koch 1993 : 45-47), mais pas dans la Gaule septentrionale où ce genre de compromis n'est plus possible. Étant donné que nous nous trouvons, là, dans le secteur de l'immédiat graphique (γ dans les Figures 5 et 6), il ne s'agit en aucun cas d'une contribution au passage à l'écrit (au sens conceptionnel que nous donnons à ce terme).

8. PHASES ET CHARNIÈRES : FORMATION DE *SCRIPTAE*

8.1 MODÉLISATION

Le terme de « distance » tel qu'il a été défini dans la section 2 englobe – par métaphore – des domaines assez différents (social, interactionnel, psychologique, référentiel, etc.), mais aussi, dans un sens tout à fait littéral, le domaine spatial. Le langage de la distance sert effectivement à communiquer sur des distances spatiales plus ou moins importantes, ce qui pose des problèmes non négligeables face à la diversité du langage dans l'espace (diversité géographique ou « topique »)[2]. Tant que le domaine de la distance (β+δ dans la Figure 5) est occupé par une langue du type w (comme le latin médiéval), cela constitue en quelque sorte une solution « idéale » puisque cette tradition linguistique est (plus ou moins) unitaire à travers l'espace (pour ce qui est par exemple du latin, dans une grande partie de l'Europe). Mais lorsque des traditions linguistiques de l'immédiat (x), caractérisées par une diversité topique,

---

1   Ou bien δ→β, dans la mesure où les chartes étaient lues à haute voix.
2   Pour éviter une téléologie inversée, nous ne parlerons pas de « variation *dia*topique » tant qu'il n'y a pas encore eu de standardisation (voir section 9 ; *cf.* Koch et Oesterreicher 2008 : 2582).

commencent à pénétrer dans le domaine de la distance (β+δ dans la Figure 6), cette forme de communication ne saurait fonctionner qu'au prix de certains effets de « koinéisation ».

Or, les termes de « koinè » et de « koinéisation » (*cf.* Siegel 1985 ; Trudgill 2006 ; Lodge 2011) se sont avérés hautement ambigus. Il faut distinguer au moins les trois acceptions suivantes (*cf.* Koch et Oesterreicher 1994 : 596s. ; 2008 : 2582 ; Selig 2008 ; Grübl 2011)[1] :

> – koinéisation$_1$ (**fonctionelle**) : superposition qui s'effectue, dans le domaine de la distance, de la part d'une tradition linguistique (de quelque nature ou provenance que ce soit) par rapport aux traditions de l'immédiat (qui restent diversifiées du point de vue topique) : *koinéisation de iure*.

> – koinéisation$_{2A}$ (**matérielle**) : hybridation, qui s'effectue dans le domaine de l'immédiat, entre traditions linguistiques d'appartenance topique diversifiée qui entrent en contact dans un espace géographique et social limité (typiquement la communication phonique et spontanée dans une ville sous l'afflux d'une masse d'immigrants arrivant de toutes parts) : angl. *dialect mixing/koinéisation de facto A* (nous n'y reviendrons que dans la section 9.2).

> – koinéisation$_{2B}$ (**matérielle**) : hybridation, qui s'effectue dans le domaine de la distance, entre traditions linguistiques d'appartenance topique diversifiée (typiquement dans le passage au graphique et à l'écrit) : *koinéisation de facto B*.

Le concept de « koinéisation$_1$ » (*de iure*) est intimement lié au processus que Kloss (1978 : 60s.) a baptisé all. *Überdachung* (équivalent français très approximatif : « effet de coiffure ») : une tradition linguistique du type *x*, se superpose, dans le domaine de la distance exclusivement, à la diversité topique des traditions x_1, x_2, x_3, etc. de l'immédiat d'une zone géographique particulière. Pour signaler la connexion entre les traditions locales/régionales $x_1, x_2, x_3, \ldots$ de l'immédiat, sans pour autant impliquer une identité totale, nous appellerons la tradition naissante de la distance « vedette-distance basée sur *x* ».

Lorsque le passage au graphique et à l'écrit dépasse le stade des premiers tâtonnements que nous avons décrits dans la section 7, une koinéisation$_1$ (*de iure*) devient pratiquement inévitable. À partir du moment où, dans une zone géographique encore relativement limitée (de dimension régionale), une vedette-distance basée sur *x*, partiellement

---

1   Grübl (2011) présente une systématique bien plus différenciée dont nous n'aurons, cependant, pas besoin dans ce qui suit.

consolidée, coiffe les traditions locales x_1, x_2, x_3, … de l'immédiat, on peut parler d'une *scripta* (*cf.* Remacle 1948 ; Gossen 1967 ; Goebl 1970)[1]. Du point de vue médial, il s'agit de l'amorce d'une tradition graphique relativement homogène, du point de vue conceptionnel, d'une tradition linguistique de la distance, dépourvue de traits locaux (Koch et Oesterreicher 1994 : 596s. ; 2008 : 2581s. ; Koch 2003a : 115s. ; 2010 : 165-167). Une telle *scripta* constitue, en tout cas, une koiné$_1$ régionale, qu'elle découle d'une koinéisation$_{2B}$ (*de facto B* + *de iure*) ou non (*de iure* seulement).

La formation de *scriptae* est en général accompagnée d'un progrès de l'élaboration en intensité aussi bien qu'en extension. La diffusion des *scriptae* dépend, certes, de paramètres géographiques (et administratifs), mais souvent, il s'instaure aussi une interaction avec les traditions discursives. Les *scriptae* basées sur x remplacent la tradition w non pas de manière globale, mais successivement, selon les traditions discursives (cette élaboration en extension se refléterait dans la Figure 6 comme une extension progressive du domaine recouvert par x dans les secteurs β et δ).

8.2 APPLICATION

Dans le domaine gallo-roman septentrional, le pluricentrisme des débuts du passage à l'écrit (§ 7.2) s'accentue pendant la formation de *scriptae* basées sur x pour déboucher sur un vrai *poly*centrisme (*cf.* Koch et Oesterreicher 2011 : 139s., 143s. ; Koch 2010 : 167s.). Les premières *scriptae* littéraires se font jour à partir du XIIe siècle dans une production de plus en plus riche de textes (rimés pour la plupart). Les centres les plus actifs sont la Picardie, l'Angleterre et, un peu plus tard, la Champagne. Pendant le XIIe siècle, c'est la prépondérance de l'anglo-normand d'Angleterre qui saute aux yeux : au niveau des manuscrits, cette *scripta* recouvre en moyenne 43,2 % de la totalité des manuscrits conservés du domaine gallo-roman septentrional (avec une pointe de 76,2 % entre 1125 et 1149)[2]. L'élaboration en extension progresse (avec des affinités bien marquées entre certaines traditions discursives et certaines *scriptae*, indiquées entre parenthèses ici) : chanson de geste ([anglo-]normand), chronique

---

1 Nous employons ici le terme de *scripta* dans un sens large qui comprend les textes non seulement non littéraires, mais aussi littéraires.
2 Statistiques basées sur la documentation de Frank et Hartmann (1997).

rimée (anglo-normand), lai (de même), fabliau (picard), poésie lyrique des trouvères (d'abord picard), roman courtois (champenois). Comme partout dans la Romania (*cf.* Stempel 1972), la prose romane littéraire, sous forme notamment du roman en prose, se fait attendre jusqu'au début du XIIIᵉ siècle.

Pour ce qui est de la prose non littéraire, on trouve des traductions bibliques à partir du début du XIIᵉ siècle (surtout en anglo-normand) et, à partir du début du XIIIᵉ siècle, la première historiographie en prose (jusqu'alors en latin), qui s'oppose explicitement, comme disant la « verité », aux chroniques rimées (voir plus haut; *cf.* Stempel 1972; Schlieben-Lange 1983 : 58-61). Les chartes restent en latin pendant longtemps, pour donner lieu, à partir du premier quart du XIIIᵉ siècle, à un foisonnement de la production en *scripta* romane dans la plupart des régions du domaine gallo-roman septentrional[1].

À côté du picard, de l'anglo-normand et du champenois, particulière-ment actifs, se dessinent aussi d'autres *scriptae* : en Wallonie, en Lorraine, dans l'Ouest, en Normandie et en Île-de-France (dont le langage ne se manifeste pas, cependant, dans les manuscrits avant le XIIIᵉ siècle : *cf.* Pfister 1973; Cerquiglini 1991 : 114-124; Picoche et Marchello-Nizia 1996 : 19-26; voir aussi section 9.2). On constate, par ailleurs, que dans les traditions discursives non littéraires (notamment des chartes), le roman des *scriptae* est plus proche du « fond » linguistique régional, voire local que dans les textes littéraires, qui, par voie de copies, circulent facilement entre les régions et qui montrent, par conséquent, des effets de koinéisation$_{2B}$ plus importants.

Dans d'autres parties de la Romania, on observe, en principe, le même phénomène du polycentrisme des *scriptae*. C'est particulièrement visible sur la Péninsule apennine, où, du nord au sud, la diversité des *scriptae* est considérable du point de vue quantitatif aussi bien que qualitatif[2]. Parmi celles-ci, il y a des cas de nature très différente, comme, d'une part, la *koinè padana* de l'Italie du Nord, à koinéisation non seulement *de iure*, mais aussi *de facto*, en grande partie déjà suprarégionale, et, d'autre part, le vénitien, koinè *de iure* à base monotopique (*cf.* Koch et Oesterreicher

---

1 *Cf.* Frank et Hartmann (1997 : n° 71.016-71.734).
2 À cela s'ajoutent d'ailleurs des traditions linguistiques de la distance venant de l'extérieur, mais pratiquées aussi sur place : l'occitan des *trobadors* (voir plus bas); le français; le « franco-italien » des *chansons de geste*.

2008 : 2582). Or, d'une manière générale, il faut attendre le XIIIᵉ siècle pour pouvoir vraiment parler de *scriptae* (*cf.* Krefeld 1988)[1], littéraires d'abord, en commençant par le langage de la tradition discursive de la *Scuola siciliana* (2ᵉ quart du XIIIᵉ siècle), et non littéraires, notamment dans les communes en essor, comme les villes toscanes, Venise ou Bologne (à partir de la 2ᵉ moitié du XIIIᵉ siècle) : prose mercantile et administrative nouvelle (qui se situe en partie dans une zone intermédiaire entre l'immédiat et la distance), premiers traités de rhétorique, etc.

En ce qui concerne l'élaboration de *x*, le domaine gallo-roman méridional est en partie en avance sur le nord (*cf.* Pfister 1970 ; Glessgen et Pfister 1995). On y distingue les premières *scriptae* régionales de chartes, dans certaines zones, dès le début du XIIᵉ siècle (en partie dans la continuité du glissement *w → x* signalé en § 7.2). Simultanément, nous voyons éclore la première *scripta* des *trobadors*, appartenant à des régions (sud-)occidentales, suivie d'une plus grande diversité de *scriptae*, toujours, cependant, à effets de koinéisation$_{2B}$. À noter le processus spectaculaire d'une irradiation des traditions discursives troubadouresques et, par là-même, de leur *scriptae* vers la Catalogne et l'Italie, où celles-ci « coiffent » partiellement les traditions autochtones de l'immédiat et stimulent, à la longue, des *scriptae* poétiques autochtones (comme par exemple celle de la *Scuola siciliana* : voir plus haut ; *cf.* Koch et Oesterreicher 2008 : 2588).

La Péninsule Ibérique, elle aussi, se recouvre d'une pluralité de *scriptae*, distribuées plus ou moins en forme de chaîne au nord de la zone occupée par les Arabes : *scripta(e)* galicienne, asturo-léonaises, castillanes, navarro-aragonaises, valencienne, barcelonaise, roussillonaise et mallorquine[2]. Dans la plupart de ces régions, des *scriptae* s'étaient formées assez tôt dans les chartes, découlant du glissement *w → x* signalé dans la section 7.2. Pour la législation sur toute la Péninsule, la tradition discursive des *Foros/Fueros/Furs* (statuts juridiques) est extrêmement importante (premiers textes romans à partir du milieu du XIIᵉ siècle) : provenant de l'oralité (partiellement) élaborée du droit coutumier local, cette tradition subit, au cours du XIIIᵉ siècle, une élaboration intensive ultérieure grâce l'influence de la Renaissance bolonaise en Castille (Kabatek 2005 : 169-266).

---

1   Voir aussi les articles pertinents dans Holtus *et al.* (1988-2005 : t. II,2).
2   Voir les articles pertinents dans Holtus *et al.* (1988-2005 : t. II,2).

La production littéraire dans la Péninsule Ibérique du XIIe siècle – et même du XIIIe siècle pour la Catalogne – n'égale en rien le volume et la diversité qui caractérise le domaine gallo-roman septentrional. À partir de la fin du XIIe siècle, c'est la *scripta* de la poésie lyrique galicienne qui se détache en ce qu'elle « coiffe », dans les traditions discursives pertinentes, les parlers de l'immédiat dans une grande partie de la Péninsule (hormis la Catalogne, sous influence occitane : voir plus haut ; *cf.* Koch et Oesterreicher 2011 : 224s. ; 2008 : 2582).

9. PHASES ET CHARNIÈRES : ACHÈVEMENT DE LA STANDARDISATION, DE LA COIFFURE ET DE L'ÉLABORATION

9.1 MODÉLISATION

Lorsque, dans un espace politique et/ou culturel assez étendu, plusieurs centres du passage à l'écrit et au graphique se sont dessinés, il arrive que les différentes vedettes-distance basées sur x interagissent entre elles, ce qui entraîne la concurrence entre un nombre relativement réduit de *scriptae* particulièrement résistantes et, en fin de compte, une koinéisation$_1$ (*de iure*) suprarégionale, accompagnée ou non d'un effacement progressif de traits régionaux à travers une koinéisation$_{2B}$ (*de facto*) à grande échelle (*cf.* § 8.1). On parle alors de « standardisation[1] ». Pour déployer et pour situer ce concept, il sera utile de partir du modèle bien connu de Haugen (1966 ; 1983) qui comporte quatre processus : (1) la sélection, (2) la codification, (3) l'expansion/diffusion et (4) l'élaboration. Nous interpréterons ce modèle en termes d'« immédiat » et de « distance » et le réaménagerons en y intégrant des précisions et des ajouts qui découlent de certains concepts déjà introduits dans les sections 7.1 et 8.1[2].

---

1   *Cf.* Haugen (1983) ; Scaglione (1984) ; Joseph (1987) ; Haarmann (1988) ; Lüdi (1994) ; Koch (1988 : 344s. ; 2003a : 114-116 ; 2010 : 169-172) ; Koch et Oesterreicher (2011 : 136s. ; 1994 : 598-600 ; 2001 : 610-612 ; 2008 : 2582-2587).

2   Rappelons que Haugen a mis en place son modèle pour concevoir des processus de planification linguistique moderne. Or, les catégories proposées se sont également avérées utiles, *mutatis mutandis*, pour la modélisation des processus historiques non planifiés qui nous intéressent ici.

La standardisation (au sens étroit, c'est ainsi que nous l'appellerons) comprend les composantes (1) et (2). La sélection (1) comporte les processus spontanés de koinéisation$_1$ (*de iure*) à grande échelle, provoqués par des effets de centralisation du pouvoir politique, d'unification économique, d'irradiation culturelle, etc. La sélection d'une variété de la distance implique notamment des choix « topiques » : soit que l'une des *scriptae* existantes l'emporte sur les autres (*de iure* seulement), soit que les divergences entre *scriptae* se neutralisent progressivement (*de iure* aussi bien que *de facto*). Dans la réalité, on a souvent des solutions mixtes qui tendent vers l'un ou l'autre des deux extrêmes. Mais la sélection consiste aussi à privilégier certains modèles linguistiques en fonction de paramètres diastratiques, diaphasiques et conceptionnels. La codification (2) est de nature non spontanée et présuppose toujours une réflexion métalinguistique. Elle reste implicite là où la communauté linguistique définit certains textes « canoniques » (religieux, littéraires, scientifiques, etc.), susceptibles de servir de modèle pour la variété de la distance. La codification explicite se réalise à travers les grammaires et les dictionnaires prescriptifs ainsi que les traités d'orthoépie et d'orthographe.

Le terme d'« expansion » (ou de « diffusion » : (3)) est ambigu. D'une part, il englobe bien entendu le processus de coiffure qui constitue une « expansion » par rapport à l'espace. Tout en s'amorçant dès le stade de la formation de *scriptae* (*cf.* § 8.1), la coiffure caractérise en général aussi le processus de standardisation, à un échelon, certes, suprarégional, et fait donc partie de la standardisation dans un sens plus large (désormais = (3a) « expansion-coiffure »). D'autre part, l'élaboration en extension (*cf.* § 7.1), elle aussi, constitue une sorte d'« expansion », par rapport non pas à l'espace, mais aux traditions discursives (désormais = (3b) « expansion-élaboration »).

Par « élaboration » (4) Haugen entend sans aucun doute ce que nous appelons « élaboration en intensité » (*cf.* § 7.1). Si Haugen inclut l'« élaboration » dans son modèle global de la « standardisation » (1+2+3+4), nous séparerons, par contre, de manière très stricte, l'élaboration en extension et en intensité (3b+4) d'une part et la standardisation au sens large (1+2+3a) d'autre part. L'élaboration se rapporte aux traditions discursives (3b) et aux paramètres universels de l'immédiat et de la distance (4). La standardisation, elle, est centrée sur le domaine des langues historiques et de leurs variétés (1+2+3a) : fusion, sélection et codification de variétés, formation de langues particulières qui se démarquent entre elles, etc.

Il faut préciser que les processus (1)-(4) ne représentent pas forcément des étapes successives. Ainsi, l'élaboration (3b+4) commence dès les débuts du passage à l'écrit (§ 7.1) et accompagne les phases de la formation de *scriptae* (§ 8.1) et de la standardisation. Selon Kloss (1978 : 46-55), une langue a atteint l'apogée de l'élaboration dès qu'elle sert de support à la prose scientifique de pointe au niveau international. Les premiers effets de coiffure se font nécessairement sentir pendant la formation de *scriptae* (*cf.* § 8.1). Quant à la codification (2), elle présuppose certainement les résultats d'une sélection relativement avancée.

Voici donc les composantes de la dernière phase du passage à l'écrit/ au graphique de notre modèle des « phases et charnières » : achèvement de la sélection (1) et de la codification (2) – bref, de la standardisation au sens étroit –, achèvement de la coiffure (3a) et de l'élaboration (3b+4). C'est à travers l'achèvement de ces processus que nous passons définitivement du schéma de la Figure 6 à celui de la Figure 4 (= constellation de base II ; *cf.* Koch et Oesterreicher 1994 : 598 ; 2001 : 610 ; 2008 : 2582-2585 ; Koch 2003a : 116 ; 2010 : 169-172). La tradition linguistique *x* et une vedette-distance basée sur *x* recouvrent, désormais, les secteurs α, β, γ et δ de l'espace conceptionnel-et-médial. La vedette-distance correspond à ce que l'on appelle la « norme prescriptive de *x* » ou la « variété standard *x* ».

Même si les processus de standardisation, de coiffure et d'élaboration portent pour la plupart sur des aspects conceptionnels et variationnels de la langue en question (mis à part le problème purement médial de l'orthographe), il faut reconnaître que le passage au graphique, préalable ou concomitant, fait avancer ces processus dans une mesure inimaginable dans une société purement orale[1]. En ce qui concerne la codification (2), l'existence d'une écriture constitue, bien entendu, une condition *sine qua non* pour les traités d'orthographe, mais aussi une condition presque[2] nécessaire pour la réflexion métalinguistique que présupposent

---

1 Haugen (1966) et Ong (1982 : 8, 106-108) vont jusqu'à proposer, pour les variétés standard *x* naissantes, le terme de *grapholect*, que l'on peut accepter si l'on met l'accent plutôt sur les causes médiales que sur les conséquences conceptionnelles des processus en jeu.

2 Une exception spectaculaire pourrait être la célèbre grammaire – descriptive – de Pāṇini qui semble émerger d'une pratique orale (*cf.* Falk 1990).

les grammaires et les dictionnaires. Qui plus est, l'innovation médiale qu'engendre, en Europe, l'invention de l'imprimerie par Gutenberg (1450) contribue énormément à stimuler la standardisation, la coiffure et l'élaboration ; dans beaucoup de sociétés, c'est justement l'imprimerie qui provoque la codification (2) et stabilise la formation de communautés linguistiques plus étendues au standard unitaire (*cf.* Eisenstein 1979 ; Ong 1982 : 107s. ; Schlieben-Lange 1983 : 49s. ; Giesecke 2006 ; Koch et Oesterreicher 1994 : 599).

À ce stade de notre réflexion, il convient d'examiner de plus près les notions de « communauté linguistique » et de langue « historique particulière » (du type « français », « anglais », « italien », etc.). Comme nous l'avons déjà signalé dans la section 7.1, la perspective non téléologique nous empêche de parler de « *langue* historique particulière x » pendant longtemps, même après les débuts du passage à l'écrit/au graphique. Ce n'est qu'au moment où une vedette-distance basée sur x finit par coiffer un territoire assez étendu (3a) qui possédait auparavant différentes *scriptae* régionales, parvient à se standardiser (1+2) et achève de s'élaborer (3b+4) qu'une véritable variété standard x s'instaure. C'est alors cette variété de la distance qui définit le centre de l'espace variationnel d'une nouvelle langue historique particulière x ainsi que l'extension de la communauté linguistique qui y correspond (*cf.* Muljačić 1989 ; Koch et Oesterreicher 1994 : 598 ; 2008 : 2586s. ; Koch 1999 : 154s. ; 2010 : 172). Dès lors, toutes les traditions linguistiques « topiques » x_1, x_2, x_3, etc. qui sont rejetées dans le domaine de l'immédiat (ou qui y sont restées cloisonnées depuis toujours) deviennent des « dialectes primaires » (Coseriu 1988a : 51), constituant la « *dia*topie » de la langue historique x. De même, la variété standard assigne à certains phénomènes linguistiques un statut « bas » en diastratie et en diaphasie.

9.2 APPLICATION[1]

Dans le domaine gallo-roman septentrional, on observe dès le XIIᵉ siècle des effets, sinon de koinéisation$_{2B}$, du moins de convergence suprarégionale dans les *scriptae* littéraires. Ce n'est que vers la fin du XIIᵉ siècle que nous trouvons les premières attestations métalinguistiques d'une

---

1   *Cf.* notamment Koch et Oesterreicher (2011 : 142-149, 183-191, 223-233 ; 2001 : 610-612 ; 2008 : 2582-2587) ; Koch (2010 : 174-177).

primauté de Paris (insaisissable dans les manuscrits romans avant le XIIIe siècle : § 8.1), primauté qui est favorisée par la stabilisation de la royauté française et l'importance croissante de Paris sous Philippe Auguste (1180-1223) et qui déclenche une koinéisation$_1$ à partir du XIIIe siècle du moins dans une partie des traditions discursives. La base exacte de cette variété de la distance, qui irradie de Paris et qui s'appelle *françois* (équivalant, à l'époque, à « relatif à l'Île-de-France »), reste très débattue. Nous ne trancherons pas la question ici, mais nous contenterons de traduire les différentes explications dans les termes de notre modèle.

Selon la vision traditionnelle, le parler *x* de l'immédiat de l'Île-de-France (baptisé *francien* seulement par le linguiste moderne Gaston Paris) aurait coiffé, dans le domaine de la distance, les parlers des autres régions à travers une koinéisation$_1$ *de iure* sans koinéisation$_{2B}$ *de facto* notable (*cf.* Brunot 1905-1953 : I, 325). Cette position a été rejetée comme mystification motivée par la téléologie inversée d'une philologie nationale (*cf.* Bergounioux 1989 ; Saint-Gérand 2002) et contrecarrée par le concept d'une variété *king's French* issue d'une koinéisation$_{2B}$ (*de facto*) préalable dans le domaine de la distance même (*cf.* Cerquiglini 1991 : 114-124). À ces deux approches, à la fois, s'oppose la *Spoken Koiné Hypothesis* (Lodge 2004), mettant en relief l'afflux démographique vers Paris qui a pris une envergure tout à fait impressionnante à partir de la fin du XIIe siècle et qui aurait entraîné une koinéisation$_{2A}$ *de facto* préalable dans le domaine de l'immédiat (*cf.* § 8.1). Le résultat de ce processus, qui expliquerait le caractère de compromis du parisien entre les variétés occidentales et orientales, aurait ensuite fait l'objet d'une koinéisation$_1$ *de iure* et servi de base à la coiffure du domaine gallo-roman septentrional. Plus récemment, cette idée de l'implantation *de iure* d'une koinè$_{2A}$ toute faite et provenant directement du domaine de l'immédiat parisien a de nouveau été remise en question (Selig 2008 ; Grübl 2012). Il faut probablement envisager, dans le cas présent, une interaction bien plus complexe entre koinéisation$_1$ et koinéisation$_{2B}$ dans le domaine de la distance avant même le XIIIe siècle. Quoi qu'il en soit, les processus de sélection et de coiffure sur la base de la variété « parisienne » s'achèvent au cours du XIVe siècle dans les traditions discursives littéraires.

Dans la communication administrative du XIVe siècle, les vedettes-distance « parisienne », picarde et anglo-normande étaient encore en usage dans les échanges entre le domaine gallo-roman septentrional, la Flandre et l'Angleterre (*cf.* Lusignan 2008 : 280s.). L'anglo-normand, dont le sort est étroitement lié à ses fonctions multiples (entre autres « coiffantes ») en Angleterre, disparaît après le XIVe siècle. Le picard ne recule que très lentement devant le standard du pouvoir central français (voir § 10.2). Dans les chartes, les processus de sélection et de coiffure sur la base du standard « parisien » s'amorcent – avec un décalage considérable selon les régions – entre le milieu du XIIIe et la fin du XVe siècle et s'achèvent entre le milieu du XIVe siècle et le XVIIe siècle, par endroits même le XVIIIe siècle (avec un « retard » considérable des régions nord-orientales et orientales qui, à l'origine, n'appartenaient pas au royaume de France au niveau politique).

Muni, somme toute, d'un résultat de sélection et de coiffure déjà assez avancé (par rapport à d'autres régions de la Romania) qui s'appuie sur la vedette-distance « parisienne », le nord de la Gallo-Romania entre dans la période de crise du « moyen français » (XIVe/XVe siècles) dont il ressort, tout comme la royauté française, encore consolidé[1]. Au XVIe siècle, l'espace variationnel de la langue historique *françoise* (« de France ») s'est organisé pour l'essentiel, tirant son nom de la variété standard *françoise* (= « appartenant à l'Île-de-France », à l'origine) qui en constitue le pivot. Ce n'est qu'à partir de ce moment que l'on saurait appeler « dialectes (primaires) » les traditions linguistiques x_1, x_2, x_3, etc. qui se trouvent dorénavant définitivement rejetées dans le domaine de l'immédiat, à savoir, le normand, le bourguignon, le poitevin, etc. L'emploi de dialectalismes/ régionalismes lexicaux dans la littérature du XVIe (mais non du XVIIe) siècle n'est plus du tout un retour à l'état qui précédait la sélection, mais un choix conscient qui *pré*suppose la sélection diatopique et ne fait que contribuer à l'élaboration en intensité (« enrichissement »).

Au XVIe siècle, on tâche d'introduire une sélection diastratique dans l'espace variationnel français en se réclamant de différentes instances du *bon usage* : la cour, le parlement, les gens savants en la langue, etc. Au XVIIe siècle, à partir de Vaugelas, un modèle complexe du *bon usage* s'instaure

---

1   Une analyse plus fine en termes de « phases et charnières » (qui dépasserait les limites rédactionnelles du présent article) révélerait toutefois des processus de « restandardisa- tion » considérables pendant l'époque du moyen français qui expliquent l'écart énorme entre la physionomie du standard naissant vers la fin de l'époque de l'ancien français et celle du français standard moderne (*cf.* Eckert 1986 : 89, 340-353 ; Koch 2003b ; 2010 : 191-198 : Koch et Oesterreicher 2008 : 2590).

qui englobe des aspects diastratiques et conceptionnels aussi bien que médiaux : *la façon de parler de la plus saine partie de la cour.* Il s'agit de la tradition discursive de la conversation des *honnêtes gens* (caractérisée par un naturel réfléchi – pour ainsi dire un « immédiat distancié » – dans la réalisation phonique)[1], qui reste toutefois à l'épreuve de l'usage des meilleurs auteurs de l'époque (distance graphique) et du jugement des gens savants en la langue[2]. Pour l'essentiel, c'est ce modèle, provisoire au premier abord, qui se perpétue comme norme prescriptive rigide de la distance depuis le XVIIe siècle.

En ce qui concerne la sélection et la coiffure, chaque langue particulière développe son profil individuel, comme le montre la diversité des processus en question dans la Romania. Dans la Péninsule Ibérique, par exemple, c'est le castillan qui, au cours de le *Reconquista*, s'impose aux dépens d'autres traditions linguistiques, non seulement dans le domaine de l'immédiat (de plus en plus visiblement, en s'étendant du nord vers le sud), mais aussi en tant que variété de la distance puissante (depuis la seconde moitié du XIIIe siècle) qui finit par coiffer, à un moment donné, tous les autres idiomes de la péninsule : le basque, l'asturo-léonais et le galicien (dont la coiffure s'achèvera au XVIe siècle), l'aragonais et catalan (à partir du XVIe siècle, à la suite de la réunion de la Castille et de l'Aragon)[3], voire le portugais (passagèrement, pendant l'union personnelle entre la Castille et le Portugal, fin du XVIe-milieu du XVIIe s.). Autre exemple : sur la Péninsule apennine, la multitude des *scriptae* (*cf.* § 8.2) se réduit progressivement pendant les XIVe et XVe siècles pour déboucher finalement sur les trois options de la langue littéraire qui font l'objet de la célèbre *Questione della lingua* du XVIe siècle (*cf.* Vitale 1978 ; Koch 1988 : 348-354), qui n'est autre qu'une discussion sur la sélection : langue hybride des cours romaine et septentrionales, florentin actuel ou florentin archaïque du XIVe siècle (imitant Dante, Pétrarque et Boccace qui jouissaient déjà d'un statut quasiment canonique et d'une certaine force d'irradiation « coiffante »). Ce qui caractérise le

---

1 Par rapport à la Figure 2, cette tradition discursive se situe donc dans le secteur β, mais nettement à l'écart du pôle de la distance extrême.

2 En ce qui concerne la complexité – et certaines inconsistances – de l'idéal linguistique de Vaugelas, *cf.* Ayres-Bennett (1987 : 67s. ; 2004 : 25s.) ; Bader (1990 : surtout 210-217).

3 Il n'y a que le catalan qui parvienne à surmonter, à partir de la *Renaixènça* du XIXe siècle, la régression (*cf.* section 10.1) provoquée par la coiffure castillane.

scénario italien, c'est que le choix du florentin archaïque qui résulte, en principe, des discussions du XVI⁰ siècle (Bembo) et du premier grand acquis de codification (vocabulaire de l'*Accademia della Crusca*, 1612) n'empêche pas les opposants de poursuivre, ne serait-ce que sur des détails, la *Questione*, qui ne trouvera sa solution qu'avec Manzoni, peu à peu converti en partisan du langage contemporain des gens érudits de Florence (au milieu du XIX⁰ siècle).

Sur le plan de la codification, un constat général s'impose pour les grandes langues romanes, sinon pour toutes les grandes langues européennes : les premiers pas sérieux vers une description métalinguistique prescriptive de la variété sélectionnée (ou en voie de sélection) ont toujours été stimulés par la diffusion de l'imprimerie. Effectivement, les premiers dictionnaires et grammaires pertinents et, *a fortiori*, les premiers traités d'orthographe commencent à paraître au XVI⁰ siècle pour le français aussi bien que pour l'italien et l'espagnol (pour ne parler que de ces trois langues-là), ce dernier étant un peu en avance grâce aux activités précoces de Nebrija (à partir de 1492). Or, le déroulement de la codification, dans ses détails, varie considérablement d'une langue à l'autre, souvent en accord avec les processus de sélection et de coiffure. L'essentiel de la codification du français est achevé dès la fin du XVII⁰ siècle, conformément aux options de sélection du même siècle, désormais considérées comme « classiques » (*Remarques* etc. des grammairiens ; dictionnaire de l'*Académie française*, 1694). Quant à l'espagnol, ce ne sont que les publications de la *Real Academia* du XVIII⁰ siècle qui marquent un point d'aboutissement important pour la lexicographie (1726-1739), l'orthographe (1741) et la grammaticographie (1771). La codification de l'italien, elle, reste en interaction permanente avec la *Questione della lingua* jusqu'au milieu du XIX⁰ siècle.

Pour ce qui est de l'élaboration, les traditions linguistiques galloromanes septentrionales, nous l'avons vu (§ 8.2), ont fait des progrès considérables dès les XII⁰ et XIII⁰ siècles. Dans le domaine administratif (où nous avons déjà noté les chartes en langue romane à partir de 1200 environ), le latin se voit définitivement refoulé des dernières traditions discursives juridiques avec l'ordonnance de Villers-Cotterêts (1539). Le domaine des sciences, lui aussi, s'ouvre progressivement au galloroman septentrional/français, d'abord à travers les traductions (à partir du XIII⁰ siècle) et de plus en plus aussi sous forme d'ouvrages originaux (*cf.* notamment Oresme au XIVe siècle). Le français va atteindre l'apogée de la prose scientifique de pointe au milieu du XVIIe siècle (Descartes, Pascal), pour assumer même le rôle de langue scientifique internationale au XVIIIe siècle. De la sorte, le français montre un dynamisme d'élaboration en matière de sciences qui dépasse largement celui de l'espagnol (malgré les débuts spectaculaires réalisés par l'école des traducteurs d'Alphonse X de Castille dans la seconde moitié du XIIIe siècle et le progrès indéniable par rapport au latin aux XVIe et XVIIe siècles) et celui de l'italien (malgré les travaux de pionnier rédigés en italien par Galilei au début du XVIIe siècle).

Somme toute, on peut dire que vers la fin du XVIIe siècle, le français a achevé la sélection d'une variété standard, la codification, la coiffure des dialectes primaires ainsi que l'élaboration extensive et intensive. Il se trouve donc, en principe, dans la situation de la tradition *x* dans la Figure 4 qui recouvre l'espace conceptionnel-et-médial tout entier (= constellation de base II)[1].

10. PHASES ET CHARNIÈRES : BLOCAGE ET RÉGRESSION

10.1 MODÉLISATION

Notre modèle ne serait pas immunisé contre la téléologie inversée (§ 5), si les processus du passage à l'écrit/au graphique, de la formation de *scriptae*, de la standardisation, de la coiffure et de l'élaboration étaient conçus comme des processus à sens unique qui vont inévitablement de la constellation de base I (Figure 3 et sa variante 5) à la constellation de base II (Figure 4) à travers la dynamique représentée dans la Figure 6.

Il est tout à fait évident que les variétés définitivement « coiffantes » et pleinement standardisées et élaborées sont, en dernière analyse, les

---

1 Le fait que le français (*x*) recouvre désormais, en principe, toutes les fonctions communicatives de la distance, n'implique pas que le latin (*w*) disparaisse entièrement. Il se maintient dans certaines « niches » comme celle de la science et de l'Église, tout en reculant progressivement depuis le XVIIIe siècle. Par exemple, la réforme de la liturgie catholique de 1969 (à la suite du concile Vatican II) qui introduit la langue « vernaculaire » (*x*) dans la liturgie catholique constitue un jalon important de ce processus.

« gagnantes de la course à la distance ». Mais là où il y a des gagnants, il y a forcément aussi des perdants. Tout d'abord, il ne faut pas oublier toutes les traditions linguistiques qui restent à jamais bloquées dans le domaine de l'immédiat (en tant que « dialectes primaires » ou « langues minoritaires » : voir *infra*). Mais qui plus est, il faut également envisager l'histoire de toutes les traditions linguistiques qui sont impliquées, pendant un certain temps, dans cette « course à la distance », sans pour autant la gagner – du moins pas entièrement –, ce qui produit des résultats variés et quelquefois assez complexes.

La Figure 7 représente le scénario en jeu que nous dénommerons « régression » (*cf.* Koch et Oesterreicher 2008 : 2587-2589 ; Koch 2010 : 180s.). Une tradition linguistique x, provenant du domaine de l'immédiat, qui a déjà pénétré, dans une certaine mesure, dans le domaine de la distance aux dépens de la langue de la distance traditionnelle (w), se heurte à un concurrent y, provenant, lui aussi, originairement du domaine de l'immédiat et refoulant, dans le domaine de la distance, non seulement w, mais également, à partir d'un moment donné, la tradition x.

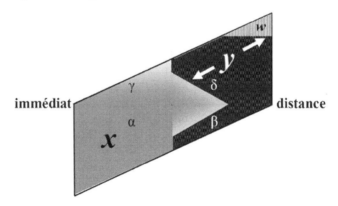

FIGURE 7 – Régression de x par rapport à un concurrent y
en train de refouler w

Le rapport de parenté entre x et y n'a pas d'importance dans ce scénario (si les deux traditions linguistiques sont étroitement apparentées, on peut aussi bien poser $y = x_1$ et $x = x_2$). Ce qui compte, c'est l'évolution de la fonction conceptionnelle des traditions linguistiques qui interagissent ici. Le rapport fonctionnel entre y et w est essentiellement identique à celui qui a été modélisé entre x et w dans la Figure 6 (dans le schéma de la Figure 7, seulement à un stade plus avancé). Le rapport fonctionnel entre x et y est soumis à des variations qui dépendent de deux paramètres : (1) situation du moment où s'amorce le processus de régression et (2) résultat du processus de régression.

Le processus de régression (1) peut intervenir, en principe, à n'importe quel moment du passage à l'écrit : à différentes étapes de l'élaboration de x, à différents stades de coiffure, avant, pendant ou après la constitution d'une *scripta* basée sur x, avant, pendant ou même après la standardisation de x. De même, le résultat de la régression (2) peut correspondre à des étapes très diverses des processus que nous venons d'évoquer. Il est possible – et même assez fréquent – que x retombe entièrement dans le domaine de l'immédiat. Mais il est tout aussi possible que x se range à une étape intermédiaire du processus du passage à l'écrit/au graphique : limité à un degré réduit (mais pas tout à fait négligeable) d'élaboration, de coiffure et/ou de standardisation, cantonné dans un nombre restreint de traditions discursives de la distance, etc. Ajoutons encore que même le processus de régression – tout comme celui, opposé, du passage à l'écrit – ne constitue pas un sens unique, mais est sujet à de multiples vicissitudes, comme le montre, par exemple, l'histoire mouvementée du catalan (*cf.* Koch et Oesterreicher 2008 : 2587).

Accepter ce modèle de la régression, c'est accepter, sans réserve, une historiographie linguistique non téléologique parce que, si l'on adopte la perspective d'un moment donné t_n, on est incapable de prévoir si une tradition linguistique x, en train de passer à l'écrit, subira, à un moment t_{n+i}, une régression et jusqu'à quel degré d'élaboration et de standardisation elle reculera.

Pour caractériser le statut de x à la fin du processus de régression, on peut parler d'une « langue minoritaire » par rapport à y. De plus, il y a le terme de « dialecte primaire » (*cf.* § 9.1) qui semble s'imposer si, premièrement, x et y sont étroitement apparentés entre eux ($y = x_1$ et $x = x_2$: voir *supra*) et si, deuxièmement, x a un degré minimal d'élaboration. Notons au passage que cette terminologie dichotomique n'est pas idéale puisque non seulement le degré de parenté linguistique, mais aussi le passage à l'écrit/la régression – on vient de le voir – constituent des continuums.

10.2 APPLICATION

Un cas gallo-roman septentrional qui illustre de manière instructive les vicissitudes de l'« ascension » et de la régression est sans aucun doute celui du picard (*cf.* Lusignan 2008). En tant que tradition linguistique *x*, celui-ci était présent dès le début du passage à l'écrit/au graphique (§ 7.2), puis dans des traditions discursives littéraires importantes du XIIe siècle (§ 8.2) et, enfin, dans les chartes (dès 1200 environ) – tout cela à une époque où nous avons à peine des reflets d'une vedette-distance *françoise*. Dans le comté de Flandre (qui appartient en grande partie au royaume de France), le Hainaut et le duché de Brabant, une vedette-distance à base picarde est très active à partir de la fin du XIIIe et au XIVe siècle. D'une part, elle se trouve sur un pied d'égalité avec la vedette-distance « parisienne » (§ 9.2) ; d'autre part, elle sert de coiffure jusque dans des régions à tradition linguistique flamande. À partir du XVe siècle, une vedette-distance à base flamande commence à s'imposer du côté germanophone, mais du côté romanophone, les chartes picardes résistent encore pendant assez longtemps à la « francisation » (qui ne s'achèvera par endroit qu'aux XVIe/XVIIe siècles).

Toutefois, par rapport au panorama général des traditions discursives de la distance, la régression du picard est inéluctable à partir du XVe siècle. En fin de compte, il sera réduit au statut de dialecte primaire de la langue française dont la variété standard (*y*) l'a emporté.

La Romania foisonne de ces cas d'« ascension » et de régression (totale ou partielle), quelque variés qu'ils soient dans le détail. Cela concerne, au fond, toutes les traditions linguistiques qui apparaissent aujourd'hui – à défaut d'une meilleure terminologie (*cf.* § 10.1) – comme « dialectes primaires » ou comme « langues minoritaires ». Autant de cas intéressants que nous n'avons malheureusement pas la possibilité de commenter ici (*cf.* quelques exemples dans Koch et Oesterreicher 2008 : 2588s. ; pour le territoire de la France, *cf.* les matériaux dans Cerquiglini 2003 : 117-124, 136-190 ; Abalain 2007) !

11. CONCLUSION ET PERSPECTIVES ULTÉRIEURES

Le modèle des « phases et charnières », basé sur l'idée de l'espace conceptionnel-et-médial, s'est avéré un instrument utile pour mieux saisir des mécanismes fondamentaux qui guident toute histoire de langue. Ce modèle nous a fait comprendre que les histoires externes idiosyncrasiques de langues différentes entre elles sont comparables à la lumière de certains principes plus généraux. Nous avons vu que cette hypothèse n'implique aucunement que toutes les histoires de langues se déroulent, avec seulement un décalage chronologique, d'une manière mécanique selon la même cadence. Néanmoins, certaines constellations et certains processus fondamentaux montrent une récurrence indéniable dans les différentes histoires des langues particulières. C'est le choix, la combinaison et l'articulation individuelle de ces schémas récurrents qui informent le rythme idiosyncrasique de l'histoire de chaque langue particulière. Nous nous sommes servis, à côté du français, objet principal de cette étude, de quelques autres langues romanes, notamment l'espagnol et l'italien, pour déceler les grandes lignes communes ainsi que les divergences de détail.

Pour respecter les limitations rédactionnelles, nous n'avons pu, dans le présent article, choisir que certains des aspects fondamentaux que notre modèle est capable de saisir : tout ce qui se rattache au passage à l'écrit/ au graphique – élaboration en extension et en intension, formation de *scriptae*, sélection, codification et coiffure – aussi bien que le processus inverse de la régression. Signalons, pour finir, que le modèle des phases et charnières est susceptible de mettre en évidence encore bien d'autres constellations et processus conceptionnels-et-médiaux d'une portée très générale (qui ont été décrits ailleurs[1]) :

   – tensions entre les domaines de l'immédiat et de la distance qui provoquent, soit des processus de restandardisation, soit des réactions restauratives qui mènent tôt ou tard à un éclatement de l'espace variationnel (exemple le plus saillant : le latin au début du Moyen Âge).

---

1   *Cf.* Koch et Oesterreicher (2011 : 149-153, 191-196, 227s., 231-235 ; 1994 : 600 ; 2001 : 612s. ; 2008 : 2589-2600) ; Koch (2010 : 185-199).

— expansions externes (notamment à la suite d'une colonisation : que l'on pense à l'anglais, à l'espagnol, au portugais, mais aussi au français).

— expansions « internes » : influence du domaine de la distance qui provoque la création de nouvelles variétés de l'immédiat au-delà des dialectes primaires (déclenchée par des transformations politiques, économiques, culturelles et médiales profondes – exemple le plus saillant : la Révolution française et ses suites).

Peter KOCH
Université de Tübingen

BIBLIOGRAPHIE

ABALAIN, Hervé (2007) *Le Français et les langues historiques de la France*, Paris, Gisserot.

ACADÉMIE FRANÇAISE (1694) *Le Dictionnaire de l'Académie française*, 1re éd., Paris, Veuve Coignard et J.-B. Coignard.

ACADÉMIE FRANÇAISE (1718) *Nouveau dictionnaire de l'Académie française*, Paris, J.-B. Coignard.

ACADÉMIE FRANÇAISE (1740) *Le Dictionnaire de l'Académie française*, 3e éd., Paris, J.-B. Coignard.

ACADÉMIE FRANÇAISE (1762) *Le Dictionnaire de l'Académie française*, 4e éd., Paris, Brunet.

ACADÉMIE FRANÇAISE (1798) *Le Dictionnaire de l'Académie française*, 5e éd., Paris, Smits.

ACADÉMIE FRANÇAISE (1932-1935) *Le Dictionnaire de l'Académie française*, 8e éd., Paris, Libraire Hachette.

ADAM, Jean-Michel (1990) *Éléments de linguistique textuelle*, Liège, Pierre Mardaga.

ADAM, Jean-Michel (1992) *Les Textes : types et prototypes*, Paris, Nathan Université.

ADAM, Jean-Michel (1997) « Genres, texte, discours : pour une reconception linguistique du concept de genre », *Revue belge de philologie et d'histoire*, 75, p. 665-681.

ADAM, Jean-Michel (1999) *Linguistique textuelle. Des genres de discours aux textes*, Paris, Nathan.

ADAM, Jean-Michel et HEIDEMANN, Ute (2004) « Des genres à la généricité. L'exemple des contes (Perrault et les Grimm) », *Langages*, 38, p. 62-72.

ADAMS, Marianne P. (1987) *Old French, Null Subjects, and Verb Second Phenomena*, thèse de doctorat, University of California, Los Angeles.

AHLBORN, Gunnar (1946) *Le Patois de Ruffieu-en-Valromey (Ain)*, Göteborg, Wettergren et Kerber.

AIJMER, Karin (1997) « *I think* : an English Modal Particle » in S. TORIL et J. W. OLAF (édit.), *Modality in Germanic Languages. Historical and Comparative Perspectives*, Berlin/New York, Mouton de Gruyter, p. 1-47.

AINSWORTH, Peter et CROENEN, Gotfried (édit.) (2012) *The Online Froissart*, version 1.4, Sheffield, HRI Online) [http://www.hrionline.ac.uk/onlinefroissart].

ALBRECHT, Jörn, LÜDTKE, Jens, et THUN, Harald (édit.) (1988) *Energeia und Ergon. Sprachliche Variation, Sprachgeschichte, Sprachtypologie. Studia in honorem Eugenio Coseriu*, 3 t., Tübingen, Narr.

ANDERSEN, Henning (1990) « The Structure of Drift » in H. ANDERSEN et K. KOERNER (édit.), *Historical Linguistics 1987 : Papers from the 8th International Conference on Historical Linguistics*, Amsterdam/Philadelphia, John Benjamins, p. 1-20.

ANDERSEN, Henning (2006) « Synchrony, Diachrony, and Evolution » in O. NEDERGAARD THOMSEN (édit.), *Competing Models of Linguistic Change : Evolution and Beyond*, Amsterdam/Philadelphia, John Benjamins, p. 59-90.

ANDRY DE BOISREGARD, Nicolas (1689) *Reflexions sur l'usage présent de la langue françoise*, Paris, Laurent d'Houry.

ANDRY DE BOISREGARD, Nicolas (1693) *Suite des Reflexions critiques sur l'usage présent de la langue françoise*, Paris, Laurent d'Houry.

ARTEAGA, Deborah (édit.) (2013) *Research on Old French : The State of the Art*, Dordrecht/Londres, Springer.

ALF = *Atlas Linguistique de la France*, voir GILLIÉRON et EDMONT (1902-1910).

ASCHENBERG, Heidi (2003) « Diskurstraditionen – Orientierungen und Fragestellungen » in H. ASCHENBERG et R. WILHELM (édit.), *Romanische Sprachgeschichte und Diskurstraditionen*, Tübingen, Narr, p. 1-18.

ASLANOV, Cyril (2012) « La *lingua franca* en Méditerranée entre mythe et réalité », *Mélanges de l'École française de Rome – Italie et Méditerranée modernes et contemporaines* [En ligne], 124(1) [mis en ligne 30 septembre 2012, http://mefrim.revues.org/112].

AUROUX, Sylvain (1980) « L'Histoire de la linguistique », *Langue française*, 48, p. 7-15.

AUROUX, Sylvain (1994) *La Révolution technologique de la grammatisation*, Liège, Mardaga.

AUROUX, Sylvain (2006) « Les Modes d'historicisation », *Histoire, épistémologie, langage*, 18(1), p. 37-56.

AUROUX, Sylvain (édit.) (2007) *Le Naturalisme linguistique et ses désordres*, n° spécial d'*Histoire, épistémologie, langage*, 29(2).

AVALLE, D'Arco Silvio (édit.) (1965) *Latino « circa romançum » e « rustica romana lingua ». Testi del VII, VIII e IX secolo*, Padoue, Antenore.

AYRES-BENNETT, Wendy (1987) *Vaugelas and the Development of the French Language*, Londres, The Modern Humanities Research Association.

AYRES-BENNETT, Wendy (1996) *A History of the French Language through Texts*, Londres / New York, Routledge.

AYRES-BENNETT, Wendy (2000) « Voices from the Past. Sources of Seventeenth-century Spoken French », *Romanischen Forschungen*, 112, p. 323-348.

AYRES-BENNETT, Wendy (2004) *Sociolinguistic Variation in Seventeenth-Century France : Methodology and Case Studies*, Cambridge, Cambridge University Press.

AYRES-BENNETT, Wendy (dir.) (2011) *Corpus des remarques sur la langue française (XVIIe siècle)*, Paris, Classiques Garnier Numérique.

AYRES-BENNETT, Wendy (2012) « La Contribution des remarqueurs à une histoire générale de la grammaire française », in B. COLOMBAT, J.-M. FOURNIER et V. RABY (édit.), *Vers une histoire générale de la grammaire française. Matériaux et perspectives*, Paris, H. Champion, p. 61-78.

AYRES-BENNETT, Wendy et SEIJIDO, Magali (2011) *Remarques et Observations sur la langue française : Histoire et évolution d'un genre*, Paris, Classiques Garnier.

BADER, Eugen (1990) « CELARE ARTEM : Kontext und Bedeutung der stilistischen Anweisung "Schreibe, wie du redest !" im 16./17. Jahrhundert (Italien, Spanien, Frankreich) », in RAIBLE (1990), p. 97-215.

BADIOU-MONFERRAN, Claire (à paraître) *Les Marqueurs d'inférence en français moderne (XVIe-XXIe siècles). Donc, Alors, Partant, Par conséquent et quelques autres*, Paris, Champion.

BADIOU-MONFERRAN, Claire et BUCHI, Éva (2012) « Plaidoyer pour la désolidarisation des notions de pragmaticalisation et de grammaticalisation », *SHS Web of Conferences*, 1(1-2), p. 127-144 [DOI : http://dx.doi.org/10.1051/shsconf/20120100135].

BALDINGER, Kurt (1959) « L'étymologie, hier et aujourd'hui. » *Cahiers de l'Association Internationale des Études Françaises*, 11, p. 233-264.

BALDINGER, Kurt, MÖHREN, Frankwalt *et al.* (1971-) *Dictionnaire étymologique de l'ancien français (DEAF)*, Tübingen, Max Niemeyer [http://www.deaf-page.de/fr/].

BALIBAR, Renée (1985) *L'Institution du français*, Paris, Presses Universitaires de France.

BANNIARD, Michel (1992) *Viva voce. Communication écrite et communication orale du IVe au IXe siècle en Occident latin*, Paris, Institut des études augustiniennes.

BARATIN, Marc (1989) *La Naissance de la syntaxe à Rome*, Paris, Éditions de Minuit.

BARTOLI, Matteo (1945) *Saggi di linguistica spaziale*, Turin, Rosenberg et Sellier.

BARTHES, Roland (1970) « L'Ancienne Rhétorique. Aide-mémoire », *Communications*, 16, p. 172-229.

BAUER, Brigitte L. M. (2011) « Word formation », in M. MAIDEN, J. C. SMITH et A. LEDGEWAY (édit.), *The Cambridge History of the Romance Languages, vol. I*, Cambridge, Cambridge University Press, p. 532-563.

BAUER, Laurie (2001) *Morphological Productivity*, Cambridge, Cambridge University Press.

BÄUML, Franz. H. (1980) « Varieties and consequences of medieval literacy and illiteracy », *Speculum*, 55, p. 237-265.

BAZIN-TACCHELLA, Sylvie (2005) « Le Relatif *lequel* dans la traduction française du traité anatomique de Chauliac : un outil de cohésion », in D. JACQUART, O. SOUTET et D. JAMES-RAOUL (édit.), *Par les mots et les textes*, Paris, Presses de l'Université Paris-Sorbonne, p. 37-53.

BAZIN-TACCHELLA, Sylvie (2007) « L'Articulation des séquences textuelles dans la traduction française de la *Chirurgia Magna* de Guy de Chauliac (XVᵉ siècle) : l'importance de la topicalisation », *Texte et discours en moyen français. Actes du XIᵉ Colloque international sur le moyen français*, Turnhout, Belgium, Brepols, p. 61-72.

BEAUGRANDE, Robert-Alain de (1979) « Text and sentence in discourse planning », in J. S. PETÖFI (édit.), *Text vs Sentence. Basic Questions of Text Linguistics*, Hambourg, Buske, p. 467-494.

BEER, Jeanette M. A. (1992) *Early Prose in France : Contexts of Bilingualism and Authority*, Kalamazoo, Medieval Institute Publications.

BELLERT, Irena (1970) « On a condition of the coherence of texts », *Semiotica*, 4, p. 335-363.

BENVENISTE, Émile (1966-1974) *Problèmes de linguistique générale*, 2 t., Paris, Gallimard.

BERGOUNIOUX, Gabriel (1989) « Le francien (1815-1914) : la linguistique au service de la patrie », *Mots*, 19, p. 23-40.

BÉRIER, François (1988) « La Traduction en français », in D. POIRION (édit.), *La littérature française aux XIVᵉ et XVᵉ siècles*, Grundriss der romanischen Literaturen des Mittelalters, t. 8(1), Heidelberg, Winter, p. 219-265.

BERLIN, Françoise et BERTHOMIEU, Gérard (édit.) (2012) *La Synonymie*, Paris, PUPS.

BERLIN-BRANDENBURGISCHE AKADEMIE DER WISSENSCHAFTEN, GEYKEN, Alexander *et al.* (2008-2011) *Digitales Wörterbuch der deutschen Sprache des 20. Jh.* (DWDS) [http://www.dwds.de/].

BERNDT, Rolf (1972) « The Period of the final decline of French in Medieval England (14th and early 15th centuries) », *Zeitschrift für Anglistik und Amerikanistik*, 20, p. 341-369.

BERSCHIN, Helmut et BERSCHIN, Walter (1987) « Mittellatein und Romanisch », *Zeitschrift für romanische Philologie*, 103, p. 1-19.

BERTRAND, Olivier, PRÉVOST, Sophie, CHAROLLES, Michel, FRANÇOIS, Jacques, SCHNEDECKER, Catherine (édit.) (2008) *Discours, diachronie, stylistique du français : Études en hommage à Bernard Combettes*, Berne etc., Peter Lang.

BFM = *Base de Français Médiéval [En ligne]*, Lyon, ENS de Lyon, Laboratoire ICAR [http://bfm.ens-lyon.fr].

BIBER, Douglas (1988) *Variation across Speech and Writing*, Cambridge, Cambridge University Press.

BIBER, Douglas, CONRAD, Susan, JOHANSSON, Stig, LEECH, Geoffrey et FINEGAN, Edward (1999) *Longman Grammar of Spoken and Written English*, Harlow, Longman.

BIELSA, Esperança (2007) « Translation in Global News Agencies », *Target*, 19(1), p. 135-155.

BISCONTI, Valentina (2010) *Le Sens en partage : outils linguistiques et approches théoriques de la signification (fin xix⁰-xx⁰ siècle)*, thèse de doctorat soutenue le 8 décembre 2010, Université Sorbonne Nouvelle - Paris 3.

BISSIRI, Amadou (2000) « De Sozaboy à Pétit Minitaire : Par-delà la traduction, les enjeux », *Anglophonia : French Journal of English Studies*, 7, p. 211-223.

BLAKE, Norman F. (1992) « Translation and the History of English », in Matti RISSANEN (édit.), *History of Englishes : New Methods and Interpretations in Historical Linguistics*, Berlin, Mouton de Gruyter, p. 3-24.

BLANCHE-BENVENISTE, Claire (1997) *Approches de la langue parlée*, Paris/ Gap, Ophrys.

BLASCO FERRER, Eduardo (1993) « Les plus anciens monuments de la langue sarde. Histoire, genèse, description, typologie et linguistique », in SELIG *et al.* (1993), p. 109-148.

BLUM, Claude (dir.) (2007) *Grand Corpus des dictionnaires [du ix⁰ au xx⁰ siècle]*, Paris, Classiques Garnier Numérique.

BÖHME-ECKERT, Gabrielle (2004) « De l'ancien français au français moderne : l'évolution vers un type "à part" à l'époque du moyen français », in Barra JOVER (édit.), *Le Français parmi les langues romanes, Langue française*, 141, p. 56-68.

BORILLO, Andrée (2005) « Peut-on identifier et caractériser les formes lexicales de l'aspect en français ? », in Hava BAT-ZEEV SHYLDKROT et Nicole LE QUERLER (édit.), *Les Périphrases verbales, Linguisticae investigationes*, supplementa 25, p. 83-102.

BOUHOURS, Dominique (1674) *Doutes sur la langue françoise*, Paris, Sebastien Mabre-Cramoisy.

BOUHOURS, Dominique (1693 [¹1692]) *Suite des Remarques nouvelles sur la langue françoise*, Paris, G. et L. Josse.

BOVELLES, Charles de (1551) *Geometrie practique*, Paris, Regnaud Chaudiere.

BRÉAL, Michel (2005 [1897]) *Essai de sémantique*, Limoges, Lambert-Lucas.

BRINTON, Laurel J. (1996) *Pragmatics Markers in English : Grammaticalization and Discourse Functions*, Berlin/New York, Mouton de Gruyter.

BRUCKER, Charles (1997) « Pour une typologie des traductions en France au xiv⁰ siècle », in C. BRUCKER (édit.), *Traduction et adaptation en France à la fin du Moyen Âge et à la Renaissance : Actes du colloque organisé par l'Université Nancy II 23-25 mars 1995*, Paris, H. Champion, p. 63-79.

BRUNEAU, Charles (1955) *Petite Histoire de la langue française*, tome 1, Paris, Didier.

BRUNI, Francesco (1984) *L'italiano. Elementi di storia della lingua e della cultura. Testi e documenti*, Turin, UTET.

BRUNI, Francesco (édit.) (1989–2003) *Storia della lingua italiana*, 10 t., Bologne, Il Mulino.

BRUNOT, Ferdinand (1905-1953) *Histoire de la langue française des origines à 1900 (à nos jours)*, 13 t., Paris, Armand Colin.

BRUNOT, Ferdinand et BRUNEAU, Charles (1969) *Précis de grammaire historique de la langue française*, Paris, Masson et cie.

BUCHI, Eva, CHAUVEAU, Jean-Paul, GOUVERT, Xavier et GREUB, Yan (2010) « Quand la linguistique française ne saurait que se faire romane : du neuf dans le traitement étymologique du lexique héréditaire », in NEVEU *et al.* (2010), p. 111-123 [http://dx.doi.org/10.1051/cmlf/2010025].

BUCHI, Eva et SCHWEICKARD, Wolfgang (dir.) (2008–) *Dictionnaire Étymologique Roman* (DÉRom), Nancy, ATILF (CNRS et Université de Lorraine) [http://www.atilf.fr/DERom].

BUCHI, Eva et SCHWEICKARD, Wolfgang (2011a) « Sept malentendus dans la perception du DÉRom par Alberto Varvaro », *Revue de linguistique romane*, 75, p. 305-312.

BUCHI, Eva et SCHWEICKARD, Wolfgang (2011b) « Ce qui oppose vraiment deux conceptions de l'étymologie romane », *Revue de linguistique romane*, 75, p. 628-635.

BURIDANT, Claude (1993) « L'évolution de l'ancien français vers le français contemporain. Aperçu typologique », in G. HILTY (édit.), *Actes du XXe Congrès International de Linguistique et de Philologie Romanes. Université de Zurich (6-11 avril 1992)*, t. III, Tübingen-Bâle, A. Francke, p. 25-49.

BURIDANT, Claude (2000) *Nouvelle Grammaire de l'ancien français*, Paris : SEDES.

BUTZ, Beat (1981) *Morphosyntax der Mundart von Vermes (Val Terbi)*, Berne, Francke.

CABREDO HOFHERR, Patricia (2013) « Les Contractions préposition + déterminant en allemand et en français », in Jesse TSENG (édit.), *Prépositions et postpositions : Approches typologiques et formelles*, Paris, Hermès, p. 57-85.

CALAS, Frédéric (édit.) (2006) *Cohérence et discours*, Paris, Presses de l'Université Paris-Sorbonne (Travaux de stylistique et de linguistique françaises).

CANAL, Pierre (1603) *Dictionaire francois et italien*, Paris, Denys Langlois.

CANDAU DE CEVALLOS, María del C. (1985) *Historia de la lengua española*, Potomac (Maryland), Scripta Humanistica.

CANO AGUILAR, Rafael (1988) *El español a través de los tiempos*, Madrid, Arco/Libros.

CANO AGUILAR, Rafael (édit.) (²2005) *Historia de la lengua española*, Barcelone, Ariel.

CARLIER, Anne (2007) « From Preposition to Article : The Grammaticalization of the French Partitive », *Studies in Language*, 31, p. 1-49.

CARLIER, Anne (2013) « Grammaticalization in Progress in Old French : Indefinite Articles », in ARTEAGA (2013), p. 45-60.

CARON, Philippe (édit.) (2004) *Les Remarqueurs sur la langue française du XVIIᵉ siècle à nos jours*, Rennes, Presses universitaires de Rennes / La Licorne.

CARON, Philippe et MARCHAUDON, Pierrette (2009) « Richesse et limite des dictionnaires anciens informatisés. À propos de l'informatisation du Dictionnaire critique de la langue française de Jean-François Féraud (Marseille, Mossy, 1787–1788) », *Études de linguistique appliquée*, 156, p. 443-452.

CERQUIGLINI, Bernard (1981) *La Parole médiévale*, Paris, Minuit.

CERQUIGLINI, Bernard (1991) *La Naissance du français*, Paris, Presses Universitaires de France.

CERQUIGLINI, Bernard (édit.) (2003) *Les Langues de France*, Paris, Presses Universitaires de France.

CHAMBON, Jean-Pierre et BUCHI, Eva (1995) « "Un des plus beaux monuments des sciences du langage". Le FEW de Walther von Wartburg (1910-1940) », in G. ANTOINE et R. MARTIN (édit.), *Histoire de la langue française*, Paris, CNRS-Éditions, p. 935-963.

CHAMBON, Jean-Pierre et GREUB, Yan (2000) « Données nouvelles pour la linguistique gallo-romane : les légendes monétaires mérovingiennes », *Bulletin de la Société de Linguistique de Paris*, 95, p. 147-182.

CHAROLLES, Michel (1982) *Études sur la cohérence et l'interprétation du discours*, thèse d'État, Université de Franche-Comté.

CHAROLLES, Michel (1988) « Les études sur la cohérence, la cohésion et la connexité textuelles depuis la fin des années 1960 », *Modèles linguistiques*, 10(2), p. 45-66.

CHAROLLES, Michel (1989) « Problèmes de la cohérence textuelle », in M. CHAROLLES, J. F. HALTÉ, C. MASSERON et A. PETITJEAN (édit.), *Pour une didactique de l'écriture*, Metz, Centre d'analyse syntaxique de l'Université, p. 9-49.

CHAROLLES, Michel (1993) « Les Plans d'organisation du discours et leurs interactions », in S. MOIRAND *et al.* (édit.), *Parcours linguistiques de discours spécialisés*, Berne, Peter Lang, p. 301-315.

CHAROLLES, Michel (1995) « Cohésion, cohérence et pertinence du discours », *Travaux de linguistique*, 29, p. 125-151.

CHAURAND, Jacques (édit.) (1999) *Nouvelle Histoire de la langue française*, Paris, Seuil.

CHAVY, Paul (1988) *Traducteurs d'autrefois, Moyen Âge et Renaissance : Dictionnaire des traducteurs de la littérature traduite en ancien et moyen français (842-1600)*, 2 t., Paris/Genève, H. Champion/Slatkine.

CHEVALIER, Jean-Claude, BLANCHE-BENVENISTE, Claire, ARRIVÉ, Michel et PEYTARD, Jean (1995) *Grammaire du français contemporain*, Paris, Larousse.

CHIFLET, Laurent (1659) *Essay d'une parfaite grammaire de la langue francoise*, Anvers, Jacques Van Meurs.

CHIHAÏ, Dumitru (2011) *Écriture et pouvoir en Champagne au 13ème siècle*, thèse de doctorat, Zurich/Strasbourg.

CHOMSKY, Noam (1964) *Current Issues in Linguistic Theory*, The Hague, Mouton et Co.

CLARIDGE, Claudia et ARNOVICK, Leslie (2010) « Pragmaticalisation and Discursisation », in A. H. JUCKER et I. TAAVITSAINEN (édit.), *Historical Pragmatics*, Berlin / New York, Mouton De Gruyter, p. 165-192.

COHEN, Marcel (1987 [¹1947]) *Histoire d'une langue : le français*, Paris, Messidor / Éditions sociales.

COLLINOT, André et MAZIÈRE, Francine (1997) *Un prêt à parler : le dictionnaire*, Paris, Presses Universitaires de France.

COLOMBAT, Bernard (1993) *Les Figures de constructions dans la syntaxe latine 1500-1780*, Louvain/Paris, Bibliothèque de l'information grammaticale.

COLOMBAT, Bernard (2013) « Meigret et Priscien », in Alessandro GARCEA, Marie-Karine LHOMMÉ, Daniel VALLAT (édit.), *Polyphonia Romana : Hommages à Frédérique Biville*, Hildesheim, Olms, p. 142-155.

COLOMBAT, Bernard et FOURNIER, Jean-Marie (dir.) (2011a) *Corpus des grammaires françaises de la Renaissance*, Paris, Classiques Garnier Numérique.

COLOMBAT, Bernard et FOURNIER, Jean-Marie (dir.) (2011b) *Corpus des grammaires françaises du XVIIᵉ siècle*, Paris, Classiques Garnier Numérique.

COLOMBAT, Bernard, FOURNIER, Jean-Marie et AYRES-BENNETT, Wendy (dir.) (2011) *Grand Corpus des grammaires françaises, des remarques et des traités sur la langue XIVᵉ-XVIIᵉ siècles*, Paris, Classiques Garnier Numérique.

COLOMBAT, Bernard, FOURNIER, Jean-Marie et PUECH, Christian (2010) *Histoire des idées sur le langage et les langues*, Paris, Klincksieck.

COLTIER, Danielle et DENDALE, Patrick (2010) « Êtres imaginaires et dictionnaires de langue. La polyphonie dans les définitions de dictionnaires », in Marion COLAS-BLAISE, Mohamed KARA, Laurent PERRIN et André PETITJEAN. (édit.), *La Question polyphonique ou dialogique en sciences du langage (Recherches Linguistiques, 31)*, p. 277-297.

COMBETTES, Bernard (1983) *Pour une grammaire textuelle : la progression thématique*, Bruxelles/Paris, De Boeck/Duculot.

COMBETTES, Bernard (1986) « Organisateurs textuels et marqueurs argumentatifs en moyen français : *quant à* », *Verbum*, 9(2), p. 213-250.

COMBETTES, Bernard (1987) « Quelques aspects de la cohérence textuelle », *Le français dans tous ses états*, C. R. D. P. de Montpellier, p. 5-11.

COMBETTES, Bernard (1988) « De la phrase au texte : problèmes posés par la mise en relation des faits de langue et des types de textes » *9ᵉ Rencontre des professeurs de français de l'enseignement supérieur*, Publications de l'Institut des langues romanes, 2, Université de Jyväskylä, p. 8-22.

COMBETTES, Bernard (1993) « Grammaire de phrase et cohérence textuelle : le traitement des constructions détachées », *Zeitschrift für französische Sprache und Literatur*, 103, p. 223-230.

COMBETTES, Bernard (2006a) « Grammaticalisation et parties du discours : La Différenciation des pronoms et des déterminants en français », in C. GUILLOT, S. HEIDEN, et S. PRÉVOST (édit.), *À la quête du sens. Études littéraires, historiques et linguistiques en hommage à Christiane Marchello-Nizia*, Lyon, ENS Éditions, p. 123-135.

COMBETTES, Bernard (2006b) « Textualité et systèmes linguistiques », in F. CALAS (édit.), *Cohérence et discours*, Paris, PUPS, p. 39-52.

COMBETTES, Bernard (2007) « Évolution des structures thématiques en moyen français », in VANDERHEYDEN *et al.* (2007), p. 35-46.

COMBETTES, Bernard et PRÉVOST, Sophie (2001) « Évolution des marqueurs de topicalisation », *Cahiers de Praxématique*, 37, p. 103-124.

CONRY, Yvette (1974) *L'Introduction du darwinisme en France*, Paris, Vrin.

CORBIN, Danielle (1987) *Morphologie dérivationnelle et structuration du lexique*, 2 t., Tübingen, Niemeyer.

CORNU, Laetitia (2002) « Vols de bois et divagations de chèvres… Le quotidien de la justice seigneuriale en Velay, au XVᵉ siècle », in F. BRIZAY, A. FOLLAIN et V. SARRAZIN (édit.), *Les Justices de Village. Administration et justice locales de la fin du Moyen Âge à la Révolution*, Rennes, Presses universitaires de Rennes, p. 59-73.

COSERIU, Eugenio (1952) « Sistema, norma y habla », *Revista de la Facultad de Humanidades y de Ciencias*, VI, n° 9, p. 113-181.

COSERIU, Eugenio (1973) *Sincronía, diacronía e historia. El problema del cambio lingüístico*, Madrid, Gredos. Tr. fr. Th. Verjans, *Texto !*, 2007 [http://www.revue-texto.net/1996-2007/Parutions/Parutions.html].

COSERIU, Eugenio (1977a) *El hombre y su lenguaje. Estudios de teoría y metodología lingüística*, Madrid, Gredos.

COSERIU, Eugenio (1977b) *Tradición y novedad en la ciencia del lenguaje. Estudios de historia de la lingüística*, Madrid, Gredos.

COSERIU, Eugenio (1981) *Lecciones de lingüística general*, Madrid, Gredos.

COSERIU, Eugenio (1987) « Le latin vulgaire et le type linguistique roman », in J. HERMAN (édit.), *Latin vulgaire - latin tardif. Actes du 1ᵉʳ Colloque international sur le latin vulgaire et tardif (Pécs, 2-5 septembre 1985)*, Tübingen, Niemeyer, p. 53-64.

COSERIU, Eugenio (1988a) « "Historische Sprache" und "Dialekt" », in ALBRECHT *et al.* (1988), t. I, p. 54-61.

COSERIU, Eugenio (1988b) « Humboldt und die moderne Sprachwissenschaft », in ALBRECHT *et al.* (1988), t. I, p. 3-11.

COSERIU, Eugenio (1988c) *Sprachkompetenz. Grundzüge der Theorie des Sprechens*, édit. par H. Weber, Tübingen, Francke.

COSERIU, Eugenio (1992 [1988]) *Competencia lingüística. Elementos de la teoría del hablar*, édit. par H. WEBER, Madrid, Gredos. Traduction de COSERIU (1988c).

COSERIU, Eugenio (2001) *L'Homme et son langage*, Textes réunis par H. DUPUY-ENGELHARDT, J.-P. DURAFOUR et F. RASTIER, Louvain/Paris, Peeters.

COSERIU, Eugenio (2007 [1980]) « Du Primat de l'Histoire », *Texto !*, 12 [http://www.revue-texto.net/1996-2007/Saussure/Sur_Saussure/Coseriu_Histoire.pdf]. Traduction de « Vom Primat der Geschichte », *Sprachwissenschaft*, 5, p. 125-145

COTGRAVE, Randle (1611) *A Dictionarie of the French and English Tongues*, Londres, Thomas Islip.

COURBON, Bruno (2012) « Quelle place accorder au sujet dans la langue et dans son histoire ? Points de vue de deux linguistes du début du XXe siècle », in G. SIOUFFI (2012), p. 27-59.

COUTINHO, Antonia (2004) « Schématisation (discursive) et disposition (textuelle) », in J.-M. ADAM, J.-B. GRIZE et M. A. BOUACHA (édit.), *Texte et discours : catégories pour l'analyse*, Dijon, Éditions Universitaires de Dijon, p. 29-42.

DARMESTETER, Arsène (1891-1897) *Cours de grammaire historique de la langue française*, 6e éd., 2 t., Paris, Ch. Delagrave.

DAUZAT, Albert (1944) *La Géographie linguistique*, Paris, E. Flammarion.

DE CLERICO, Geneviève (1999) « Le français au XVIe siècle », in CHAURAND (1999), p. 145-224.

DEES, Anthonij (1980) *Atlas des formes et des constructions des chartes françaises du 13e siècle*, avec le concours de Pieter Th. VAN REENEN et de Johan A. DE VRIES, Tübingen, Niemeyer.

DEES, Anthonij (1987) *Atlas des formes linguistiques des textes littéraires de l'ancien français*, Tübingen, Niemeyer.

DE MAURO, Tullio (1970) « Tra Thamus e Theuth. Note sulla norma parlata e scritta, formale e informale nella produzione e realizzazione dei segni linguistici », *Bollettino del Centro di Studi Filologici e Linguistici Siciliani*, 11, p. 167-179.

DE POERCK, Guy et VAN DEYCK, Rika (1968) « La Bible et l'activité traductrice dans les pays romans avant 1300 », in H. R. JAUSS (édit.), *La Littérature didactique, allégorique et satirique*, Grundriss der romanischen Literaturen des Mittelalters, t. VI, 2, Heidelberg, Carl Winter – Universitätsverlag, t. 1, p. 21-48.

DESSÌ-SCHMID, Sarah, HAFNER, Jochen et HEINEMANN, Sabine (édit.) (2011) *Koineisierung und Standardisierung in der Romania*, Heidelberg, Winter.

DETGES, Ulrich (2003) « Du sujet parlant au sujet grammatical. L'obligatorisation des pronoms sujets en ancien français dans une perspective pragmatique », *Verbum*, 25(3), p. 307-333.

DE WOLF, Anouk (2003) « Un nouveau déterminant : le déterminant anaphorique *-dit* en français médiéval », *Verbum*, 25(3), p. 335-351.

DMF = *Dictionnaire du Moyen Français*, voir MARTIN et BAZIN-TACCHELLA (édit.) (2012)

DIEWALD, Gabriele (2006) « Discourse Particles and Modal Particles as Grammatical Elements », in FISCHER (2006), p. 403-425.

DONALDSON, Bryan (2012) « Les subordonnées initiales et la périphérie gauche en ancien français », in GUILLOT *et al.* (2012), p. 119-136.

DONALDSON, Bryan (à par.) « Socio-Stylistic Reflexes of Syntactic Change in Old French », *Journal of French Language Studies*.

DOSTIE, Gaétane (2004) *Pragmaticalisation et marqueurs discursifs. Analyse sémantique et traitement lexicographique*, Bruxelles, De Boeck et Duculot.

DOTOLI, Giovanni (2010) *Traduire en français du Moyen Âge au XXI⁰ siècle : Théorie, pratique et philosophie de la traduction*, Paris, Hermann.

DUBOIS, Jacques (1531) *In linguam gallicam Isagœge, una cum ejusdem Grammatica latino-gallica ex hebraeis, graecis et latinis authoribus*, Paris, Robert Estienne.

DUCOS, Joëlle, et SOUTET, Olivier (2012) *L'ancien et le moyen français*, Paris, Presses Universitaires de France.

DUCROT, Oswald et SCHAEFFER, Jean-Marie (1995) *Dictionnaire encyclopédique des sciences du langage*, Paris, Seuil.

DUFFELL, Martin (2005) « Some Phonological Features of Insular French : A Reconstruction », in R. WRIGHT et P. RICKETTS (édit.), *Studies on Ibero-Romance Linguistics Dedicated to Ralph Penny*, Newark, USA, Juan de la Cuesta, p. 103-125.

DUFRESNE, Monique (1993) *L'Articulation syntaxique et phonologique de la cliticisation : Le cas des pronoms sujets en moyen français*, thèse de doctorat, Université de Québec.

DUFRESNE, Monique (1995) « Étude diachronique de la cliticisation phonologique des pronoms sujets en moyen français », *Revue québécoise de linguistique*, 24, p. 83-109.

DUGGAN, Joseph J. (1973) *The Song of Roland. Formulaic Style and Poetic Craft*, Berkeley, University of California Press.

DURAFFOUR, Antonin (1932) *Description morphologique avec notes syntaxiques du parler franco-provençal de Vaux (Ain) en 1919-1931*, Grenoble, Institut phonétique.

DURAND, Jacques, HABERT, Benoît, et LAKS, Bertrand (édit.) *Congrès mondial de linguistique française (CMLF '08)*, Paris, Institut de linguistique française.

DURANTE, Marcello (1981) *Dal latino all'italiano moderno*, Bologne, Zanichelli.

DUVAL, Frédéric (2007) « Le Moyen Âge », in REY, DUVAL et SIOUFFI (2007), p. 9-454.

DUVAL, Frédéric (2009) *Le Français médiéval*, L'atelier du médiéviste 11, Turnhout, Brepols.

DWORKIN, Steven (2004) « La Transición léxica en el español bajomedieval », in Rafael CANO (édit.), *Historia de la lengua española*, Barcelone, Ariel, p. 643-656.

ECHENIQUE ELIZONDO, María Teresa, SÁNCHEZ MÉNDEZ, Juan (2005) *Las lenguas de un reino. Historia lingüística hispánica*, Madrid, Gredos.

ECKERT, Gabriele (1986) *Sprachtypus und Geschichte. Untersuchungen zum typologischen Wandel des Französischen*, Tübingen, Narr.

EISENSTEIN, Elizabeth L. (1979) *The Printing Press as an Agent of Change. Communications and Cultural Transformations in Early Modern Europe*, 2 t., Cambridge, Cambridge University Press.

ÉLUERD, Roland (2011) « On ne rectifie pas les définitions des dictionnaires, on change le monde », in M. CANDEA et R. MIR-SAMII (édit.), *La Rectification à l'oral et à l'écrit*, Paris/Gap, Ophrys, p. 183-190.

ENGLER, Rudolf (édit.) (1967-1974) *Saussure, Ferdinand de « Cours de linguistique générale »*, Wiesbaden, Harrassowitz.

ENTWISTLE, William J. (^{3}1980), *Las lenguas de España : castellano, catalán, vasco y gallego–portugués*, Madrid, ISTMO.

ERMAN, Britt (2001) « Pragmatic Markers Revisited with a Focus on *you know* in Adult and Adolescent Talk », *Journal of Pragmatics*, 33, p. 1337-1359.

ERMAN, Britt et KOTSINAS, Ulla-Britt (1993) « Pragmaticalization : the Case of *ba'* and *you know* », *Studier i modern språkvetenskap*, 10, p. 76-93.

ERNOUT, Antoine et MEILLET, Antoine (1985) *Dictionnaire étymologique de la langue latine : histoire des mots*, quatrième édition augmentée d'additions et de corrections nouvelles par Jacques ANDRÉ, Paris, Klincksieck.

ERNST, Gerhard (1980) « Prolegomena zu einer Geschichte des gesprochenen Französisch », in H. STIMM (edit.), *Zur Geschichte des gesprochenen Französisch und zur Sprachlenkung im Gegenwartsfranzösischen. Beiträge des Saarbrückes Romanistentages 1979*, Wiesbaden, Steiner, p. 1-14.

ERNST, Gerhard (1985) *Gesprochenes Französisch zu Beginn des 17. Jahrhunderts. Direkte Rede in Jean Héroards « Histoire particulière de Louis XIII » (1605-1610)*, Tübingen, Niemeyer.

ERNST, Gerhard, GLESSGEN, Martin-Dietrich, SCHMITT, Christian et SCHWEICKARD, Wolfgang (édit.) (2003-2008) *Romanische Sprachgeschichte / Histoire linguistique de la Romania. Ein internationales Handbuch zur Geschichte der romanischen Sprachen / Manuel international d'histoire linguistique de la Romania.* 3 t., Berlin / New York, de Gruyter.

ERNST, Gerhard et WOLF, Barbara (2002) *Textes français privés des XVIIᵉ et XVIIIᵉ siècles*, CD 1-2, Tübingen, M. Niemeyer.

ESTIENNE, Henri (1999 [1582]) *Hypomneses de Gall. lingua, peregrinis eam discentibus necessariae. Texte latin original, trad. et notes par Jacques Chomarat*, Paris, H. Champion.

ESTIENNE, Robert (1539) *Dictionaire francoislatin, autrement dict Les mots francois, avec les manieres d'user d'iceulx, tournez en Latin. Corrigé & augmenté*, Paris, Robert Estienne.

ESTIENNE, Robert (1552) *Dictionarium Latinogallicum*, Paris, Apud Carolum Stephanum.

ESTIENNE, Robert (1557) *Traicté de la grammaire françoise*, Paris, Robert Estienne.

ESTIENNE, Robert (1558) *Gallicae grammatices libellus*, Paris, Robert Estienne.

EVANS, Nicholas et LEVINSON, Stephen C. (2009) « The Myth of Language Universals : Language Diversity and its Importance for Cognitive Science », *Behavioral and Brain Sciences*, 32, p. 429-492.

EVEN-ZOHAR, Itamar (1978) « The Position of Translated Literature within the Literary Polysystem », in J. S. HOLMES, J. LAMBERT and R. VAN DEN BROECK (édit.), *Literature and Translation : New Perspectives in Literary Studies*, Louvain, Acco, p. 117-127.

FAGARD, Benjamin (2011) « Conjonctions et grammaticalisation : le cas des langues romanes », in J. FRANÇOIS et S. PRÉVOST (édit.), *L'Évolution grammaticale à travers les langues romanes*, Paris, Mémoires de la Société de Linguistique de Paris, 19, p. 79-102.

FALK, Harry (1990) « Goodies for India. Literacy, orality, and Vedic culture » in RAIBLE (1990), p. 103-120.

FÉRAUD, Jean-François (1787-1788) *Dictionaire critique de la langue française*, Marseille, J. Mossy.

FÉRON, Corinne et COLTIER, Danielle (2009) « Étude sémantique des unités *censé/réputé/supposé* + infinitif : les limites de la synonymie », *Pratiques*, 141-142, p. 150-164.

FÉRON, Corinne et COLTIER, Danielle (2012) « Étude diachronique d'une unité lexicale polyphonique : *censé* dans les définitions du *Dictionnaire de l'Académie française* (1ʳᵉ, 4ᵉ, 5ᵉ, 6ᵉ, 8ᵉ, 9ᵉ éditions) », in GUILLOT *et al.* (2012), p. 103-118.

FEW = *Französisches etymologisches Wörterbuch*, *cf.* WARTBURG *et al.* (1928–)

FISCHER, Kerstin (édit.) (2006) *Approaches to Discourse Particles*, Amsterdam/ Londres, Elsevier.

FLEISCHMAN, Suzanne (1982) *The Future in Thought and Language : Diachronic Evidence from Romance*, Cambridge, Cambridge University Press.

FLEISCHMAN, Suzanne (1990) *Tense and Narrativity : From Medieval Performance to Modern Fiction*, Londres, Routledge.

FLOREA, Ligia-Stela, PAPAHAGI, Cristiana, POP, Liana, et CUREA, Anamaria (édit.) (2010) *Directions actuelles en linguistique du texte. Actes du colloque international de Cluj-Napoca 2008*, Cluj-Napoca, Casa Cărții de Știință.

FOERSTER, Wolfgang, et KOSCHWITZ, Eduard (1932) *Altfranzösisches Übungsbuch*, 7ᵉ éd., Leipzig, Reisland.

FOISIL, Madeleine (édit.) (1989) *Journal de Jean Héroard*, t. I, Paris, Fayard.

FOULET, Lucien (1920) « La Disparition du prétérit », *Romania*, 46, p. 271-313.

FOURNIER, Nathalie (1998a) *Grammaire du français classique*, Paris, Belin.

FOURNIER, Nathalie (1998b) « Norme et usage de l'anaphore pronominale en français classique : principe de proximité et principe de saillance du référent » in J. BAUDRY et P. CARON (édit.), *Problèmes de cohésion syntaxique de 1550 à 1720*, Actes du VIᵉ Colloque international du G.E.H.L.F, Limoges, Presses Universitaires de Limoges, p. 191-214.

FOURNIER, Nathalie (2004) « Le Discours des grammairiens au XVIIᵉ siècle », *Littératures classiques*, 50, p. 167-195.

FRAGONARD Marie-Madeleine et KOTLER, Eliane (1994), *Introduction à la langue du XVIᵉ siècle*, Paris, Nathan.

FRANK, Barbara, et HARTMANN, Jörg (édit.) (1997) *Inventaire systématique des premiers documents des langues romanes. 5 t.*, Tübingen, Narr.

FRANK, Barbara, HAYE, Thomas, et TOPHINKE, Doris (édit.) (1997) *Gattungen mittelalterlicher Schriftlichkeit*, Tübingen, Narr.

FRANKEL, Charles (1999) *La Mort des dinosaures. L'hypothèse cosmique*, Paris, Seuil.

Frantext : Outil de consultation de ressources informatisées sur la langue française, Nancy, ATILF [http://www.frantext.fr].

FURETIÈRE, Antoine (1690) *Dictionaire universel*, La Haye / Rotterdam, Arnout et Reinier Leers.

GAATONE, David (1998) *Le Passif en français*, Bruxelles, Duculot.

GADET, Françoise (2003) *La Variation sociale en français*, Gap/Paris, Orphys.

GARCÍA ÁRIAS, Xosé Lluis (1995) « Las "scriptae" asturianas y leonesas », in HOLTUS *et al.* (1988-2005), t. II, 2, p. 512-527.

GARDIN, Bernard, LEFÈVRE, G., MORTUREUX, Marie-Françoise et MARCELLESI,

Christiane (1974) « À propos du "sentiment néologique" », *Langages*, 46, p. 45-52.

GAGNON, Odette (2010) « La Cohérence du texte : mieux la définir pour mieux la maîtriser, l'enseigner, l'évaluer », in FLOREA *et al.* (2010) t. 1, p. 223-234.

GALAY, Jean-Louis (1977) *Philosophie et invention textuelle*, Paris, Klincksieck.

GAUGER, Hans-Martin et OESTERREICHER, Wulf (1982) « Sprachgefühl und Sprachsinn. Preisschrift der Deutschen Akademie für Sprache und Dichtung », in W. OESTERREICHER *et al.* (édit.), *Sprachgefühl, Vier Antworte*, Heidelberg, L. Schneider, p. 9-90.

GÉNIN, François (édit.) (1852) *L'Éclaircissement de la langue française de Palsgrave suivie de la grammaire de Gilles du Guez*, Paris, Imprimerie nationale.

GENSINI, Stefano (1982) *Elementi di storia linguistica italiana*, Bergame etc., Minerva Italica.

GESCHIERE, Lein (1950) *Éléments néerlandais du wallon liégeois*, thèse pour le doctorat d'université présentée à la Faculté des lettres de l'Université de Paris, Amsterdam, N. V. Noord-Hollandsche uitgevers maatschappij.

GESNER, B. Edward (1979) « L'Emploi du passé simple dans le français acadien de la baie Sainte-Marie, Nouvelle-Écosse », *Cahiers de linguistique*, 9, p. 123-130.

GIESECKE, Michael ([4]2006) *Der Buchdruck in der frühen Neuzeit. Eine historische Fallstudie über die Durchsetzung neuer Informations- und Kommunikationstechnologien*, Francfort-sur-le-Main, Suhrkamp.

GILLIÉRON, Jules et EDMONT, Edmond (1902-1910) *Atlas Linguistique de la France*, 17 t., Paris, H. Champion.

GIPPER, Helmut (1976) « "Sprachgefühl", "Introspektion" und "Intuition". Zur Rehabilitierung umstrittener Begriffe in der Sprachwissenschaft », *Wirkendes Wort*, 26(4), p. 240-245.

GIVEN-WILSON, Chris (édit.) (2005) *The Parliament Rolls of Medieval England, 1275-1504 (PROME)*, Leicester, Scholarly Digital Editions [cédérom].

GLARE, Peter G. W. (1996) *Oxford Latin Dictionary*, Oxford, Clarendon Press.

GLATIGNY, Michel (1998) *Les Marques d'usage dans les dictionnaires français monolingues du XIXe siècle*, Tübingen, Max Niemeyer Verlag.

GLESSGEN, Martin-Dietrich (2007) *Linguistique romane. Domaines et méthodes en linguistique française et romane*, Paris, Armand Colin.

GLESSGEN, Martin-Dietrich (2008) « Les Lieux d'écriture dans les chartes lorraines du XIIIe siècle », *Revue de linguistique romane*, 72, p. 413-540.

GLESSGEN, Martin-Dietrich et PFISTER, Max (1995) « Okzitanische Koine » in HOLTUS *et al.* (1988-2005) II, 2, p. 406-412.

GLIKMAN, Julie et MAZZIOTTA, Nicolas (2014) « Représentation de l'oral et structures syntaxiques dans la prose de la *Queste del saint Graal (1225-1230)* » in LAGORGETTE et LARRIVÉE (2014), p. 43-64.

GODDEN, Malcolm R. (1992) « Literary Language », in R. M. HOGG (édit.), *The Cambridge History of the English Language : Volume 1 : The Beginnings to 1066*, Cambridge, Cambridge University Press, p. 490-535.

GODEFROY, Frédéric (1881-1902) *Dictionnaire de l'ancienne langue française et de tous ses dialectes du IXe au XVe siècle*. Paris, Vieweg [http://www.lexilogos.com/francais_dictionnaire_ancien.htm (*cf.* également : http://www.classiques-garnier.com/numerique/)].

GODEL, Robert (1957) *Les Sources manuscrites du Cours de linguistique générale de F. de Saussure*, Genève, Droz.

GOEBL, Hans (1970) *Die normandische Urkundensprache. Ein Beitrag zur Kenntnis zur nordfranzösischen Urkundensprachen des Mittelalters*, Vienne, Böhlau.

GONTHIER, Nicole (2007) *« Sanglant coupaul ! », « orde ribaude ! » Les injures au Moyen Âge*, Rennes, Presses Universitaires de Rennes.

GOOSSE, André (1983) « Le Choix des mots et des exemples dans le dictionnaire de Littré », *Revue de synthèse*, 106-108, numéro spécial *Actes du colloque Émile Littré, Paris, 7-9 octobre 1981*, p. 357-366.

GOSSEN, Carl Theodor (1967) *Französische Skriptastudien. Untersuchungen zu den nordfranzösischen Urkundensprachen des Mittelalters*, Vienne (Autriche), Böhlau.

GOUGENHEIM, Georges (1974) *Grammaire de la langue française du XVIe siècle*, Paris, Picard.

GOYENS, Michèle et VAN HOECKE, Willy (2000) « La Traduction comme source pour l'étude d'anciens états de langue », *Moyen Français*, 44-45, p. 243-264.

GOYENS, Michèle et VAN HOECKE, Willy (2002) « Traduction et linguistique diachronique : Une relation de pourvoyeur à bénéficiaire », *Linguistica Antverpiensia*, 1, p. 97-108.

GREIMAS, Algirdas (1992) *Dictionnaire de l'ancien français*, Paris, Larousse.

GRIZE, Jean-Blaise (1983) « Opérations et logique naturelle » in M.-J. BOREL, J.-B. GRIZE et D. MIÉVIELLE, *Essai de logique naturelle*, Berne, Peter Lang, p. 97-145.

GROSS, Maurice (1975) *Méthodes en syntaxe*, Paris, Hermann.

GRÜBL, Klaus (2011) « Zum Begriff der Koine(isierung) in der historischen Sprachwissenschaft » in DESSÌ-SCHMID *et al.* (2011), p. 37-64.

GRÜBL, Klaus (2012) *Varietätenkontakt und Standardisierung im mittelalterlichen Französisch. Theorie, Forschungsgeschichte und Untersuchung eines Urkundenkorpus aus Beauvais (1241-1455)*, thèse de doctorat, Munich.

GUILLAUME, Gustave (1990) *Leçons de linguistique de Gustave Guillaume, 1943-1944, série A. Esquisse d'une grammaire descriptive de la langue française II*, publiées sous la direction de R. VALIN, W. HIRTLE et A. JOLY, t. 10, Québec/Lille, Presses de l'Université Laval / Presses Universitaires de Lille.

GUILLOT, Céline (édit.) (2006a) *Le Démonstratif en français*, n° spécial de *Langue française*, 152.

GUILLOT, Céline (2006b) « Démonstratif et déixis discursive : analyse comparée d'un corpus de écrit de français médiéval et d'un corpus oral de français », *Langue française*, 152, 56-69.

GUILLOT, Céline, COMBETTES, Bernard, LAVRENTIEV, Alexei, OPPERMANN-MARSAUX, Évelyne, et PRÉVOST, Sophie (édit.) (2012) *Le Changement en français : Études de linguistique diachronique*, Berne, Peter Lang.

GUILLOT, Céline, HEIDEN, Serge, LAVRENTIEV, Alexei, et MARCHELLO-NIZIA, Christiane (2008) « Constitution et exploitation des corpus d'ancien et de moyen français », *Corpus* 7, édition électronique [http://corpus.revues.org/index1494.html].

GUILLOT, Céline, LAVRENTIEV, Alexei, PINCEMIN, Bénédicte et HEIDEN, Serge (2014) « Oral représenté au Moyen Age : vers une définition et une méthodologie d'analyse », in LAGORGETTE et LARRIVÉE (2014), p. 17-42.

GUIRAUD, Pierre (1967) *Structures étymologiques du lexique français*, Paris, Larousse.

GUIRAUD, Pierre (1968) *Les Mots savants*, Paris, Presses Universitaires de France.

GUYOTJEANNIN, Olivier et LUSIGNAN Serge (2005) *Le Formulaire d'Odart Morchesne dans la version du ms BnF fr. 5024*, Paris, École des Chartes.

HAARMANN, Harald (1988) « Allgemeine Strukturen europäischer Standardsprachenentwicklung » *Sociolinguistica*, 2, p. 10-51.

HAASE, Alfons (1914) *Syntaxe française du XVIIᵉ siècle*, Nouvelle édition traduite et remaniée par M. OBERT, Paris, Delagrave.

HALL, Robert A. (1974) *External History of the Romance Languages*, New York / Londres / Amsterdam, Elsevier.

HALLIDAY, Michael, KIRKWOOD, Alexander et HASAN, Ruqaiya (1976) *Cohesion in English*, Londres / New York, Longman.

HAMESSE, Jacqueline (1997) « Le modèle scolastique de la lecture », in Guglielmo CAVALLO et Roger CHARTIER (édit.), *Histoire de la lecture dans le monde occidental*, Paris, Seuil, p. 125-145.

HAMPTON, Timothy (2009) *Fictions of Embassy : Literature and Diplomacy in Early Modern Europe*, Ithaca/Londres, Cornell University Press.

HANSEN, Maj-Britt MOSEGAARD (2008) *Particles at the Semantics/Pragmatics Interface : Synchronic and Diachronic Issues. A Study with Special Reference to the French Phasal Adverbs*, Bingley, Emerald.

HARRIS, Alice C. et CAMPBELL, Lyle (1995) *Historical Syntax in Cross-Linguistic Perspective*, Cambridge, Cambridge University Press.

HATZFELD, Adolphe, DARMESTETER, Arsène et THOMAS, Antoine (1964 [1890-1900]) *Dictionnaire général de la langue française du commencement du XVIIᵉ siècle jusqu'à nos jours, précédé d'un traité de la formation de la langue par* A. Hatzfeld *et* A. Darmesteter, *avec le concours de* A. Thomas, 2 t., Paris, Librairie Delagrave.

HAUGEN, Einar (1966) « Linguistics and language planning », in W. BRIGHT (édit.), *Sociolinguistics*, La Haye, Mouton, p. 50-71.

HAUGEN, Einar (1983) « The implementation of corpus planning : theory and practice » in J. COBARRUBIAS et J. A. FISHMAN (édit.), *Progress in Language Planning*, Berlin etc., Mouton, p. 269-289.

HAUSMANN, Franz Josef (1975) « Gesprochenes und geschriebenes Französisch », *Romanistisches Jahrbuch*, 26, p. 19-45.

HAUSMANN, Franz Josef (1979) « Wie alt ist das gesprochene Französisch ? Dargestellt speziell am Übergang von *j'allons* zu *on y va* », *Romanische Forschungen*, 91, p. 431-444.

HAUSMANN, Frantz Josef (1980a) *Louis Meigret, Humaniste et linguiste*, Tübingen, G. Narr.

HAUSMANN, Frantz Josef (1980b) *Le Traité de la grammaire française (1550), Le menteur de Lucien. Aux lecteurs (1548), Louis Meigret*, Édition établie selon l'orthographe moderne, Tübingen, G. Narr.

HEIDEN, Serge (2010) « The TXM Platform : Building Open-Source Textual Analysis Software Compatible with the TEI Encoding Scheme », in Ryo OTOGURO *et al.* (édit.), *Proceedings of the 24th Pacific Asia Conference on Language, Information and Computation (PACLING 24)*, Institute for Digital Enhancement of Cognitive Development, Waseda University, p. 389-398.

HEINE, Bernd (1993) *Auxiliaries, Cognitive Forces, and Grammaticalization*, Oxford, Oxford University Press.

HEINE, Bernd (2002) « On the Role of Context in Gramaticalization », in I. WISCHER et G. DIEWALD (édit.), *New Refections on Grammaticalization*, Amsterdam, John Benjamins, p. 83-101.

HILTY, Gerold (1995) « Las "scriptae" aragonesas y navarras » in HOLTUS *et al.* (1988-2005), II, 2, p. 512-527.

HOGG, Richard et DENISON, David (2006) *A History of the English Language*, Cambridge, Cambridge University Press.

HOLTUS, Günter, METZELTIN, Michael et SCHMITT, Christian (édit.) (1988-2005) *Lexikon der Romanistischen Linguistik (LRL)*, 8 t., Tübingen, Niemeyer.

HOPE, Thomas E. (1971) *Lexical Borrowing in the Romance Languages*, 2 t., New York, New York University Press.

HOPPER, Paul J. (1991) « On Some Principles of Grammaticalization » in E. C. TRAUGOTT et B. HEINE (édit.), *Approaches to Grammaticalization*, 2. t., Amsterdam/Philadelphia, John Benjamins, t. 1, p. 17-35.

HOPPER, Paul J., et TRAUGOTT, Elizabeth Closs (2003) *Grammaticalization*, 2ᵉ éd., Cambridge, Cambridge University Press.

HOVEN, René (2006) *Lexique de la prose latine de la Renaissance*, 2e éd., Leyde, Brill.

HUCHON, Mireille (2002) *Histoire de la langue française*, Paris, Librairie générale française.

HUGUET, Edmond (1935) *Mots disparus ou vieillis depuis le xvie siècle*, Paris, Droz.

HULSIUS, Levinus (1602) *Dictionaire françois allemand et allemand françois*, Nuremberg, (s.n.).

HUNNIUS, Klaus (1975) « Archaische Züge des langage populaire », *Zeitschrift für französische Sprache und Literatur*, 85, p. 145-161.

HYBERTIE, Charlotte (1996) *La Conséquence en français*, Paris, Ophrys.

IARTSEVA, Viktoriia N. (1981-1982) « The Role of Translations in the History of Literary Languages », *Soviet Studies in Literature*, 18(1), p. 80-87.

ILIESCU, Maria, SILLER-RUNGGALDIER, Heidi, et DANLER, Paul (édit.) (2010) *Actes du XXVe Congrès international de Linguistique et de Philologie romanes : Innsbruck 2007*, Berlin / New York, de Gruyter.

INGHAM, Richard (2006) « The Status of French in Medieval England : Evidence from the Use of Object Pronoun Syntax », *Vox Romanica*, 65, p. 1-22.

INGHAM, Richard (dir.) (2008) *The Anglo-Norman Correspondence Corpus*, Birmingham, Birmingham City University [http://wse1.webcorp.org.uk/anglo-norman/].

INGHAM, Richard (2010a) « The Transmission of Anglo-Norman : Some Syntactic Evidence », in R. INGHAM (édit.), *The Anglo-Norman Language and its Contexts*, Woodbridge, Boydell, p. 164-182.

INGHAM, Richard (2010b) « Noun Gender in Anglo-Norman : Grammar and Phonology in Successive Child Bilingualism », *Colloque AFLS, atelier sur l'anglo-normand, septembre 2010*.

INGHAM, Richard (2010c) « L'Anglo-normand et la variation syntaxique en français médiéval », in ILIESCU *et al.* (2010), t. 6, p. 163-174.

INGHAM, Richard (2012) *The Transmission of Anglo-Norman : Language History and Language Acquisition*, Amsterdam, John Benjamins.

ITKONEN, Esa (2005) *Analogy as Structure and Process. Approaches in Linguistics, Cognitive Psychology and Philosophy of Science*, Amsterdam/Philadelphia, John Benjamins.

JACOBS, Haike (1993) « The Phonology of Enclisis and Proclisis in Gallo-Romance and Old French », in W. J. ASHBY et E. RAPOSO (édit.), *Linguistic Perspectives on the Romance Languages : Selected Papers from the 21st Linguistic Symposium on Romance Languages (LSRL XXI), Santa Barbara, 21–24 February 1991*, Current Issues in Linguistic Theory 103, Amsterdam, Benjamins, p. 149-164.

JACQUET-PFAU, Christine (2011) « Les Emprunts lexicaux dans les dictionnaires de la seconde moitié du XIXe siècle », in STEUCKARDT *et al.* (2011), p. 183-200.

JANDA, Laura (2007) « Inflectional Morphology », in D. GEERAERTS et H. CUYCKENS (édit.), *The Oxford Handbook of Cognitive Linguistics*, Oxford, Oxford University Press, p. 632-649.

JOSEPH, John E. (1987) *Eloquence and Power. The Rise of Language Standards and Standard Languages*, London, Pinter.

KABATEK, Johannes (2005) *Die Bolognesische Renaissance und der Ausbau romanischer Sprachen. Juristische Diskurstraditionen und Sprachentwicklung in Südfrankreich und Spanien im 12. und 13. Jahrhundert*, Tübingen, Niemeyer.

KARABÉTIAN, Étienne Stéphane (1999) « Bibliographie générale », in E. S. KARABÉTIAN (édit.), *Phrase, texte discours*, n°. spécial de *Langue française*, 121, p. 117-123.

KELLER, Rudi (1994 [¹1990]) *On Language Change : The Invisible Hand in Language*, Londres, Routledge.

KIBBEE, Douglas (1991) *For to Speke Frenche Trewly : The French Language in England, 1000-1600*, Amsterdam, John Benjamins.

KIBBEE, Douglas (1996) « Emigrant Languages and Acculturation : The case of Anglo-French », in H. NIELSEN et L. SCHØSLER (édit.), *The Origins and Development of Emigrant Languages*, Odense, Odense University Press, p. 1-20.

KIBBEE, Douglas (2003) « Louis Meigret lyonnais et les politiques de la langue française à la Renaissance », in G. DEFAUX (édit.), *Lyon et l'illustration de la langue française*, Lyon, ENS éditions, p. 63-76.

KIBBEE, Douglas (2010) « Continuités et discontinuités dans l'histoire du prescriptivisme français », in NEVEU *et al.* (2010), p. 53-70.

KLIPPI, Carita (2010) *La Vie du langage*, Lyon, ENS Éditions.

KLOSS, Heinz (²1978) *Die Entwicklung neuer germanischer Kultursprachen seit 1800*, Düsseldorf, Schwann.

KOCH, Peter (1988) « Italienisch : Externe Sprachgeschichte I », in HOLTUS *et al.* (1988-2005), IV, p. 343-360.

KOCH, Peter (1993) « Pour une typologie conceptionnelle et médiale des plus anciens documents/monuments des langues romanes » in SELIG *et al.* (1993), p. 39-81.

KOCH, Peter (1997a) « Diskurstraditionen : zu ihrem sprachtheoretischen Status und ihrer Dynamik » in FRANK *et al.* (1997), p. 43-79.

KOCH, Peter (1997b) « Orality in Literate Cultures », in C. PONTECORVO (édit.), *Writing Development. An Interdisciplinary View*, Amsterdam/Philadelphia, John Benjamins, p. 149-171.

KOCH, Peter (1999) « "Gesprochen/geschrieben" – eine eigene Varietätendimension ? » in N. GREINER, J. KORNELIUS, et G. ROVERE (édit.), *Texte und Kontexte in Sprachen und Kulturen. Festschrift für Jörn Albrecht*, Trier, Wissenschaftlicher Verlag Trier, p. 141-168.

KOCH, Peter (2003a) « Romanische Sprachgeschichte und Varietätenlinguistik » in ERNST *et al.* (2003-2008), t. I, p. 102-124.

KOCH, Peter (2003b) « Lexikalische Restandardisierung im Französischen », *Rostocker Beiträge zur Sprachwissenschaft*, 13, p. 207-235.

KOCH, Peter (2010) « Sprachgeschichte zwischen Nähe und Distanz : Latein – Französisch – Deutsch » in V. ÁGEL, et M. HENNIG (édit.), *Nähe und Distanz im Kontext variationslinguistischer Forschung*, Berlin / New York, de Gruyter, p. 155-206.

KOCH, Peter (sous presse) « La Structure générale du langage et le changement langagier », in Chr. GÉRARD et R. MISSIRE (édit.), *Coseriu, réceptions contemporaines*, Limoges, Lambert Lucas.

KOCH, Peter et OESTERREICHER, Wulf (1994) « Schriftlichkeit und Sprache » in H. GÜNTHER, et O. LUDWIG, (édit.), *Schrift und Schriftlichkeit / Writing and Its Use. Ein interdisziplinäres Handbuch internationaler Forschung / An Interdisciplinary Handbook of International Research*, 2 t., Berlin / New York, de Gruyter, p. 587-604.

KOCH, Peter, et OESTERREICHER, Wulf (2001) « Langage parlé et langage écrit » in HOLTUS *et al.* (1988-2005), t. I, 2, p. 584-627.

KOCH, Peter et OESTERREICHER, Wulf (2008) « Comparaison historique de l'architecture des langues romanes » in ERNST *et al.* (2003-2008), t. III, p. 2575-2610.

KOCH, Peter et OESTERREICHER, Wulf (²2011), *Gesprochene Sprache in der Romania : Französisch, Italienisch, Spanisch*, Berlin / New York, de Gruyter.

KOCH, Peter et OESTERREICHER, Wulf (2012) « Language of immediacy – Language of distance : orality and literacy from the perspective of language theory and linguistic history » in C. LANGE, B. WEBER et G. WOLF (édit.), *Communcative Spaces. Variation, Contact, and Change. Papers in Honour of Ursula Schaefer*, Francfort-sur-le-Main etc., Peter Lang, p. 441-473.

KOK, Ans de (1985) *La Place du pronom personnel régime conjoint en français : Une étude diachronique*, Amsterdam, Rodopi.

KREFELD, Thomas (1988) « Italienisch : Periodisierung » in HOLTUS *et al.* (1988-2005), t. IV, p. 748-762.

KRISTOL, Andres (2002) « Traces toponymiques du francoprovençal submergé en Suisse alémanique », *Vox Romanica*, 61, p. 222-244.

KRISTOL, Andres (2006) « Morphologie et survie du passé simple dans les langues d'oïl : aspects sociolinguistiques », *Actes du 11ᵉ Colloque des langues dialectales*, Monaco 27-28 novembre 2004, Monaco, Académie des langues dialectales, p. 167-183.

KRISTOL, Andres (2009) « Syntaxe variationnelle du clitique sujet en francoprovençal valaisan contemporain : un modèle pour la diachronie du galloroman septentrional ? », in *Actes du colloque sur l'Architecture δια* (Gand, avril 2008), *Travaux de linguistique*, 59, p. 47-67.

KRISTOL, Andres (2013) « Le Francoprovençal, laboratoire des virtualités linguistiques de la Romania occidentale : le système bicasuel des parlers valaisans », dans *Actes del 26e Congrés internacional de lingüística i filologia romàniques*, València, 6-11 septembre 2010, p. 341-361.

KRISTOL, Andres *et al.*, *Atlas linguistique audiovisuel du francoprovençal valaisan*, Neuchâtel (en voie d'élaboration) [http://www2.unine.ch/dialectologie/page-8174.html].

KUKENHEIM, Louis (1971) « Rôle de la prosodie dans l'histoire de la langue française », in Irenée Marcel CLUZEL et Francois PIROT (édit.), *Mélanges de philologie romane dédiés à la mémoire de Jean Boutière*, 2 t., Liège, Soledi, t. 1, p. 317–331.

KURYŁOWICZ, Jersy (1965) « The Evolution of Grammatical Categories », *Diogenes*, 51, p. 55-71.

LABELLE, Marie, et Paul HIRSCHBÜHLER (2005) « Changes in Clausal Organization and the Position of Clitics in Old French », in M. BATLLORI et F. ROCA *Grammaticalization and Parametric Variation*, Oxford / New York, Oxford University Press, p. 60-71.

LABOV, William (1976 [1972]) *Sociolinguistique*, Paris, Minuit. (Traduction de LABOV, William (1972) *Sociolinguistic Patterns*, Philadelphia, University of Philadelphia Press.)

LABOV, William (2001) *Principles of Language Change I : Social Factors*, Oxford, Blackwell.

LABOV, William (2007) « Transmission and Diffusion », *Language*, 83, p. 344-387.

LAGORGETTE, Dominique (1998) *Désignatifs et termes d'adresse dans quelques textes en moyen français*, thèse de doctorat, Paris 10.

LAGORGETTE, Dominique (2006) « Étude des fonctions pragmatiques des termes d'adresse en ancien et moyen français », in I. TAAVITSAINEN, J. HARMA et J. KORHONEN (édit.), *Dimensions du dialogisme*, Mémoires de la Société Néophilologique de Helsinki, 66, p. 315-338.

LAGORGETTE, Dominique et LARRIVÉE, Pierre (édit.) (2014) *Représentations du sens linguistique 5*, Chambéry, Éditions de l'Université de Savoie.

LAKOFF, Robin (1972) « Contextual Change and Historical Change : The Translator as Time Machine », in M. SALTARELLI et D. WANNER (édit.), *Diachronic Studies in Romance Linguistics : Papers Presented at the Conference on Diachronic Romance Linguistics, University of Illinois*, La Haye, Mouton de Gruyter, p. 119-134.

LAMIROY, Béatrice (2008) « Typologie et grammaticalisation », in BERTRAND *et al.* (2008), p. 141-157.

LAPESA, Rafael (⁸1980), *Historia de la lengua española*, Madrid, Gredos.

LAPLACE, Colette (1994) *Théorie du langage et théorie de la traduction. Les concepts-clefs de trois auteurs : Kade (Leipzig), Coseriu (Tübingen), Seleskovitch (Paris)*, Paris, Didier Érudition.

LARA, Luis Fernando (1976) *El Concepto de norma en lingüística*, Mexico (trad. J. DUCHAINE-JUAN), Québec, Direction générale des publications gouvernementales du ministère des Communications.

LARDON Sabine et THOMINE Marie-Claire (2009) *Grammaire du française de la Renaissance*, Paris, Garnier.

LAROUSSE, Pierre (1856) *Nouveau Dictionnaire de la langue française*, Paris, Larousse et Boyer.

LAROUSSE, Pierre (1860) *Jardin des racines latines. Étude raisonnée des rapports de filiation qui existent entre la langue latine et la langue française, accompagnée de nombreux exercices intellectuels, et suivie d'un dictionnaire des étymologies curieuses. Livre de l'élève*, Paris, Larousse et Boyer.

LAROUSSE, Pierre (1990-1991 [1866-1890]) *Grand Dictionnaire universel du XIXᵉ siècle*, 24 t., Nîmes, Lacour. [Réimpression de l'éd. de Paris, Larousse, 1866-1876, parue initialement en 15 t. ; *Supplément* en 1878 et en 1890].

LARRIVÉE, Pierre et INGHAM, Richard (dir.) (2010) *Narrations et dialogues en français ancien : The Anglo-Norman Year Books Corpus*, Birmingham, Université d'Aston [cédérom].

LAVIOSA, Sara (2003) « Corpora and Translation Studies », in S. GRANGER, J. LEROT et S. PETCH-TYSON (édit.), *Corpus-based Approaches to Contrastive Linguistics and Translation Studies*, Amsterdam / New York, Rodopi, p. 45-54.

LEBÈGUE, Raymond (1952) « La Langue des traducteurs français au XVIᵉ siècle », in *Festgabe Ernst Gamillscheg*, Tübigen, M. Niemeyer, p. 24-34.

LECLERCQ, Odile (2011a) « Le Discours lexicographique sur l'emprunt au XVIIᵉ siècle. Le *Dictionnaire de l'Académie* confronté au *Dictionnaire Universel* d'Antoine Furetière », in STEUCKARDT *et al.* (2011), p. 61-75.

LECLERCQ, Odile (2011b) « Les mots communs n'ont pas d'histoire : aspects du traitement de l'emprunt au XVIIᵉ siècle », in S. BRANCA-ROSOFF, J.-M. FOURNIER, Y. GRINSHPUN, A. RÉGENT-SUSINI (édit.), *Langue commune et changement de norme*, Paris, Honoré Champion, p. 179–190.

LECOLLE, Michelle et ACHARD-BAYLE, Guy (édit.) (2009), *Sentiment linguistique. Discours spontané sur le lexique*, n° spécial de *Recherches linguistiques*, 30.

LE FÈVRE, Jean (1587) *Dictionnaire des rimes françoises*, Paris, Jean Richer.

LEHISTE, Ilse (1999) « Successive Translations as Source of Evidence for Linguistic Change », *International Journal of the Sociology of Language*, 139, p. 39-48.

LEHMANN, Christian (1995 [1982]) *Thoughts on Grammaticalization*. Munich/Newcastle, LINCOM.

LEONHARDT, Jürgen (2010) *La Grande Histoire du latin. Des origines à nos jours*, Paris, CNRS Éditions.

LÉPINETTE, Brigitte (1998) « La Traduction de textes scientifiques français au XVIIIᵉ siècle en Espagne : Quelques considérations sur la formation des vocabulaires scientifiques espagnols », in M. BALLARD (édit.), *Europe et Traduction*, Arras, Artois Presses Université, p. 117-136.

Letteratura italiana Zanichelli (LIZ) (1993), CD-ROM, Bologna, Zanichelli.

LEWICKA, Halina (1960) *La Langue et le style du théâtre comique français des XVᵉ et XVIᵉ siècles*, vol. I – *La dérivation*, Warszawa/Paris, WPN/Klincksieck.

LINDENBAUER, Petrea, METZELTIN, Miguel et THIR, Margit (1995) « El castellano medieval a través de sus textos. a) Momentos constitutivos del castellano medieval », in HOLTUS *et al.* (1988-2005), t. II, 2, p. 537-549.

LITTRÉ, Émile (1863) *Histoire de la langue française*, 2 t., Paris, Didier et Cⁱᵉ.

LITTRÉ, Émile (1874-1881 [1863-1872, Supplément 1877]) *Dictionnaire de la langue française*, 4 t., Paris, Librairie Hachette et Cⁱᵉ.

LODGE, R. Anthony (1993) *French. From Dialect to Standard*, Londres/New York, Routledge. Traduction française : *Le français : histoire d'un dialecte devenu langue*, Paris, Fayard, 1997.

LODGE, R. Anthony (2004) *A Sociolinguistic History of Parisian French*, Cambridge, Cambridge University Press.

LODGE, R. Anthony (2011) « Standardisation et Koinéisation. Deux approches contraires à l'historiographie d'une langue » in DESSÌ-SCHMID *et al.* (2011), p. 65-79.

LOPORCARO, Michele, D'ANCONA, Anna Rosa et FATINI, Paola (2010) « Clitici soggetto nel dialetto di Pantelleria », *Vox Romanica*, 69, p. 75-110.

LÜDI, Georges (édit.) (1994) *Sprachstandardisierung = Standardisation des langues = Standardization of Languages*, Fribourg, Universitäts-Verlag.

LÜDTKE, Helmut (1964) « Zur Entstehung der romanischen Schriftsprachen »,*Vox Romanica*, 23, p. 3-21.

LÜDTKE, Helmut (2005) *Der Ursprung der romanischen Sprachen. Eine Geschichte der sprachlichen Kommunikation*, Kiel, Westensee.

LUSIGNAN, Serge (1986) *Parler vulgairement : Les intellectuels et la langue française aux XIIIᵉ et XIVᵉ siècles*, 2ᵉ éd., Montréal, Les Presses de l'Université de Montréal.

LUSIGNAN, Serge (2004) *La Langue des rois au moyen âge : Le français en France et en Angleterre*, Paris, Presses Universitaires de France.

LUSIGNAN, Serge (2008) « L'aire du picard au Moyen Age : espace géographique ou espace politique ? » in B. FAGARD, S. PRÉVOST, B. COMBETTES et O. BERTRAND (édit.), *Évolutions en français. Études de linguistique diachronique*, Berne etc., Peter Lang, p. 269-283.

MARAZZINI, Claudio (³2002) *La lingua italiana. Profilo storico*, Bologne, Il Mulino.

MARCHELLO-NIZIA, Christiane (1985) *Dire le vrai. L'adverbe SI en français médiéval.* Genève, Droz.

MARCHELLO-NIZIA, Christiane (1995) *L'Évolution du français : ordre des mots, démonstratifs, accent tonique,* Paris, A. Colin.

MARCHELLO-NIZIA, Christiane (1997 [¹1979]) *La langue française aux XIVᵉ et XVᵉ siècles.* Paris, A. Colin.

MARCHELLO-NIZIA, Christiane (1999) *Le Français en diachronie : Douze siècles d'évolution,* Gap/Paris, Ophrys.

MARCHELLO-NIZIA, Christiane (2004) « Deixis and Subjectivity : The Semantics of Demonstratives in Old French (9th-12th century) » *Journal of Pragmatics,* 37(1), p. 43-68.

MARCHELLO-NIZIA, Christiane (2006a) « From Personal Deixis to Spatial Deixis : The Semantic Evolution of demonstratives from Latin to French » in M. HICKMAN et S. ROBERT (édit.), *Space in Languages,* Amsterdam / New York, John Benjamins, p. 103-120.

MARCHELLO-NIZIA, Christiane (2006b) *Grammaticalisation et changement linguistique,* Bruxelles, De Bœck.

MARCHELLO-NIZIA, Christiane (2011) « De *moult fort* à *très fort* : la "substitution" comme type de changement linguistique et l'hypothèse des "contextes propres" », in S. DESSÌ SCHMID *et al.* (2011) *Rahmen des Sprechens. Beiträge zu Valenztheorie, Varietätenlinguistik, Kreolistik, Kognitiver und Historischer Semantik. Peter Koch zum 60. Geburtstag.* Tübingen, Narr Francke Attempto Verlag, p. 191-212.

MARCHELLO-NIZIA, Christiane (2012) « L'"Oral représenté" en français médiéval, un accès construit à une face cachée des langues mortes », in GUILLOT *et al.* (2012), p. 431-449.

MARCHELLO-NIZIA, *Christiane* et LAVRENTIEV, Alexei (édit.) (2012) *Queste del saint Graal : Édition numérique interactive du manuscrit de Lyon (Bibliothèque municipale, P.A. 77),* version 0.8.0 Lyon, ENS de Lyon / Laboratoire ICAR [http://txm.bfm-corpus.org/txm/].

MARNETTE, Sophie (1998) *Narrateur et points de vue dans la littérature française médiévale : une approche linguistique,* Berne, Peter Lang.

MARNETTE, Sophie (2005) *Speech and Thought Presentation in French,* Amsterdam/ Philadelphia, John Benjamins.

MARNETTE, Sophie (2006) « La Signalisation du discours rapporté en français médiéval », *Langue française,* 149, p. 31-47.

MARTIN, Robert (1983) *Pour une logique du sens,* Paris, Presses universitaires de France.

MARTIN, Robert (1987) *Langage et croyance,* Bruxelles/Liège, P. Mardaga.

MARTIN, Robert et BAZIN-TACCHELLA, Sylvie (édit.) (2012) *Dictionnaire du Moyen Français* (DMF2012), Nancy, ATILF (CNRS et Université de Lorraine) [http://www.atilf.fr/dmf].

MARTINEAU, France (dir.) (2010) *Corpus MCVF : Modéliser le changement : les voies du français*, Ottawa, Université d'Ottawa.

MARTINET, André (1960) *Éléments de linguistique générale*, Paris, Colin.

MARZYS, Zygmunt (édit.) (2009), *Claude Favre de Vaugelas, Remarques sur la langue française, edition critique avec introduction et notes*, Genève, Droz.

MATHIEU, Éric (2006) « Stylistic Fronting in Old French », *Probus*, 18, p. 219-266.

MATHIEU, Éric (2013) « The Left-Periphery in Old French », in ARTEAGA (2013), p. 327-350.

MATORÉ, Georges (1968) *Histoire des dictionnaires français*, Paris, Larousse.

MATORÉ, Georges (1988) *Le Vocabulaire et la société du XVIe siècle*, Paris, Presses Universitaires de France.

MATTHEY, Anne-Christelle (2006) *Les Plus Anciens Documents linguistiques de la France : le cas du Département de la Meuse*, 1 t. + 2 t. d'édition, thèse de doctorat, Zurich.

MATTHIEU, Abel (1559) *Devis de la langue française*, Paris, Richard Breton (Reprint : Genève, Slatkine Reprints, 1972).

MAUPAS, Charles (1618 [[1]1607]) *Grammaire et syntaxe françoise, contenant reigles bien exactes et certaines de la prononciation, orthographe, construction et usage de nostre langue, en faveur des estrangiers qui en sont desireux*, Seconde Édition. Reveuë, corrigee et augmentee de moitié, et en beaucoup de sortes amendee outre la precedente, Orleans, O. Boynard et J. Nyon.

MCLAUGHLIN, Mairi (2008) « (In)visibility : Dislocation in French and the Voice of the Translator », *French Studies*, 62(1), p. 52-64.

MCLAUGHLIN, Mairi (2011a) *Syntactic Borrowing in Contemporary French : A Linguistic Analysis of News Translation*, Oxford, Legenda.

MCLAUGHLIN, Mairi (2011b) « Tradurre/Tradire : Translation as a Cause of Linguistic Change from Manuscripts to the Digital Age », *New Faculty Lecture Series*, Berkeley, The Doe Library.

MEERHOFF, Kees (1986) *Rhétorique et poétique du XVIe siècle*, Leyde, Brill.

MEIGRET, Louis (1542) *Traicté touchant la commune écriture françoise*, Paris, Denis Janot.

MEIGRET, Louis (1550) *Le Tṛetté de la grammẹre françoẹze*, Paris, C. Wechel.

MEILLET, Antoine (1948) *Linguistique historique et linguistique générale*, Paris, Champion.

MÉNAGE, Gilles (1675) *Observations de Monsieur Ménage sur la langue françoise*, 2 éd., Paris, Claude Barbin.

MENÉNDEZ PIDAL, Ramón (2005) *Historia de la Lengua española*, 2 t., Madrid, Real Academia Española / Fundación Menéndez Pidal.

MENGER, Louis (1904) *The Anglo-Norman Dialect : A Manual of its Phonology and Morphology with illustrative specimens of the literature*, New York, Columbia University Press.

MERCIER, Louis-Sébastien (1801) *Néologie ou vocabulaire des mots nouveaux*, Paris, Moussard et Maradan.

MERRILEES, Brian (2006) « La Morphologie dérivationnelle en français médiéval : l'apport des lexiques », *Lexique*, 17, p. 97-115.

MEYER, Paul (1863-1864) « Les Études de M. Littré sur l'histoire de la langue française », *Bibliothèque de l'École des Chartes*, 5ᵉ série, t. IV, p. 353-387 et t. V, p. 193-218.

MIGLIORINI, Bruno (⁵1978) *Storia della lingua italiana*, Florence, Sansoni.

MILLER, Philip H., PULLUM, Geoffrey K. et ZWICKY, Arnold M. (1997) « The Principle of Phonology-Free Syntax : Four apparent counterexamples in French », *Journal of Linguistics*, 33, p. 67-90.

MILNER, Jean-Claude (1989) *Introduction à une science du langage*, Paris, Seuil.

MILROY, James (2003) « On the Discourse of Historical Linguistics : Language-Internal Explanation and Language Ideologies », *Forum for Modern Language Studies*, 39, p. 357-370.

MOIGNET, Gérard (1973) *Grammaire de l'ancien français*, Paris, Klincksieck.

MOLARD, Étienne (1810) *Le Mauvais Langage corrigé*, Lyon/Paris, Yvernault et Cain / Brunot-Labbe et Lenormant.

MORIN, Yves Charles (2004) « Peletier du Mans et les normes de prononciation de la durée vocalique au XVIᵉ siècle », in Jean-Claude ARNOULD et Gérard MILHE POUTINGON (édit.), *Les Normes du dire au XVIᵉ siècle*, Paris, Champion, p. 421-434.

MORIN, Yves Charles (2011) « L'imaginaire norme de prononciation aux XVIᵉ et XVIIᵉ siècles », in Serge LUSIGNAN, France MARTINEAU, Yves Charles MORIN et Paul COHEN, *L'Introuvable Unité du français – Contacts et variations linguistiques en Europe et en Amérique (XIIᵉ-XVIIIᵉ siècle)*, Québec, Presses de l'Université Laval, p. 145-226.

MORTELMANS, Jesse (2006) « *Ledit* vs le démonstratif en moyen français : quels contextes d'emploi ? », *Langue française*, 152, p. 70-81.

MORTELMANS, Jesse (2008) « Grammaticalisation analogue de marqueurs de focalisation en latin tardif et en moyen français », in DURAND *et al.* (2008), p. 295-306.

MORTELMANS, Jesse et GUILLOT, Céline (2008) « Clarté ou vérité ? *Ledit* dans la prose de la fin du Moyen Âge », in BERTRAND *et al.* (2008), p. 307-323.

MOUGEON, Raymond et BENIAK, Édouard (1994) *Les Origines du français québécois*, Sainte-Foy, Presses de l'Université Laval.

MÜHLEISEN, Susanne (2002) *Creole Discourse : Exploring Prestige Formation and Change across Caribbean English-Lexicon Creoles*, Amsterdam, John Benjamins.

MULJAČIĆ, Žarko (1986) « L'enseignement de Heinz Kloss. (Modifications, implications, perspectives) », *Langages*, 83, p. 53-63.

MULJAČIĆ, Žarko (1989) « Hanno i singoli dialetti romanzi "emanato" le "loro" lingue standard (come di solito si legge) o hanno invece le lingue standard romanze determinato in larga misura a posteriori i "loro" dialetti ? » in F. FORESTI, E. RIZZI et P. BENEDINI (édit.), *L'italiano tra le lingue romanze*, Rome, Bulzoni, p. 9-25.

NEVEU, Franck, MUNI TOKE, Valelia, DURAND, Jacques, KLINGLER, Thomas, MONDADA, Lorenza, et PRÉVOST, Sophie (édit.) (2010) *Congrès mondial de linguistique française (CMLF 2010)*, Paris, Institut de linguistique française.

NICOT, Jean (1606) *Thresor de la langue francoyse*, Paris, David Douceur.

NODIER, Charles (1834) *Notions élémentaires de linguistique*, Paris, Eugène Renduel.

NORDE, Muriel (2009) *Degrammaticalization*, Oxford, Oxford University Press.

NØRGÅRD-SØRENSEN, Jens, HELTOFT, Lars, et SCHØSLER, Lene (2011) *Connecting Grammaticalisation*, Philadelphia, John Benjamins.

NOSKE, Roland (2008) « L'Accent en proto-français : arguments factuels et typologiques contre l'influence du francique », in DURAND *et al.* (2008), p. 307-320.

NYCKEES, Vincent (2008) « Une linguistique sans langue ? Contributions à une réflexion sur les conditions d'émergence d'un sens commun », *Langages*, 170, p. 13-28.

NYROP, Kristoffer (1908) *Grammaire historique de la langue française*, Tome III – Formation des mots, Copenhague, Gyldendalske Boghandel Nordisk Forlag.

NYROP, Kristoffer (1919) *Études de grammaire française*, t. II, Copenhague, A. F. Høst.

OESTERREICHER, Wulf (1988) « Sprechtätigkeit, Einzelsprache, Diskurs und vier Dimensionen der Sprachvarietät » in ALBRECHT *et al.* (1988), t. II, p. 355-386.

OESTERREICHER, Wulf (1993) « Verschriftung und Verschriftlichung im Kontext medialer und konzeptioneller Schriftlichkeit » in U. SCHAEFER (édit.) *Schriftlichkeit im frühen Mittelalter*, Tübingen, Narr, p. 267-292.

OESTERREICHER, Wulf (1997) « Zur Fundierung von Diskurstraditionen » in FRANK *et al.* (1997), p. 19-41.

OESTERREICHER, Wulf (2007) « Mit Clio im Gespräch. Zu Anfang, Entwicklung und Stand der romanistischen Sprachgeschichtsschreibung » in J. HAFNER et W. OESTERREICHER (édit.), *Mit Clio im Gespräch. Romanische Sprachgeschichten und Sprachgeschichtsschreibung*, Tübingen, Narr, p. 1-35.

ONG, Walter J. (1982) *Orality and Literacy. The Technologizing of the Word*, Londres / New York, Methuen.

OUDIN, Antoine (1640a [¹1632]) *Grammaire françoise, rapportée au langage du temps*, Paris, A. de Sommaville.

PALSGRAVE, John (2003 [1530]) *L'Éclaircissement de la langue française*, texte anglais original, traduction et notes de Susan Baddeley, Paris, Champion.

PARIS, Gaston (édit.) (1881) *La Vie de Saint Gilles par Guillaume de Berneville*, Paris, Firmin Didot.

PARIS, Gaston (1906 [1887]) « La Vie des mots », in *Mélanges linguistiques publiés par Mario Roques, Fasc. II : Langue française*, Paris, Champion, p. 281-314.

PARIS, Gaston (1907 [1900]) « Un nouveau dictionnaire de la langue française », in *Mélanges linguistiques publiés par Mario Roques, Fasc. III : Langue Française et notes étymologiques*, Paris, Champion.

PAUL, Hermann (1880) *Prinzipien der Sprachgeschichte*, Tübingen, Niemeyer.

PESCHEUX, Marion (2010) « Cohésion, argumentation et focalisation anaphorique », in FLOREA *et al.* (2010), t. 1, p. 189-199.

PERRET, Michèle (2008 [¹1998]) *Introduction à l'histoire de la langue française*, 3e éd. revue et mise à jour, Paris, A. Colin.

PETREQUIN, Gilles (2009) *Le Dictionnaire françois de P. Richelet (Genève 1679/1680). Étude de métalexicographie historique*, Louvain/Paris, Peeters.

PETREQUIN, Gilles (2011) « Dénotation explicite et implicite de l'emprunt dans le *Dictionnaire françois* (1680) de Richelet », in Steuckardt *et al.* (2011), p. 41-60.

PETRUCCI, Livio (1994) « Il problema delle Origini e i più antichi testi italiani » in SERIANNI et TRIFONE (1993-1994), t. III, p. 5-73.

PFISTER, Max (1970) « Die Anfänge der altprovenzalischen Schriftsprache », *Zeitschrift für romanische Philologie*, 86, p. 305-323.

PFISTER, Max (1973) « Die sprachliche Bedeutung von Paris und der Ile-de-France vor dem 13. Jahrhundert », *Vox Romanica*, 32, p. 217-253.

PFISTER, Max et SCHWEICKARD, Wolfgang (1979–) *LEI : Lessico etimologico italiano*, Wiesbaden, Ludwig Reichert [http://woerterbuchnetz.de/LEI/].

PHILIPON, Édouard (1910-1914) « Les Parlers du Duché de Bourgogne au XIIIᵉ et XIVᵉ siècles », *Romania*, 39, p. 476-531 ; 41, p. 541-600 ; 43, p. 495-559.

PICOCHE, Jacqueline et MARCHELLO-NIZIA, Christiane (⁴1996), *Histoire de la langue française*, Paris, Nathan.

PIERREL, Jean-Marie (2008) « Informatisation et valorisation sur le Net : une deuxième vie pour le TLF », *Lexicographie et informatique. Bilan et perspectives*, Nancy, édition numérique réalisée par l'Atilf, p. 3–20 [http://www.inalf. cnrs.fr/atilf/evenement/Colloques/Tlf2008/TLF2008.htm#preactes].

POIRIER, Pascal (1928) *Le Parler franco-acadien et ses origines*, Québec, Imprimerie franciscaine missionnaire.

POLITZER, Frieda N. et POLITZER, Robert L. (1953) *Romance Trends in 7ᵗʰ and 8ᵗʰ Century Latin Documents*, Chapel Hill, University of North-Carolina Press.

PONCHON, Thierry (2004) « La polysémie de *donc* en français médiéval et ses incidences sur la phrase » *Modèles linguistiques*, 25, p. 247-259.

POPE, Mildred K. (1934) *From Latin to Modern French, with especial consideration of Anglo-Norman : Phonology and Morphology*, Manchester, Manchester University Press.

POSNER, Rebecca (1997) *Linguistic Change in French*, Oxford, Clarendon Press.

POUCHELLE, Marie-Christine (1983) *Corps et chirurgie à l'apogée du Moyen-Âge*, Paris, Flammarion.

PRÉVOST, Sophie (2001) *La Postposition du sujet en français aux XVᵉ et XVIᵉ siècles : Analyse sémantico-pragmatique*, Paris, CNRS.

PRÉVOST, Sophie (2003a) « La grammaticalisation. Unidirectionnalité et statut » *Le français moderne*, 71, p. 144-166.

PRÉVOST, Sophie (2003b) « *Quant à* : analyse pragmatique de l'évolution diachronique (XIVᵉ-XVIᵉ siècles) », in B. COMBETTES, A. THEISSEN et C. SCHNEDECKER (édit.), *Ordre et distinction dans la langue et le discours*, Paris, Honoré Champion, p. 443-459.

PRÉVOST Sophie (2006) « Grammaticalisation, lexicalisation et dégrammaticalisation : des relations complexes », *Cahiers de Praxématique*, 46, p. 121-139.

PRÉVOST, Sophie (2007) « Adverbiaux temporels et structuration textuelle au XVᵉ siècle », in VANDERHEYDEN *et al.* (2007), p. 95-108.

PRÉVOST, Sophie (2008) « *Quant à X* et *à propos de X* du 14ᵉ au 16ᵉ siècle : émergence de deux marqueurs de topicalisation », *L'Information grammaticale*, 118, p. 38-43.

PRÉVOST, Sophie (2010) « *Quant à X* : du complément à l'introducteur de topique en passant par l'introducteur de cadre », in B. COMBETTES, C. GUILLOT, E. OPPERMANN-MARSAUX, S. PRÉVOST, A. RODRÍGUEZ SOMOLINOS (édit.), *Le Changement en français : Études de linguistique diachronique*, Berne etc., Peter Lang, p. 325-343.

PRÉVOST, Sophie (2011) « *À propos* : from Verbal Complement to "Utterance Marker" of Discourse Shift », *Linguistics*, 49(2), p. 391-413.

PRÉVOST Sophie et FAGARD, Benjamin (édit.) (2007) *Grammaticalisation et lexicalisation : La formation d'expressions complexes*, n° spécial de *Langue française*, 156.

PRUVOST, Jean (2000) *Dictionnaires et nouvelles technologies*, Paris, Presses Universitaires de France.

PRUVOST, Jean (2002) *Les Dictionnaires de langue française*, Paris, Presses Universitaires de France.

RAIBLE, Wolfgang (édit.) (1990) *Erscheinungsformen kultureller Prozesse. Jahrbuch 1988 des Sonderforschungsbereichs "Übergänge und Spannungsfelder zwischen Mündlichkeit und Schriftlichkeit"*, Tübingen, Narr.

RAIBLE, Wolfgang (1993) « Die Anfänge der italienischen Schriftkultur », *Romanische Forschungen*, 105, p. 231-255.

RAINER, Franz (2008) « Formation des mots : le point de vue diachronique », in DURAND *et al.* (2008), p. 1627-1632.

RAINSFORD, Thomas M. (2011) *The Emergence of Group Stress in Medieval French*, thèse de doctorat, University of Cambridge.

RAMUS, Pierre (1555) *Dialectique*, Paris, André Wechel.

RAMUS, Pierre (1562) *Gramere*, Paris, André Wechel.

RAMUS, Pierre (1572) *Grammaire*, Paris, André Wechel.

RAYNAUD DE LAGE, Guy (édit.) (1966) *Le Roman de Thèbes*, 2 t., Paris, Champion.

RÉGNIER-DESMARAIS, François-Séraphin (1705) *Traité de la grammaire françoise*, Paris, J.-B. Coignard.

REISDOERFER Joseph (1995) « Les Grands Travaux ... de la dialectologie française : Pour un commentaire des Atlas linguistiques régionaux », *Travaux de linguistique*, 1, p. 37-49 [http://www.scribd.com/doc/19219555/Les-grands-travaux-de-la-dialectologie-francaise].

REMACLE, Louis (1939) « La Langue écrite à Stavelot vers 1400 », in *Mélanges de Linguistique romane offerts à M. Jean Haust*, Liège, H. Vaillant-Carmanne.

REMACLE, Louis (1948) *Le problème de l'ancien wallon*, Liège, Faculté de Philosophie et Lettres.

REMACLE, Louis (1952-1960) *Syntaxe du parler wallon de La Gleize*, 3 t., Paris, Les Belles Lettres.

RENDERS, Pascale (2009) « Des dangers de l'informatisation d'un document : le cas du FEW », *Méthodes et Interdisciplinarité en Sciences humaines*, 2, p. 179-195 [http://popups.ulg.ac.be/MethIS/document.php ?id=263].

RENDERS, Pascale (2010) « L'Informatisation du FEW : quels objectifs, quelles possibilités ? », in ILIESCU *et al.* (2010), t. 6, p. 311-320.

RENDERS, Pascale (2011) *Modélisation d'un discours étymologique. Prolégomènes à l'informatisation du Französisches Etymologisches Wörterbuch*, thèse de doctorat, Liège/Nancy [http://hdl.handle.net/2268/94407].

REY, Alain (1995) « Le lexicographe », in Jean-Yves MOLLIER, et Pascal ORY (édit.), *Pierre Larousse et son temps*, Paris, Larousse, p. 131-138.

REY, Alain (2007) *Miroirs du monde : une histoire de l'encyclopédisme*, Paris, Fayard.

REY, Alain (2008a) *De l'artisanat des dictionnaires à une science du mot : images et modèles*, Paris, A. Colin.

REY, Alain (2008b) *Littré, l'humaniste et les mots*, Paris, Gallimard.

REY, Alain et DELESALLE, Simone (1979) « Problèmes et conflits lexicographiques », *Langue française*, 43, p. 4-26.

REY, Alain, DUVAL, Frédéric et SIOUFFI, Giles (2007) *Mille ans de langue française : Histoire d'une passion*, Paris, Perrin.

REY, Christophe (2011) « Les Emprunts linguistiques dans les éditions du XVIIIe siècle du *Dictionnaire de l'Académie française* », in STEUCKARDT *et al.* (2011), p. 107-122.

Rey-Debove, Josette (1971) *Étude linguistique et sémiotique des dictionnaires français contemporains*, La Haye / Paris, Mouton.

Richelet, Pierre (1680) *Le Dictionnaire françois*, Genève, J.-H. Widerhold.

Rickard, Peter (1983) « Le "Dictionarie" franco-anglais de Cotgrave (1611 », *Cahiers de l'Association Internationale des Études françaises*, 35, p. 7-21.

Rickard, Peter (1989) *A History of the French Language*, 2ᵉ éd., Londres / New York, Routledge.

Rochet, Bernard L. (1976) *The Formation and Evolution of the French Nasal Vowels*, Tübingen, Niemeyer.

Roegiest, Eugeen (2006) *Vers les sources des langues romanes : Un itinéraire linguistique à travers la Romania*, Leuven, Acco.

Rohlfs, Gerhard. (édit.) (1968) *Sankt Alexius : Altfranzösische Legendendichtung des 11 Jahrhunderts*, 5ᵉ éd., Tübingen, Niemeyer.

Rothwell, William (2001) « English and French in England after 1362 », *English Studies*, 82, p. 539-559.

Roques, Gilles (1983) « Littré et l'étymologie », *Revue de synthèse*, 106-108, nᵒ spécial *Actes du colloque Émile Littré, Paris, 7-9 octobre 1981*, p. 367-376.

Roques, Gilles (1994) « Un siècle d'étymologie française (du milieu du XIXᵉ siècle au milieu du XXᵉ siècle) », in Jan De Clercq et Piet Desmet (édit.), *Florilegium Histiriographiae Linguisticae. Recueil d'études d'historiographie de la linguistique et de grammaire comparée à la mémoire de Maurice Leroy*, Louvain-la-Neuve, Peeters, p. 401-409.

Rossari, Corinne (2000) *Connecteurs et relations de discours : des liens entre cognition et signification*, Nancy, Presses universitaires de Nancy.

Sabatini, Francesco (1968) « Dalla "scripta latina rustica" alle "scriptae' romanze" », *Studi Medievali*, Ser. 3, 9, p. 320-358.

Sablayrolles, Jean-Françoise (2003) *L'Innovation lexicale*, Paris, Champion.

Saint-Gérand, Jacques-Philippe (2002) « Mediæval Revival, ou, comment le français prit conscience de son histoire à l'époque romantique » in R. Sampson et W. Ayres-Bennett (édit.), *Interpreting the History of French. A Festschrift for Peter Rickard on the occasion of his eightieth birthday*, Amsterdam / New York, Rodopi, p. 61-91.

Saint-Gérand, Jacques-Philippe (2005) « Pierre Larousse et la science du langage dans le *Grand Dictionnaire universel du XIXᵉ siècle* », en ligne, *Site sur la Langue française du XIXᵉ siècle* [http://projects.chass.utoronto.ca/langueXIX/numlarou/lar-lang.htm].

Sapir, Edward (1921) *Language : An Introduction to the Study of Speech*, New York, Harcourt.

Saussure, Ferdinand de (1971) *Cours de linguistique générale*, troisième édition, Paris, Payot.

SAUSSURE, Ferdinand de (1979) *Cours de linguistique générale*, édition critique préparée par Tullio DE MAURO, Paris, Payot.

SAUSSURE, Ferdinand de (1995) *Cours de linguistique générale*, édition critique préparée par Tullio DE MAURO ; postface de Louis-Jean CALVET, Paris, Payot.

SAUSSURE, Ferdinand de (2002) *Écrits de linguistique générale*, S. BOUQUET et R. ENGLER (édit.), Paris, Gallimard.

SCAGLIONE, Aldo (édit.) (1984) *The Emergence of National Languages*, Ravenne, Longo.

SCHAEFER, Ursula (2006) « Textualizing the Vernacular in Late Medieval England : Suggestions for Some Heuristic Reconsiderations », in A. JOHNSTON, F. VON MENGDEN et S. THIM (édit.), *Language and Text : Current Perspectives on English and Germanic Historical Linguistics and Philology*, Heidelberg, Universitätsverlag Winter, p. 269-290.

SCHLIEBEN-LANGE, Brigitte (1983) *Traditionen des Sprechens. Elemente einer pragmatischen Sprachgeschichtsschreibung*, Stuttgart etc., Kohlhammer.

SCHMITT, Christian (1974) *Die Sprachlandschaften der Galloromania. Eine lexikalische Studie zum Problem der Entstehung und Charakterisierung*, Berne, H. Lang ; Francfort, P. Lang.

SCHØSLER, Lene (2007) « Grammaticalisation et dégrammaticalisation. Étude des constructions progressives en français du type *Pierre va/vient/ est chantant* », in E. LABEAU, C. VETTERS et P. CAUDAL (édit.), *Sémantique et diachronie du système verbal français*, Cahiers Chronos, 16, Amsterdam / New York, Rodopi, p. 91-119.

SEIJIDO, Magali (à paraître) Éditions commentées des *Réflexions sur l'usage présent de la langue françoise* (1692) et de la *Suite des réflexions critiques sur l'usage présent de la langue françoise* (1693) de N. Andry de Boisregard, Paris, Classiques Garnier.

SELIG, Maria (1993) « Parodie et protocole – l'importance de la "citation" pour les premiers documents des langues romanes » in SELIG *et al.* (1993), p. 91-108.

SELIG, Maria (2006) « Die Anfänge der Überlieferung der romanischen Sprachen : Quellentypen und Verschriftungsprinzipien » in ERNST *et al.* (2003-2008), t. II, p. 1924-1944.

SELIG, Maria (2008) « Koineisierung im Altfranzösischen ? Dialektmischung, Verschriftung und Überdachung im französischen Mittelalter » in S. HEINEMANN et P. VIDESOTT (édit.), *Sprachwandel und (Dis-)Kontinuität in der Romania*, Tübingen, Niemeyer, p. 71-85.

SELIG, Maria, FRANK, Barbara et HARTMANN, Jörg (édit.) (1993) *Le Passage à l'écrit des langues romanes*, Tübingen, Narr.

SELKIRK, Elisabeth, et SHEN, Tong (1990) « Prosodic Domains in Shanghai

Chinese », in Sharon INKELAS et Draga ZEC (édit.), *The Phonology-Syntax Connection*, Chicago, University of Chicago Press, p. 313-338.

SERIANNI, Luca (édit.) (2002) *La lingua nella storia d'Italia*, Rome, Società Dante Alighieri / Libri Scheiwiller.

SERIANNI, Luca, et TRIFONE, Pietro (édit.) (1993-1994) *Storia della lingua italiana*, 3 t., Turin, Einaudi.

SIEGEL, Jeff (1985) « Koines and koineization », *Language in Society*, 14, p. 357-378.

SIOUFFI, Gilles (édit.) (2012) *Sentiment de la langue et diachronie*, n° spécial de *Diachroniques*, 2.

SÖLL, Ludwig (1974) *Gesprochenes und geschriebenes Französisch*, Berlin, Erich Schmidt Verlag.

SÖLL, Ludwig et HAUSMANN, Franz Josef (^{3}1985) *Gesprochenes und geschriebenes Französisch*, Berlin, Schmidt.

SOUKUP, Rudolf (1932) *Les Causes et l'évolution de l'abréviation des pronoms personnels régimes en ancien français : Étude basée sur les textes du XIe et du XIIe siècle*, Biblioteca dell'« Archivum romanicum », Série II, Linguistica 17, Genève, Olschki.

SPERBER, Dan et WILSON, Deirdre (1989) *La Pertinence. Communication et cognition*, trad. fr., Paris, Minuit (1re éd., 1986, *Relevance, Communication and Cognition*, Oxford, Blackwell).

STEIN, Achim, KUNSTMANN, Pierre et GLESSGEN, Martin-Dietrich (édit.) (2006) *Nouveau Corpus d'Amsterdam : Corpus informatique de textes littéraires d'ancien français (circa 1150–1350), établi par Anthonij Dees (Amsterdam 1987)*, Stuttgart, Institut für Linguistik/Romanistik.

STEINMEYER, Georg (1979) *Historische Aspekte des français avancé*, Genève, Droz.

STEMPEL, Wolf-Dieter (1972) « Die Anfänge der romanischen Prosa » in H. R. JAUSS *et al.* (édit.), *Grundriß der romanischen Literaturen des Mittelalters. Vol. 1 : Généralités*, Heidelberg, Winter, p. 585-601.

STEUCKARDT, Agnès, LECLERCQ, Odile, NIKLAS-SALMINEN, Aïno, et THOREL, Mathilde (édit.) (2011) *Les Dictionnaires et l'emprunt (XVIe-XXIe siècle)*, Aix-en-Provence, Publications de l'Université de Provence.

ŠTICHAUER, Jaroslav (2010) « L'Évolution de la dérivation suffixale nominale en français préclassique et classique : exemple des déverbaux en *-ment* », in B. COMBETTES, C. GUILLOT, E. OPPERMANN-MARSAUX, S. PRÉVOST, A. RODRÍGUEZ SOMOLINOS (édit.), *Le Changement en français : Études de linguistique diachronique*, Berne etc., Peter Lang, p. 381-402.

STOREY, Christopher (édit.) (1968) *La Vie de saint Alexis : Texte du manuscrit de Hildesheim (L)*, Textes littéraires français 148, Paris, Minard.

STOTZ, Peter (2000) *Handbuch zur lateinischen Sprache des Mittelalters*, Zweiter Bd. – *Bedeutungswandel und Wortbildung*, Munich, C. H. Beck Verlag.

TAVERDET, Gérard (1995) « Les Scriptae françaises VII. Bourgogne, Bourbonnais, Champagne, Lorraine », in HOLTUS *et al.* (1988-2005), t. II,2, p. 374-389.

Thesaurus Linguae Latinae (1900) Leipzig, B. G. Teubner.

THEVET, André (1558) *Les Singularitez de la France antarctique*, Paris, Les héritiers de Maurice de la Porte.

THOREL, Mathilde (2011) « Métadiscours de l'emprunt et mots empruntés dans le *Thresor de la langue françoyse* de Nicot (1606) », in STEUCKARDT *et al.* (2011), p. 23-39.

TLFi = *Trésor de la langue française informatisé* (2000) Paris, ATILF [http://atilf. atilf.fr/tlf.htm ; http://www.cnrtl.fr/portail/]

TOBLER, Adolf et LOMMATZSCH, Erhard (1925-2002) *Altfranzösisches Wörterbuch*, Wiesbaden, Franz Steiner Verlag. (*cf.* également Adolf TOBLER, Erhard LOMMATZSCH, Peter BLUMENTHAL et Achim STEIN (2002). *Tobler-Lommatzsch : Altfranzösisches Wörterbuch [Elektronische Daten] : édition électronique conçue et réalisée par Peter Blumenthal et Achim Stein*, Stuttgart, Franz Steiner Verlag [http://www.uni-stuttgart.de/lingrom/stein/tl/allgemeinf. htm].)

TOURY, Gideon (1995) *Descriptive Translation Studies – and beyond*, Amsterdam/ Philadelphia, J. Benjamins.

TRAUGOTT, Elizabeth Closs (1995) « The Role of the Development of Discourse Markers in the Theory of Grammaticalization », Manchester, ICHL XII.

TRAUGOTT, Elizabeth Closs et DASHER, Richard B. (2002) *Regularity in Semantic Change*, Cambridge, Cambridge University Press.

Trésor de la langue française informatisé (2000) Paris, ATILF [http://atilf.atilf.fr/ tlf.htm ; http://www.cnrtl.fr/portail/].

TRITTER, Jean-Louis (1999) *Histoire de la langue française*, Paris, Ellipses.

TROTTER, David (2003) « L'Anglo-Normand : variété insulaire ou variété isolée ? », *Grammaires du vulgaire, Médiévales*, 45, p. 43-54.

TROTTER, David (2005) « *Boin sens et bonne mémoire* : tradition, innovation et variation dans un corpus de testaments de Saint-Dié-des-Vosges (XIIIe-XVe siècles) », in A. SCHROTT et H. VÖLKER, (édit.), *Historische Pragmatik und historische Varietätenlinguistik in den romanischen Sprachen*, Göttingen, Niedersächsische Staats-und Universitätsbibliothek, p. 269-278.

TROTTER, David (dir.) (2007) *The Anglo-Norman Hub Textbase*, Aberystwyth, Anglo-Norman Online Hub [http://www.anglo-norman.net/].

TRUDGILL, Peter (²2006) *Dialects in Contact*, Oxford etc., Blackwell.

UYTFANGHE, Marc van (2008) « Quelques observations sur la communication linguistique dans la Romania du IXe siècle », in P. von MOOS (édit.), *Zwischen Babel und Pfingsten. Sprachdifferenzen und Gesprächsverständigung in der Vormoderne (8.-16. Jh.) / Entre Babel et Pentecôte. Différences linguistiques et communication orale avant la modernité (VIII*-XVI* siècle)*, Münster etc., LIT-Verlag (Gesellschaft und individuelle Kommunikation in der Vormoderne / Société et communication individuelle avant la modernité, 1), p. 317-337.

VACHON, Claire (2010) *Le Changement linguistique au XVI* siècle. Une étude basée sur des textes littéraires français*, Strasbourg, ELIPHI.

VALKHOFF, Marius (1939) « Individualité et interdépendance des vieux dialectes français », in *Mélanges de Linguistique romane offerts à M. Jean Haust*, Liège, H. Vaillant-Carmanne, p. 385-394.

VANCE, Barbara (1995) « On the Clitic Nature of Subject Pronouns in Medieval French », in A. DAINORA, B. NEED et S. PARGMAN (édit.), *Papers from the 31st Meeting of the Chicago Linguistic Society*, 2 t., Chicago, Chicago Linguistic Society, t. 2, p. 300-315.

VANCE, Barbara (1997) *Syntactic Change in Medieval French : Verb-Second and Null subjects*, Dordrecht/Londres, Kluwer.

VANDERHEYDEN, Anne, MORTELMANS, Jesse, DE MULDER, Walter, et VENCKELEER, Theo. (édit.) (2007) *Texte et discours en moyen français. Actes du XI* colloque international sur le moyen français*, Turnhout, Brepols.

VAN HOECKE, Willy et GOYENS, Michèle (1990) « Translation as a Witness to Semantic Change », *Belgian Journal of Linguistics*, 5, p. 109-131.

VAN HOOF, Henri (1990) « Traduction biblique et genèse linguistique », *Babel : Revue Internationale de la Traduction / International Journal of Translation*, 36(1), p. 38-43.

VAUGELAS, Claude Favre de (1647) *Remarques sur la langue françoise utiles à ceux qui veulent bien parler et bien escrire*, Paris, Veuve Jean Camusat et Pierre Le Petit.

VERJANS, Thomas (2009) *Essai de systématique diachronique : genèse des conjonctions dans l'histoire du français (9*-17* siècles)*, thèse de Doctorat n.r., Université Paris 4-Sorbonne.

VERJANS, Thomas (2011) *Psychomécanique du langage, diachronie et changement linguistique*, Dijon, EUD.

VERJANS, Thomas (2013) « Les locutions conjonctives : une hypothèse romane », in M.-G. BOUTIER, P. HADERMANN et M. VAN ACKER (édit.), *Variation et changement en langue et en discours*, Helsinki, Mémoire de la Société Néophilologique, p. 133-147.

VERJANS, Thomas (sous presse) « Le statut ontologique du changement linguistique dans la théorie d'E. Coseriu », in C. GÉRARD et R. MISSIRE (édit.), *Coseriu : réceptions contemporaines*, Limoges, Lambert Lucas.

VITALE, Maurizio (²1978) *La questione della lingua*, Palerme, Palumbo.

Vocabolario della Crusca (1612) http://vocabolario.sns.it.

VÖLKER, Harald (2003) *Skripta und Variation. Untersuchungen zur Negation und zur Substantivflexion in altfranzösischen Urkunden der Grafschaft Luxemburg (1237-1281)*, Tübingen, Niemeyer.

VÖLKER, Harald (2007) « A "Practice of the Variant" and the Origins of the Standard. Presentation of a variationist linguistics method for a corpus of Old French charters » *Journal of French Language Studies*, 17, p. 207-223.

WALTER, Henriette (1995) « Une distinction temporelle sauvée par sa forme : le passé simple en gallo », in Marie-Rose SIMONI-AUREMBOU (édit.), *Dialectologie et littérature du domaine d'oïl occidental. Lexique des plantes. Morphosyntaxe*, Fontaine-lès-Dijon, A.B.D.O., p. 373-386.

WALTEREIT, Richard (2006) « The Rise of Discourse Particles in Italian : A Specific Type of Language Change », in FISCHER (2006), p. 65-82.

WARTBURG, Walther von (^{10}1971) *Évolution et structure de la langue française*, Berne, Francke.

WARTBURG, Walther von, CHAMBON, Jean-Pierre et HOFFERT, Margarete (1928–) *Französisches etymologisches Wörterbuch : eine Darstellung des galloromanischen Sprachschatzes*, Bonn, Fritz Klopp ; Basel, Zbinden Druck und Verlag [1992–].

WEINRICH, Harald (^{6}2001 [^{1}1964]) *Tempus : besprochene und erzählte Welt*, 6., neu bearbeitete Auflage, Munich, C.H. Beck (Traduction française : *Le temps : le récit et le commentaire*, Trad. de l'allemand par Michèle LACOSTE, Paris, Seuil, 1988).

WEINSTEIN, Krystyna (1998) *L'Art des manuscrits médiévaux*, Paris, Éditions Solar.

WILHELM, Raymund (2005) « Diskurstraditionen », *La lingua italiana*, 1, p. 157-161.

WILLIS, David (2010) « Degrammaticalization and obsolescent morphology : Evidence from Slavonic », in E. STATHI, E. GEHWEILER et E. KÖNIG (édit.), *Grammaticalization : Current Views and Issues*, Amsterdam, J. Benjamins, p. 151-178.

WIRTH-JAILLARD, Aude (2011) « Des sources pour appréhender le lexique dans sa dimension diachronique durant le Moyen Âge, les documents comptables », *Lexic comun / lexic specializat // General Lexicon / Specialized Lexicon // Lexique commun / lexique spécialisé*, 24(5), p. 94-102.

WIRTH-JAILLARD, Aude (2012a) « Bases textuelles de français médiéval et documents non littéraires : les documents comptables », in GUILLOT *et al.* (2012), p. 397-409.

WIRTH-JAILLARD, Aude (2012b) « L'édition scientifique des documents comptables médiévaux : enjeux et perspectives d'une entreprise pluridisciplinaire », *Perspectives médiévales*, 34 [http://perne.revues.org/1612].

WIRTH-JAILLARD, Aude (2012c) « La rhétorique des documents comptables médiévaux : réflexions à partir des comptes du receveur de Châtel-sur-Moselle (1429–1510) », *Comptabilité(s)*. *Revue d'histoire des comptabilités*, 4 [http://comptabilites.revues.org/1098].

WIRTH-JAILLARD, Aude (2013a) « "De Estienne Husson pour ce qu'il dit a Jannon Morelot : 'un filz de bastarde ne me puet valoir !'" : représentation de l'oral dans les documents comptables médiévaux », in Dominique LAGORGETTE et Pierre LARRIVÉE (édit.), *Représentations du sens linguistique V*, Chambéry, Éditions de l'Université de Savoie, p. 65-80.

WIRTH-JAILLARD, Aude (2013b) « Des sources médiévales méconnues des linguistes, les documents comptables », in E. CASANOVA HERRERO et C. CALVO Rigual (édit.), *Actas del XXVI Congreso Internacional de Lingüística y de Filología Románicas (6-11 septembre 2010, Valencia). Tome VII*, Berlin, W. De Gruyter, p. 469-478.

WISE, Hilary (1997) *The Vocabulary of Modern French*, Londres / New York, Routledge.

WOOLDRIDGE, Russon (1998) « Les Dictionnaires anciens sur Internet : bases linguistiques, philologiques, culturelles », Communication présentée au *Congrès international de l'Association Guillaume Budé* [http://homes.chass.utoronto.ca/~wulfric/articles/bude98/].

WRIGHT, Roger (1982) *Late Latin and Early Romance in Spain and Carolingian France*, Liverpool, Cairns.

WUNDERLI, Peter (1965) « Die ältesten romanischen Texte unter dem Gesichtswinkel von Protokoll und Vorlesen », *Vox Romanica*, 24, p. 44-63.

ZUMTHOR, Paul (1983) *Introduction à la poésie orale*, Paris, Seuil.

ZWANENBURG, Wiecher (2006) « Noms collectifs et noms abstraits » in M. RIEGEL, C. SCHNEDECKER, P. SWIGGERS et I. TAMBA (édit.), *Aux carrefours du sens. Hommages offerts à Georges Kleiber pour son 60ᵉ anniversaire*, Louvain / Paris / Dudley, MA, Peeters, p. 583-597.

ZWICKY, Arnold M. (1987) « French Prepositions : No Peeking », *Phonology Yearbook*, 4, p. 211-227.

ZWICKY, Arnold M. et PULLUM, Geoffrey K. (1983) « Cliticization *vs* Inflection : English N'T », *Language*, 59, p. 502-513.

INDEX DES NOMS

INDEX DES NOTIONS[1]

---

1 Les entrées en italique indiquent qu'il s'agit du discours sur le mot plutôt que du concept.

131, 173, 215, 254, 299, 311, 321, 324-325, 327, 334-335, 344

espace ~ : 324, 325, 345, 347, 354

~ sociolinguistique : 8, 11, 16, 45, 46, 57, 337 n 2

verbe : 24 n 1, 27, 32, 43, 50, 66, 69, 88, 89, 91, 95, 97, 100, 104, 105, 106, 139, 143, 146, 165, 170 n 1, 191 n 1, 192, 195, 205 206, 207, 208, 210, 216 n 2, 223, 224, 225, 242, 293, 311, 316 n 1

vidimus : 63

wallon : 11, 45-46, 50-58, 132 n 1, 150-151, 335, 340

RÉSUMÉS DES CONTRIBUTIONS

Thomas M. RAINSFORD, « Sur la disparition de l'enclise en ancien français. »

L'enclise phonologique des pronoms personnels représente un trait caractéristique du très ancien français qui disparaît pourtant avant la fin du Moyen Âge. Basée sur un corpus électronique étiqueté, notre analyse indique que la règle phonologique d'enclise n'est plus active depuis le XIᵉ siècle, et que les formes « enclitiques » du pronom se comportent comme des affixes en ancien français.

Richard INGHAM, « L'ancien français dialectal. Une comparaison du marquage du genre grammatical en anglo-normand et en wallon oriental. »

En ancien wallon oriental, le marquage du genre est devenu irrégulier lorsqu'il était signalé par l'opposition phonologique zéro / « e » atone, mais il s'observait intégralement avec les déterminants possessifs, où l'accord en genre se réalisait autrement. En anglo-normand tardif, on constate la même asymétrie. Il s'agissait dans les deux variétés d'un phénomène d'ordre phonologique ayant une incidence sur la grammaire, plutôt que d'une neutralisation s'opérant au niveau de la grammaire elle-même.

Julia ALLETSGRUBER, « Une contribution à l'histoire du français écrit. L'étude des *scriptae* médiévales de l'Est. »

Les *scriptae* françaises médiévales sont un domaine de l'histoire du français peu étudié. Cette communication se propose de décrire des éléments des *scriptae* de deux corpus de chartes conservés dans les Archives Départementales de la Saône-et-Loire et de la Nièvre, et de donner quelques pistes pour des études linguistiques ultérieures. Nous étudierons notamment les traits grapho-phonétiques afin de donner un premier aperçu scriptologique des documents et de déterminer leur degré de régionalité.

Jaroslav ŠTICHAUER, « La dérivation suffixale nominale en français préclassique et classique. Quelques pistes de réflexion. »

L'article analyse l'évolution, en français préclassique et classique, de deux patrons dérivationnels, à savoir celui des noms de qualité déadjectivaux (*simplesse/simplicité, lasseté/lassitude*) et de la nominalisation déverbale en *-ment* (*retardement, assassinement*). Pour rendre compte d'un certain nombre de phénomènes morpholexicaux (concurrence suffixale, relatinisation), il propose des outils théoriques tels que la paradigmatisation et la restructuration des relations lexicales.

Magali SEIJIDO, « Les questions syntaxiques chez les remarqueurs du XVIIe siècle. Quel apport ? »

Cet article propose un inventaire des principales questions syntaxiques traitées dans les recueils de remarques de Vaugelas et de ses principaux successeurs au XVIIe siècle (Buffet, Ménage, Bouhours, Bérain, Alemand, Andry et Tallemant). Après avoir déterminé la proportion des remarques consacrées à la syntaxe, les centres d'intérêt et les questions récurrentes, à titre d'illustration j'examine leurs observations sur l'anaphore pronominale.

Gilles SIOUFFI, « Sentiment de la langue et histoire de la langue. Quelques propositions. »

Cet article explore quelques possibilités d'exploitation de la notion de « sentiment de la langue » en histoire de la langue en présentant d'abord un état des lieux de l'usage de l'expression (ainsi que celle, en allemand, de *Sprachgefühl*), chez quelques linguistes parmi lesquels Ferdinand de Saussure ; en indiquant des domaines où la notion peut être opératoire, depuis les faits les plus particuliers jusqu'au plan de la langue en général ; et en illustrant l'opérativité de la notion en prenant des exemples choisis chez les remarqueurs du XVIIe siècle.

Joseph REISDOERFER, « Lexicographie diachronique du gallo-roman et philologie électronique. »

Notre contribution présente deux projets de lexicographie diachronique électronique : (1) une version électronique du FEW qui devrait mieux conserver ce monument de la philologie romane et améliorer en même temps sa *consultabilité*; (2) un nouveau dictionnaire étymologique et historique du franco-roman visant à inscrire la lexicographie diachronique du français et des dialectes d'oïl dans la modernité technologique et scientifique.

Andres Max KRISTOL, « Dialectologie synchronique et diachronie, disciplines complémentaires. Ce que les études dialectales en synchronie peuvent apporter à la linguistique diachronique. »

Les langues dialectales, étudiées en synchronie, peuvent-elles nous renseigner sur la diachronie de l'espace linguistique auquel elles appartiennent, une « diachronie dans la synchronie », comme une certaine vision romantique du fait dialectal l'a suggéré ? Cette hypothèse est examinée ici sur la base de deux cas concrets : la synchronie et la diachronie du passé simple dans l'espace linguistique d'oïl, et le maintien d'une déclinaison bicasuelle dans certains dialectes francoprovençaux valaisans.

Christiane MARCHELLO-NIZIA, « L'importance spécifique de l'"oral représenté" pour la linguistique diachronique. »

L'hypothèse d'une origine orale des changements linguistiques est validée par d'innombrables exemples. Pour les époques anciennes, nous considérons comme source privilégiée les énoncés d'« oral représenté » insérés dans du récit, car l'auteur les marque par l'emploi de balises dédiées (annonce, incise, rappel), et plusieurs analyses confirment la spécificité de leur grammaire. Le réexamen des premières attestations de nombreux changements montre qu'elles se trouvent dans de tels énoncés.

Aude WIRTH-JAILLARD, « Histoire et histoire du français. Pour une approche interdisciplinaire des sources médiévales non littéraires. »

Les textes médiévaux non littéraires sont encore trop peu exploités par les linguistes travaillant sur l'histoire du français. Partant de ce constat, cet article tente de définir les raisons de cette situation avant de présenter un type de sources de cette nature, les documents comptables. Il expose ensuite l'intérêt de les envisager dans une approche interdisciplinaire, pour se terminer sur une invitation à une interdisciplinarité effective.

Cendrine PAGANI-NAUDET, « La langue des grammairiens est-elle une langue exemplaire ? »

L'objectif de cet article est de réfléchir à l'articulation entre l'histoire des idées linguistiques et l'histoire de la langue et de proposer une lecture des grammaires qui s'attache à leurs caractéristiques linguistiques et stylistiques. Les grammaires sont en effet des textes qui apportent un témoignage sur la langue, d'autant plus pertinent que certaines d'entre elles prétendaient illustrer la langue française, et offrir à l'usager un modèle à imiter.

Agnès STEUCKARDT, « Les dictionnaires anciens : De l'informatisation à l'épistémologie. »

Les dictionnaires anciens informatisés donnent un accès nouveau à l'histoire des idées linguistiques : ils permettent de suivre, selon des procédures encore à définir, l'élaboration des catégories et leur évolution. Pour proposer une méthodologie, on prend ici comme exemple la catégorisation de l'emprunt. On pourra partir des mots cibles (les emprunts), ou plutôt, dans une perspective épistémologique, des métatermes (*emprunté de* etc.), l'une et l'autre démarches étant complémentaires.

Corinne FÉRON, « *N (être) censé / réputé X* dans les dictionnaires monolingues (fin du XVIIe-XXIe siècles). »

L'objectif est de montrer qu'une double lecture des dictionnaires – comme textes métalinguistiques et comme corpus d'occurrences –, permise par l'informatisation, contribue, plus que la seule prise en compte des informations lexicographiques fournies sur les unités, à l'étude diachronique. L'article porte sur deux modalisateurs présentés régulièrement comme quasi-synonymes, alors que l'étude des occurrences dans l'ensemble du texte lexicographique permet de repérer des évolutions divergentes.

Valentina BISCONTI, « La langue française et son histoire dans les dictionnaires du XIXe siècle. Comment évaluer les méthodes du passé ? »

Cet article analyse la description de la langue française dans trois grands dictionnaires du XIXe siècle : le *Dictionnaire de la langue française* de Littré, le *Grand Dictionnaire Universel du XIXe siècle* de Larousse et le *Dictionnaire général* de Hatzfeld et Darmesteter. La description du français dans ceux-ci est tributaire de l'orientation historiciste qui marque la linguistique de l'époque. Cet article montre la difficulté à articuler une description fonctionnelle de la langue à l'explication de son histoire. Il se double d'une réflexion sur la tâche qu'il incombe à l'historien d'effectuer dans l'analyse des méthodes anciennes.

Sabine LEHMANN, « Cohésion et cohérence discursives en diachronie. Mise au point et perspectives. »

Dans cette étude nous nous intéressons au lien qui s'établit entre la cohésion et la cohérence d'un ensemble textuel. La prise en considération d'une perspective diachronique (du moyen français au français préclassique) permet de déterminer les modifications importantes dans la conception même de la phrase comme palier de traitement, et les relations qui s'établissent entre le texte et l'unité phrastique. Elle contribue à la mise en place d'une autre conception de la cohérence discursive agissant sur des fragments textuels plus vastes et nécessitant la mise en relation d'éléments macro- et microstructurels.

Mairi McLAUGHLIN, « La traduction comme source de changements linguistiques dans l'histoire de la langue française. »

Cet article se situe au croisement de la linguistique et de la traductologie et il a pour objectif d'attirer l'attention sur le rôle joué par la traduction dans l'évolution de la langue. La première partie de l'article offre un bref survol du rôle joué par la traduction dans l'évolution du français (ancien français, moyen français et français contemporain). La deuxième partie propose un modèle théorique de la traduction comme facteur dans le changement linguistique en général.

Claire BADIOU-MONFERRAN, « Grammaticalisation *vs* Pragmaticalisation. Bref retour sur les éléments d'un débat. »

Tandis que certains linguistes affirment que la pragmaticalisation est incluse dans la grammaticalisation, d'autres s'emploient à désolidariser les deux notions. Ces prises de position sont largement tributaires de l'idée, large ou étroite, que l'on se fait de la grammaticalisation. L'objet de cet article est de rappeler ce qui est visé, précisément, par « grammaticalisation au sens étroit » et « grammaticalisation au sens large », puis d'interroger la pertinence de l'approche désolidarisante.

Thomas VERJANS, « "Système de possibilités" et changement linguistique. »

Dans cet article nous examinons l'hypothèse proposée par Eugenio Coseriu selon laquelle la langue peut être conçue comme un « système de possibilités ». Coseriu distingue la « norme » d'une langue, ce qui comprend les formes attestées à un moment particulier de son évolution, de son « système de possibilités », capable de générer une multiplicité de formes conformes aux règles constructionnelles de la langue, mais absentes de la norme. Nous considérons les conséquences de cette hypothèse pour l'appréhension du changement linguistique et pour la distinction traditionnelle entre synchronie et diachronie.

Peter KOCH, « Phases et charnières. Modéliser l'histoire de la langue (élaboration – standardisation – coiffure – régression). »

Un modèle basé sur les oppositions fondamentales sous-tendant le champ de l'oralité et de l'écriture est appliqué au territoire de la France septentrionale. Ce modèle s'avère apte à interpréter les phases de l'histoire externe de la langue selon des catégories applicables à n'importe quelle communauté linguistique et susceptibles de mettre en évidence des similarités ainsi que des divergences dans le déroulement de l'histoire de langues différentes : élaboration, standardisation, coiffure et régression.

TABLE DES MATIÈRES

DEUXIÈME PARTIE

MÉTHODOLOGIE

TROISIÈME PARTIE

APPROCHES THÉORIQUES

IMPRIM'VERT®

Achevé d'imprimer par Corlet Numérique,
à Condé-sur-Noireau (Calvados), en juin 2014
N° d'impression : 109178 – Dépôt légal : juin 2014
Imprimé en France